南北アメリカ華民と近代中国

19世紀トランスナショナル・マイグレーション

園田節子──［著］

東京大学出版会

本書は財団法人東京大学出版会の刊行助成により出版される.

Overseas Chinese in the Americas and Modern China:
Transnational Migration in the Nineteenth Century

Setsuko SONODA

University of Tokyo Press, 2009
ISBN 978-4-13-026136-4

目　次

凡　例

序　中国からのひとの「国際」移動に近代をみる ……………………… 3
 1. 本書の目的　3
 2. 先行研究　7
 3. 用語の定義　13
 4. 研究手法と史料操作　18
 5. 太平洋対岸の華僑史料保存と歴史学者　23
 6. 章の構成　26

第Ⅰ部　華工の越境と国家

第1章　地域間移動から「国際」移動へ
  ―中国からの移動のはじまり― ……………………………… 33
 第1節　近代的文脈のひとの「国際」移動　33
 第2節　渡航先の近代化と労働需要　44
  1. キューバへの渡航のはじまり　44
  2. ペルーへの渡航のはじまり　48
  3. アメリカ合衆国への渡航のはじまり　51
  4. 苦力貿易の弊害　54
 第3節　清朝の苦力貿易対策　57
  1. 国内対策　57
  2. 1870年代前半の中南米との条約締結　59
 小　結　66

目　次

第2章　本国と華民コミュニティ最初の接触……………………………… 69
　　第1節　本国に保護を求める華民　*69*
　　第2節　容閎のペルー華民調査 1874 年　*73*
　　　　1. アメリカ人の協力　*76*
　　　　2. 現地華民の協力　*79*
　　第3節　陳蘭彬のキューバ華民調査 1874 年　*88*
　　　　1. 評価の周辺と調査の概要　*88*
　　　　2. 華民の生活実態――再契約かデポか　*93*
　　　　3. 華商の存在と社会からの抑圧　*99*
　　小　結　*103*

第3章　減速する中国からのひとの移動 …………………………………… 105
　　第1節　マカオ苦力貿易禁止令の効果　*105*
　　第2節　オリファント商会と太平洋横断汽船航路開設プラン　*111*
　　第3節　1878 年ペルージア号事件　*115*
　　　　1. 香港における出港差し止め　*115*
　　　　2. 広州での摘発　*118*
　　　　3. 「苦力」か「乗客」か　*121*
　　小　結　*127*

第Ⅱ部　南北アメリカの「官」と「商」

第4章　チャイナタウンのはじまりと華商
　　　　――サンフランシスコ (1) ―― …………………………………… 133
　　第1節　四邑と堂会, 社会不安　*134*
　　第2節　サンフランシスコの華商　*144*
　　第3節　移動社会の中の同郷会館　*153*
　　　　1. 1850 年代の同郷会館　*153*
　　　　2. 1870 年代の同郷会館と中華会館成立期の再検討　*156*
　　小　結　*161*

第5章　1878年以後の官商関係
　　　―サンフランシスコ（2）―　……………………………………… 165
　　第1節　駐米公使「出使アメリカ大臣」の特質　*165*
　　　　1．使節派遣の議論と華工問題　*165*
　　　　2．官　制　*168*
　　　　3．僑　務　*169*
　　　　4．洋　務　*172*
　　第2節　南北アメリカ華民社会における統括団体の形成　*175*
　　第3節　サンフランシスコ中華会館の成立と官　*178*
　　　　1．成立を主導する官――黄遵憲と鄭藻如　*178*
　　　　2．サンフランシスコ中華会館の成立　*182*
　　　　3．官のはたらき――統括団体を志向して　*186*
　　第4節　事例研究――「サンフランシスコ東華医局」捐金活動　*190*
　　小　結　*197*

第6章　伝播する情報，増す近接性
　　　―カナダ太平洋岸―　………………………………………………… 201
　　第1節　ゴールドラッシュと転航華商，早期華民社会　*201*
　　第2節　1880年代，華商の活動――都市と内陸東漸　*204*
　　第3節　ビクトリア中華会館の設立　*212*
　　　　1．背景――国民国家化・大陸横断鉄道・四邑人口の急増　*212*
　　　　2．官のサンフランシスコ僑務経験の移植　*216*
　　第4節　ビクトリア中華会館と官商関係　*224*
　　小　結　*228*

第7章　新華商層の築く官商関係
　　　―パナマ・エクアドル・ペルー・チリ―　………………………… 231
　　第1節　華工の条件改善と華商の活動　*231*
　　第2節　清朝官人の見た中南米太平洋岸の華商　*237*
　　　　1．移動，交易する華商　*237*
　　　　2．リマ「永安昌」――沿岸部での官と商　*241*
　　第3節　リマの中華会館の設立と華商　*247*

第4節　1886年以降の南アメリカにおける僑務　253
　　　　1. 代理領事制度と商董制度の発達　253
　　　　2. 僑務のなかの中華通恵総局　256
　　小　結　260

第8章　サンフランシスコ型華民社会と転航華商
　　　──キューバ── ………………………………………………… 263
　　第1節　サンフランシスコ転航華商の現地への影響　263
　　　　1. キューバ華商の出現　263
　　　　2. サンフランシスコ転航華商の上陸──1870年代以降　268
　　第2節　キューバの中華総会館　272
　　　　1. キューバ中華総会館とハバナ総領事館　272
　　　　2. キューバ中華総会館の設立の周囲　275
　　小　結　281

第9章　域外の「中国人」
　　　──南北アメリカ草創期中文教育── ……………………………… 283
　　第1節　新しい政策領域としての「海外華民」　283
　　第2節　改革と教化のはざま　286
　　　　1. 1880～90年代の中西学堂計画　286
　　　　2. 拒否する華商──中文専修への移行　292
　　　　3. サンフランシスコの排華と中文教育　296
　　第3節　北米に展開する大清僑民学堂　300
　　　　1. 梁慶桂の学堂設置準備　300
　　　　2. 華民への「国民」教育　305
　　小　結　310

結語　「はじまり」の重要性に目を向ける ……………………………… 313

目　次　　　　　　　　　　　　v

初出一覧　*323*
参考文献　*325*
あとがき　*339*
索　引　*343*

凡　例

1. 本書で用いる漢字は，人名などの例外を除いては，すべて常用漢字を用いる．
2. 常用漢字表記に関連して，本書で用いている「档案」は，正確には「檔案」のことである．檔案と档案には使い分けがあり，厳密には前者は歴史史料としての外交・行政文書，後者は新中国の個人情報記録を指す．本書では常用漢字を用いるため，「档案」で統一に表記する．
3. 年月日の表記は西暦を基本とする．清朝の時代の書籍や雑誌は，奥付に表記された年号を西暦に換算した．
4. 引用文中の ［　］ の部分は，著者による注記である．
5. 内容に深く関わる史料中の重要な単語や用語を文中に示すときは，たとえば「捐金」のように，初出時のみカギ括弧「　」を用いる．また史料の訳出を本文中に入れる場合も，カギ括弧「　」で挿入する．原文を示す場合は，その「　」内に括弧（　）で示す．また，中略箇所は……で示す．
6. 英語圏やスペイン語圏の人物や研究者の名前については，初出時に，カタカナ表記の直後に括弧（　）に入れてアルファベット表記を付す．内容に深く関わる重要人物の場合は，さらに生没年を付す．
7. 本文中における研究者の敬称は，すべて割愛している．

南北アメリカ華民と近代中国
―19世紀トランスナショナル・マイグレーション―

序　中国からのひとの「国際」移動に近代をみる

1. 本書の目的

　東アジアや東南アジアは，前近代から続く中国との地域関係を有し，華僑・華人の歴史も古い．近代になると，中国海外移民は，こうしたアジア圏域の外へとその生活と就労の場を拡大していく．中国から北アメリカやカリブ海地域，南アメリカ，オーストラリアなどへ向かう多数の「ひと」の継続的な移動は，このとき初めてはじまった．

　本書は，19世紀後半の中国から南北アメリカに向かうひとの移動に関する，特徴的な事例を実証的に研究し，これを通して，中国人移民コミュニティと中国との間に生まれた関係を明らかにすることを目的としている．ここで扱う事例は，海外移民集団と出身国とが遠距離を越えて互いを認め，連絡の回路を整えていく，そのプロセスで現れたものである．この時代に形成された移民と本国間関係を論じるにあたって，とくに南北アメリカ各地の中国人移民社会の内部構造をつくる主体であった，清朝駐米公使・領事と現地の中国人商人に焦点を当て，これを「官」「商」ふたつの重要なファクターとする．海外中国人社会の内部では，個人や団体がいかなる社会条件を反映し，いかなる機能を果たし，どのような総体的仕組みを持ちはじめたのか．一方で，移民の送出国である中国は，外交や行政レベルで移民社会とどのようなかかわりを有していったのか．この問いは中国に限らず，近代には海外移民社会と本国国家の関係性がどのように取り結ばれていったかという，移民と本国から見える「近代」に広く関心が向かうものでもある．

　歴史研究において近代を考察することは，ある時代から次の時代への，時期区分への関心と不可分だと言えるだろう．しかし，時期の特定のしかたは一様ではない．政体・政治や社会の制度の成立あるいは終了を画期に設定して議論をおこなうもの，あるいは文化・社会，または世界が全体的な変化や発展をしはじめて完了する，その期間を時代間の区切りと見なすものなどが

ある．たとえば中国近代史の領域では，1800年前後，1840年のアヘン戦争，1860年代，20世紀初頭，1920年代，1949年の中華人民共和国成立など，画期の設定はさまざまであるし，政治史と経済史，あるいは民国史と清末史などの専門によっても，またその専門のなかでの議論によっても，画期は異なっている．ここで言う近代とは何か．

　本書における近代への問題意識は，こうした専門の歴史研究の時期区分と異なるところ，むしろ現代的関心から発せられた．いま現在の世界で観察できる，中国やアジアから南北アメリカへ向かう人々——とくに環太平洋地域に向かうひとの国際移動と，それに伴って移動先の地域で高まる中国系やアジア系の人々のプレゼンス，そしてその旺盛な経済活動は，ときに父祖の土地であるアジアでの生活や就業のために移動する，還流のダイナミズムをも含んでいる．このような，太平洋を越える中国からのひとの国際移動は，過去に一度ならず勢いを失い，消滅に近い状態にまで落ち込んだ．しかし，一度つくられた組織や手順，システムは，その低迷期の間に消滅したわけではない．条件が整えば，過去のそれらは息を吹き返して機能しはじめ，過去ときわめて類似の現象が再度世界に立ち現れてくるのである．

　たとえば，1978年の中国の改革・開放をきっかけに，文化大革命の時期に沈滞していた中国の国内外のひとの移動は，高い流動性を取り戻した．農村から経済特区や大都市へ向かう国内移動，そして，労働や研修・留学，さらには移住などのかたちで国外へ向かう移動が活発になるなか，とりわけ広東省と香港から，アメリカ，オーストラリア，カナダ，そしてメキシコなどの太平洋に面した国々への移動や移住が急増したことは示唆的である．福建省からのひとの国際移動が台湾や東南アジア，日本へ向かうことに比べ，広東省からのそれには，遠距離移動と環太平洋地域への拡散に特徴がある[1]．歴史を遡れば，広東省からのひとの移動は19世紀半ばにはじまっており，主要な行き先にはこのときからアメリカや中南米があがっていた．これは，いま現在の広東省・香港からのひとの国際移動がその目的地とする，環太平洋諸国とおおむね重複している．また，より細かい事例になれば，ひとの国際移動の活性化に伴って地下や裏社会のビジネスも動き出し，近年の中国移

---

1) 吉原和男・鈴木正崇（編）『拡大する中国世界と文化創造——アジア太平洋の底流』，弘文堂，2002年；山岸猛『華僑送金——現代中国経済の分析』，論創社，2005年．

民の周辺で起こる社会問題や事件には，過去に中国移民についてまわったと同質のものが見られるようになった．「蛇頭」，英語圏でスネークヘッドと呼ばれる非合法の密航斡旋集団を介した不法入国の手段，さらに渡航費前借りゆえに，渡航先のスウェットショップ，すなわち搾取工場での労働に縛られてゆく中国からの労働者の姿などは，19世紀の苦力貿易や中国人契約移民と酷似しているとの指摘がなされている[2]．

このように，歴史のある時点の現象・問題の性質・社会の反応や人々の認識といったものが，現代に復活したその現象のメカニズムやその現象から派生するさまざまな事象や問題と，すでに相当程度の類似を有している事実は興味深い．近代という時代を，こうした可逆的なダイナミズムを内部に抱えこんだ空間ができた時代として認識するならば，中国からのひとの移動が初めて太平洋対岸地域に到るようになった時点の歴史研究は，現在のひとの移動の源にある構造を読み解く作業だと言える．すなわち本書では，その特定的な時期を，いま現在の時代への画期──「近代」と見なして具体的に検討し，移動現象が生じた原空間のしくみに注目している．ここにおける近代への問題意識は，現代の世界においてアジアから環太平洋地域へのひとの移動を引き起こし，移動したひとの社会のなかでいま現在見ることができる統合や秩序が形成される，その基層部分ができあがっていく契機を論じるところにある．言うなれば，馴染みのない過去である「前近代」から，私たちの時代である「近代」へ，変化するきっかけを説明しようと出発しているのである．

近代の南北アメリカのひとの移動から見た特徴は，第一に，熾烈な現象と厳しい相克である．東南アジアと中国，あるいは日本と中国との間のひとの地域間移動は，渡航先現地における地位向上や華人の現地行政府へのかかわりなどを含んでおり，移住適応や中規模資本のアジア圏域展開など，前近代から続く古いひとの往来を反映して，比較的穏やかな関係と言うことができる．しかし南北アメリカの場合は，日本や朝貢貿易圏内の東南アジアとは異なっている．南北アメリカの中国人社会は，近代に初めて開始したひとの移動によって形成された，新しいコミュニティである．そこには，苦力貿易，

---

[2] Ronald Skeldon, "Migration from China," *Journal of International Affairs*, **49**(2), Winter 1996.

大量の無資本労働移民の流入,中国人排斥運動,そして中国人排斥法の施行など,独特の熾烈な現象が見られた.まだ遠く離れた地域の間の往来は不便であったし,しかも欧米が主体でおこなう人種間交流の形態は,日本や東南アジアのそれとまったく異なっていた.ここに,近代における東南アジア・日本―中国間のひとの移動と,南北アメリカ―中国間のひとの移動の間の大きな違いがある.特定人種の排斥・攻撃など,近代のひとの移動による南北アメリカの関係性は,発生時点から厳しい相克を含むものであった.ハワイ,アメリカ西海岸,カナダ,キューバ,メキシコ,ペルーなどでは,中国からの移民の後に,日本から移民を受け入れる歴史が続く.これらの地で,日本人契約移民が経験した過酷な労働,借金による現地への拘束,社会からの差別,排斥などを注意深く検討すると,それは中国系移民が先に経てきた歴史経験と多くの点で共通している[3].そして実際,インドや日本,その他アジア地域からやって来た者が「アジア系移民」として南北アメリカで持つ共通経験は,まずこれらの地に渡った中国人の過去にさまざまに乗り入れ,交差している.中国移民史と初期の日本移民史との連続性には,背後に南北アメリカのアジア系移民史の大きな流れがある.

注目すべきもうひとつの時代性は,移民の送出国も受入国も国民国家形成の過程途中であるがゆえに,このときのひとの移動は,地域と地域の間の移動から,国と国の間の移動になっていった点である.平野健一郎が現代との比較のなかで,要所で言及しているように,近代におけるひとの移動は移民受入国も送出国も近代国家としての枠組みが整う最中に進行したため,国と国との間に成立する「国際」という概念は,形成過程にあった.開始時期の近代のひとの国際移動は,国際にカギ括弧が付く,「国際」移動であった[4].

---

3) アメリカとカナダでは,中国移民を対象とした上陸制限法が,日本移民にも適用されていく歴史があった.のみならず,20世紀初頭の初期日本移民史にはハワイ,キューバ,メキシコ,ペルーなどで,素手空手の渡航,契約労働,農地での厳しい作業,安すぎる賃金に厳しい監視などの艱難辛苦が頻出し,これは19世紀後半の中国移民の経験と似通っている.また,中国移民の現地生活に現れた,農業や都市労働の果てに小規模な資産をつくって生活が向上する現地生活パターン,一度移民した国から次の国に向かう再移民,移民の教育のために私財を投じて保育園や学校をつくる,高い男性人口社会ゆえの現地の女性との通婚なども,日本移民史に確認できる.たとえば,上野英信『眉屋私記』,潮出版社,1984年;倉部きよたか『峠の文化史――キューバの日本人』,PMC出版,1989年,を見よ.

4) 平野健一郎「人の国際移動と新世界秩序」,『国際問題』,412号,1994年;平野健

受入国は,宗主国からの独立や連邦制への参入など,国民国家としてどこまでが己(おのれ)の「国民」かを模索する過程で,課税制や上陸制限などの差別法の新設によって,自国内の中国人住民を自国民の枠外に締め出していく.かたや清朝は,在外中国人問題を通してみずからが保護管理すべき民の存在を海外に意識し,移民条約を結び,対策や政策枠組みを整備する——すなわち国民国家化するなか,逆説的に,近代的なステートとしての国家ではなかったその過去を,在外中国人にかかわる諸事項の上に強く残していく.ひとの「国際」移動が近代世界に姿を現すなかで,国家の枠組みが整う前から地域間を移動することを前提に中国域外で就労,商売する人々が,みずからの生活に被さってきた国家の枠付けにどのような意味を見出し,どのようなかかわりを持っていったか.当時の労働者や商人の実生活の前に現れた,「本国」としての中国には,近代国家の顔もあれば近代国家以前の顔もあった.中国が移民社会に与えた保護や後ろ盾の性質については,本書における重要な議論のひとつである.

　以上のふたつの時代的特徴を考えながら,近代中国からのひとの「国際」移動から見える,近代に生まれた国家と海外移民の関係性と,そのなかでの個人や集団の生き方が示す調整や可能性,移動した人々が形成する社会の特性を指摘していく.

2.　先行研究

　本書が枠組みとして重点的に参照した議論と研究は,北アメリカの「トランスナショナリズム研究」の成果である.北アメリカでは近年,とくに1990年代を中心に,近代の中国からのひとの国際移動に関する歴史学研究に,刮目すべき成果があがっている.

　まず認識しておかねばならないのは,移民一般の研究においても,本国とのつながりを維持しつつ移民先での暮らしを構築するというスタイルに目配りするアプローチ自体,比較的最近のものだということである.ニーナ・グリック・シラー(Nina Glick Schiller)をはじめとする社会人類学者の整理によれば,それまでは移民は出身国社会を完全に去り,新天地に根付くとす

一郎「ヒトの国際移動,中国の場合」,田中恭子(編)『現代中国の構造変動8　国際関係——アジア太平洋の地域秩序』,東京大学出版会,2001年.

る，20世紀半ばに確立した見方が優勢で，同化主義的アプローチが広い支持を得ていた．帰国や送金で出身国とのつながりを維持する移住のかたちが19世紀末からあることは，中国移民に限らず，南ヨーロッパ，東ヨーロッパ，北欧，トルコ，メキシコなどからの移民を通して，当時から認識はされていた．しかし，国民アイデンティティや同化現象に強い関心が向けられていた当時の学術や社会を反映して，この認識も，移民たちが最終的には完全にアメリカ社会に同化する，その不可逆なプロセスでの過渡的現象として解釈された．1980年代から，こうした同化前提の移民像を乗り越える研究成果が生まれ，1990年代初めになると，前述のシラーらが中心になって，国民国家の国境を跨ぐ移民や移住のネットワークや社会関係の存在を表す，「トランスナショナリズム transnationalism」または「トランスナショナル・マイグレーション transnational migration」のパラダイムを提唱しはじめた．

　トランスナショナル・マイグレーションのパラダイムは，移住者が居住国の政治や社会とかかわる一方で，出身国内の家族・経済・宗教・政治などとの紐帯を維持，構築，ときには強化しさえするという関係，とくに出身国とのつながりを中心的に議論するものである．出身国と移民の間で越境後も続くその関係については，一般に移民が最も優先する，出身国に残る家族との日常的かつ私的レベルのつながり，たとえば送金，家族再会のための呼び寄せ，そして最終的な帰国によって説明するものが多い．しかしトランスナショナル・マイグレーションはそこでとどめないところに議論の特徴があって，去ったはずの国家との継続的関係──19世紀末の場合，出身地の近代化事業や教育の振興のためにおこなう寄付行為や技術移植，出身国のためと標榜しての移住先での投票・デモ闘争・芸術活動・出産・自殺など，居住国で出身国へのナショナリズムを発露させるという，「越境する国民国家 transnational nation-state」の形成まで含んでいる．トランスナショナル・マイグレーションでは，このように移民の政治化，それも近代国民国家になってゆく出身団との越境政治共同体的つながりに目配りした．これは，エスニック共同体やネットワークというより，さらに包括的な「越境する社会的な場 transnational social field」として説明される[5]．

---

5) Nina Glick Schiller, L. Basch and C. Blanc-Szanton (eds.), *Towards a Transnational Perspective on Migration: Race, Class, Ethnicity, and Nationalism Reconsidered*,

さらにもう一点トランスナショナル・マイグレーションの議論の特徴として指摘すべきは，歴史性である．トランスナショナル・マイグレーションは，交通やインターネット，携帯電話などの連絡技術の飛躍的進歩の結果，20世紀末に初めて現れた新しい移民の生活のかたちとして解釈されがちである．これに対してシラーは，実際これは19世紀末に各国からアメリカにやって来た移民にまで遡及して見られる現象だと述べる．19世紀末から展開したグローバルな資本主義と，この時期から形成が進む近代国民国家とが結びついた結果，資本主義の原理によって貧富の別や労働の需要供給などが生じ，こうした要因によってはじまる移民は，現在に至る長いスパンで観察されるようになった．すなわち資本主義ならびに国民国家のいずれとも結びついた移民の姿が歴史的に在ることを意識した結果，近代の存在に気付くのである．シラーは，トランスナショナル・マイグレーションは国家の構造や，グローバルエコノミーの進展，政治指導者や知識人の国民国家概念の言説の変化などとも絡めて検討されるべきであるとも論じており，こうした方向性の研究の必要性も示している[6]．

　つまりトランスナショナル・マイグレーションとは，ただ単に越境の性格を持つ現象やネットワークを無制限に指すのではない．近代国家の成立ならびにその存在と，有機的にかかわる越境性を指している．

　歴史研究の専門分野を見てみれば，いま，カナダとアメリカ合衆国の中国移民に関する研究領域では，越国家，越国境の諸現象やその性質を指す，トランスナショナリズムの概念がすでに定着しており，華僑・華人の越境性を説明する重要なキーワードのひとつとして多用されている．トランスナショナリズムのほか，「ディアスポラ diaspora」，「グローバリゼーション globalization」，「脱領域国民国家 de-territorialized nation state」などの新しいことばに乗せて，中国移民の歴史が議論されはじめたのは，1990年代半ばか

New York: New York Academy of Sciences, 1992; Nina Glick Schiller, L. Basch and C. Blanc-Szanton (eds.), *Nations Unbound: Transnational Projects, Postcolonial Predicaments, and Deterritorialized Nation-States*, London: Routledge, 1994.

6) Nina Glick Schiller, "Transmigrants and Nation-States: Something Old and Something New in the U. S. Immigrant Experience," in Charles Hirschman, Philip Kasinitz and Josh DeWind (eds.), *The Handbook of International Migration: The American Experience*, New York: Russell Sage Foundation, 1999.

らである．

　北アメリカで，華僑・華人の歴史研究へ新概念を適用することについて，最初に整理し，議論したのは，アダム・マッケオン（Adam McKeown）の1999 年の論考であろう[7]．この論考によれば，従来の研究は，北アメリカ現地の華僑・華人を，本質的に中国と自己同一化して中国の文化やアイデンティティを維持し続ける人々として捉えるか，あるいはアメリカ市民として社会への同化適応を必然視して，過去の一時的現象として解釈するかという，中国か北アメリカか，どちらかのパラダイムに両分する傾向があった．また，国民国家を軸に華僑・華人を考えた結果，国家に華僑がどうかかわるか，そのかかわり方に焦点が当てられる，という傾向もあった．そのため，出身国と居住国を往来する生活や経済活動，越境して活動する組織，複数国の間で形成されるアイデンティティなど，ひとの国際移動にかかわるさまざまな現象は，国家や地域の周縁で生じる副産物として等閑視され，ひとつにまとまった中国移民や中国系の人々の像を結ばなかった．つまり，歴史学が国民国家を前提に研究されることと，華僑・華人テーマそのものが研究領域で周縁化されることは，表裏一体の関係にあった．ここから移民史を扱う場合に，国民国家を基軸にした場合のナラティブやアプローチがすでに限界をもたらすことに気付かされるのである．

　民族本質論にならず，出身国からの関与や影響を排除せず，それでいて二項対立的にならない，さらには国民国家アプローチを克服あるいは相対化できるアプローチとは，どのようなものであろうか．ここでマッケオンは，「ディアスポラ」という用語に着目した．ディアスポラは本来ユダヤ人の離散を指すが，現代の国際移動や越境に伴う人々の帰属意識，あるいは文化の新しいありかたを説明するために，1980 年代末から文化人類学やカルチュラル・スタディーズの領域で使われるようになり，1990 年代末には，共通の感情や文化，歴史によって結びつく遠隔地の人々に使う，包括的なニュアンスを持つ語句になった．この用語が汎用的であることから，マッケオンはディアスポラを史学研究の概念として成立させ，北米の中国移民史のなかにグローバルな移動・移住のプロセスを中心に研究する，ひとつの領域を設け

---

7) Adam McKeown, "Conceptualizing Chinese Diasporas, 1842 to 1979," *The Journal of Asian Studies*, **58**(2), 1999.

ることを提唱した．すなわちマッケオンの議論の最大の特徴は，歴史学を通して理解すべき人間行動のひとつに，移住と移動を加えたところにある．従来の研究アプローチのように華僑・華人という集団そのものを定義したり，叙述したりするのではなく，むしろ組織，アイデンティティ，ひとのつながりやひとの流れなど，華僑・華人の移動性にかかわる現象に焦点を当てるよう強調するところにある．

以上のように，マッケオンは越境性重視の史学構築という目的からディアスポラの概念化を試みたが，その後の華僑・華人の歴史学研究の流れを見ると，マッケオンが用語「ディアスポラ」を通して主張した新しい研究のかたちは，一連の「トランスナショナリズム研究」として結実している．1990年代末から2000年代初頭にかけてアメリカでは，華僑・華人をテーマに博士論文を執筆する大学院生の間でこの新しいアプローチが用いられ，その結果，とくに2000年以降，新概念を枠組みとする優れた研究が，あいついで出版された．

まずトランスナショナリズムの歴史実証研究に先鞭をつけたのは，マデリン・シュ（Madeline Hsu）の僑郷研究である[8]．僑郷とは，海外に労働者や移住者を華僑として送り出してきた中国の省・自治区，そして県など大小の行政単位を含んだ華僑の出身地を指していて，たとえば広東，福建，広西そして海南が四大僑郷省として挙げられる．シュの歴史研究は，最も名の知られた僑郷である広東省台山県のアメリカ移民の1882年から1943年の間，すなわちアメリカ合衆国が中国人排斥法を布いた時代を扱うもので，つまりはコミュニティ研究の側面も兼ね備えている．排華法の下，台山人は入国審査をくぐり抜けてアメリカ上陸を果たすために，僑郷における情報収集や渡航ルートの斡旋業者などとの折衝のなかでむしろ血族・親族関係を強めていったとし，排華法の時代にこそ，伸縮の弾性を持つ僑郷の「トランスナショナル・コミュニティ transnational community」の性質が強まったとの重要な指摘をおこなった．エドガー・ウィックバーグ（Edgar Wickberg）は，シ

---

8) Madeline Yuan-yin Hsu, "Living Abroad and Faring Well": Migration and Transnationalism in Taishan County, Guangdong 1904–1939, Ph. D. dissertation, Yale University, Department of History, 1996; Madeline Yuan-yin Hsu, *Dreaming of Gold, Dreaming of Home: Ttransnationalism and Migration between the United States and South China, 1882–1943*, Stanford, Calif.: Stanford University Press, 2000.

ュの博士論文が未公刊の段階からいちはやく注目し，中国移民のトランスナショナリズムを明らかにすることで，従来現代世界のそれに限定的に使われていた「グローバリゼーション」を，1900年まで引き上げて証明した，と評価した[9]．

シュに続きヨン・チェン（Yong Chen）は，サンフランシスコ中華総会館を中心に，近代のサンフランシスコの中国人コミュニティの構造を取り上げた．華僑社会の発展を時系列に追う従来のいわゆるコミュニティ研究と異なり，これはコミュニティと広東省との紐帯そのものを重要視し，その性格を「越太平洋社会 Trans-Pacific community」と特徴付けて分析したものである[10]．また，前述のマッケオンは，ペルー，シカゴ，ハワイの中国系移民コミュニティの比較研究を発表し，華僑・華人研究で初めて南米と北米そして結節点としての太平洋上のハワイを議論した[11]．19世紀キューバとルイジアナの華人契約労働者を扱った，ムーンホ・ジュン（Moon-Ho Jung）の研究もこの潮流に属している[12]．

これら北米の新たな中国移民・中国系住民の研究は，日本でおこなわれている華僑・華人研究がまだほとんど目配りしていない領域であるが，上述のような興味深い指摘を含み，多くの示唆に満ちている．しかしその一方で，これら北米でおこなわれた歴史研究には課題も残されている．最も大きな課題は，中国政府の働きかけをほとんど取り上げていないことであろう．ひとの移動，送出国である中国，そして受入国である環太平洋地域の諸国が，新たに設定してゆく法的，政治的，政策的な縛りや制限，あるいは調整，保護，情報や秘訣の伝授といったものの関係について，十分な検討をしなければな

---

9) Edger Wickberg, "Overseas Chinese : The State of the Field," *Chinese America: History and Perspectives*, **16**, 2002. 初出は "Overseas Chinese : The State of the Field," The paper prepared for the Regional China Colloquium, Simon Fraser University, March 4, 2000.
10) Yong Chen, *Chinese San Francisco 1850-1943: Trans-Pacific Community*, Stanford: Stanford University Press, 2000.
11) Adam McKeown, *Chinese Migrant Networks and Cultural Change: Peru, Chicago, Hawaii, 1900-1936*, Chicago: The University of Chicago Press, 2001.
12) Moon-Ho Jung, Coolies and Cane: Race, Labor, and Sugar Production in Louisiana, 1852-1877, Ph. D. dissertation at Cornell University, 2000; Moon-Ho Jung, *Coolies and Cane: Race, Labor, and Sugar in the Age of Emancipation*, Johns Hopkins University Press, 2006.

らない．とりわけ，移民社会への国家の影響を検討するにあたって，送出国側のそれを具体的に検討することは，重要な課題である．シラーが言及した「越境する国民国家」の創出において，送出国家はどのようにして，そしてどの程度，移民社会に越境してくるのだろうか．本書でおこなう議論は，まさにこの送出国である清朝の影響に焦点を当てたものである．

3. 用語の定義

アプローチの違いや史料読解の過程で得た着想や考えのために，本書で用いる用語には，先行研究で使用されている用語の定義と異なる使い方をするものがある．これは，先行研究の用語用法では，本書でトランスナショナル・マイグレーションの視座を応用する際に齟齬や限界が生じてしまい，内容に影響すると判断したため，独自の用法とした結果である．そうした用語は，以下のような定義付けの上で使用する．

①「華僑」「華人」「華民」

従来の研究では，生活と商業活動の拠点を中国の域外に置く中国系の人々のうち，中国国籍の人々を「華僑」，居住国国籍の人々を「華人」と呼び分けている．なお，このとき「中国の域外」に，台湾・香港・マカオは含まれておらず，これら3地域は中国域内の扱いである．つまり，華僑・華人という用語は，国籍の議論と一体であり，ひいては国民国家の存在を前提とするものである．かつ「華僑」という用語は，20世紀初頭になって初めて，中国本国や海外の中国人居留区で使われはじめた，歴史的に新しい用語である．それゆえに本書のように19世紀，とくに1880年代を中心とする研究では，必ずしも適した言葉ではない．「華僑」という用語はもともと国籍よりも，用語の生まれた時代的背景，なかでも当時急激に高まった中華ナショナリズムならびにそれに連動した中国への帰属意識と本質的に切り離せない用語であることを念頭に置くべきである．

ここでは，在外中国人一般を表すにあたって，「華僑」「華人」を使わず，代わりに「華民」という言葉を用いる．国民国家，国籍，ナショナリズムの高揚などで特徴付けられる，20世紀的なアイデンティティが形成される，それ以前の中国側の史料では，海外にいる中国からの人々を指して一般に「華民」や「華人」が使われる．このうち「華民」は包括的で，当時の状況

をより正確に表すことができ，かつ誤解を招かない最適な用語であろう．

②「華工」「華商」

　前者は華民のなかでも労働者，後者は華民の商人を指す．これもまた中国の域外で活動する中国人の職業別に，19世紀当時から中国語史料のなかで使い分けが見られるものである．本書が扱う時期の清朝は，版図や地方統治の機構や価値観を残しながら，海外の中国人の位置付けをどのようにおこなうか，行政上の在外中国人観を変えていく時期にあたる．このため，華工か華商かの使い分けはとくに重視すべきである．これらの用語は，本国の官人や読書人のみならず，当時から他ならぬ華商の間でも使い分けられていた傾向がある．当時の華商が華工に対して抱いていた階層意識の発露であるばかりでなく，華工を標的とする排華法がらみの議論や，中国の富国強兵策と密接にかかわる，商人の海外経済活動の議論ともリンクした表現である．したがって史料の表現通り，本書でも華民の労働者には華工，商人には華商を用いる．なお，史料訳出箇所に「華人」が用いられることがあるが，これは史料に準じたものである．そして，「苦力」として契約を結び，肉体労働に従事する華工は，「華工」ではなく「契約華工」と書き分ける．

　また華商という言葉の範囲は広く，史料では，物を鬻ぐ海外の中国人商人であれば皆華商とする傾向がある．ここには貿易商のような比較的中規模の事業をおこなう華商も含めば，露天商や，ときには野菜や雑貨，果物を天秤棒で売り歩く行商人まで含まれている．史料から判別できるときや，議論でとくに区別の必要があるときには，「貿易商」や「行商人」のように，職種や事業の規模を特定できる表現を用いた．しかし史料から判別できない場合は，そのまま「華商」を用いた．

③「中国人」

　本書では，英語やスペイン語史料で，中国人一般を指すChinese, Chino, Chinos, またAsians, Asiaticoなど，東洋人一般を指しつつも事実上中国人を特定している用語を訳して使う．華民の受入国あるいは居住国となった環太平洋の国家では，それらの国々の近代国民国家としての形成のプロセスにおいて，国民として排除すべき人種や西洋型の国家概念の下で，中国をひとつの国として捉えた．それは同時代の中国とはまた異なる，独自の社会を反映した視座である．このため，清朝側にとっての華民という表現と区別す

るために，直訳の「中国人」を用いる．

④僑務

「僑務」には，もともと明確な定義がない．一般に，在外華民にかかわる事務処理の意であって，実際に政治の舞台や社会で僑務という言葉が誕生し，使われはじめたのは民国期である．北京政府や南方政府の僑務局，南京国民政府の僑務委員会のように，そのときの中国政府がおこなった華僑・華人に関する施策や，その事務を専門におこなう政治機関の活動を指している．移民送出国が海外移民との関係において専門の組織や機構を設けて生じた，いわばきわめて 20 世紀的なしくみを表す言葉と言える．

しかし僑務は実質的に 19 世紀からはじまっていた．清朝では，1862 年成立の総理衙門と 1901 年成立の外務部が，海外華民の事柄を扱った．総理衙門では英国股，仏国股，美国股の 3 つの部署が僑務を扱い，これらの国における外交交渉や貿易，各国事情調査などと並んで海外華民事項があった．総理衙門が外務部として再編されると，その新機構のなかでは考工司と第五所の 2 か所が僑務を担当した．李盈慧は，これを中国における僑務行政体制の草創期とし，その行政機構の特徴は，僑務と外交が同じ機構のなかでおこなわれ，外交が僑務を兼ねていたところであると述べている[13]．さらに 19 世紀については，清朝の在外常駐公使が任地で排華法や排華暴動の犠牲になった華民の被害調査をおこなったり，損害賠償を求めて交渉を進めたりした動きも僑務に含まれる．清朝の領事館が設置されていく国や地域の広がり，領事館設置数の増加，華僑資本に注目した清朝官僚の建議，海禁令の廃止に関する国内政策，清朝官人の華民に向けた教育や文化政策も，僑務の範疇である[14]．

こうしたことから考えると，僑務とは，中国の政府や官僚が，国内外で展開する，中国域外の中国系の人々に関する議論・政策・実施すべてを含む大きな概念である．そのため本書では，清朝が海外華民との関係において，華民の「本国」についての自覚を強めていく過程でおこなうようになった華民関連業務を，広く「僑務」と捉えた．とりわけ 1880 年代から駐米公使が任

---

13) 李盈慧『華僑政策与海外民族主義（一九一二～一九四九）』，国史館，1997 年，18-19 頁．
14) 袁丁『晩清僑務与中外交渉』，西北大学出版社，1994 年．

地でおこなう華民関連の業務や政策一般を指すとき，この用語を用いる．

⑤「転航華商」

移民研究では，先の移民先から次の移民先へ渡航する人々を「転航民」という．「転航」という言葉には，出身国に戻らず，はじめに移民した国や地域から直接別の国や地域に移動する，再移民の形態が強調されている．日本移民や日系人の研究領域以外ではほとんど目にしない言葉だが，その日本移民研究でもそれほど頻繁に使われているわけではない．しかし，実際に日本移民の手記やそれをまとめた研究に注意をはらうと，転航民の存在はあちこちに確認できる[15]．焦点を当て難いためか，転航についての意義や作用を論じる試みは十分になされてこなかったが，最近の研究成果には転航民に注目するものがある．佐々木敏二は転航移民に一章を割いて言及し，また赤木妙子はペルーの日系移民研究の議論のなかで転航移民を精緻に追っている[16]．

こうした成果に倣い，最初の渡航先から南北アメリカの別の国や地域に再移民した華商を，「転航華商」と表現する．なかでもサンフランシスコから転航した華商は重要で，「サンフランシスコ転航華商」と呼ぶことにする．ペルー，メキシコ，キューバ，カナダなど，それぞれの国民国家単位でなされてきた華僑研究の成果には，いずれの社会についても，サンフランシスコから転航してきた華商の存在に言及があり[17]，彼らがそれぞれ，再移民先のチャイナタウンのコミュニティ形成に少なからぬ影響を与えていることを強く意識させられる．サンフランシスコ転航華商は，中国本国での経験を持つのみならず，最初の渡航先であるサンフランシスコにおける居住経験や事業経験，そして資本を持ち，再移民先で優位に活動した．しかし一次史料の

---

15) たとえば初期日本移民の山入端万栄の場合を見よ．出身地の沖縄から1907年にメキシコに渡り，その地でアメリカへの密入国を図るが失敗し，1916年にキューバに渡った．上野，前掲書，187-272頁．

16) 赤木妙子『海外移民ネットワークの研究——ペルー移住者の意識と生活』，芙蓉書房出版，2000年; 佐々木敏二『日本人カナダ移民史』，不二出版，1999年．

17) たとえば，Evelyn Hu-DeHart, "Coolies, Shopkeepers, Pioneers: The Chinese of Mexico and Peru (1849-1930)," *Amerasia Journal*, 15(2), 1989; Isabella Lausent-Herrera, *Sociedades y Templos Chinos en el Perú*, Lima: Congreso del Perú, 2000; Antonio Chuffat Latour, *Apunte Historico de los Chinos en Cuba*, Habana: Molina, 1927; Duvon Clough Corbitt, *A Study of the Chinese in Cuba 1847-1947*, Wilmore, KY: Asbury College, 1971 などに，サンフランシスコ転航華商の記述がある．

記録や二次文献の記述が断片的であるため，サンフランシスコ転航華商の具体的な役割や意義は中心的には論じ難い．ここでは，従来ほとんど指摘されてこなかった転航華商の重要性に目配りするために，この言葉を用いることにする．

⑥「華僑教育」「中文教育」

南北アメリカに渡った華民の圧倒的多数の出身地は，広東省である．本書で用いる「中文教育」という言葉は，広東出身の人々が話し，聞き，書く，広東の言語を前提にしており，なおかつ儒教典籍によって，読み書きの修得と人格の陶冶を図る，伝統的教育とする．これはいわゆる「華僑教育」として置き換えが可能な用語でもある．しかし，もともと「華僑教育」とは，民国初期から使用されはじめた用語で，海外の中国人居留区で現地の華僑団体や私人が設立した学校，帰国華僑を対象とする中国国内の官立学校，そして華僑資本によって僑郷に建てられた学校，およびこれらの機関でおこなわれる教育を指している[18]．しかし本書では「華僑」という言葉が人口に膾炙していなかった1880年代から分析をおこなうため，「教育」「国家」「国民」を前提とするこの言葉の使用は適切ではない．本書での「中文教育」は，「華僑教育」の代わりに，1880年代以降の華民社会の教育やその背景を当時の文脈のなかから適切に表現できる，包摂性ある言葉として，便宜的に用いるものである．

⑦「ひとの国際移動」

いわゆる移民を対象としてきた従来の先行研究のなかで，「移民」は国民国家と定住のふたつを前提に考えられてきている．好例が，emigrantとimmigrantという言葉である．前者は送出国にとっての出国移民，後者は受入国にとっての入国移民を示し，個人や集団の身体の一方向移動，ひいては生活拠点の定位化が大前提になっている．畢竟，国家にとってのひとの動きを，定住から判別する用語であると言えるだろう．「移動者 migrants」としての姿を中心にするために，華僑・華人研究では「一時滞在者 sojourner」を用いた時期もあり，移動生活のなかで人間がつくりあげる生活スタイルや生活戦略に焦点を当て，華僑そのものを論じやすくした．しかし移動現象そのも

---

18) 西村俊一『現代中国と華僑教育』，多賀出版，1991年．

のに焦点を当てる行為は，華民の自由度を強調しすぎるきらいがある．恣意的に国境を踏み越える自由な存在としての華僑像，あるいは国境に絡め取られない，しなやかな存在としての華僑像が生産され，近現代の領域国家が普遍的に生み出す国境や境界の縛り，国民の枠組みの縛りを，ともすれば軽視する．総じてこれらの用語には，常に移動を続ける人々の行為そのもののニュアンスが強いと言えよう．

　これに対して「ひとの国際移動」は，華僑・華人研究ではなく，文化人類学や国際関係論で多く使われてきたことばである．現代のグローバルなひとの移動性や拡散を前提にしている用語であるため，歴史学にはあまり馴染んでいない．本書では，越境の際に被さってくる縛りや，現地での問題，国や境界に対して抱く発想や実際の行動，相互認識を重ねて強化・変容する域外の人々と中国本国の関係などといった，ひとの移動によって新たに生成されたものを実証している．したがって，俯瞰的かつ近代世界史的な視座から華僑・華人の地域間移動を表現する必要があるときに，この言葉を使用する．

4. 研究手法と史料操作

　本書では，関係文献を収集し，分析する，文献実証史学の方法を用いている．そのため南北アメリカの複数の地を訪れて資料を閲覧・渉猟し，史料や二次資料の持つ利点や限界，その克服について随時考えを進めていった．とくに南北アメリカ華民研究を進めるうえでの史料操作の面で，いくつかの留意点をまとめておきたい．

①地域差，量質のバランス，史料の喪失・廃棄，アクセスの不自由

　華民関係の史料は，南北アメリカ各地に散在している．さらに現地の災害・政変・管理不備，そして史料というものの価値に対する理解不足のために，一部もしくは全部が損傷，喪失されている場合が多く，廃棄された場合も少なくない．また中華総会館のような団体が保管していても，当地の華人の政治的社会的立場を反映して，外部者に対する警戒が依然強く，閲覧できる範囲や機会が限られている場合もある．

　たとえばサンフランシスコの場合，1906年のサンフランシスコ大地震で，現地華民社会に残されていた中国語史料は壊滅的打撃を受けたとされている．大災害で史料が失われるという説明は，経験の浅い研究者にはどこか納得し

難く，つい史料探しを続行してしまう．しかし身近な事例として1995年の阪神・淡路大震災がある．震災が現地史料に与えた打撃については，神戸で長年地道に史料を探訪し整理してきた研究者たちも，やはり震災で神戸華僑関連の史料が相当程度失われている，と結論付ける．記録的な災害のあった地域の史料の残存率は，非常に低いと見なして大きな間違いはないと考えられる．

　また，現地社会に急激な政治的変化があり，これが華民コミュニティに直接影響を与えた過去がある場合も，その地における史料アクセスは困難である．たとえばキューバの華民がそれにあたる．20世紀前半のキューバ華人団体は国民党と関係が深く，またアメリカ寄りの資本主義経済に則って，ハバナのチャイナタウンは経済的爛熟期を迎えた．しかし1949年に中国大陸では中華人民共和国が成立し，さらに1959年にはキューバ社会主義革命が起きた．現地華人の位置付けは2度にわたる体制変化の影響を受けているため，内部資料をめったに部外者に公開しない．

　なかでも研究者にとって困難な現実は，史料アクセスの不自由である．たとえばニューヨークやキューバの中華総会館は，現在も会員のために機能しており，外部からの内部資料へのアクセスは難しく，現地の研究者さえ無念や諦観，笑いとともに失敗談を語る．よしんばアクセスに成功しても，すべてを公開することはないうえに，その部分的な史料が検討課題に応える性質のものである保証も，全体像の把握に耐える分量である保証もない．

　概して南北アメリカ華民関係史料は，整合性に欠け，かつ保存状態が良好でなく，恵まれた状態で目にすることはまずないと言える．

②中国人の国際移動の「ハブ」での史料調査収集

　前述のような限界をある程度乗り越えるには，時間をかけて現地の中国系の人々との間に信頼関係を築き，ともに華僑史や史料の重要性を学んでいくのが，最も理想的な取りくみとなる．アメリカや日本の特定の研究者が，国内や他国の華僑・華人団体と強い関係を築いているのは，かけた時間，ならびに学術成果を還元し共有する姿勢から生まれる信頼に比例している．

　また，とくに北アメリカの場合は，研究者の配慮で，すでに大学図書館や資料館に史料が寄贈されているので，レファレンスブックなどを手がかりに所蔵場所に通じていると有効である．

さらに，現地華民関連の史料は，移動の中継地である都市や，複数地域への移動のハブである都市の学術機関や公立図書館にまとまって残存している場合がきわめて多く，こういうところで見つけた史料は，現地でアクセスの難しいものや喪失していたものであったことも少なくなかった．たとえば，キューバ華人関連史料は，フロリダのみならず，昔もいまも，カリブ海地域と交通や物流のアクセスを持つニューヨークにもある．ニューヨーク市立図書館（New York City Public Library）には，契約華工の導入に関するスペイン語史料のマイクロフィルムが充実しており，分量は多くはないがハバナの中国系移民が中国語で発行した新聞や雑誌なども所蔵されている．史料の限界を克服するには，まず華民の歴史的な移動ルートを押さえ，そのうえで史料の分散の特徴を把握すべきである．サンフランシスコ華民関連史料は，サンフランシスコからの華人の移動が盛んであったバンクーバー，サクラメント，ポートランドの華人史料のなかにも求められる．

③理想的な地域での成果を指標，またはヒントに研究考察する

南北アメリカで質，量，アクセスの点で最も優れた状態にあるのは，カナダ西海岸のブリティッシュ・コロンビア州ビクトリアおよびバンクーバーであった．同地の史料とその編纂ならびに華僑研究の成果には一定の分量とまとまりがあり，質も高い．そのため，南北アメリカ華人移民の研究全体を考えるうえで，多くの示唆を得られる．ブリティッシュ・コロンビア州は，サンフランシスコやキューバのような大災害や急激な政治変動がなかったため，現地の史資料が深刻に喪失・破壊されていない．また後述のように，1950年代からチャイナタウンでは，中国で歴史学の高等専門訓練を受けた移民知識人が活動しており，史料編纂もおこなわれている．そして1960年代には当時のアメリカ合衆国を凌ぐ北米華人研究の中心地であり，いまでもアメリカ合衆国以上にオンライン化が進み，そこから情報が包括的に得られる[19]

---

19) ブリティッシュ・コロンビア州の資料館・古文書館の横断検索オンライン "British Columbia Archival Information Network (BCAIN) http://aabc.bc.ca/aabc/bcaul.html" を使用すると，華人コミュニティの発展状態が州全体規模で包括的に理解できる．さらに2001年に開設したカナダ全域の歴史資料検索サイト "Canadian Archival Information Network http://www.archivescanada.ca/index2.html" も充実し，ブリティッシュ・コロンビア州のみに限らずカナダ横断的に資料の所在と種類を把握できる（2008年9月7日閲覧）．

などの利点がある．現在も新しい史料やコレクションが発掘・寄贈され，1999 年に The Chung Collections[20] がブリティッシュ・コロンビア大学に寄贈されるなど，恵まれた状態にある．

　また，キューバの中華総会館は，これまで歴史文献で確認するしかなかった会館機能の多くが，アメリカの経済封鎖の影響でいまだに強固に維持されており，実際に目視する幸運に恵まれた．アメリカの中華会館は，1970 年代にアジア系アメリカ人運動が起こった折，運動体からコミュニティの封建保守勢力の象徴として攻撃され，いま現在その機能は交流やレクリエーション主体に変質しているものも多い．2002 年 6 月 11 日〜7 月 1 日，ハバナチャイナタウンで現地華人団体関係史料の調査と収集活動をおこなったとき，資料館での作業のほか，現存する華人組織 13 団体のうち最も有力な 2 団体，Grupo Promotor del Barrio Chino 華区促進会[21]と Casino de Chung Wah 古巴中華総会館（アルフォンソ・チウ〔Alfonso Chiu〕会館総董）に直接出向いて史料の有無を打診したが，このとき今日の団体の活動と機能を詳しく知ることができた．また，2003 年 5 月 30 日〜6 月 3 日にはハバナ大学歴史学部と華区促進会の共同主催で "Conferencia Teorica Internacional en VI Festival de Chinos de Ultramar（Festival of Chinese Overseas and International Theoretical Conference)" が開催され，現存するキューバ華人団体の多くが内部を開放して大会参加者に見学させた（図 1）．現在の現地華人コミュニティの活動を参照できる地域は限られているが，機会を捉えると，史料読解に役立つ感覚的理解を得ることができる．

④「創立記念特刊」の入手と 1950〜70 年代の南北アメリカ華僑研究の掲載史料

　注目すべきことに，華人コミュニティ内部で編纂された出版物に，史料が転載・収録されている場合がある．南北アメリカの華人団体，とりわけ統括団体である中華総会館では，1960 年代以降，各地で，創立記念行事の一環として自発的に団体史やコミュニティ史を編集し，メンバーに配布する動きが認められる．「記念特刊」のタイトルで発行されるこうした冊子は関係者に無料配布される非買品で，パンフレットと書籍の間ほどの厚みを持ってい

---

20) http://www.library.ubc.ca/chung/main.html（2008 年 9 月 7 日閲覧）．
21) 1990 年代前半に発足したハバナチャイナタウンの商業発展を第一目的とするコミュニティ振興団体．

 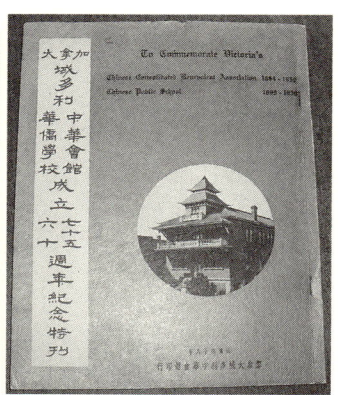

図1　ハバナの洪門致公堂
別名，民治堂．学会開催中に内部公開した．かつてのキューバ洪門三合会．2003年6月2日筆者撮影

図2　記念特刊の冊子
ビクトリア中華会館と華僑学校が発行

る．そしてこれに19世紀の団体創立の背景や清朝の在外公館との関係の概説史がまとめられ，清朝官僚と会館董事の往復書簡が収録されていることが少なくない．今回，カナダのブリティッシュ・コロンビア州ビクトリアの『加拿大域多利中華会館成立七十五周年・加拿大域多利華僑学校成立六十周年記念特刊』（図2）と，ペルーのリマの『1886-1986 秘魯中華通恵総局与秘魯華人：秘魯中華通恵総局成立一百周年記念特刊 Sociedad Central de Beneficencia China y la Colonia China en el Peru』の記念特刊を入手することができたことが，大いに役立った．

　また，現地の華僑・華人知識人の中国語の華僑研究書は，いまは所在のわからない史料について，部分的にあるいはその全文を掲載している．このため，これを参考にすることで史料的限界を緩和できる．とりわけアメリカ華僑史を著したサンフランシスコの劉伯驥，そしてカナダ華僑史のビクトリアの李東海の著作は参考になる．両者とも中国で歴史学の高等専門訓練を受け，1950年代に北米に移民し，チャイナタウンで教師や中国語新聞発行などに携わり，中華会館のメンバーでもあった．中国語史料に対する言語障壁を持たない移民一世の彼らが，アクセス可能な中国語文献を使い，史料引用を重視する中国の歴史学アプローチを用いながら著したことが，結果的にプラスに働いていた[22]．

5. 太平洋対岸の華僑史料保存と歴史学者

　是非示しておきたいのは，現地華人みずからの手による史料の編集についてである．南北アメリカのどの地においても，中華会館の設立にかかわる直接の現地史料は，アクセスに障害があり，整合性や保存に問題があった．しかし，カナダのブリティッシュ・コロンビア州は，稀有な保存・公開を誇る幸運な例外であった．同州での史料調査では，後述のように，会館設立前後の事情，設立の手順，清朝の外務官僚の具体的なかかわり方など，かなりの程度，具体的な動きを把握できた．この調査中に気付いたのは，華僑関係史料の後世への残り方は，現地に自覚的な研究者がいるか否かによって，大きく左右されるということである．中国大陸や台湾の史料は，国家が史料保存と編纂をおこなう中国の文化的・政治的伝統があるため，あるいはまた知識人が記録を残す伝統を担うため，史料が豊富で，保存状態も得てして良い．だが中国の域外，とくに海外華僑社会に残る中国語史料の保存と編纂については，結局のところ個人レベルに帰することになる．

　この点で特筆すべきは，李東海である．李東海，英語名ディヴィッド・リー（David T. H. Lee）は，カナダという一国家の中の中国系に関する歴史研究書を初めて著した人物である．広東省台山県の生まれで，曾祖父と祖父は清代の咸豊・同治年間（1851～75年）に，アメリカで華工として働いた帰国華僑であった．李東海自身は厦門大学歴史学科で学んだのち，1950年代後半にブリティッシュ・コロンビア州ビクトリア市に渡った．渡加してすぐビクトリアのチャイナタウンの寂れ方に危機感を抱き，その歴史に興味を持ったという．1960～70年代にコミュニティで華僑新聞『僑声日報 Chinese Times』記者，ビクトリア市華僑公立学校校長，台山懇親会代表を務め，ビクトリア中華会館の秘書をも兼任した[23]．このとき役職上，日常的に中華会館内部に残されている会館漢文史料を吟味する機会に恵まれ，これを歴史

---

22)　なお劉伯驥のアメリカ華僑史は，この研究領域の発展に多大な貢献をしているが，議論は非常に台湾の中国国民党寄りである．劉伯驥は広東省台山に生まれ，渡米後は華僑新聞『金山国民日報』の編集長となって反共思想を喧伝し，1980年代には中国国民党中央評議員を務めた．1976年に台湾の僑務委員会の要請で出版した，初のアメリカ合衆国華僑史が『美国華僑史』（台北：行政院僑務委員会，1976年）であり，その後も台湾の中国国民党政府の意向を受けてアメリカ華僑史研究を数々出版した．

23)　李東海『加拿大華僑史』，Vancouver：加拿大自由出版社，1967年，「張序」，1頁．

研究者の視点から整理・転写しはじめている．李東海は，この会館史料の数点とこれを用いた研究成果を，まず1960年に，ビクトリアの華僑学校と中華会館の合同成立記念行事の一環で，みずからが主任編集した『加拿大域多利中華会館成立七十五周年・域多利華僑学校成立六十周年記念特刊』に収録した[24]．記念特刊の性格上，ここでの史料編集はコミュニティ内部でのささやかな発表にすぎない．しかし，これこそカナダにおける華僑現地史料の最初の活字化であった．こののち李東海は，初の包括的なカナダ華僑・華人史『加拿大華僑史』を中国語で上梓した．会館史料はこれにも一部掲載されており，より広くアクセスできるようになった．以上，専門訓練を受け，思想的にもバランスのとれた歴史家が現地コミュニティに存在したか否かが，のちに現地史資料の維持とアクセスを左右するということを，改めて理解できよう．

　李東海はまた，同時代の北アメリカ人研究者の北米華僑研究にも貢献している．スタンフォード・M. ライマン（Stanford M. Lyman）とウィリアム・ウィルモット（William Willmott）は，アメリカとカナダの西海岸中国移民史の第一人者として1960年代に北米華僑の組織や団体の研究を進めた研究者で，両者ともチャイナタウンの華僑研究者や華人団体の関係者と交流を持ち，多くの情報を得ている．とくにウィルモットはバンクーバー市内とその郊外，内陸，そしてバンクーバー島に散らばる中国人コミュニティで，多数の関係者に中国語や英語で網羅的にインタビューをおこない，各華人団体の歴史や機構の内部，団体相互の関係などを詳細に聞き取り，成果を挙げている．この調査中，李東海の紹介でアクセスした華人団体関係者は少なくない[25]．さらに1961年4月には李東海自身へのインタビューののち，李東海の同伴でビクトリアのチャイナタウンでいくつかの主要華人団体の内部を見学し，英語版中華会館会則を転写し，5月にはライマンも交えて華人団体に関する情報を得ている．このときウィルモットとライマンの2人が李東海から聞き得た内容は，公所や同郷会館などコミュニティ構造に関する基本情報

---

24)　なおパンフレットに収録された会館文書の原本は，現在ビクトリア大学図書館が収蔵している（University of Victoria, McPherson Library Special Collections, Chinese Consolidated Benevolent Association fonds, AR 030, Box 1, File 4.3）.

25)　Willmott's Fieldnotes, Box 12, File 12-8 & 12-9, in Chinese Canadian Research Collection, Rare Book and Special Collections, University of British Columbia. 以　降，

をはじめ，中華会館創設の背景や 20 世紀初頭の保皇党と致公堂の抗争などのコミュニティ史，さらには共産党支持の若年層と親台湾である老年層，同姓団体が中華会館よりも政治力も経済力も結束も強い事実などといった，外部の人間の知り得なかった情報にまで及ぶ．両者は「カナダの華人はビクトリアの中華会館を基点に緩やかに連結している」，「コミュニティの内部抗争は本国に端を発する性質」などの知見を得ており，コミュニティへの理解を飛躍的に深めていった様子がよく表れている[26]．

おそらく，李東海が移民先でカナダ華僑の歴史研究を手がけた動機は，単純な「寂れたチャイナタウンへの危機感」ではなく，北米の中国人ならではのいくつかのねじれが作用してのことと考えられる．李東海自身も「中国文化は偉大であり我国五千年の建国の基礎であり，その学術・倫理・社会は世界の先駆けであった．身は海外にあり生活習慣は祖国と異なるのだが，我々は畢竟中国人なのだと知るべきである」[27]と，中国そのものに正統性を求め，その中に北米華僑を位置付けていた．しかしカナダでは中国系への差別が依然として根強く，中国人であるがゆえに否応なくかかわってくる問題があった．たとえば李東海は『加拿大華僑史』英語版の出版に意欲があり，ウィルモットに英語の草稿を預けて出版社を打診したが，当時のカナダ社会が華僑に向ける関心は低く，かなわなかった[28]．

このように，李東海には，歴史研究者の専門訓練を受けたバックグラウンド，移民先の華僑コミュニティにとって正統な本国出身の知識人であるという矜持，さらに中国系の人々の現地での困難なスタンスといったいくつかのファクターが絡んでいる．おそらく，中国に文化の正統性を求めて，中国文化の再活性化をめざす文化事業を仕掛けることが，この時代にカナダの華僑社会で生きる人生を選んだ己を肯定できる，アイデンティティの拠り所であ

本コレクションは CCRC, UBC と略記する．
26) Willmott's Fieldnotes, April 14, 1961 in Box 12, File 12-9 and May 29, 1961 in Box 11, File 11-28, in CCRC, UBC.
27) 李，前掲書，470-471 頁．
28) Willmott's Fieldnotes, April 14, 1961, in Box 12, File 12-9 and May 2, 1962 in Box 11, File 11-28, in CCRC, UBC. 出版されなかった英語原稿は現在ブリティッシュ・コロンビア大学に収められている（Box 25, File 25-54 in CCRC, UBC）．なお，自身のアプローチは挫折したものの，その著作はのちに北アメリカ人研究者が編集したカナダ華僑史研究書 *From China to Canada: A History of the Chinese Communities in Canada* のなかで多く引用され，研究内容が英語媒体に反映されている．

ったと思われる．新聞や学校，華人団体にかかわりながら，関係史料を整理し活字化し研究をおこなったその背景には，現況でカナダや中国といった特定の国家を拠り所にすることができないため，中国文化という形而上のものを追う，矛盾を抱えた，しかし真摯な研究者の姿があると言えるだろう．

以上のように，中国から新たに華民コミュニティに入った自覚的な移民知識人の作業が，北アメリカの華僑・華人史研究の誕生を実質的に担っていた．その成果が，いま結果的に，今日の南北アメリカ華僑研究の資料的限界を緩和する役割を果たしているのである．

6. 章の構成

本書は2部構成となっており，第Ⅰ部は「華工の越境と国家」とし，第Ⅱ部は「南北アメリカの『官』と『商』」とする．

第Ⅰ部「華工の越境と国家」——第Ⅰ部は中国から南北アメリカに向かう近代のひとの国際移動について，ひとの流れが起こり，終息するまでに生じた特徴的な国際問題のいくつかを，3つの章で事例研究する．こうして全体を通して，近代中国と南北アメリカの間の労働力移動の性質を考察する．なかでもラテンアメリカの苦力貿易や，南北アメリカにおける華民の姿，そこへの清朝のかかわりを明らかにしてゆく．ここでの議論は契約華工が中心であり，近代における中国から南北アメリカへのひとの地域間移動は労働力移動が本質であること，それゆえに北アメリカへは1882年の排華法成立が，また南アメリカへは1874年のマカオ苦力貿易の禁止が，このひとの移動現象をいったん終息させる原因になっていることを確認する．それとともに，こののちの1880年代以降の南北アメリカの華民コミュニティではじまる，清朝官人と現地華商との関係を念頭に置きつつ，その官商関係が先立つ華工の時代にどのような萌芽を見せているかについても確認する．

第1章では，中国から南北アメリカに向かうひとの国際移動こそ，近代の到来を告げるものであると論じるために，前近代の南北アメリカと中国との関係から論じはじめる．そして近代のアメリカ，ペルー，キューバへの中国からのひとの移動に関して，労働力需要の高まった原因，国際問題，中国側の対応をまとめる．

1870年代末から，清朝政府は南北アメリカ現地に領事館を設置し，現地

の状態を把握できるようになる．しかし，これに先駆けて中国がみずからのチャネルを使い，両地域間のひとの行き来の実態や，現地の華民の実情把握をしようとした動きが，1874年にペルーとキューバ両地域で同時に実施された現地華工調査である．清朝政府は1874年3月にキューバに陳蘭彬，1874年9月にペルーに容閎を責任者とする調査団を派遣し，華工の実態を調査した．第2章では，容閎と陳蘭彬がそれぞれ中南米でおこなった調査の成果レポートを中心に分析する．これを通して，海外の華民と清朝政府の官僚との間で相互理解がなされ，政治的・社会的関係がつくりあげられてゆくプロセスを確認し，1870年代前半のトランスナショナル・マイグレーションを詳細に検討する．

第3章では，1878年ペルージア号事件を通して，1874年マカオ苦力貿易禁止令のその後の効果を確認する．中国からラテンアメリカへのひとの国際移動は多分に苦力貿易に負うもので，ラテンアメリカと中国という相離れた地域が太平洋を越えて乗り入れ合う関係を築いた主因は，近代の半強制的なひとの移動であった．そのため両地域間の事件や外交，交流には，労働者の輸送形態とその問題が集中的に現れた．そこでは苦力貿易論議を通してアジア・北米・南米・ヨーロッパの国々のみならず広東地方社会といった局部的な単位も，ひとつの場に連結されてくる．この章はこうした近代国際関係が1874年以後，中南米のおこなう苦力貿易に対して，複数の国家が抑制をかける「場」として機能する様を確認するものである．

第Ⅱ部「南北アメリカの『官』と『商』」——華工から華商に重点が移る第Ⅱ部は，清朝，すなわち移民にとっては「本国」という存在が，移民の在外生活に継続的かつ有機的なつながりとして関係してくるプロセスを追う．具体的には，新たにやって来た清朝の官人と，現地で生活と経済の基盤を築いた商人層によって代表される社会が，つなぎ合わされてゆく様相を明らかにする．清朝が新たな政策領域を設けて海外の中国人を包摂する1870年代末から1911年までの間，転換期として重要な時期が1880年代である．第4章以下はこの1880年代を中心に検討し，どのように華民社会が契約華工の過去と連続し，一方で断絶するかを明らかにしながら，コミュニティで台頭する華商層に焦点を当てる．こうして，華民と本国との間で創出され強化される，トランスナショナル・マイグレーションの関係性を実証する．南北ア

メリカ各地の華民社会において，統括団体「中華会館」がサンフランシスコ，ビクトリア，リマ，ハバナそれぞれの地で設置された事例を検討し，とりわけ官と商の関係を通じて，近代とは何かを考える．

　第4章は，次に続く第5章での議論に備えて，清朝の駐米公使「出使アメリカ大臣」と領事館設立以前のサンフランシスコ華民社会について，必要な情報を整理した章である．ここでは，1880年代から南北アメリカの華民社会に官と商の関係をつくりあげていくふたつの主体のうちのひとつ，清朝の常駐外交使節とその領事官が，当時どのような性格を持つものであったかを確認する．次いで，官の常駐以前に，華民コミュニティでは自発的にどのような秩序が発展したか，商の存在から論じる．

　第5章では，サンフランシスコに在外公館ができた1880年代以降，この地の華民社会がどのように変容したか，中華会館を中心に検討し，その官商の関係性から，海外移民社会のなかの「本国」の存在を考察する．

　第6章では，サンフランシスコの中華会館が，官の手を経てカナダ太平洋岸に「輸出」された事例を論じる．この事例は，サンフランシスコ中華会館をモデルとする「中華会館」という組織のかたちが世界各地へ伝播した経路を考える，ひとつめの示唆を与えるものである．まずブリティッシュ・コロンビア州ビクトリアの華民コミュニティが，その形成段階でカリフォルニア，とりわけサンフランシスコとの地域的つながりの中で形成されていったことを確認する．次いで，同州における中国人差別法の制定とカナダ太平洋鉄道の建設が，ビクトリア中華会館の成立に至る影響を及ぼしたことを明らかにする．そして，カナダ最初の中華会館であるビクトリア中華会館の設立前後における現地華商の動きを，サンフランシスコの清朝総領事館との関係から詳述する．ここでは，中華会館の設立の具体的な移植過程が明らかにされ，官から別の移民社会の商へ知識や経験が伝授されてゆく，官商の調整・協力関係が詳述される．最後に中華会館の会館規定や19世紀末の中華会館の活動の特徴を論じ，中華会館の設立後に起こったカナダ華民社会の変容を考察する．

　第7章は，サンフランシスコ中華会館が，官の手を経て別の地の華民社会に移植された，ふたつめの事例である．中南米の太平洋岸における官商関係を，北米の太平洋岸と比較しつつ，その特徴を論じる．まずパナマ地峡から

チリにかけての太平洋岸での華商とそのコミュニティの様相を，先行研究と史料から詳述する．そして，そのなかに見える，官人と華商の接触の意味を考察する．次いでペルーにつくられた中華会館である「通恵総局」を検討し，現地の商がその役職に就くことに見出した意味を考察する．さらに，ほぼ同時期に清朝の在外公館が南米太平洋岸に商董制度や代理領事制度を設けたが，これに商が積極的にコミットする意味も合わせて論じる．

第8章は，キューバのハバナにおける，サンフランシスコ転航華商と中華総会館の別のかたちを論じるものである．とくに転航華商が現地のコミュニティに与えた影響について考察し，次いでハバナの中華会館について検討を加える．このテーマに関してはキューバ現地の史料公開状況に限界があったため，まだ初歩的な考察にとどまっている．この章は，今後の研究の方向性を示唆するにとどめる．

最後の第9章では，本国官人が19世紀末に南北アメリカ華民に向けて現地でおこないはじめた最初の中文教育とその発展過程に着目して，近代における中国の新しい政策領域としての「海外華民」，広くは国民の枠組みの設定を考察する．この章では，近代の中文教育が海外中国語教育の草創期にあたり，かつこれもトランスナショナル・マイグレーションのひとつと見なし得ることが明らかにされる．官人たちは清朝の近代化プロジェクトの一部に取り込むために，とくに華商の子弟を教育しようとした．在外華民への中文教育の計画とその教育機関の設置は，まさに1880年代半ば，清朝の国内改革期に起こり，以後間歇的に続く．それぞれの教育計画が，中国近代史の重要な改革時におこなわれた教育改革の流れを汲むこと，またこうした教育計画にコミュニティがどのように反応したか，現地事情の違いを考察しながら追っていく．海外において，中国系の家庭や中国人社会全体が有している中国語教育志向は，現代も広く見られ，現代につながるテーマである．

第Ⅰ部　華工の越境と国家

1874年，ペルー調査出発前に撮影された容閎とトウイッチェル，[本書第2章]，イェール大学バイネッキ稀書古文書館所蔵

第 1 章　地域間移動から「国際」移動へ
―中国からの移動のはじまり―

第 1 節　近代的文脈のひとの「国際」移動

　中国と南北アメリカ，両地域の間に成立した関係は，いかなるものであったのか．まず，越境現象によって成立する太平洋両岸関係のはじまりを見れば，中国―南北アメリカの場合は 16 世紀まで遡ることができ，そこには間歇的な交通，交易，少数の現地居留者の存在が観察される．このとき，中国と南北アメリカのふたつの地域を取りむすんだ媒体は，ひとではなく「もの」，すなわち商品であった．

　中国と南北アメリカ地域全体の関係をより局地的に見ると，最初に相互交流が成立したのは，東アジアとラテンアメリカ間の地域関係である．それは 16 世紀から 19 世紀初頭まで続いたマニラ―アカプルコ間ガレオン貿易（1565～1815 年）による，ものの移動によって成立した．

　1571 年にスペインに占領されたフィリピンのルソン島マニラは，インド・シャム・ボルネオ・中国・日本・モルッカ諸島などのアジア各地から，平底帆船ジャンクで運ばれた生糸・絹・毛織物・陶磁器・スパイス・工芸品などが集められる，物流の結節点として急速に発達した．なかでも中国生糸と中国絹は，スパイス以上の交易品としてスペイン人商人の目を惹いた．当時マニラに住むスペイン人そして当時ヌエバ・エスパーニャと呼ばれたメキシコ出身のクリオーリョは，東洋貿易の輸出特権を得て，外洋航海に適した大型のガレオン船で太平洋を横断し，中国からの生糸や絹をはじめとする物品をメキシコのアカプルコに運んだ．アカプルコに到達したアジアの物品の流通には，しかし，制限が加えられたため，このときのものの移動による両大陸間の関係が成長するには限りがあった．良質で安価な中国絹は，スペイン絹に勝る競争力を持ち，これがスペイン―中南米間の貿易を手がけるスペイン

本国の少数の特権商人と絹織物産業の脅威となった．このため王室が，本国
の権益を保護する一連の貿易規制法を設け，東洋貿易品の完全で自由な広域
流通を押さえ込んだのである[1]．このように重商主義下の制約を受けながら
も，それでも東洋の交易品は，ガレオン貿易の時代に，アカプルコに先端を
伸ばす南米の経済圏に連結されるかたちでラテンアメリカ太平洋沿岸地域を
南下した．一方，アジアにも，ガレオン船によって大量のメキシコやペルー
の銀が貿易対価として流入し，中国の市場構造を大きく変えた．各種食料や
日用品，カカオやコチニール染料のほか，ゴム・バナナ・タバコ・トウモロ
コシ・サツマイモなど，のちにアジアの生活と経済を大きく変える産品・種
苗もこのとき到来した．

　マニラガレオン貿易時代のひとの移動は，のちの時代に比べれば人数も頻
度も少なかったが，移動の範囲は広かった．1573年にフィリピンがメキシ
コ副王の行政下に入ると，アジア拠点としての重要性から諸問題に迅速に対
応できるように，最高行政官である総督や司法長官には，スペイン本国では
なくメキシコ副王領から官僚が派遣される傾向があった．修道士会所属の修
道士も布教目的でやって来た[2]．またこの時代には，出身国の域外に仮寓す
る少数のアジア人も現れた．中国は10世紀の宋代に急激な経済成長期を迎
え，中国南部の港湾都市が海上交通と商業貿易の拠点となり，そこから渡っ
た中国人商人が東南アジアやインド西岸で交易をおこなっていた．ガレオン

---

1)　スペイン王室が設定した，ガレオン貿易に加えた一連の規制には，ペルーの東洋貿
易禁止令（1582年），そのグアテマラ等の地への延長適用（1591年），ガレオン貿易
を王室が独占事業化（1593年），メキシコ—ペルー間を対象とする植民地間交易の禁
止（1631年），メキシコへの中国絹輸入の全面禁止令（1718年），その時期延長（1724
年）があった．イギリスの興隆によって18世紀終わりに大西洋のスペインの海上の
影響力が衰え，大西洋貿易が不振になると，本国の特権商人は「王立フィリピン会
社」（1785～1834年）を設立し，従来の交易独占の力を太平洋の東洋貿易に移しはじ
めた．中南米のスペイン植民地間貿易の解禁（1774年），ベネズエラ・メキシコ・フ
ィリピン以外のスペイン領植民地での外国貿易解禁（1778年）に続いて，1780年代
後半にメキシコ・フィリピンを含んだ外国貿易が全面解禁された．しかし19世紀初
頭から，中南米各地で宗主国スペインからの独立や革命が相次ぎ，ガレオン貿易は衰
退した．Anita Bradley, *Trans-Pacific Relations of Latin America: An Introductory
Essay and Selected Bibliography*, New York: Institute of Pacific Relations, 1942, pp.
3-10, 18-19; 立岩礼子「ガレオン貿易の重要性についての一考察——17世紀のヌエ
バ・エスパーニャによるフィリピン援助をめぐって」，南山大学ラテンアメリカ研究
センター編『ラテンアメリカの諸相と展望』，行路社，2004年，46-48頁．

2)　立岩，前掲論文，40-42頁．

貿易時代のマニラではとりわけ華商の活動が活発で，エル・パリアンと呼ばれるチャイナタウンが形成された．中国人商人はジャンク船でスペイン人の欲する交易商品や生活物資を供給し，17世紀初頭のマニラに定住・仮寓する華人は概算で1万5,000人，17世紀半ばには2万人に達したとされる．同時に，マニラ現地社会における摩擦も生じた．1603年，明が派遣した特使をマニラ総督はフィリピン侵略と疑い，現地の中国人住民にも疑いをかけて包囲し，これに抵抗した現地中国人住民2万人以上を虐殺した，されている．これは『瀛環志略』など，19世紀中国の世界地誌にも必ず収録される歴史事件である[3]．以後もマニラでは，1662年，1686年，1762年と中国系住民を標的とする殺傷事件があった．一方，この時期は南米にも少数のアジア人の上陸が確認された．1613年にペルー副王が実施したリマの人口調査では，総人口2万4,650人中に，ポルトガル領インド人56人，中国人36人，日本人20人が記録されているという[4]．

中国と北アメリカの間でも，ものの移動の活性化が，その最初の太平洋両岸関係を支えた．19世紀初頭の中国貿易 China Trade では，茶や絹，そして陶磁器などを扱うアメリカ人商人の商業活動によって，中国東南沿海部とアメリカ東海岸の特定の都市との間の海上交通がはじまった．初めに東アジアに進出したのはイギリスである．自由貿易体制をつくりあげてゆくそのプロセスで，1834年に東インド会社の中国茶貿易独占権を廃止し，1842年南京条約で中国に香港割譲と五港開港を実現させて，自国イギリス人商人の商業環境を整備していった．そして，このとき中国貿易に参入してイギリス人商人を脅かす競争力を持ったのが，アメリカ人商人である．1846年から1860年の間，アメリカ人商人は，クリッパーと呼ばれる新型の大型快速帆船を操って，圧倒的な速力でニューヨークやボストンに茶を運び，1851～53年をピークに巨利を挙げた．従来の大型帆船と異なって軽量で，かつ1841年にニューヨークで提唱された「バルティモア船首」——鋭い水切り部と凹形の喫水線をした短い船首——と，平たい船尾を持った急進的な船体デザインを持つことになったクリッパーは，6か月強でのニューヨーク—広州間往

---

3) 徐継畬『瀛環志略』，巻二，三裏-四表，台湾商務印書館，1986年．
4) 立岩，前掲論文，45, 47頁；増田義郎『太平洋——開かれた海の歴史』，集英社新書，2004年，64-84頁；可児弘明（他編）『華僑華人事典』，弘文堂，2002年，2-3, 742頁．

復を可能にした[5]. アメリカ東海岸から対中貿易をおこなう貿易船は,西海岸の北に北上して毛皮を仕入れる,もしくは南米の港でなんらかの交易品を求め,太平洋を横断すると茶や絹を求めて中国に向かう,三角貿易のかたちをとった. 中国では条約開港場の広州・マカオ・上海が茶の積出港となったが,福州が開港されると,新鮮な茶を迅速に積み出せる地理的利点のため,最大の茶積出港に成長した. このように,中国貿易によって,中国とアメリカ東海岸の交易都市との間でものの往来が盛んになり,両地域間の関係が深まった.

しかし近代に入ると,ひとの移動こそが東アジアと南北アメリカ地域間の関係を密につくりあげる,最も重要な媒体になったのである. ひとの地域間移動のはじまりが,太平洋を越えて,南北アメリカというより大きな地域的まとまりと中国との間に新たな時代の関係性,すなわち近代の関係を生み出した. 換言すれば,ひとの移動こそ両地域間の近代の到来を示した現象と言える. とりわけ近代の中国とラテンアメリカ間については,「ガレオン貿易の時期を除けば,極東からラテンアメリカへの人間の移動は,ものの運搬の重要性よりもはるかに突出して重要であった. (中略) したがって19世紀に太平洋は,物質 Material ではなく人間 Men の行き来のために再び重要になった」[6]との指摘もあるように,太平洋を挟んだひとの移動によって改めて,両地域間の関係が成立した.

最初に中国からひとが海を越える現象を誘発した要因として,まずひとつ目は,環太平洋地域のフロンティアにおけるゴールドラッシュであった. 北アメリカのカリフォルニアで1848年の夏に金鉱が発見されてから,この地はアメリカ国内の人々に限らず,世界各国からも一攫千金を狙う多くの採金者を惹き付けた. これがカリフォルニアのゴールドラッシュ(1848～55年)である. 中国からも天災や政治不安に揺れる貧しい人々を大量に引き寄

---

5) Basil Lubbock, *The China Clippers*, Glasgow: James Brown & Son Publishers, 1916, pp. 3, 36-39, 103. なお,アメリカのクリッパーの性能に劣るとはいえイギリスも当時,クリッパー船を使って中国茶貿易を優位に進めた. さらに茶以外でもクリッパー船による貿易ではアヘンも扱われた. クリッパー船による中国貿易の型は,①1830～50年のアヘンクリッパー,②1846～60年のアメリカの茶貿易クリッパー,そして③1850～75年のイギリスの茶貿易クリッパー,以上に3分類できるとされる. Bradley, *op. cit.*, p. 3.

6) *Ibid.*, p. vii.

せたため，サンフランシスコがこれ以降，広東語で「金山」[7]の別名を持つようになったことはあまりにも有名である．ゴールドラッシュはこののちに環太平洋地域で波及的に起こった．カリフォルニアに次いでオーストラリアで1851年，カナダ太平洋岸で1858年，そしてニュージーランドで1861年に金鉱が見つかり，これらの地へも同様に，中国から大量のひとが渡っていった．なお，1848年夏のカリフォルニアのゴールドラッシュは，それまでのクリッパーによる中国茶貿易の航路・需要に影響を及ぼし，船の性能さえも変化させた．すなわち，アメリカ国内からカリフォルニアへの大量のひとの急激な移動のために，旅客運輸業が急成長し，東海岸からの茶貿易船もすべて南米のホーン岬を回っていったんサンフランシスコに寄港し，そこから太平洋を横断するようになった[8]．1850年代のニューヨークやボストンの造船所では空前の造船ブームが起こり，一刻も早いカリフォルニア上陸をと焦れる人々を運ぶために，船足を速くした．また，従来のクリッパーに伴った船体破損や積載量の問題を改良していくという，船舶技術の改善も進んだ[9]．このようにアメリカのクリッパーの速度や耐久性能はゴールドラッシュを契機に急激に向上したが，これは同時に，中国からサンフランシスコに途切れなく渡るひとの移動をも促した．

しかしながら，最も重要であるのは，中国から南北アメリカ，そしてのちには中国から東南アジアに向かう，契約労働移民の渡航である．契約労働移民はゴールドラッシュ以上に近代のひとの地域間移動を性格付け，両地域の「国家」にそのひとの移動現象とそれにまつわる問題への自覚を促した．その結果，地域と地域の間の移動以上に「国」と「国」との間，すなわちひとの「国際」移動としての意味が強まる．いわば労働者の移動こそが，両地域間の近代のひとの「国際」移動の定義に直接関係していくのである．

契約労働移民の移動を誘発したのは，18世紀後半から19世紀前半にかけて世界的な動きになったアフリカ黒人奴隷の解放，これによって生じた労働需要であった．さらにヨーロッパ諸国やアメリカの資本主義のグローバルな

---

7) のちにゴールドラッシュのはじまったオーストラリアのメルボルンを「新金山」と呼ぶようになり，サンフランシスコはこれとの対比で「旧金山」と呼称を変えた．
8) Lubbock, *op. cit.*, pp. 52, 54.
9) *Ibid.*, pp. 53–58.

展開が時期的に重なって進行したため，この労働需要はさらに加速し，拡大した．たとえば，労働需要に直結する各地域の動きを挙げよう．東南アジアではイギリスやフランスをはじめとするヨーロッパ諸国が，現地でプランテーションや鉱山の開発に代表される植民地経営と開発に着手した．またアメリカ西海岸ではゴールドラッシュののち，大陸横断鉄道敷設工事（1865〜69年）が新たにはじまった．なおアメリカ人の鉄道敷設業者たちのこの時期の活動には注目すべきであり，アメリカ国内のみならず，のちに第6章と第7章でも触れるとおり，カナダや中南米諸国でも精力的に敷設工事を展開した．さらに世界市場へ輸出する換金作物のプランテーション経済に支えられたペルーやキューバでは，その経済を拡大・維持し，生産の近代化を推し進めた．南北アメリカの主要都市では，鉄道や港湾の発展と連動して，都市部インフラストラクチャーの整備がおこなわれた．

　すなわち，資本主義の世界的展開と，推し進められる経済の近代化のために，奴隷解放後の世界では，各地で，安価で奴隷的に使役できる労働力を大量に確保する必要がおしなべて生じていた．

　ちょうどこの時期，清朝を取りまく国際関係は，大きく変わりつつあった．清朝は従来，朝貢と冊封を通して周辺諸国や周辺民族と関係を結ぶ，「中華世界」として理解される東アジアの伝統的国際秩序の中心に位置してきた．しかしそのような位置付けは，1840年アヘン戦争での敗北以来，西洋諸外国と次々に結んでいく諸条約によって変容し，清朝は西洋型条約体制にひとつの国として編入されていくプロセスを辿っていた．1842年の南京条約とその後の一連の条約協定では，イギリスに香港を割譲し，広州・厦門・福州・寧波・上海の5港を開港して，これら条約港への領事の駐在を認めるなどの事項を取り決め，さらには協定関税・領事裁判権・片務的かつ無条件の最恵国条款を定めた不平等条約を締結した．イギリスと結んだこれら条約協定は，次いでアメリカやフランスなど諸外国とも締結した．アロー戦争に起因する1858〜60年の諸条約・協定・規則では，諸外国からの外交使節の北京常駐を認め，開港場を11か所に増やし，外国人の内地旅行権とキリスト教布教の認可などを新たに取り決めた．とりわけ1860年の北京条約では，海禁令で禁じていた中国人の海外渡航を条約上公認した．

　香港や中国領内の条約港から，多くの労働者が遠く南北アメリカにまで渡

るようになったのは，つまりは以上のように清朝が条約体制に編入されることで，遠隔地の労働需要に労働力を不断に提供する役目を負うようになったことを意味している．同時期のイギリスの植民地インドが，カリブ海地域の英領植民地へ労働者を送る労働力供給源となっていたように，清朝は近代世界経済のなかで，安価な労働力の供給基地というひとつの役割を担いはじめた．中国とインドは，アジア地域が西洋諸国と出会い，結びつくことで，遠隔地の地域と地域の間でも労働力の需要供給によって関係が成り立つ，世界的なシステムの一部として機能しはじめたのである．エマニュエル・ウォーラーステイン（Immanuel Wallerstein）の世界システム論によれば，システムとして存在する世界経済は，経済的な役割について職種の上でも地理的にも広汎な分業体制を敷き，その内部で経済的・物質的な自給を実現する．そのような「近代世界システム」の内部においては，中核となる諸国家が，周縁や半周縁となる地域に対して，資本も技術も有利な構造となり，発展過程で地域間の経済的・社会的格差を生み，拡大させていく．近代のアジア地域は，まさに近代世界システムの一部として機能することで，環太平洋地域へのひとの移動を創出しはじめたと見ることができる[10]．

　中国から南北アメリカへ渡航した華民は，広東省を原籍とする人々が圧倒的多数であった．広東省は，人口増加と狭い農地面積のために米穀自給率が低く，周辺各省からの米の流通に頼っていた．またこの地域においては，明末清初の頃から栽培が進んだ商品作物が稲田以上の栽培面積を占めていた．このため他省より米価が高く不安定であり，米騒動も発生した．小農や中小地主が耕地を失って農村が崩壊し，自給自足できない極貧の農業労働者や破産農民が生まれ，さらに人口圧力，インフレ，官僚の収奪，アヘン流入と銀の流出による産業の沈滞なども原因で，状況は嘉慶年間（1796〜1820年）から深刻化していった．18世紀中頃から，東南アジア地域の広い範囲で中国広東省や福建省からの出稼ぎ単純労働者が見られるようになったのは，こうした国内状況を反映してのことである．近代の訪れとともに19世紀半ば

---

10) 坂野正高『近代中国政治外交史』，東京大学出版会，1973年; 茂木敏夫『変容する近代東アジアの国際秩序』，山川出版社，1997年; I. ウォーラーステイン，川北稔訳『近代世界システム——農業資本主義と「ヨーロッパ世界経済」の成立』，岩波書店，1981年．

から，天災，アヘン，盗賊や匪賊の跋扈，そして太平天国運動や捻軍，会党活動からくる南中国の社会不安などの要因が重なり，広東省や福建省では破産農民や都市失業者が急増した．折しも 1842 年南京条約と 1860 年北京条約によって諸外国に開港した条約港は，中国南部に集中していたため，こうした生計の道を模索する多数の人々が，条約開港場から国外へ押し出されることになったのである．広東や福建では，国外渡航を希望する者が，「客頭」や「客長」と呼ばれる資本を持つ中国人の渡航斡旋業者から渡航費を前借りし，渡航先での賃金から借金を返済する，海外出稼ぎのシステムが機能するようになった．こうして出国した華民は，東南アジアに加えて，ペルー，キューバ，西インド諸島やハワイ，そして規模は小さいがナウル，ニューカレドニアなどの太平洋諸島にも渡り，農業労働のほか，燐・ニッケル・クロムの鉱床採掘などの労働にも従事した[11]．

19 世紀後半における中国からの女児の国外売買を研究した可児弘明は，アヘン戦争前後の時期を境にして，それ以後中国から出国した「近代華僑」は，それ以前の華僑とはまったく性格を異にしていると指摘する．近代華僑は労働移民であり，一般に苦力と呼ばれた無資本の低賃金労働者が圧倒的多数であった．すなわち，自国や海外の植民地開発で奴隷的に使役することを目的に，外国商会や外国の移民募集機関など公私企業が中国にやって来て，東南沿海部の植民地香港・マカオや開港場で直接募集活動をおこなったのだが，近代華僑はこれと労働契約を結んだ中国の人々である．その募集や契約の段階では，詐欺や誘拐などの不正な手段が横行し，そののち外国船によって劣悪な条件の下，中国から，イギリス・フランス・スペイン・オランダの経営する東南アジアの植民地や，北アメリカ，カリブ海地域，ラテンアメリカなどの目的地へ，苦力として運ばれた．これがいわゆる苦力貿易（1845〜74 年）であり，1850 年代末をピークに，のべ約 50 万人の人々が中国を出国させられた．なお熊建成は，中国からラテンアメリカに運ばれた苦力の総数は，30 万から 40 万人を下らないとし，そのうちキューバには約 13 万，ペ

---

11) 可児弘明『近代中国の苦力と「豬花」』，岩波書店，1979 年，1-5 頁; 可児弘明「ペルー帆船カヤルティ号の苦力叛乱について」，『史学』，49 巻 2・3 号，1979 年; Lucie Cheng and Edna Bonacich, *Labor Immigration under Capitalism: Asian Workers in the United States before World War II*, Berkeley: University of California Press, 1984, p. 219.

ルーには約 10 万，その他ラテンアメリカ諸国に散在する合計が 10 万人であったと概算している[12]．

世界各地に華僑が分布して住むようになるのは，実にこの苦力の出国以降である．このときの近代華僑こそ，いま現在の中国系の人々のグローバルな居住空間の素地をつくりあげた存在である．

可児弘明の指摘する近代華僑の特徴は，アヘン戦争後に進行した欧米資本主義の中国国内侵入による，外国移民斡旋業者の主体的かかわりにある．広東省から出国する人々や，彼らを広東省から海外に送り出す人々は，この影響によって，前者は契約華工となり，後者は外国商会の買辦として募集活動の下請け業務を手がけるようになった．とくに，中国人の関与があってもあくまで実体は外国主導の労働力の強制的導出であったとの論点が強調される．可児の苦力貿易の定義のなかでは，近代華僑出現の要因に関して，資本主義欧米列強の影響を第一義に捉える指摘がいくつかなされている．たとえばイギリスの場合，アヘン戦争後の中国で自国商品の売れゆきが振るわなかったため，市場としての中国に見切りをつけ，代わりにその貿易差額について無尽蔵の人的資源に決済を求めるかたちで，人々を東南アジアなどの自国の海外植民地へ導出しはじめたとする．さらに，一般に苦力貿易を理解するにあたって，中国国内のプッシュ要因と，後述のようにアフリカ黒人奴隷解放に伴う代替労働力を模索する海外からのプル要因とで説明される方式は，いまだに支配的である．可児はこうしたプル・プッシュのモデル化による説明については，「苦力貿易のもつ歴史的個性を薄れさせ，本質から眼をそらせるきらいがある」と，むしろ慎重な姿勢をとっている[13]．なお中国の陳翰笙の定義のように，東南アジア海峡植民地に送られた華工はいわゆる債務奴隷であり，しかも客頭を介するので「猪仔売買」のカテゴリーに入り，契約労働者がカリブや中南米・太平洋諸島に送られる苦力貿易とは性質上異なる，とするものもある[14]．中国における研究で示される定義は，苦力貿易をお

---

12) 可児，前掲書，vi 頁; 熊建成「中国契約労工与古巴中国総領事館之設立」，paper presented at the International Society for the Study of Chinese Overseas (ISSCO) Conference, April 26-28, 2001, Taipei, pp. 93-94.
13) 可児，前掲書，6-12 頁．
14) 陳翰笙「序言」，陳翰笙（主編）『華工出国史料彙編』，第一輯，北京：中華書局，1985 年，6 頁．

こなった主体を中南米の外国人投機商や代理業者に限定したもので，つまりは諸外国が中国でおこなった半奴隷的なひとの導出が多様であったことを理解できる．

こうした苦力と苦力貿易の定義には，中国の近代が事実上主権の侵害を伴う試練を経験したことが現れている．たとえば，イギリスが植民地化したインドから大量の契約労働者を組織的に導出し，西インド諸島の植民地に再配置して植民地経営をおこない得たように，インドはみずからの領地からのひとの移動を，他国の手によってコントロールされた[15]．ひとつの統治体の管理，より広くは国家の管理力の不徹底あるいは衰えと，ひとの移動の活性化は，密接な相関関係にある．改めて，近代におけるひとの国際移動という観点から苦力貿易を論じれば，太平洋を跨ぐほどの遠距離へのひとの移動のはじまりは，条約開港場の増加と半奴隷的な労働者を求める外国人の労働者募集業者の活動など，中国を取りまく国際関係が厳しい様相を呈してきたこととと一体の現象である．可児弘明の近代華僑の定義に拠りつつ，さらに近代のひとの国際移動を考えるならば，近代に現れたひとの地域間移動――現代のひとの国際移動の基礎となった，「近代的文脈でのひとの国際移動」――とはどのようなものかを新たに定義する必要がある．

ここで言う中国からの近代的文脈でのひとの国際移動とは何か．それは，中国の領域内より毎年，数百から数千人といった一定数で，途切れることなく，華民が現地の単純労働に従事するために，詐欺被害や渡航費前借りなど，完全に自由とは言えない条件下で，領域外に渡航する現象のことであり，外国公私機関の直接・間接のかかわりがある．労働を目的として，継続的に，領域外に渡航するという中国史上未曾有の現象が，近代の時代的特徴として着目できるのである．

この文脈における華民の渡航は，アヘン戦争以前では，1806年に誘拐した華工をカリブ海西インド諸島トリニダードの砂糖農園へ導入した例，1810年にブラジルの茶栽培地へ導入した例など，19世紀初頭に試験的に導入した数件の事例がある．いずれも単発的で，その後継続しなかったが，これらの事象は疑いなく，近代のひとの地域間移動の時代が到来した兆候である．

---

15) Madhavi Kale, *Fragments of Empire: Capital, Slavery, and Indian Indentured Labor in the British Caribbean*, Philadelphia: University of Pennsylvania, 1998.

なお皮肉にも，中国とキューバの間，そして中国とペルーの間を走る苦力貿易船には，ゴールドラッシュを契機に建造された新造クリッパーの転用が見られたという[16]．

やがて，中国と南北アメリカの間のひとの移動は，地域間移動から「国際」移動の性質を有するようになる．この時期のひとの移動には，多数のひとが太平洋という広大な地理的空間を一気に越える，地域間移動のダイナミズムに特徴がある．しかし，ひとの地域間移動の現象が現れたがゆえに，条約によって国と国との間の関係を結び，また排華法の制定によって国と国との間の関係を制限するという，すなわち近代国家を前提とした関係が同時期の世界に姿を現した．これもまた，近代的文脈におけるひとの国際移動の定義に反映される条件である．

20世紀的感覚からは，国際関係のはじまりは，まず国家と国家の間に条約関係が成立し，それに続いて常駐外交使節が相互に派遣され，要所に領事館が設置されるという，すなわち外交関係と近代条約体制に則った機関の設置を前提にしている．中国とアメリカ，中国と中南米諸国の場合，そうした国家前提の関係の諸条件が整う数十年前から，両地域の関係は，太平洋という広大な地理空間の障害を越えて多数のひとが定期的に渡る現象としてはじまっていた．そしてこの移動が労働者の移動であったために，労働者の募集中や渡航中，そして就労中に，多くの虐待問題や差別的待遇，排斥問題を伴うことになった．なかでも中南米の国と中国の外交交渉の場では，渡航地での就労を合法化し，いっそう労働者を導入しようとする外国と，華民の就労や生活の保護を求める中国とが衝突し，いかに相対する条款を条約文に盛り込むか，常に争われた．近代的文脈でのひとの移動の性質が，条約交渉の場で端的に現れ，焦点になったのである．つまり国家と国家の間での懸案事項になることで，近代のひとの地域間移動は，南北アメリカにとっては国内や植民地に必要な労働力確保のため，中国にとっては海外にいながらも保護すべき自国民の利益のためという，つまりは国家を前提とする現象として新たな意味を付されるようになっていった．ここには，ひとの移動が，地域間移動から，近代条約体制のなかで「国際」移動となっていくプロセスが存在し

---

16) Bradley, *op. cit.*, p. 21.

ている.

　なお，国際関係論においても，地域協力機構ではなく実際の現象や変化をもって地域と見なし，把握する視座を提案するものがある．たとえば渡辺昭夫は，国際関係上の地域は本来，「人と人との繋がり方，結び付きのあり方のなんらかのパターン」であると言及している[17]．「国際」関係のありかたを，国家間関係の成立を基準にするのではない把握のしかたがあり，それがひとの国際移動の果たす役割に注目した視座であることは，近代史でも現代史でも，世界の捉え方のひとつとしてきわめて示唆に富んでいる．

第2節　渡航先の近代化と労働需要

　中国から南北アメリカへ向かう，近代的文脈でのひとの国際移動が本格化した画期は，まずキューバへ1847年，次いでカリフォルニアへ1848年，そしてペルーへ1849年であり，以後，同地域へ中国人労働者の移動が続くようになった．これらの地で労働移民を引きつけた要因，外国人労働を必要とした原因について検討すると，農業や事業やインフラストラクチャー整備の各方面で起こった近代化が，直接的な誘因をつくりだしていたことが解る．

1. キューバへの渡航のはじまり

　キューバへの中国人労働者の導入は，キューバが砂糖生産世界一になる急激な経済成長のなかではじまった．

　キューバの黒人奴隷制度はもともと家父長型奴隷制度と言い表される，奴隷主と少人数の奴隷がともに働くおだやかなもので，規模も小さかった．奴隷の労働は牧畜が主であり，副産業としてタバコ，コーヒー，サトウキビの農業や，家内労働に従事した．このスタイルが実に18世紀末まで，約250年間続いた．しかし1790～1800年のハイチ独立戦争の影響で砂糖の国際価格が高騰すると，これを受けて生産量を拡大しようと，キューバでは19世紀の初頭から砂糖産業が急激に発達しはじめた．とりわけ1840年代から，製糖業分野の近代化と技術革新は，次のようなかたちで進んだ．

---

17)　渡辺昭夫『アジア・太平洋の国際関係と日本』，東京大学出版会，1992年，p. iii.

まず牧場や他の換金作物の農園を砂糖生産用に転用する，奴隷の輸入増加を図る，そして工場数を増やすなどの手段がとられ，その結果，1859 年にはキューバ全島の砂糖精製工場数はピークの 2,000 基にまで達した．続いて，ヨーロッパで発明されたばかりの最新式の設備がいちはやく導入され，工場設備や生産技術を近代化することによって，とくにキューバ島の西側で，生産高を上げる方式が採られるようになった．まず先進的なキューバの砂糖プランターが 1776 年にイギリスで発明・実用化された蒸気機関に目をつけ，サトウキビ圧搾機に真空鍋方式を採用し，設備の近代化を進めた．1840 年代のキューバでは，すでに砂糖工場の約 7 割が蒸気機関を導入していたという．また，1836 年にはスペイン本国に先駆けて鉄道を敷設し，砂糖キビと粗糖の運搬に有利な基盤を整えたが，これはイギリスでの世界初の鉄道開設のわずか 10 年後のことであった．この結果キューバでは，少数の工場が大量の砂糖を生産する，砂糖資本の集積が進んだ．こうして牧歌的だった現地の家父長型奴隷制度は，大規模なプランテーション農業における奴隷制度へと変貌していき，その結果，労働者に非人間的な環境と待遇を強いるものとなっていった．イギリスとスペインは 1817 年に奴隷貿易を違法とする条約を締結していたのだが，キューバではちょうどこの 1840 年代ごろから砂糖のモノカルチャー経済に大きく依存しはじめ，それに伴って奴隷貿易禁止条約が経済発展の大きな障害として認識されるようになった．砂糖生産を支える奴隷は密輸してでも必要な労働力となり，国外にも代替労働力となる新たな外国人労働者を模索することになる[18]．

　キューバには 1840 年代から，中国人，ならびにユカタン半島先住民が強制的・半強制的手段で導入されるようになったが，それは上述のような 19 世紀半ばの国内製糖業の急激な発展と，世界的にもきわめて早い経済基盤の近代化が密接に関係していたのである．キューバに苦力として導入された華民は過酷な奴隷的待遇に甘んじたが，これは短絡的に従来のキューバの奴隷制度を適用されたためではない．世界経済に組み込まれた社会が，経済を近

---

18) Denise Helly, "Introduction," *The Cuba Commission Report: A Hidden History of the Chinese in Cuba, The Original English Language Text of 1876*, Baltimore: The Jones Hopkins University Press, 1993; 神代修「キューバ黒人奴隷制下の中国苦力」，内田勝敏編著『世界経済と南北問題』，ミネルヴァ書房，1990 年; 熊, *op. cit.*, pp. 94-95.

代化し，労働の性質が変化したことが大きな要因であった．

中国からキューバへの最初の契約華工の渡航は，1847年，砂糖プランターが影響力を持つキューバの王立勧業委員会 La Real Junta de Fomento が経費調達して，アフリカ黒人奴隷貿易で名高いイギリスのジュリエット社に，運送を手がける荷受人を依頼して実現した．1847年6月3日，厦門からハバナ湾に英国籍船オクェンド号（Oquendo）が入港し，中国人206人が上陸した[19]．これこそ，キューバへの契約華工導入の先駆けである．

キューバに渡航した中国人は，その8割が詐欺や誘拐などの被害に遭った結果，意思に反する状態で苦力貿易船に乗せられたものと言われている．強制性を伴うにもかかわらず，これだけの人数をキューバに導入できたのは，苦力貿易が巨利を約束するビジネスであり，各国の公私企業がこぞってかかわる国際ビジネスの観を呈していたことと関係している．荷受人商会にとって，キューバ苦力貿易ビジネスのうまみは，安定した人間の「価格」と高い純利益であった．キューバの砂糖農園では常時アフリカ黒人奴隷が労働力の中心であったが，イギリスとスペインとの間で奴隷貿易禁止条約が結ばれて以降はアフリカからの導入が難しくなり，黒人奴隷一人頭の価格が急騰した．そのなかで契約華工の場合，一人頭の契約価格は安定的に約300ペソ台を保ち，荷受人はこの契約価格から運送費・海上保険・諸経費を差し引いても，5割もの利潤を確保できたという．苦力貿易荷受人となってビジネスに参画する企業は，イギリスやフランスのほか，アメリカ，スペイン，オランダそしてペルーなど多国籍にわたる．ロンドン，リヴァプール，ニューヨーク，ボストン，マルセイユ，ボルドー，セビーリャ，アムステルダムなどの名だたる港湾都市で活動していた奴隷貿易商会は，苦力貿易を並行してはじめるようになった．キューバ最大の砂糖農園主ドミンゴ・アルダーマ（Domingo Aldama）も苦力貿易ビジネスに参画し，マカオに労働者募集代行人を置き，出航まで労働者を収容するバラクーン[20]をも設けた．苦力貿易の荷受人との契約については，キューバの砂糖農園主自身が自己資金もしくは合資で契

---

19) "Funta de Fomento," Legajo 147/Expediente 7278 and Gobierno Superier Civil, Legajo 635/Expediente 20078, at Archivo National de Cuba.
20) バラクーンとは，本来は奴隷を集め，移動に備えて一時的に隔離幽閉しておく収容小屋のことである．香港，マカオなどに設けられたバラクーンは，苦力貿易の「積み荷」として，船に華工を移すまで収容する施設であった．

約をおこなうようになり，さらにスペイン人奴隷貿易商や教会も，資金を拠出するようになった[21]．

　キューバにおける契約華工の位置付けについて，レベッカ・スコット（Rebecca Scott）は「奴隷と自由移民の間に位置する第三のカテゴリー」と定義している[22]．この中間的な位置付けは，キューバ社会が砂糖とタバコの生産と加工を奴隷の労働に依存していたため，その生産量の維持にあたって奴隷を解放できなかったことと関係がある．キューバの奴隷制度廃止令は，世界的にも遅い．奴隷制度廃止令は1880年に布告され，その後段階的に廃止されていき，法的に奴隷が完全に消滅したのは1890年である．中国人労働者は，賃労働の契約を結んだ契約労働者ではあったが，社会の性質そのものが奴隷社会であり続けたキューバでは，事実上奴隷と同様の拘束と強制性のなかで働かねばならなかった．契約華工の大部分は，砂糖を中心とするプランテーション労働に従事した．一説にキューバの契約華工の分布は，75%がプランテーションを中心とした農村におり，25%は家内労働のため都市部にいたといわれる[23]．またその一方で，9割が砂糖農園，残り1割がタバコあるいはコーヒー農園に送られたとする説もある[24]．とりわけ砂糖生産と製糖業の中心であるマタンサス州には，中国人労働者が多く集められ，同州はキューバ全島でも，最も苦力人口の多い州となった[25]．こうして導入された中国人労働者は，キューバの砂糖産業を支える不可欠の労働力になっていった．

　なお，中国からキューバへのひとの移動をより長い視座から捉えると，年に数百人から1万人を超える，まとまった数のひとが上陸するピーク期をいくつか経ている．集団的特徴にも触れながら分類すると，第1波は1847～83年で，中国広東省から推計のべ人数15万の契約華工が上陸した，いわゆる苦力貿易期，第2波は1860～75年，アメリカ西海岸を排華運動が席巻し，それを逃れてカリフォルニアから転航してきた推計5,000人の自由移民と華

---

21) 神代，前掲論文，228-229頁．
22) Rebecca Scott, *Slave Emancipation in Cuba: The Transition to Free Labor, 1860-1899*, Princeton: Princeton University Press, 1985, pp. 31, 109.
23) 神代，前掲論文，229-230頁．
24) Bradley, *op. cit.*, p. 48.
25) Scott, *op. cit.*, pp. 87, 90.

商の上陸期，そして第3波は20世紀初頭から1930年代にかけて，広東から渡航するチェーン・マイグレーション期となる[26]．このうち第2波は，ハバナの華民集住地がサンフランシスコ型コミュニティへ育ちはじめるきっかけをつくったもので，このとき現在のハバナのチャイナタウンの社会的・文化的基礎が築かれた．さらに，キューバの中国人のコミュニティ発展史において重要な位置にあったのは，第3のチェーン・マイグレーション期の人々である．この時期の現地の中国人は，中国本国から直接持ち込んだ人脈や風習・文化を維持する自由と，経済的な余裕を享受した．中国資本を用いて，中国人墓地，漢方薬店，劇場，善堂，銀行，そして中国語新聞社など，つまりはチャイナタウンをチャイナタウンたらしめる，自己完結的な経済と文化を維持する基礎的な施設を整備した．こうして20世紀からキューバの中国人移民は，現地でも中国語で生活し経済活動をおこない，そのエスニシティを社会的に許容されながら暮らす空間を成熟させることができた．こうした第2波と第3波の人々に比べて，第1波の苦力貿易でキューバに来た人々は，現地華民コミュニティを発展させ得る生産的な役割を充分には果たすことができないという，キューバ華民史上，最も不幸な時期にあった．

2. ペルーへの渡航のはじまり

ペルーへの中国人労働者の移動は，キューバやカリブ海地域のイギリス領植民地と同様に，国内のプランテーションにおける労働者を確保することが目的であり，苦力貿易によって開始された．しかしキューバをはじめカリブ海地域の契約華工の導入は，黒人奴隷制の廃止に伴い，国内経済の維持と近代化推進のために速やかに代替労働力を探した結果，はじまった現象であった．一方ペルーはこれとはやや異なるプロセスを経て，契約華工の導入に踏み切った．ペルーへの黒人奴隷貿易は1810年に終息し，さらに国内の奴隷制度は1854年に廃止された．ペルーの労働力不足は，キューバほど奴隷解放と直接的に結びついていない．むしろ，近代化と密接にかかわっていた．

ペルーではもともとスペイン植民地時代から黒人奴隷の導入数がきわめて

---

[26] Jesús Guanche Pérez, "Presencia China en Cuba," in Grupo Promotor del Barrio Chino de la Habana, *Presencia China en Cuba*, La Habana: Grupo Promotor del Barrio Chino de la Habana, 1999.

少なく，労働力としてはむしろ総人口の約70%を占める先住民が，社会経済上重要であった．1821年にペルー共和国としてスペインから独立した直後から，ペルーは慢性的な労働力不足に悩まされることになった．まず，共和国成立とともに先住民農民が従来の支配—被支配関係から解放され，少なくとも公に彼らを使役する理由が社会から失われた．独立後の自由主義的改革の一環として先住民に課された租税義務が消滅すると，先住民は租税の支払いのために携わっていた季節労働から遠ざかり，国内市場の農産物が減少した．ペルーには17世紀からアシエンダ[27]と呼ばれる大農園が形成されており，独立後から海岸部のそれらが綿花や砂糖といった輸出作物の生産に特化されて規模が拡大していたが，上述のような先住民を取りまく環境の変化のために，よりアシエンダの生産への需要が増すことになった．さらに1852年に先住民共同体による共同での土地所有が廃止されると，アシエンダの規模はいっそう拡大していった．

これ以降，ペルー政府は労働者確保のためにさまざまな試みをおこなった．ペルーの華工の導入はその試みの一環であり，次のように試行錯誤の末にとられた妥協の産物としての性格が強かった．

ペルーで労働力確保が緊急の課題となったのは，経済の近代化がはじまる19世紀半ばからである．これはカスティリャ政権期（1845～51年，1855～67年）に推進された，さまざまな近代化事業と経済の再構成と同調していた．推進された事業は，たとえば英米の外資に依存した対外開放経済政策の下で着手したグアノ採掘作業や，1860年代の鉄道敷設工事，新たな鉱山開発諸事業，沿岸部の砂糖や綿花などの換金作物のプランテーションにおける生産と輸出の規模拡大，そしてリマ市の都市インフラの整備などであり，これらの分野で，急激に労働力の需要が高まった．

ペルー政府は，まずヨーロッパから白人の労働者階級の入植を図った．しかし，ペルー政府が欲するようなヨーロッパ白人労働者層は，その多くが土地農民としての入植を希望していたため，沿岸部の耕作可能な土地がすでに

---

[27] アシエンダは農園という生産単位であるのみならず，そのなかに農業生産物を加工する小工場や作業場があり，経済的には自給的性格の強いものであった．ペルーでは副王からの恩賜による土地所有や先住民からの買い上げによって徐々に土地の所有が集中していき，17世紀からアシエンダが形成された．

プランテーションに占められているペルーは彼らにとって魅力的な入植地ではなかった．かつ，プランテーションでの低賃金の契約労働は到底，就労意欲を抱ける条件ではなく，ヨーロッパ白人労働者層はペルーでの就労にはきわめて消極的であった．ヨーロッパからの労働者導入が不振に終わると，高地先住民を契約労働者へ転化する試みもおこなわれた．しかし，プランテーションのある海岸部は高地とは気候が大きく異なり，さらにそこでの過酷な労働に従事するために，敢えて家族から離れる先住民はきわめて稀であった．

政府のこうしたさまざまな試みが不振に終わるなか，新生国家の運営のため，国土の開発と近代化をめざして労働力を模索したペルー政府は，太平洋の対岸のアジア，とくに無尽蔵の人的資源を擁する中国に目を向けた．

中国からペルーへ向かう近代的文脈でのひとの国際移動は，1849年10月，契約華工75人のカリャオ上陸が最初である．これはペルー人政治家兼プランテーション事業主ドミンゴ・エリアス（Domingo Elías）がはじめた移民ビジネスの，第1便であった．ペルー政府は中国から労働者を導入するために，この1849年に，報奨金制度を整えた中国人労働者導入奨励法である「移民法」，いわゆる「中国人法」を成立させていた．この議案は審議の段階から，すでに人道的見地から激しい反対が上がったが，農園主の強力な後ろ盾の下で，11月17日に議会を通過した．この1849年移民法は，ペルーのリマ県とラ・リベルタド県に導入する中国人移民事業を，エリアスと他1名の計2人の事業家に4年契約特許とする条項も含んでいた．移民法成立に先立ってペルー政府は，すでにエリアスに，チンチャ諸島のグアノ採掘運搬権を6年の請負契約で譲渡していた．これは同時に，外国人資本家に対するペルー人事業家の活動を保護する目的をも含んでいた．ペルーはこのように，まず国内法によって，中国からの労働力導入の条件を整えた[28]．

1849年移民法ののち，ペルーが清朝と正式に条約を締結する1874年までの25年間に，約8万人あるいは10万人の苦力がペルーに上陸したと言われている．この時期の中国では，太平天国の蜂起によって社会不安が強まり，

---

28) Watt Stewart, *Chinese Bondage in Peru: A History of the Chinese Coolie in Peru, 1849–1874*, Durham: Duke University Press, 1951, pp. 5-9; 上谷博「ペルー独立後の経済開発の模索」，上谷博・石黒馨（編）『ラテンアメリカが語る近代——地域知の創造』，世界思想社，1998年，105-107頁；増田義郎・柳田利夫『ペルー　太平洋とアンデスの国——近代史と日系社会』，中央公論社，1999年，71, 81-82, 85-90頁．

1851年頃からとりわけ広東人が，厦門・香港で，折しも盛んになったペルーやスペインの労働者募集に生活の活路を見出して契約し，苦力となってマカオの金星門からペルーに渡っていった[29]．約120日のペルーに向かう船旅の間，狭い船内に300人近い人数が詰め込まれ，鞭や鎖による虐待を受け，1850年代には死亡率30%以上を記録したという記述もある[30]．就労地では，広東からの人々は，頻繁に過重労働や契約不履行を経験し，満期を迎えて契約から解放されても帰国できる者は少なかった．その結果，大多数はリマなど都市部に移動して都市労働や小規模の商いをおこない，華僑・華人団体に所属してペルーで暮らすことになった．

3. アメリカ合衆国への渡航のはじまり

アメリカ合衆国へのひとの移動を引き起こした要因は，1848年にカリフォルニアではじまったゴールドラッシュと，大陸横断鉄道の敷設工事（1862～69年）であった．

アメリカへの近代的文脈でのひとの国際移動は，ラテンアメリカの場合とはやや異なり，苦力貿易の形態をとらなかった．ラテンアメリカ諸国への渡航と比べてみると，華民たちが中国東南沿海部で誘拐や詐欺の被害を被ってアメリカ行きの労働契約を強いられ，出航するまで監禁され，苦力貿易船によって大量にカリフォルニアに上陸したという話は，清朝の外交文書にも，国際世論にも現れない．1850年代から60年代にアメリカ人商人が苦力貿易をおこない，キューバやハワイ，つまりアメリカ国外の国や地域へ華民を輸送して巨利を挙げた事例があることはよく知られている[31]．しかしながら，こと自国内への労働力導入のために半強制的手段をとったことは，きわめて少なかったと考えて妥当であろう．

この点については，ちょうどこの時期に，アメリカ合衆国の北部と南部地域の間に，黒人奴隷制度の廃止か継続かをめぐる対立があったことが影響し

---

29) 1868年12月下旬「秘魯華工向美国駐秘公使訴説苦情求援稟文」，陳翰笙（主編），前掲書収録史料，第一輯，965-966頁．
30) Stewart, *op. cit.*, pp. 12-14, 17, 18.
31) 可児弘明「苦力貿易と日本ならびにハワイ」，山田信夫編『日本華僑と文化摩擦』，巌南堂書店，1983年; 西里喜行『バウン号の苦力反乱と琉球王国――揺らぐ東アジアの国際秩序』，榕樹書林，2001年．

たと考えられる．とりわけカリフォルニアは，フロンティアが西漸するにつれて西部につくられる新たな州を奴隷制を認めない自由州とするか，あるいは奴隷制を導入する奴隷州にするかで，北部と南部の間で争奪戦となった，まさにその舞台である．1820 年のミズーリ協定で，北部と南部は北緯 36 度 30 分以北に生まれる州は自由州，以南は奴隷州にすることで同意していたが，アメリカ＝メキシコ戦争で獲得したニューメキシコとカリフォルニアの扱いをめぐって，再度北部と南部の対立が起きる．この対立は 1850 年協定で，カリフォルニアを自由州とすることで決着がついた．こうした背景のために，カリフォルニアの地への中国人労働者の導入にあたっては，当初から奴隷性や強制性に関して，社会が敏感であった．アメリカへの苦力貿易が存在しなかったのは，このように西海岸には一貫して国外からの奴隷労働の導入に対する緊張があったことが幸いしていた．

　しかし，渡航時の負債や就労地の過酷な労働は，アメリカに向かった華民も，多かれ少なかれやはり共通して経験した．アメリカへ渡航する華民は，そのほとんどが渡航費を前借りし，契約年期をあらかじめ定めて就労する，「クレジット・チケット制 credit ticket system」と呼ばれる方式を使った．ラテンアメリカへの送出港がマカオであるのに対して，アメリカへの送出港はイギリスの植民地である香港であった．華民はその香港から，やはりラテンアメリカ行きと同様に，外国籍船で出港した．

　クレジット・チケット制がどのようにおこなわれ，それが渡航する華民にどのような影響を与えるかについては諸説ある．このため，アメリカへ渡る華民の実態が見えにくくなっている．パトリシア・クロフォード・キャンベル（Patricia Crawford Campbell）によれば，中国では，客頭が華民にクレジット・チケット制を使わせた．華民は前借りした渡航費に 4% から 8% の利子を加えた負債に長期間縛られ，カリフォルニアではこうした借金を持つ華民を，金鉱エージェントあるいは労働斡旋業者が使い，返済が終わるまで彼らをコントロールした．そのようなかたちで華民を拘束した業者はとりわけ六大会館を主とする華人団体であったという[32]．キャンベルのように，華工の苦境の原因が同じ中国人であるところを強調する研究者は比較的多いの

---

[32] P. Crawford Campbell, *Chinese Coolie Immigration to Countries with in the British Empire*, London: Frank Cass & Co. Ltd., 1923, pp. 27-29.

だが，これに対しては可児弘明が，事実誤認を招くおそれがあると批判している[33]．

クレジット・チケット制によるアメリカへの華民をどのように解釈するかについては，ロジャー・ダニエルス（Roger Daniels）がより慎重に議論を展開している．まず中国から太平洋を横断する航程を行く船舶は，西洋人のみが所有しており，カリブ海地域，南アメリカ，そして北アメリカへの渡航はすべて西洋籍の船によった．つまり，西洋人のかかわりは必ず認められる．また，19世紀末から当時のアメリカ人外交官は，北アメリカとオーストラリアへ渡る中国人は自由移民であり，プランテーションのある太平洋，インド洋，そして南アメリカへ向かう中国人は契約移民であると述べ，ことさらその区別を強調してきている．歴史家は文献を読む際に，こうした区別を信頼するか否か，慎重になるべきである．そしてクレジット・チケット制には搾取構造が確かに存在し，殊に借主には返済義務が発生する．たとえば渡航費は少なくとも50アメリカドル以上かかり，これは多くの華民には疑いなく大金であった．また，利子や前金の加算がかかって，さらに膨張した．親族や同じ中国人から借り入れる場合もあるが，アメリカでは労賃が高いためすぐ返済できるという楽観的な心情が華民側にあり，そのため歴史的に多くの華民がこの渡航費前借りのシステムを利用し，契約を結んできた[34]．

このように見てくると，アメリカへのひとの移動も，やはり近代的文脈でのひとの国際移動としての性格を強く持ち合わせるものであったと言えよう．

なお，中国からカリフォルニアへのひとの移動をさらに促したのは，大陸横断鉄道の着工であった．この工事を担ったセントラル・パシフィック鉄道会社 Central Pacific Railroad of California は，1861年に鉄道資本家のチャールズ・クロッカー（Charles Crocker）やリーランド・スタンフォード（Leland Stanford）ら4人が起業したものであった．白人労働者には，ストライキを起こしたり，ゴールドラッシュの金鉱脈に近い山岳部での作業では工事中に姿を消したりと，資本家側には非常に使いにくい就労実態があった．これに対して，華工は勤勉で体力もあったため，彼らを用いれば工期に間に

---

33) 可児，前掲書，7頁．
34) Roger Daniels, *Asian America: Chinese and Japanese in the United States since 1850*, Seattle: University of Washington Press, 1988, pp. 13-15.

合わせることができると見なされた．こうした理由で，大陸横断鉄道の敷設工事には，華工が大量に導入された[35]．このため，当初アメリカの中国人人口は太平洋側に集中し，その後大陸横断鉄道が完成すると，その鉄道を使って，東海岸のアメリカ人資本家たちが西から華工の一団を導入する，あるいは華工自身が排華運動を逃れて東漸するといった移動をはじめるのである．

4. 苦力貿易の弊害

苦力貿易には，募集段階では誘拐，契約段階では契約サインの強制，文書偽造，詐欺，監禁といった問題が広く見られ，さらに渡航中では暴行や虐待，そして就労地では手枷足枷による拘束，監督官の監視下での過酷な労働といった，黒人奴隷貿易ときわめてよく似た暴力と強制性が伴った．

東南アジアへの苦力貿易も存在するのだが，注目すべきはラテンアメリカ地域への苦力貿易である．定量や定性の分析に耐える正確な数量情報を出して証明することが難しいが，一般に，著しい弊害が見られた苦力貿易は，スペインの植民地もしくはスペインを旧宗主国とするラテンアメリカ諸国がおこなったとされている．なかでもマカオとキューバ間，ならびにマカオとペルー間の苦力貿易は，当時から国際的に悪名が高かった[36]．

とりわけ，キューバ苦力貿易船の惨状は目を覆う状況であった．3か月から4か月を要する航海の間，熱帯地域を通過する航路上の船内では，食事・換気・衛生状態の劣悪さゆえに黄熱病，コレラ，チフスなどが発生し，虐待も日常的におこなわれた[37]．一例としてイギリス総領事の統計資料によれば，キューバへの契約華工導入がおこなわれた1847年から74年の間，現地に上陸した華民の総数は，表1-1のように12万1,810人と見積もられてい

---

35) Robert W. Cherny and William Issel, *San Francisco: Presidio, Port and Pacific Metropolis*, Sparks, Nevada: Materials for Today's Learning, Inc., 1988, p. 28.
36) Campbell, *op. cit.*, pp. 96-97; 可児，前掲書，11頁; 陳翰笙「序言」，陳翰笙（主編），前掲書，第一輯，7-8頁; 鄧開頌（他編）『粤港澳近代関係史』広州：広東人民出版社，1996年，131頁．
37) 神代，前掲論文．なお，東アジアから中南米の大西洋岸側に到達する，西回り航路の過酷さは，20世紀に入ってから苦力貿易船よりもはるかに条件の恵まれた船でも，やはり同じように見られた．太宰治を押さえて第1回芥川賞を受賞した石川達三『蒼氓（そうぼう）』では，神戸港からのブラジル移民（1908〜73年）の，その草創期における，移民船内の航海中の様子を活写した部分がある．感覚的に現代の我々が摑みにくい，西回り航路をとるアジアからラテンアメリカへの航路の過酷さがよく解る．

表 1-1　1847〜73 年，キューバへの華民導入

年	入港船数 (隻)	乗船時の華民数 (人)	華民の船内死亡率 (%)	華民の上陸数 (人)
1847	2	612	6.7	571
1853	15	5,150	16.4	4,307
1854	4	1,750	2.2	1,711
1855	6	3,130	4.6	2,985
1856	15	6,152	19.2	4,970
1857	28	10,101	15.4	8,547
1858	33	16,411	18.4	13,384
1859	16	8,539	15.6	7,207
1860	17	7,227	13.9	6,219
1861	16	7,212	4.0	6,922
1862	1	400	14.0	344
1863	3	1,045	9.0	951
1864	7	2,664	20.0	2,133
1865	20	6,810	6.0	6,403
1866	43	14,169	7.9	13,043
1867	42	15,661	8.0	14,414
1868	21	8,400	8.7	7,668
1869	19	7,340	20.1	5,864
1870	3	1,312	4.8	1,249
1871	5	1,827	9.7	1,649
1872	20	8,914	8.6	8,148
1873	6	3,330	6.3	3,121
総計	342	138,156	11.83	121,810

(注)　Susan Schroeder, *Cuba: A Handbook of Historical Statistics*, Boston : G. K. Hall & Co., 1982, p. 108. 原資料はイギリス総領事の統計による．

るが，上陸前の船内死亡率は，平均 11.83% と非常に高い．このため苦力貿易は「新奴隷貿易」，「浮き地獄」と形容され，世界的な非難の的になっていった．

　一方，中国から出航した苦力貿易船では，1850 年代から，渡航中の虐待に対して華民が反乱を起こして，ときには船長や船員を殺害または監禁して船を占領する，苦力反乱事件があいついで報告された[38]．なかでもペルー

---

38)　1851 年 12 月 6 日厦門からペルー向けのイギリス籍船 *Victory* 号上の苦力反乱事件，1852 年 1 月 24 日厦門からのシドニー行きイギリス籍船 *Spartan* 号上における苦力反乱事件，1852 年 9 月 25 日厦門からキューバ行きのイギリス籍船 *Panama* 号での苦力

に向かうものは，1852年のロバート・バウン号事件や1868年のカヤルティ号事件のように，複数の国家がかかわっていく，まさに「国際」事件となり，アジアにおける苦力貿易問題が広く認識されるきっかけとなった[39]．

西里喜行の議論を参考にすれば，これには厦門やマカオから，琉球，日本，ハワイそしてサンフランシスコなどを中継地点として，最後にペルーのカリャオ港に到達する，アジアとペルーの間に設けられた苦力の送出航路のありかたもかかわっていると見ることができる．ペルーへの航路は，清朝の国際秩序が近代条約体制に再編されていく最中の東アジアをちょうど横切っており，この「場」のなかで苦力の反乱が複数回起こったために，複数の国々がその処理に巻き込まれ，苦力貿易を議論する機会が増えることになった．

その一方，キューバへの苦力貿易船の場合はペルーへのそれとは異なり，西回り航路をとっていた．広州・マカオ・香港など現在の広東省沿岸から船出し，インドネシア海峡を通過してインド洋に入り，アフリカ南端の喜望峰を回って英領セントヘレナ島を経由してカリブ海地域に入り，バルバドス島に寄港した後，ハバナに入港する，というルートである．キューバの苦力貿易が，中国側史料に強く残る国際的事件として表面化しなかったのは，この西回り航路が中国の伝統的国際秩序の地域にほとんどかかっていないことが関係しているとみてよいだろう．

反乱事件，1852年10月13日厦門からキューバ行きイギリス籍船 *Gestrude* 号上の苦力反乱事件，1853年3月8日香港よりペルー行き *Rosa Elias* 号での苦力反乱事件，1853年8月18日厦門からキューバ向けイギリス籍船 *British Soverign*（ママ）号での苦力反乱事件が挙げられている（西里，前掲書，99頁）．

39) 可児，前掲論文（1979年），ならびに，可児弘明「ロバート・バウン号事件と日本漂流民」，『史学』，63巻1・2号，1993年が，ペルーの早期の苦力貿易の弊害を実証している．さらに，東アジア近代国際政治の変化のなかでこの苦力貿易への国家の対応の難しさを論じたものに，西里，前掲書がある．

第3節　清朝の苦力貿易対策

1. 国内対策

　苦力貿易の規制は，中国国内ではなくその割譲地，とくに植民地となった香港からはじまった．イギリスは1855年に船客法を定め，香港のイギリス籍の船を苦力貿易の検査の対象として，香港からの苦力貿易を取り締まり，1862年にはこれを船籍の別にかかわらず，香港を出る船舶すべてに適用することで取り締まりを図っていった．この措置は確かに効力を発揮し，当時香港にあった苦力貿易の拠点がポルトガル領マカオに移る直接の原因となったのである[40]．

　一方，清朝では，広州府で1850年代から当局が取り締まりをしてはいたが，治外法権や領事裁判権の障壁に阻まれ，国内で暗躍する外国人商人や外国人ブローカーに清朝官憲が及ぼせる影響は限られた．このため当局は，まず外国人よりも，中国人の客頭の取り締まりに着手した．1860年2月18日，両広総督労崇光（1802～67年）が出した12条の労働者募集規定では，客頭の活動を封じるために，労働者募集においては中国地方官と欧米領事それぞれが面接する二重審査をおこなうとした．1864年には，刑部と総理衙門が，詐欺や暴力的手段を用いて人々に海外就労を強いる中国人ならびに外国人を死刑に処する，などの規定を盛り込んだ22条の罰則「章程二十二款」を設けた[41]．

　1866年3月5日には，さらに清朝とイギリス・フランスの間で，中国初の移民法である続定招工章程条約二十二款（英語ではPeking Regulations. 以後，「1866年招工章程」と略記）が締結された．1866年招工章程は，1860年の英清北京条約の第5条にある，華民の渡航についてはその安全に配慮するもののみを許可する，との条項に則ってつくられたもので，移民渡航の基本原則を定めている．可児弘明の指摘によれば，清朝は国内の客頭の活動を

---

40) Eldon Griffin, *Clippers and Consuls: American Consular and Commercial Relations with Eastern Asia, 1845-1860*, Wilmington, Delaware: Scholarly Resources Inc., 1972, pp. 98-99.
41) 鄧，前掲書，129頁; 可児，前掲書，15, 22頁.

1864年の章程二十二款で取り締まり，外国人の華工募集活動を1866年招工章程で秩序立てるという，二重の法設定で苦力貿易をコントロールしようとした[42]．苦力貿易は条約港や植民地の港を拠点にするため，治外法権や領事裁判権に阻まれて，清朝の対策には限界があった．この二重の法設定が，この時点で，清朝が地方レベルでとれる最良の手段であった．なかでも1866年招工章程は，清朝が苦力貿易や契約華工問題を取り締まるための，最も強力な拠り所となり，清朝も，華工募集をおこなう国すべてが遵守すべき規定であるとの立場をとっていった．こののちの，ペルーやキューバの苦力貿易問題の外交交渉や議論のなかでもよく引用される規定であり，清朝が理想的と考えた苦力貿易取締法であった．

しかし1866年招工章程の締結時，ペルーやスペイン，そしてポルトガルは一様に難色を示し，清朝とこれを締結することはなかった．このため清朝と条約関係にない国，すなわちペルーの苦力貿易活動を取り締まるうえでは無効，という限界を生じたのである．なおかつキューバのように，清朝と宗主国スペインとが条約関係にあっても，キューバへの苦力貿易に関しては清朝の領域外のポルトガル領マカオを拠点にしていること，かつキューバ政庁がスペイン本国よりも積極的に華工導入を図ってキューバ内で諸規定をつくっていくこと，あるいは導入に有利なマドリード勅令を採ることなど，苦力貿易には当時の国際関係を巧みに利用した抜け道があり，清朝側からの対策には多くの限界があった．

また清朝とて，積極的に苦力貿易問題に対応したわけではなかった．先行研究の多くは，清朝政府の官僚は在外華民に対して基本的に無関心であり，ともすればネガティブな視点を持っていたと言及している[43]．これは明代から続く，海外華僑を反清復明運動や海賊活動の担い手と見る猜疑心や，祖先祭祀を放棄して出国したことを軽蔑する出国行為そのものに対する反感，非熟練労働者への階級意識，そして棄民意識に起因していた．たとえば

---

42) 可児，前掲書，19頁．
43) 成田節男『華僑史』，蛍雪書院，1941年; Ching-hwang Yen（顔清煌）, *Coolies and Mandarins: China's Protection of Overseas Chinese during the Late Ch'ing Period (1851-1911)*, Singapore: Singapore University Press, 1985; 荘国土『中国封建政府的華僑政策』，厦門大学出版社，1989年; 袁丁『晩清僑務与中外交渉』，西北大学出版社，1994年．

1740年オランダ領バタヴィアで1万人近い華僑が惨殺されたと伝えられる紅渓事件では，報を受けた乾隆帝や官僚は一様に，現地華民は皇帝の教化の恩恵を外れた者であるため，清朝は関知しないと明言した[44]．

つまり清朝では，国外の中国人が自国の保護の対象となる人々であるという認識や前提が，確立していなかった．キューバとペルーに清朝の在外公館が設立されたのは，前者は1879年，後者は1883年である．それまで清朝は，華民問題に対処する窓口を現地に持っていなかった．直接対策を講じる手段がない以上，清朝政府の措置は，清の領域内もしくは出航前の水際で，国内法によって違法な労働者募集を取り締まる程度に限られた．さらに清朝の在外常駐使節の派遣は実現が遅く，たとえば公使派遣はすでに1858年中英天津条約の第2条で定められていたにもかかわらず，イギリスやフランスなど締約国へのそれでさえ，実現したのは1870年代の末である．それまで清朝政府は，海外で華民の身に起こる事件への対応を，他国に委任する状態であった．ペルーやキューバでは，華民の就労や生活，経済活動を脅かす問題が多発していたが，清朝政府は，現地のアメリカやイギリスの在外公館や領事館に代理処理を依頼していた．苦力貿易に対する清朝の対策は，多くの課題を残していたのである．

保護すべき「国民」を持つ「国家」であるという，いわば近代国民国家の外枠は，どのような契機で形成されはじめるのか．海外に保護すべき人々を持つ，という清朝の自覚は，まさに南北アメリカの苦力問題を扱うプロセスを通して最初に生まれ，近代に起こった重要な変化のひとつとなった．

2. 1870年代前半の中南米との条約締結

中国にとって，苦力貿易のみならず，渡航先の国に住む華民の苦境も改善できる，もうひとつの選択肢は，国家と国家の間で結ぶ条約に，「自由意志による渡航」を強調した条文を盛り込んで，契約移民である苦力貿易の禁止を明文化することであった．たとえば1868年のアメリカ合衆国との間に締結された，バーリンゲイム条約第5条がその例である．

第2章で詳述するように，まず1860年代末より，ペルー現地の華民から

---

[44] 袁，前掲書，3-6頁．

清朝政府に保護を求める嘆願書が届きはじめ，これがきっかけとなって総理
衙門を中心とする交渉担当者の間でペルーやキューバのおこなう苦力貿易と
現地の契約華工の惨状について，対応の必要性が認識されることになった．
それまでは，ペルーの苦力貿易について，当局は，頻発する苦力貿易船反乱
事件の知らせや，救出された苦力貿易の被害者が帰国時に官憲に話す供述な
どを通して，そのような問題があることを認識はしていた．ペルー現地に渡
った華民の身の上に起こった問題も，清朝政府が何らかの対応をすべき問題
であると認識したのは，このペルー華民の嘆願書からである．以後，内部で
の動きが出はじめることとなった．なお，同時期にキューバの華民が救済の
ために嘆願書や陳情書を清朝に送った記録は見あたらない．第2章で当時の
キューバ現地華民の様子を詳述するが，酸鼻をきわめた生活の中で，本国と
の連絡経路をつくれる状態になかったためと考えられる．

　1850年代から続いてきたペルーとキューバの苦力貿易問題に決定的な動
きが出たのは，70年代前半である．ペルーの場合，1873年10月からはじま
り74年に締結された清朝との和親通商条約「中秘天津条約」の締結交渉，
そしてキューバは，1872年10月からはじまり77年11月17日に締結され
たキューバの宗主国スペインと清朝の間の「キューバ華工専門協定（中国名
は古巴華工条款，英語名はConvention of Peking Respecting Chinese Emi-
gration to Cuba）」の交渉がおこなわれたとき，いずれもその最中に，現地
ペルーとキューバの華民の実態を調査する専門の調査団が，清朝から直接派
遣されたのである．これは，中国史上初めて現地でおこなわれた華民実態調
査で，中国政府がとった対応のなかでも，苦力貿易の終息につながっていく，
まさに要に位置している．これらの調査レポートが，豊富な証言と大量の情
報で現地華民の実態を暴き出し，惨状を糾弾したことによって，条約条文中
に華民の保護を目的とする諸条件が盛り込まれた．なおかつ1874年のマカ
オからの苦力貿易の全面禁止に結びついていったのである．

　より広い国際的視野で見た場合，1870年代に清朝がペルーならびにスペ
インと条約を締結した出来事は，東アジアの国際関係に参入してくる国家に
中南米が加わったという，いわば主体の広域化がはじまる最初の事例である．
ペルーはラテンアメリカの独立国家のなかで初めて中国と条約を結んだ国で
あり，後述のように，その目的は中国からの華工導入を合法的におこなうこ

とであった．スペイン領キューバへの華工導入の再開を求めて清朝を訪れたスペインも，華工の導入を目的としていた．のちにペルーとキューバに続いて他の中南米諸国も，労働者を合法的に導入する目的で，19世紀中に中国に使節を派遣して条約を結んだ．たとえば，ブラジルとの1880年の条約締結，メキシコとの1898年の条約締結である．これは中国からラテンアメリカへの近代のひとの地域間移動が契機となって，近代条約体制が中国につくりあげられていったという，当時の国際関係の動向を端的に示している．そして，近代中国のみならず，条約締結したラテンアメリカ諸国にとっても，ひとの地域間移動によって新たにその国際関係が多極化したことを示している．ペルーとキューバの中国来訪と条約締結は，広域国際関係の変化が起こる，その先駆けであった．

　まず，ペルーと清朝の条約交渉について見てみれば，それは1872年のマリア・ルス号事件をきっかけにはじまった．マリア・ルス号事件とは，1872年7月，横浜港に停泊中のマカオ発カリャオ行きペルー籍船マリア・ルス号（*Maria Luz*）から，苦力が相次いで脱出し，船内での苦力虐待が明るみに出た事件である．苦力の船外脱出を受けて，イギリスとアメリカの駐日公使の調査要請を受けた外務卿副島種臣が，神奈川権令大江卓に調査を命じ，やがて苦力貿易船事件として，船長との間で約230名の苦力の解放をめぐる裁判に発展した．裁判は船長の敗訴に終わり，苦力は全員が中国に帰国した．しかし翌年，ペルー特命全権公使アウレリオ・ガルシア・イ・ガルシア（Aurelio García y García, 1836-88年）が来日し，日本での裁判は違法であるとして損害賠償を要求した．この国際裁判は，仲裁を依頼されたロシア皇帝が，1875年6月に日本勝訴の裁断を下して終息した．日本近代史上，この事件は，維新直後の日本が初めての国際裁判で勝ち，無締約国に対する裁判権を獲得し，さらにこれをきっかけに国内の娼妓解放を実現したという，

---

45) 横浜における事件や裁判の経過，争点，手続き上の特徴について一般的な解説としては，武田八洲満『マリア・ルス号事件——大江卓と奴隷解放』，有隣書院，1981年があり，より詳細な研究と検討には，田久保潔「明治五年の『マリア・ルス』事件」，『史学雑誌』，44巻，1929年; 大山梓「マリア・ルース号事件と裁判手続」，『日本外交史研究』，良書普及会，1980年; 田中時彦「マリア・ルズ号事件——未締約国人に対する法権独立の一過程」，我妻栄（編）『日本政治裁判史録明治・前』，第一法規出版，1968年，がある．国際仲裁裁判については以上の研究の他では，Suzanne J. Crawford, "The Maria Luz Affair," *The Historian: A Journal of History*, **156**(4), 1984,

明治初期の重要な判例である[45]．翻って，近代世界史の文脈でのマリア・ルス号事件は，前述のロバート・バウン号事件やカヤルティ号事件の延長線上に位置付けられる．すなわち，ペルーの太平洋横断航路上で起こった苦力貿易船事件のなかでも，国際事件に発展したもののひとつである．

　このとき，ペルー使節団はマリア・ルス号の裁判継続のために日本に上陸したが，実は，当初から中国と条約を締結することを主目的に，アジア地域に来たものであった．ペルー政府はマリア・ルス号事件の発生前から，アジア，とくに中国への使節派遣を議論していた．ペルーの苦力貿易については国内外からの非難が高まっており，ペルーは国際世論に耐え得る合法的な労働者の導入をおこなう必要があった．イギリスと中国の圧力の強まりを受けて，マカオからの苦力の渡航がいずれ不可能になることを危惧したホセ・バルタ大統領は，ペルー農業と輸出産業の基盤に不可欠な苦力を継続して確保するため，1870年7月に訪中代表団の構想を出し，条約締結をにらんだ使節派遣を具体化したのである．計画は1872年8月の大統領暗殺によって一時中断したが，後を継いだマヌエル・パルド大統領が，同年11月速やかに，海軍大佐ガルシアを日本と中国への特命全権公使に任じた．このときガルシアは，次の条件が条約条文に入るよう，外交交渉で尽力するよう命じられた．ひとつは中国人の渡航を促すよう，中国領内の開港場からペルーへの渡航を認め，かつ直通汽船航路を開く条文，そしてもうひとつは両国民の往来や移住にあたって労働契約関係にある市民の自由を相互に保証する条文である．さらに，中国—カリャオ間に太平洋横断直行航路を開くために，ペルーへの移民事業を手がける商会と中国で接触するよう指示も出されていた[46]．

　この条約締結交渉は，直隷総督李鴻章（1823〜1901年）とガルシアとの間でおこなわれ，1873年10月にはじまり，74年6月26日の調印を経て，同年8月に清朝がペルー現地調査をおこない，75年8月7日に批准交換のはこびとなった．

　中国側は，1870年までに届いた2度にわたるペルー華民の陳情書と，各国の新聞が伝えるペルー苦力貿易の弊害を理由に，当初はペルーとの条約の

　　そして笠原英彦「マリア・ルス号事件の再検討——外務省『委任』と仲裁裁判」，『法学研究』，慶應義塾大学法学部内法学研究会，69巻12号，1996年，が詳しい．
46)　Stewart, *op. cit.*, pp. 161-164.

締結を拒否した．しかし交渉の過程で，もしペルーが1866年招工章程をモデルにしながら中国側が起草した「章程四条」を合わせて調印するならば良い，と条件付き締結を認めはじめた．清朝の起草した章程四条は，締約後に中国からペルーへ現地調査団を派遣する，帰国を望む華民にはペルー政府から本国送還費を支給する，マカオからの苦力出国禁止令にペルーが誓約する，などの条件を含んでいた．これに対してペルーは，苦力貿易などおこなわれていないと主張し，条約締結のみを求めて章程四条を拒否した．清朝とペルーは，華工をめぐってこのように交渉開始以降一貫して対立し，決裂も数回経た[47]．

　膠着状態の交渉で事態を打開したのは，イギリスとアメリカ公使の調停活動，そして李鴻章の条約観であった．李鴻章は，ガルシアの訪中前からすでに，「条約を結んでいないと（苦力貿易の弊害を）追及する方法がないが，締結すれば防止策を明確に設けられもしよう」[48]と，条約条文を通して華工を保護し，ペルーの苦力貿易を取り締まることを考えていた．一方，総理衙門の方針は，条約締結そのものを拒否する強硬なもので，李鴻章も当初はこの方針に従った．しかし交渉期間中に，「将来もしペルーとの条約締結を許すことになれば，これを機に必ず労働者募集規定を厳重に定め，民の弊害を除こう」[49]と，総理衙門と折合いをつけ，本来李鴻章が考えていた条約締結へと外交交渉全体を軌道修正していった．

　条文を通して列強の苦力貿易を管理するという発想は，李鴻章のみならず，沿海部や開港場が管轄に入る総督や巡撫などの地方長官には見られたもので，両江総督張樹声（1824～84年）もペルー使節の訪中前から同様の見解を述べていた[50]．こうして条約条文による華工保護が，実現に向けて動きはじめたのである．

---

47) 園田節子「1874年中秘天津条約交渉の研究——環太平洋地域における多国間関係のはじまり」，『相関社会科学』，東京大学大学院総合文化研究科国際社会科学専攻，10号，2000年．
48) 1873年7月20日「李鴻章復沈経笙宮保以可与秘魯立約函」，陳翰笙（主編），前掲書収録史料，第一輯，1018頁．
49) 1873年12月7日「直隷総督李鴻章奏秘魯使臣来津議約辦論情形摺」，陳翰笙（主編），前掲書収録史料，第一輯，1011-1014頁．
50) 1873年3月8日「南洋通商大臣張樹声為秘魯公使来華辦理招工章程事致総署函」，陳翰笙（主編），前掲書収録史料，第一輯，1004頁．

1874年春になって再開した中秘天津条約の締結交渉で,「章程四条」調印をペルー使節が認め,これを「華工保護特別条款」として起草,これを条約とともに締結することが決まった.さらに条約には,使節の常駐・領事の駐在・通商・軍艦の派遣などを互いに定め,最恵国条款を盛り込むこと,そして清朝とアメリカ合衆国との間で結ばれたバーリンゲイム条約を模して,契約移民を禁じ,自由移民の渡航のみを許可することで,苦力貿易を封じ込める条項を設けることになった.こうして1874年6月26日の調印にこぎつけた中秘天津条約は,その第6条がバーリンゲイム条約第5条を模したもので,両国民の自由意志ならざる移民招聘を禁止した.これによって,ペルーのおこなう苦力貿易に最大の制約を与えることになった.すなわち,両国間の人民の渡航,居住,就労の自由を明文化し,ペルーが中国から合法的に中国人を渡航させることが可能になった反面,「自由かつ自発的な本人の意志による出国のみ」[51]許すと,はっきりと規定したため,事実上,ペルーの苦力貿易を禁止することに成功したのである[52].さらにこの条約の締結後,李鴻章の幕僚であった容閎にペルー華工調査が命じられ,容閎は1874年にアメリカからパナマを経て,ペルーへ調査に入ることになる.

一方,1877年のスペインと清朝の「キューバ華工専門協定」締結と,その交渉途中におこなわれたキューバ現地調査の背景には,清朝がとった強硬策があった.清朝とスペインは,1864年10月10日の航運貿易友好条約(以後,「1864年天津条約」と略記)の締結から条約関係にあり,この第10款で,華民が労働契約を結んでスペインの植民地へ渡航し,就労することが承認されていた.しかし1870年代に入って,キューバの苦力貿易に対する国際的批判が高まると,スペイン人の契約華工募集業者たちは,近く中国で活動禁止に追い込まれることを危惧した.1872年,これら募集業者たちは予防策をとり,中国当局に向けて,1866年招工章程に則った募集活動をおこなうとの誓約を添えて,中国の各条約港における華工募集活動許可申請を出した.これは,いったんは裁可を得たものの,ちょうどこのときにキューバの苦力

---

51) William F. Mayers ed., *Treaties between the Empire of China and Foreign Powers*, Taipei: Ch'eng-wen Publishing Company, 1966, p. 192.
52) 1874年6月28日「直隷総督李鴻章奏秘魯使臣議定通商条約摺」;1874年8月1日「秘魯使臣葛爾西耶以議已成先行回国以便中国派員査辦致総署商会」,陳翰笙(主編),前掲書収録史料,第一輯,1015-1018頁.

貿易の弊害を報じた新聞記事を得た総理衙門が，北京駐在の各国公使に照会して事態を重く受け取り，このスペインの華工募集業者の許可を取り下げた．募集業者の相談を受けたスペイン公使は，ここで中国当局に対して，これらの業者が取り下げによって広州で活動停止を余儀なくされ，それによって損害を被ったとして，30万ドルの損害賠償を求めた．これがキューバ華工専門協定の交渉のはじまりである．

　両国の交渉では，キューバ現地での華工の虐待はないとするスペイン側と，キューバの華工虐待を前提に措置を妥当とする総理衙門の間で，虐待の有無が焦点になっていった．北京に駐在するイギリス，フランス，ロシア，アメリカ，そしてプロイセンの5か国の公使は調停団体をつくると，スペインと清朝双方にそれぞれがキューバに特別調査団を派遣することを勧めた．5か国調停団からのこの進言は，1873年9月22日に同治帝の認可が下り，清朝はイギリスとフランスの補佐官2名を加えた陳蘭彬調査団を現地に送った．このように，キューバ華工現地調査もまた，ペルー同様，外交交渉の一環として，おこなわれたものであった．

　条約交渉のなかから実現した現地調査が，その後の世界に果たした役割は実際大きい．そのプロセスを詳細に検討すると，容閎のペルー調査，そして陳蘭彬のキューバ調査は，その後の苦力貿易の禁止に貢献し，中国からペルー・キューバというラテンアメリカに向かうひとの移動の終息に結びついていく．ペルー苦力貿易の終息については第3章で詳しく扱うため，ここではその後のキューバについてまとめよう．

　陳蘭彬は1874年3月17日から5月8日の間にキューバ華工調査を終えると，74年10月20日に総理衙門に報告を提出した．この調査の開始を受けてキューバに起こった最大の変化は，まず自由華工を導入する動きが生まれたことである．1874年4月1日，ハバナのドン・フランシスコ・アベーリャ（Don Francisco Abella）は，イギリスの植民地制度を模倣して中国人自由移民を試験的に導入し，その結果7年間で7,200人の自由華工を導入した．これが，キューバ史上初めての自由移民労働者の導入と言われている[53]．そして中国国内でも，北京で条約交渉中の総理衙門とスペインの態度の変化が

53）　熊, *op. cit.*, p. 101.

生じ，キューバ華工専門協定の締結に向けて事態が動きだした．すなわち総理衙門が，キューバ華民の保護は，条約の条文に基づいておこなう方法が現実的だと考えを変え，交渉に積極的になった．かつスペインも，契約華工の導入に対する国際的批判の高まりを受けて，交渉態度を軟化させた．1875年に，スペイン側が，清朝政府に華民を自由移民として導入する「協議法案」を提出した．総理衙門はこれに同意し，1877年11月17日，北京において総理各国事務大臣沈桂芳とスペイン公使ドン・カルロス・アントニオ・デ・エスパーニャ（Don Carlos Antonio de España）の間で，ついにキューバ華工専門協定が締結されるはこびとなった．

キューバ華工専門協定は全16条から成り，「華工がスペインに赴く際には自由意志によるものでなければならず，脅迫や誘拐によるものであってはならない」，「キューバにおける華工の訴訟・審判・上告など，裁判手続きは各国の優待条件と同じでなければならない」などの条文が盛り込まれた．このほか，ハバナにおける清朝領事館の設置，キューバの華民の自由な往来の保証，そして清朝領事館にてキューバ華民の身分証明の登録と発行をするなど，現地華工の保護に直結する重要な条項が取り決められた．さらに，キューバに中国人労働者を運ぶ船舶はどの国の船籍の船であれ，すべてこの規定を遵守しなければならないとも定められた[54]．

このようにして，キューバの苦力貿易もペルーの場合と同様に，清朝との条約条文のなかで契約華工の導入を禁じられ，奴隷労働用に華工を導入する従来のやり方を継続できなくなった．ペルーとキューバの苦力貿易の弊害は，1870年代に条約のなかで処理されることで，封じ込めが可能になったのである．

小　結

前近代の中国と南北アメリカの間のひとの地域間移動は，近代のそれと比較すれば，いわば付随現象や副産物と位置付けられる．ひとはものの移動に

---

54) スペインの場合は，*Ibid.*; 呉剣雄「十九世紀前往古巴的華工（1847-1874）」，張炎憲（主編）『中国海洋発展史論文集』，第三輯，南港：中央研究院中山人文社会科学研究所，1988年，462-470頁．

伴って，少数が遠隔地に仮寓，あるいは定住した．近代の訪れと同時に，それまでのものの移動によって取りむすばれていた中国と南北アメリカの地域関係は，ひとの地域間移動によって結ばれるものに変化した．

しかし，船舶技術の向上を背景に，遠隔の地域の間の移動手段が発達してくると，それまでのひとの移動に世界的変化が生じた．まず生まれたのは，環太平洋地域のゴールドラッシュによって，新たなチャンスを求めるひとの移動，次いで，世界的な奴隷解放の動きに並行して進んだ，ヨーロッパ諸国の資本主義の世界的展開が生み出した代替労働力需要による植民地へのひとの移動，さらには鉄道建設に代表される，国内の産業インフラ近代化のために労働力需要が生じた地へのひとの移動が起こった大量の労働者で構成されるひとの移動そのものが，新たに近代の中国と南北アメリカとの地域の間に生じたのである．これはまた，近代世界システムの一部としてインドとともに，中国が労働者供給の一大基地として機能しはじめたことをも示す現象であった．

この，移動するひとの圧倒的多数は，中国からラテンアメリカへは，苦力貿易に代表される契約労働移民であった．プランテーションやその他の奴隷的労働を必要とするセクターに導入され，事実上の奴隷労働に伴う多くの苦しみが契約華工たちの共通経験となった．一方，中国からアメリカへは，クレジット・チケット制による自由移民の流れであったが，やはり人々は負債と無関係ではなく，かつ労働契約中は厳しい肉体労働に従事していた．南アメリカと北アメリカの近代のひとの移動はすなわち，中国から人々が，強制的要素と不可分の状態で，広大な地理的隔絶を越えていく現象として共通性を持っている．「近代的文脈のひとの国際移動」とは，こうした共通性を考察した結果，中国の領域内より毎年，数百から数千人といった一定数の単位で，途切れることなく，華民が現地の単純労働に従事するために，詐欺や暴力，脅し，負債など，完全に自由とは言えない条件下で，領域外に渡航する現象で，外国公私機関の直接間接のかかわりがあるもの，と理解することができる．

この近代的文脈でのひとの国際移動に対して，もう一点認識すべきは，近代国家の存在が関係してくることであった．それまで海外の華民に対して十分に対応してこなかった清朝は，治外法権や領事裁判権の限界を抱えつつも，

まず地方行政レベルで外国人ブローカーと中国人客頭双方の取り締まりに乗り出した．このプロセスを追うと，当初は広東の地方行政のレベルであったものが，1870年代前半には，国際条約の条文によって強制的な契約や渡航・就労を禁じるまでに進展した．条文によって自由意志による渡航のみを認めることで，苦力貿易の弊害を除くことを狙っていったのである．つまり清朝の国内では，公機関の対応が，地方レベルから国家の外交レベルへと発展することで，華工がらみの事件を処理する法体制が整備されていった．

このように，ひとの移動に対応する主体が段階的に発展した過程には，近代は単なるひとの地域間移動ではなく，「国際」移動としての意味が付されていく時代であることが現れている．さらに，次の第2章で扱うように，容閎と陳蘭彬の現地調査というかたちで，ひとの流動現象に出身国国家の官人がかかわっていく契機を与えていくのである．

第2章　本国と華民コミュニティ最初の接触

第1節　本国に保護を求める華民

　序章で取り上げた社会人類学者シラーは，議論の一部で，19世紀末のアメリカへの移民を例に，海外に出た移民は出身国に残る親族・友人との私レベルの関係を維持するのみならず，出身国との間に公レベルで，越境した社会関係や政治関係をもつくりあげるとし，これをトランスナショナル・マイグレーションと呼んだ．このトランスナショナル・マイグレーションの文脈で，南北アメリカ華民と中国本国との関係がつくられはじめる時期を特定するならば，1860年代末から70年代前半，とくに光緒年間（1874～1909年）のはじまる1874年からと言えよう．この時期から，中国東南沿海部や開港場を管轄する総督や巡撫などの地方長官[1]が，列強の苦力貿易を取り締まり，華工を保護する必要性を強く感じている．中国本国の官人のなかに，域外に散住する華民を，本国の保護の対象となる人々として認識しはじめる者が現れたのである．中国本国と域外華民との間の関係がはじまり，それがより密になるにつれて，華民の住む，中国からは遠い地域の情報も，本国の清朝政府内に入り，蓄積されるようになっていく．最初は国外から文書による保護要請とともに断片的な現地情報がもたらされるのみであったが，やがてこの関係は，1874年以降，ラテンアメリカの華民の処遇がかかわる条約締結交渉のなかでさらに進展していく．

　中国側にこうした動きをもたらした契機のひとつとして，虐待を受けてい

1）　総督と巡撫は中国の各省の長官である．総督は2つか3つの省の長官であり，巡撫は1つの省の長官である．このため中国の各省には原則的にその省を管轄する巡撫が1名とその省を含めた周辺2つか3つの省を管轄する総督が1名いることになる．しかし総督も巡撫もそれぞれ皇帝に直属するため，対等の役人であり，総督は巡撫の上司ではない．

る現地華民自身が直接，救済と対応を求めてきたことが挙げられる．南北アメリカの華民のなかで，最初に自発的に保護を求めてきたのは，ペルーの華民であった．1868年12月末，リマにある華民の互助組織「咕岡公司（別名は古岡州会館）」，「粤東会館」，そして「同昇公司（別名は同昇会館．広東省内の客家の結合団体）」の3団体が連名で，リマに駐在するアメリカ合衆国公使に，2通の嘆願書を届けた[2]．なお，咕岡公司の「咕岡」は，「古岡州」の意であり，いまの台山・恩平・開平・新会・鶴山の五県にかかる地域を指す[3]．つまりこれら3団体は，いずれも広東の地縁による結合団体である．これらの団体の代表は，華商が務めていた．

　連名嘆願書に述べられている内容を要約すれば，次の通りである．現在，ペルーにいる華民人口は3万余りで，みな中国で生まれ，太平天国運動で社会が混乱した1851年に，人の誘いで労働契約を結んでマカオの金星門から出航しペルーに来た．ペルーでは資本家，農園主，そして監督官の命令は絶対であり，華工たちは寒暖昼夜を問わず，放牧や耕作など苛酷な労働を強いられている．衣食の支給不足，契約不履行，賃金不払い，鎖や枷，罵倒，鞭打ちを受けるなどの事態も珍しくない．農園主の虐待に対して，ペルー政府は迎合するばかりで，華工側が抗議しても，かえって叱責する．華工の横死や自殺は頻繁で，良心的な資本家や政府官僚は2割ほどしかおらず，助けにならない．商店を経営する者は，暴動や強奪に怯え，若者さえからも蔑まれる生活を強いられるという，敵意に満ちたなかで孤立して暮らしている[4]．

　このように嘆願書は，ペルーの華工と華商，それぞれの苦境を重点的に伝えている．また，資本家や雇用主の影響力の強さと，現地政府の弱さもよく観察している．しかし，具体的な保護として何を求めるか華民側からの言及はなく，嘆願書を受け取ったリマ駐在のアメリカ公使は，これを北京駐在の

---

2) 1866年に，ペルーの華民がリマの米公使に2通の連名嘆願書を届けたことが，アメリカ合衆国国務長官シュワード（William H. Seward）に報告されたが，これが中国に転送されたか否か，されたなら清朝政府内の何らかの動きを生み出したかは，不明である（Hovey to Seward, November 28, 1866, in *Foreign Relations of the United States, Diplomatic Papers, 1861-1942*, Washington, D.C.: The U. S. Government Printing Office, 1966（以下 *F. R. U. S.* と略），p. 653）．
3) 陳匡民『美州華僑通鑑』，New York: 紐約美州華僑文化社，1950年，761頁．
4) 1868年12月下旬「秘魯華工向美国駐秘公使訴説苦情求援禀文」，陳翰笙（主編）『華工出国史料彙編』，第一輯，965-966頁．

アメリカ公使に転送し，1869年5月17日には，清朝の対外交渉の中央機関である総理衙門に届けられた．

次いで1871年にも，リマ市内の広東・福建・汕頭幇と同郷会館が，共同署名のもと，1月26日付でアメリカ在外公館に，清朝が任命した使節をペルーに逗留させ，華民の現状を調査し，改善してほしい，あるいはペルーの米公使がそれを代行してほしいと訴えた．この陳情書は，リマの米代理公使の手で北京に転送された[5]．

これらの嘆願書の効果はことのほか大きく，1869年の嘆願書は，中国でおこなわれているペルーの労働移民募集ビジネス一切を事実上禁止する措置に結びついていった．総理衙門は当初，条約未締結国のペルーの国情に疎いことを理由に，リマ駐在のアメリカ公使に向かって，中国の代理としてペルー華民の帰国希望者と就労希望者それぞれに適宜対処してほしいと依頼するにとどまっていた[6]．しかし，ちょうど総理衙門には，1868年のカヤルティ号事件をはじめとする苦力貿易の害悪を伝える事件があいついで報告されていた．このため総理衙門は，ペルーや華工出国がらみの事件が頻発する背景を知る必要があると考え，こののち海関総税務司ロバート・ハート（Robert Hart, 1835-1911年）や両広総督瑞麟など，開港場や東南沿海部の省を管轄する地方官に，苦力貿易についての調査を依頼した[7]．これに続いて，ペルーの苦力貿易取り締まりのため，1869年6月12日にイギリス，フランス，ロシア，アメリカ，そしてスペイン各国の公使館や領事館へ照会した．照会では，未締約国による中国領内での華工募集活動を禁止し，さらに華民の未締約国への渡航を禁止し，未締約国籍の船によって華民が渡航することをも禁止すると明言した．

未締約国への対応に限らず，照会を出したこれら条約締結国にも，華工の募集活動をおこなうとき，そして華工を載せた海外客船を中国域内から出航

---

5) Low to Fish, May 13, 1871, in *F. R. U. S.*, pp. 112-114; 1871年6月8日「美使為在秘華工受虐応与秘立約事致総署照会」，陳翰笙（主編），前掲書収録史料，第一輯，975頁．
6) 1869年5月29日「総理衙門復駐華美使請対秘魯華工予以援手函」，陳翰笙（主編），前掲書収録史料，第一輯，966頁．
7) 1869年6月10日「総理衙門給総税務司赫徳飭査秘魯国凌虐及拐販華工札文」，陳翰笙（主編），前掲書収録史料，第一輯，967-968頁．

させるときには，先の第1章第3節で扱った移民法「1866年招工章程」を守り，華工の保護を徹底するようにと伝えた．さらに同じ照会にて，広東地域からマカオへの華民の渡航はこれより両広総督の取り締まり対象になること，ならびに条約締結国側でもマカオで華工募集活動をしないように，各公使からそれぞれの本国政府に要請するよう伝えた[8]．このように，ペルーから総理衙門に届けられた華民の声によって，中国国内ではいくばくかマカオ苦力貿易対策が講じられた．

ペルー華民の嘆願書が本国に到着するというコミュニケーションについて，その効果を検討すれば，まず清朝の苦力貿易への理解に新たな視角がもたらされているところに着目すべきであろう．総理衙門は，ペルーで華民が死んだり，財産を強奪されたりする原因は，ペルーでの「東家」の虐待，すなわち現地の資本家からの虐待にあるので，このため華民たちがわざわざ本国へ訴えたのだと言及している[9]．このとき清朝政府は，これまで中国の領域内や航海における状態を中心に論じられてきた苦力貿易の問題点を，渡航先現地という異なる角度から認識したと言える．

また嘆願書の転送にかかわったアメリカをはじめとする各国公使は，文書転送のとき，総理衙門当局に，この問題に清朝がどのように対応すればよいかを助言している．こうした助言内容は，実際に清朝政府がとった諸対応のなかで活かされた．具体的には，現地に領事館を設置するためには常駐使節を派遣すべきで，そのために条約を締結するよう進言したり，広州府はじめ広東省内の各府が人々に説諭して，ペルーへの渡航就労を禁じるよう助言したりといった反応が確認できる[10]．こういったかたちで示される対策案は，清朝政府の在外華民関連の具体的対策に，事実多くの示唆を与えていった．

行政内部のコミュニケーションのプロセスで，対策が模索される様を確認した結果，在外華民からの情報が本国の行政に一定の影響を与えた，その軌跡が認められるのである．

---

8) 1869年6月12日「総理衙門為無約国不許在華設局招工併不准華人前往澳門給英，法，俄，美，日国照会」，陳翰笙（主編），前掲書収録史料，第一輯，969頁．
9) 同前，968頁．
10) 1870年5月19日「美使建議派員駐紮秘魯保護華工致総署照会」，陳翰笙（主編），前掲書収録史料，第一輯，972頁; Williams to Fish, July 26, 1871, *F. R. U. S.*, pp. 149-151.

第2節　容閎のペルー華民調査1874年

　清朝政府は北京と天津の外交交渉で進められていた，スペイン領キューバの華工保護条約ならびにペルーとの条約交渉の一環として，1874年3月にキューバに陳蘭彬，74年9月にペルーに容閎を責任者とする調査団を派遣し，とくに契約華工を中心に，現地華民の実態調査をおこなった．これは，中国史上初の国外華民実態調査であり，中国の対外交渉機関がみずからの官人たちを海外に直接派遣して，華民の渡航の実態や，「自国民」としての現地の華民の実情を，みずからのチャネルを使って把握しようとした動きである．この調査は，これまで海外華民に冷淡であった清朝政府が，域外にいる華民をみずから保護する対象であると認識する，最初の大きな転換をもたらした．同時にこの調査は，中国の官僚が現地華民コミュニティの内部に入っていって，本国の存在を印象付けた最初の出来事でもあり，中国政府と現地華民社会の初めてのオフィシャルな官民接触としても位置付けられる．そして，これによって海外の華民社会に「本国」の存在が初めて鮮明に印象付けられた．

　ペルー華民の現地調査をおこなった容閎（Yung Wing, 1817～1912年）は，洋務運動の第一線で活躍した外交家・教育事業担当者・企業家で，アメリカの一流大学を卒業した初の中国人として知られている．華僑を輩出した広東省香山県［現在の中山県］出身で，幼少の頃から宣教師の設立した学校で，マカオと香港で西洋式教育を受け，渡米し，イェール大学を卒業するという，異色の経歴を持っている[11]．容閎のペルー華民レポートは，1874年10月と11月の2度に分けて両江総督沈葆楨（1820～79年），直隷総督李鴻章，総理衙門に提出され，75年7月の批准交換交渉での資料となった[12]．このレポートに記されたペルー華工の虐待を根拠にして，交渉担当者の李鴻章が締結済みの中秘天津通商条約と特別条款双方の批准交換を拒み，このような現地調査の結論は無効だと主張するペルー全権公使ホアン・フェデリコ・エルモ

---

11)　容閎の経歴に関する詳細は，容閎『西学東漸記』，百瀬弘註，坂野正高解説，平凡社，1969年，を見よ．
12)　1875年12月4日「北洋大臣李鴻章転送秘魯華工供詞等咨総理衙門文」，「容閎致両江総督沈葆楨稟帖」，陳翰笙（主編），前掲書収録史料，第一輯，1043-1044頁．

レ (Juan Federico Elmore) とふたたび衝突して，交渉が難航したという経緯がある．しかしこの交渉は最終的に，批准交換時にエルモレが，苦力保護に尽力するというペルー政府の宣誓を中国側代表江蘇巡撫丁日昌に文章で確約することで一応の決着を見た．このペルー調査は，容閎の功績のひとつとして先行研究でも評価されてきた．

　容閎のペルー調査に関する史料は，中国側外交档案に収録されたこの容閎レポートと，容閎自伝のみであり，現地の状況や調査手順についての詳細を明らかにすることができなかった．しかし容閎はペルー調査に2名のアメリカ人の友人，ジョセフ・ホプキンズ・トゥィッチェル (Joseph Hopkins Twichell, 1838～1918年)[13]アサイラムヒル会衆派教会牧師と，ペルー調査の翌年に容閎と結婚するマリー・ルイーズ・ケロッグの実兄エドワード・W.ケロッグ (Edward W. Kellogg, 1840～1921年)[14]医師を同行させており，両者ともコネティカット州にペルー滞在中の記録を残している[15]．以下，これら非公刊史料を交えながら，ペルー調査の調査プロセスや，調査方法，調

---

13) トゥィッチェルは1859年にイェール大学を卒業し，ニューヨークで神学を研究した．1860年に南北戦争が勃発すると，64年までニューヨーク第71義勇軍に従軍牧師として参加した．戦後，1865年にハートフォードのアサイラムヒル会衆派教会 Asylum Hill Congregational Church に招かれ，終生同教会を主宰した．ハートフォード地方社会の宗教・教育・文化活動の中心的人物で，新興の中上流知識階級と交流し，とくにマーク・トウェインとの親交が深かった．1874～1913年，イェール大学評議員を務めた ("Joseph Hopkins Twichell," *Dictionary of American Biography*, Base Set., American Council of Learned Societies, 1928-1936, Reproduced in *Biography Resource Center*, Farmington Hills, Mich.: The Gale Group, 2002, http://www.galenet.com/servlet/BioRC, 2002年4月28日閲覧).

14) 作曲家を志していたが，南北戦争の勃発によって専門を音楽から医学に変更した．コネティカット第7義勇軍に参加し，3年間内科医付き看護補助員として働く．その後ニューヨークの医学校に編入し，1867年にニューヨーク同毒医療医院 New York Homeopathic Hospital を修了した．1871年，ハートフォードで開業し，終生同地で過ごした．コネティカット同毒医療医師会 Connecticut Homeopathic Medical Society 会長，トゥィッチェルのアサイラムヒル会衆派教会のメンバーである ("Dr. Edward W. Kellogg," *Farmington Valley Herald*, January 20, 1921).

15) トゥィッチェルは一冊の手帳に日記をつけ，これは3枚の聞き取り調査メモとともにイェール大学バイネッキ稀書古文書館にある．手帳日記は，*Trip to Peru with Yung Wing, 1874*, in Joseph Hopkins Twichell papers, ca. 1850-1913, Call# ZA Twichell Travel Diaries, Box 10, File 'Travel Diaries: 1874 Peru,' Beinecke Rare Book and Manuscript Library, Yale University. これ以降，*Twichell Diary* と略記．調査メモは，*Sample of Notes of Evidence Taken at Callao*, in Joseph Hopkins Twichell papers, ca. 1850-1913, Call# ZA Twichell Travel Diaries, Box 10, File 'Travel Diaries: 1874 Peru,' Beinecke Rare Book and Manuscript Library, Yale Uni-

査内容をまとめていく．

　中国側史料に残る容閎レポートによれば，李鴻章が秘密調査形式を指示し，容閎はトゥイッチェルとケロッグとともに 1874 年 8 月から 9 月にかけて約 1 か月間リマ市内に寓居し，現地華民から調査は危険であると言われた助言を容れて，ペルーで十数年機械管理に携わるアメリカ人技術者に調査を委託した，と容閎自身が説明している[16]．容閎レポートは，ペルー外務大臣との会談や，アメリカ人鉄道医師の苦力診断時の経験からの証言，アメリカ人旅行者の証言，リマのアメリカ公使の証言，そしてリマ市の会館董事の口述調査で構成されている．とくにアメリカ人委託調査員 3 名が，それぞれリマ市近郊やペルー北部の鉱山，プランテーションで調査した報告をまとめている．そのうち 13 年間ペルーに住み，サトウキビの圧搾機械の技術管理職に就いている調査員ゲイグは，プランテーションの中国人宿営地「山寮」[17]を計 17 か所調査し，雇主名まで明記しながら，過去の脱走者数などをも含めて，克明に苦力の状態を報告した．各プランテーションは平均 200 人の苦力を雇い，賃金は週平均およそ 1 ペソ，6～8 レアルである．早朝から日没まで働かせ，監督官が鞭を振るったり鎖につないだりする．常に平均数十人の疾病者がおり，眼病や栄養失調が見られる，などがその具体的な内容である．また本職が鉄道医師の調査員ウォードは，大農園，山寮，鉄道建設現場の苦力を調査し，とりわけ鉄道敷設作業における海抜 3,000 m を越える高所での掘削作業・虐待・高山病・伝染性の下痢・墜落死などをきわめて詳細に報告した[18]．

---

　　versity. これ以降，*Twichell Notes* と略記．ケロッグは，ペルーからハートフォードの妻に 4 通の詳細な手紙を出しており，現在同州ハムデンに住む実孫の個人所蔵となっている．From E. W. Kellogg to Hilah Dart, Guayaquil, August 28; August 31; Callao, September 2; Lima, September 4, 1874. ケロッグの孫ジェーン・ケロッグ（Jane B. Kellogg）の厚意により，許可を得て使用．これ以降，*Kellogg Letter* と略記．

16）　1875 年 12 月 4 日「北洋大臣李鴻章転送秘魯華工供詞等咨総理衙門文」，「容閎致両江総督沈葆楨稟帖」，陳翰笙（主編），前掲書収録史料，第一輯，1043-1044 頁; 容閎，前掲書，188-189, 193 頁．

17）　漢文史料のなかでは「山寮」，そして容閎の英語メモでは Chinese camps と記されている．鉄道建設現場の飯場を表すときにも使われる．

18）　n. d.「照録容閎所査華工供詞見証」，陳翰笙（主編），前掲書収録史料，第一輯，1047-1049 頁．なお，当時のペルーの通貨事情は複雑であった．基本的にソルが使われていたが，独立直後には植民地時代の通貨制度を引き継いだため，ペソも流通していた．ペルーの華工の労賃にもソルとペソの両方が支払われた．

しかし調査のプロセスを見ていくと，実際は，一行は，調査地ペルーに関して一般的知識も華工問題への知識もかつ人脈や調査計画もほとんどないまま渡航しており，現地の民間人協力者のネットワークに助けられつつ，入手した情報の範囲で報告をまとめていた．

まず，容閎が1か月と報告した現地調査は，実は10日間程度にすぎなかった．容閎一行は1874年9月1日にカリャオに上陸し，2日に首都リマに移動し，同地を中心に調査をおこなってから同月12日にカリャオを出航し，帰国した．このような極端に短い期間でも調査を可能にしたのは，次に明らかにしてゆくように，容閎に同伴したトゥィッチェルとケロッグが場当たり的に整えた現地のアメリカ人民間人の協力と，リマとカリャオの華民コミュニティの有力華商の協力であった．

1. アメリカ人の協力

トゥィッチェルとケロッグはこの調査では重要な役割を果たしており，調査に対しては始終消極的であった容閎を支えた[19]．ペルーに長期滞在して現地事情に明るいアメリカ人の熟練労働者や医師・実業家を見つけては，委託調査員にしたり連絡をとったりして，事実上の調査助手として協力した．

容閎一行は皆スペイン語ができず，「我々ときたらペルーではホテルその他あらゆる場所で，要求を伝えるときはいつもパントマイムしなければなら

[19) たとえばケロッグがペルー行きの船内で知り合ったゲイグに調査委託したとき，容閎がこの件には前からきわめて冷淡で，現地に行ってきたと言えるよう，ペルーには3, 4日だけ上陸してくるさ，としばしば口にしていたと書き残している（*Kellogg Letter*, September 2, 1874）．なお，この船上でのゲイグとの対話以降，ペルー華工問題に対する容閎の姿勢に徐々に変化が見られ，現地に入ると，ホテルでトゥィッチェルに向かって，来年に控えたマリー・ルイーズ・ケロッグとの結婚を反故にして自分の人生をこうした中国の問題解決に捧げたいと言い出して，隣部屋のケロッグ医師に聞こえてしまったかなと笑い合い（*Twichell Diary*, pp. 41-42），部屋一杯に集まった華工たちの陳述を書き留めた後，その内容にいたく考え込んだり（*Ibid.*, pp. 35-37），カテドラル周辺に集まる大勢の盲目の物乞い――華工のなれの果てを見て，涙して何かしなければと感じた，と話したりしている（*Ibid.*, p. 43）．しかし，この後も容閎の活動には精彩がなく，アメリカ人以外から情報を得る際には，非生産的な結果に終わっている．イタリア公使との会談で容閎は憤りをぶつけて外交官として賢明でない態度で臨み，ポルトガル領事からの会見要請に対して，おそらくマカオ苦力貿易を容認する国として嫌ったのであろう，連絡さえせず，トゥィッチェルは，「領事から訪問してくれば戦端が開かれるだろう．残念だが容閎はさほど慎重な性質ではないのだから」と書き留めている（*Ibid.*, p. 49）．

ない．（中略）ニューヨークを出港してから昨日まで，ただの一紙も読解可能な新聞を調達できなかった」[20]状態で，調査には外部からの協力が不可欠であった．容閎レポートには，「盖夜侈」と「烏阿爾特」の2名のアメリカ人代理調査員の名前があるが，このうち「盖夜侈」ことトーマス・ゲイグ（Thomas Gaig）は，ケロッグがペルー行きの船内で知り合い，現地に詳しいことから容閎に調査の委託を勧めたものである．ゲイグはこの後，リマ郊外に散在する各プランテーション内の，タンボ（Tambo）と呼ばれる労働者の日用必需品を売る直営商店で，調査を実施した[21]．ペルーにおける中国人の環境は一般に恵まれていなかったが，なかにはタンボの商店主となった中国人がいた[22]．タンボの主は，当時の例外的な現地華民成功者であり，ゲイグが調査時にこうした人々の協力を得ていることは興味深い．

　注目すべきは，華工を雇っている現地のアメリカ人実業家自身からの協力であろう．ペルー国内の鉄道建設事業は，アメリカ人鉄道王ヘンリー・メイグス（Henry Meiggs, 1811～77年）[23]が独占的に請け負っており，容閎の調査当時に2,000人の契約華工を雇っていた．メイグスは，アメリカ西海岸やカナダ，パナマでアメリカ人鉄道事業家が採った同様の事業スタイル，すなわち敷設工事に大量の契約華工を導入していた．これまでの建設事業で使ったチリ人労働者が好戦的で使い難く，酒好きで，脱走者が多かったため，メ

---

20) *Kellogg Letter*, September 4, 1874.
21) *Twichell Diary*, pp. 92-93.
22) 山脇千賀子「日系人が生まれた背景——奴隷制・クーリー・契約農園労働者」，細谷広美（編著）『ペルーを知るための62章』，明石書店，2004年．
23) ニューヨークに生まれる．1835年より材木商をはじめ，1842年にサンフランシスコに事業の拠点を移し，船団による大々的な材木運搬を展開して大成功する．しかし1854年の恐慌に遭って債務を果たせず100万ドル近い莫大な負債を抱え，チリに夜逃げした．チリでは橋梁建設事業にかかわったのち，1858年にチリ政府事業の150万ドル規模鉄道建設請負契約を取りつけ，一躍，南アメリカで最高の鉄道請負業者として名を挙げた．次いでペルーの鉄道建設事業に乗り出し，同国で計6本の線路敷設に着手した．とくにメイグスの死後の1893年に開通したリマ—オロヤ間の鉄道事業は，すでに1851年12月に開通していたカリャオ—リマ間鉄道と連結して，太平洋岸からアンデス山脈を通ってアマゾン川交通網の先端に至るルートを開くもので，太平洋と大西洋を結んだ近代事業として名高い．南米の事業成功後，メイグスはサンフランシスコでの負債を利子付きで返済し，カリフォルニア州議会は1873年にメイグスの再上陸時には負債の罰則すべてを抹消すると決定した．晩年のメイグスはアメリカの慈善事業にかかわり，リマで没した（Watt Stewart, *Henry Meiggs: Yankee Pizarro*, Honolulu: University Press of the Pacific, 2000, 1946年復刻版; "Henry Meiggs," http://famousamericans.net/henrymeiggs/, 2003年8月24日閲覧）．

イグスは従順で安価な労働力として華工に注目した．たとえば，1870年1月着工のオロヤ（Oroya）鉄道建設工事では，チリ人やペルー人よりも多くの華工を雇うと決め，具体的には労働者全体の半数以上にするためにマカオとカリフォルニアから華工6,000人の導入をめざした．1871年末に荷受人のリマのカンダモ商会（Candamo y Co.）との間で華工一人頭「買い取り金」平均420ソル，カリャオかパイタに入港後48時間以内に北部の鉄道現場に投入できるよう，近くの港町パカスマヨ（Pacasmayo）かフェロル（Ferrol）に移動させる，という契約まで結んだ．この事業の契約華工は，8年契約，月給4ソル，衣食住と医療の提供が条件で，とくに北部のパカスマヨ線とチンボテ（Chimbote）線建設に多数投入されていたが，ペルー国内と隣国チリで，華工の劣悪な就労実態がしばしば報じられ，非難されていた[24]．

容閎の調査中，ケロッグがこのメイグスに協力を求めることに思い至り，鉄道沿線の華工の就労実態調査のきっかけをつくった．メイグスは調査に協力的で，オロヤ鉄道監督官の同行を条件に，調査団に特別列車を都合して，オロヤ鉄道のどこでも途中下車して調査できるよう計らった[25]．容閎は9日の朝から10日の夕方まで，トゥイッチェル，ケロッグ，海軍大佐ホワイト，そしてペルーの華民コミュニティの有力華商であろう，Lu, Tongの2名の華民と乗車し，何度か下車して沿線の中国人の飯場を視察した．この調査で，飯場の華工の平均労賃は一人当たり平均月給1〜5.5ソルと算出された．また車中の閑談で一行は，メイグスの下で200人のアメリカ人が専門技術職に就いていること，メイグスの経歴と鉄道事業，グアノ採掘事業のドレフィス商会など，ペルーの産業や社会に関する一般的な知識を初めて身につけていった[26]．なお，容閎レポートに登場するもう一人の委託調査員「鉄道医師，烏阿爾特」こと，オロヤ鉄道医療監督官ウォード（George A. Ward）は，トゥイッチェルとイェール大学在学時代の知り合いで，9月9日に容閎一行と駅で偶然邂逅し，これをきっかけに，中国人鉄道建設労働者の調査を委託されたものであった[27]．

---

24) *Ibid.*, pp. 161-164, 178.
25) *Kellogg Letter*, September 4, 1874.
26) *Twichell Diary*, pp. 67-88.
27) *Ibid.*, p. 84.

第2章　本国と華民コミュニティ最初の接触　　79

このように現地では，むしろトゥィッチェルとケロッグが終始調査を前向きに捉え，臨機応変に調査のアイディアを提供した．そして調査は，ペルーのアメリカ人によって支えられたという特徴を持っていた．

2. 現地華民の協力

　容閎レポートには，ペルー華工自身の嘆願書や，リマ市内の14名の華民インタビュー，そして苦力に残る虐待による傷を撮影した24葉の写真も含まれる．このうち嘆願書はリマ市粤東会館が本国に宛てたもので，マカオからの苦力貿易の禁止を訴えている．その内容によれば，ペルーに入った華工は都市部での雑役，郊外のプランテーションで耕作，そして鉱山労働の3つの職種に就いたと大別できる．さらに，リマの都市労働では，言葉の問題で意志の疎通を欠き暴力を受けることがあるが，比較的良い．一方，プランテーションでは，武装した監督官が鞭を振るって未明から日没まで労働を強いるため，脱走者や自殺者が後を絶たず，8年満期になっても解放されない．なかでも鉱山労働は苛酷で，満期までに5分の3以上が死亡する．ペルー華民みずからが発した声の記録から，当時の現地での生活が鮮やかに汲み取れるのである[28]．

　また，表2-1は，リマの華民14名からのインタビュー「秘魯京城内面訊各華工供詞」の内容をまとめたものである．各自の出国後の経過が詳述されているが，ここから解るように，ペルーの契約華工は，鉱山労働，鉄道建設，綿花や砂糖プランテーションの労働，グアノの採掘，そして都市労働の，5種の労働いずれかにかかわった．14人全員が，到着後は，まず綿花，砂糖，穀物などのプランテーションやグアノ堆積場などで契約華工として働いており，満期になったのちに都市に移ってくる．そして，容閎の聞き取り調査の時点では，都市社会の最底辺で肉体労働に従事したり，小口の商売をおこなったりしている．

　ここには華工の労働実態と，社会移動のパターンが現れている．それと同時に，初期のリマ華民コミュニティを構成する人々の社会階層が示されていると言えるだろう．多くがプランテーションや鉄道建設現場での過酷な労働

---

28)　容閎，前掲書，188頁; n. d.「照録容閎所査華工供詞見証」，陳翰笙（主編），前掲書収録史料，第一輯，1046-1047頁．

表 2-1 聞き取り調査における証言

氏名	出身地	出国状況	到着	証言内容
麦錦泉	広東省鶴山	誘拐され、マカオより出国	1869	綿花のマスコ山寨で労働。午前4時半起床、点呼の後、配給食糧と自炊道具を携帯して作業にかかる。正午30分の休憩の間に自炊して食事。日曜休みあり。新年に3日間休みあり。総監督各1名、助監督数名、鞭打ち専門員1名が監視。暴力で十数名、劣悪な環境が原因の疾病で80名が死亡。この黒人に危篤状態になるまで打たれた。証言者もこの黒人に危篤状態になるまで打たれた。証言者自身を外資150円で「売身」契約したが、雇主が受取書を改竄して72円と記入、こういったことは頻繁に起こり、労働者は皆泣き寝入りしている。
林虎獅	福建省廈門		1853	7年契約で製パン業に携わる。満期後、リマ西北のリマチャンカイで商売を営む。この地の4つの山寨で目撃した華工虐待の様子を証言。現在もチャンカイで商売を続けている。
趙龍平	広東省掲陽		1866	山寨労働。午前4時起床、正午まで労働。衣食住は不備。一日に米1ポンド支給され、雇主から下賜され、住居は自分たちで建てるしかなかった。土地柄湿気が多く、給料は一定でなく、差し引かれて一週間に2角5分。労働は連帯責任。8年満期後、契約の継続要求を断り、放逐された。
葉香	広東省恵州		1866	供述は上記に同じ。
劉茂	広東省恵州		1866	供述は上記に同じ。
金阿卓	広東省新界		1863	砂糖プランテーション労働。1,000人近い華人が一斉に午前4時起床、点呼後5時労働開始。午後1時に再開し、7時終了。毎日米を半ポンド支給。衣服は米袋でつくったものを賃頭がつくり、強出す労働者の賃金は毎週8角銀票。弱いものは1角〜2角5分銀票。住居は逃亡防止のための三方が壁、一方のみに出入口があり、食事睡眠はすべて屋内。逃亡者は捕まれば50〜500回の鞭打ちがあるが、最近は逃亡防止に犬を飼っている。一般的に、都市の家内労働で家人とうまが合わない場合にこのプランテーションに売却される。現在は市内で日雇い労働者として働いている。
陳阿梅	広東省東莞			ある山寨で8年労働した。労働は正午の休憩を挟み午後1時まで再開、5時半に終わる。初めの3年間は米が支給されず、小豆や芋などを煮て食べた。その後5年間は米半ポンドが支給された。衣服は米袋をいじったもので毎週8角銀票が支払われ、病気などがつけられ、首枷や足枷で縛り、鞭で打たれた。鎖の刑、首枷や足枷などがつけられ、一般に砂糖プランテーションや葡萄プランテーションでいまだに傷痕が残っている。一般に砂糖プランテーションや葡萄プランテーションに転売するが、鞭で違反すると、何度か劣悪な労働条件で酷使すると聞いた。

第 2 章　本国と華民コミュニティ最初の接触　　　*81*

姓名	籍貫		年	供述
黎阿日	江西県金渓			供述は上記に同じ。
鄭阿聯	広東省順徳			供述は上記に同じ。
彭見福	広東省永安	誘拐され、マカオより出国	1863	ある綿花プランテーションで日労働。午前 4 時から午後 5 時あるいは 7 時まで労働し、間に正午から 1 時間休憩がある。日曜は半日労働で、毎日米 1 ポンドが支給される、衣・住の条件は劣悪である。虐待を受け、一度逃亡したが捕まり、拷問を受けた。後遺症が残ってあったため、ペルーの役人が配慮して別の雇主に転売した。ここは以前より多少ましであったため、そのまま 2 年満期を終了できた。
陳阿福	広東省恵州	誘拐	1863	上記彭見福と同じ綿花プランテーションに売られ、後の経過は同じ。
李阿華	広東省恵州		1864	穀物のプランテーションで 10 年間労働した。ここの主人は彭見福のいた綿花プランテーションと同じ人物であった。午前 4 時から 7 時までの労働。一週間の賃金は 7 角 5 分銀貨だが、5 角銀票をはられて 2 角 5 分しか手に入らない。証言者はここには 4 年間いたが、何度も鞭で打たれ鎖でつながれた。8 年満期も手に入らないまま契約解放されず、2 年間解放されなかったため、脱走した。
張貴	広東省香山金星門、マカオにて、3 隻の船団で出国		1850	2 年間チンチャ島でグアノの採掘労働。自炊し、身投げ、ダグアノの落盤などによる事故の絶えない過酷な環境の下でグアノの採掘労働に携わった。課せられるノルマを消化できないと拷問される一般にグアノ採掘労働の 8 年満期の生存率は極端に低い。証言者は満期前に監督の大工職人の下に移ることができ、リマ市内の大工の技術を持つこと、満期終了後は現在に至るリマ市内で商売を営んでいる。
葉炳	広東省恵州	誘拐され、マカオより出国	1866	プランテーションにおける耕作労働。午前 4 時に労働開始、午後 7 時に終了。1 日 1 ポンドの米が配給された。服は麻袋を建てるしかなく、土地柄湿気が多い。賃金は毎週 2 角 5 分。3 年間耕作し続けたがその後コックになった。仕事はまく、給料はやはり週 2 角 5 分銀票。満期を迎えると、もう 8 年間の継続契約を強要されたが拒否した。その後から現在にまでリマ市内で小売業を営み生計を立てている。帰国したいが船賃が足りず、果たせずにいる。

(注)　1.　一般に 8 年契約で満期となる。空欄は資料中に記載がない事項。
　　　2.　表中にある「銀票」はペソ、もしくはペソに相当するプランテーション紙幣と考えられる。「8 角銀票」が 8 レアル＝1 ペソであり、たとえば「7 角 5 分銀票」は 7.5 レアルを示す。
(出典)　「秘魯京城内西各華工供詞」『彙編』1 (3)、1055–1059 頁。

体験を証言し，近代化を急ぐペルーの最底辺での労働実態と，差別意識に満ちた社会での生活を語っている．全証言のなかでも，張貴の証言は凄絶である．

　道光30（1850～51）年，広東の金星門を3隻の船で出港しました．1隻目には苦力70人が乗船し，ペルーに上陸するまでに1人死にました．2隻目は425人中185人死にました．私の乗せられた3隻目は300人，死者は48人でした．金星門からまずマカオに寄港し，それからペルーに向けて出帆しました．私が送られたのはグアノのあるチンチャ諸島です．労働には毎日大型荷車一杯掘るというノルマが課せられ，果たせないと拷問を受けます．……毎日午前4時頃に自殺者が出ました．また作業中，島の高所から海に落ちて死ぬ者や鳥糞が落盤し埋まって死ぬ者も出ました．……私はこの島で2年間働きましたが，監督官に大工の技術を持つと話し賄賂を贈ったところ，すぐにリマの大工職に移されそこで満期を迎えました．その後商いで生計を立て，いまに至るのです．[29]

　とはいえこれらの証言は，全体的に被害者としての側面を強調する傾向があるところに注意すべきである．実際は渡航時に積極的に契約を結び，自発的にペルーに渡航して来た者も少なくなかったと見られ，契約時のことは証言時にほとんど語られなかった．唐澤靖彦によれば，清代の訴訟史料のテキスト分析において念頭に置くべきは，官への告訴状は加害者の暴虐性を軸にストーリー性を持って書かれる前提が存在した点である．訴える者は読み手となる地方官がこれを読んで納得し，何らかの積極的対応をとっていくよう，目的を持ち，説得的な訴えをおこなった[30]．ペルー華民も同様に，訪れた容閎一行に現地の「惨状」を訴えることで，その後の中国外交筋からの働きかけでペルー華民を取りまく環境が改善されるよう，意識していたことは疑いない．これはこの後のキューバ華民の証言にも同様に言えることであり，現地華民はみずからのナラティブによって被害性を強調しているのである．

　容閎は，ペルー社会一般を，「役人を民間から選挙し，その際，人心をつかむに利禄を用いる．ここから推測すれば，公平な処理など期待できない．

---

29) n.d.「秘魯京城内面訊各華工供詞」，陳翰笙（主編），前掲書収録史料，第一輯，1058頁．
30) 唐澤靖彦「清代告訴状のナラティヴ——歴史学におけるテクスト分析」，『中国——社会と文化』，**16**，2001年．

苦力虐待を改善などできようか．民主の国とはいえスペインの慣習通りであり，支配層・被支配層が欺き合い，私利こそを急務とし，行政規模は狭小で，あらゆる職務は延滞している」と表現した．また華工を導入するペルーの体制について，重労働させるために他国人を導入すべきではないと批判し，「なぜならこの国ではインディオが200万もの多さを数え，他人種でも500万はいる．大商人たちが彼らを使わない理由はひとえに人件費の高さのためであり，しかも鞭で打つ・日夜酷使するなどの事情を考慮すれば彼らでは不都合なのだ．中国人を招聘するとまったく思うままに扱え，しかも安価なので必要とするのだ」と，ペルーの社会構造に端を発する雇用事情を考慮しながら分析している[31]．

実はこれらの情報は，頻繁なアメリカ領事館との連絡のかたわら，それをはるかに上回るペースで，容閎がリマとカリャオの華民コミュニティに接触する間に集められたものであった．そしてとくに現地華商こそが，容閎の調査を支えた第2の重要なファクターであった．

ペルー滞在中の容閎と華民の接触を拾いあげると，容閎は総じて9月1日，2日，3日，6日，7日，8日，11日，そして12日，つまり滞在の間ほぼ毎日，現地の華民の訪問を受けては，会談や懇親の機会を設けている[32]．まず，9月1日早朝のカリャオ上陸後，容閎たち3人は，すぐにカリャオのアメリカ領事館で，領事と副領事に会見した．まもなくそこにアメリカ副領事が呼んだカリャオ当地の華商が到着し，容閎一行をみずからの店に招待したので，一行は店のあるペルーの華民コミュニティへと移動する．ここにカリャオの華商たちが集まり，契約満期後も労働の継続を強いられる華工の就労実態などを話した．そして，さらにここに容閎の到着を聞き知ったリマ華商たちが訪れ，夕方に容閎一行は，再度この商店で部屋一杯に集まったリマ華商の一団と会談した．その後，同郷会館に移動し，内部の関帝の祭壇に案内された後，賓客として歓待され，また現地華民についての話を聞いた[33]．9月2日には華商たちが一行をリマに伴い，ある華商の自宅とリマ粤東会館に招待し

---

31) n. d.「照録容閎所査華工供詞見証」，陳翰笙（主編），前掲書収録史料，第一輯，1046-1047頁．
32) *Twichell Diary*, pp. 50-51, 53-54, 62-63, 92-96.
33) *Ibid.*, pp. 31-33; *Kellogg Letter*, Sept. 2, 1874.

た．容閎に接触してくる華商たちは，調査にきわめて協力的で，この日中にペルーの華民の苦境について証言し，証拠を出した．次いで9月3日には，一か所に集められた大勢の華工から，容閎とトゥィッチェルが聞き取りをおこなった[34]．9月8日にはリマで，カリャオ上陸初日にペルー政府の批判をした華商たちが来て口述し，トゥィッチェルが記録をとった[35]．このときは聞き取りの前に，トゥィッチェルが20項目の質問を用意し[36]，容閎が広東語で訊ねて調査が進められた．8日付トゥィッチェルの日記には，麦錦泉や林虎獅たち数名のリマ華商の口述が走り書きされており，これらの華商の証言は，先に一覧表としてまとめた「秘魯京城内面訊各華工供詞」に収められていることが確認できる[37]．

上述の容閎と華商のコンタクトのなかでも注目すべきは，コミュニティで指導的役割にある華商層，おそらくは容閎レポートに署名を残している粤東会館の董事たちであろう，華民社会のリーダーたちとの集中的な接触である．現地華商との接触のなかでケロッグは，中国人の商店主は総じて上の階級に属し，苦力たちに発言する自由はまったく与えられていないと観察している[38]．この観察通り，事実，カリャオやリマなど都市部の華民コミュニティは著しく階級化されていた．容閎の調査の目的を知ると，董事たちはそれ

---

34) *Twichell Diary*, pp. 34-37.
35) *Ibid.*, pp. 62-63.
36) 20項目は以下の通りである．①ペルーにいる華民の総数．②どこでどのように雇用されているか．③中国出国時に誘拐された人の総数．④契約の形態と期間．⑤華工の場合，どのように売られているか．⑥プランテーションおよびグアノ堆積場における労働時間．⑦衣食の状態．⑧監督官の監督の下にあったか．⑨健康の一般的な状態．⑩死亡率．⑪どのような疾病にかかるか．⑫契約期間満期になるのは全体の何パーセントか．⑬何名が満期終了となり，中国に帰国したか．何名が帰国を望んだものの，できなかったか．⑭その彼らは誰の経費によって帰国したか．⑮契約満期になった者たちは皆，完全に自由な状態で帰国したか．⑯とくに何名が自費で帰国したか．⑰契約満期後，自由労働者として何らかの職にあり自由意志による去就の可能な者はいるか．⑱華民はペルーの法廷にて裁判を起こせるか．その場合彼らの証拠や証言は可能か．⑲どのような税を課せられるか．⑳ペルーには現地華民に関係する特定の法令があるか（*Twichell Notes*）．メモはトゥィッチェルの筆跡であって，容閎は第13項目に「何名が帰国を望んだものの，できなかったか」を一文書き加えた筆跡が残るのみである．両者が協力して口述を実施しつつも，調査の主導は，トゥィッチェルであったことが窺い知れる．
37) n. d.「照録容閎所査華工供詞見証」，陳翰笙（主編），前掲書収録史料，第一輯，1055-1059頁; *Twichell Notes*; *Twichell Diary*, pp. 48-51, 62-63.
38) *Kellogg Letter*, September 2, 1874.

第 2 章　本国と華民コミュニティ最初の接触　　　　　　　　　　85

を同郷会館の人脈を通じてコミュニティに伝え，適する証拠と証言者をリマの容閎の手元に集めてきたと思われる．9月3日と8日の口述調査はこのような手順で実現されたのであろう．つまり調査実務は事実上華商がおこない，容閎は華商の設定した場所で，華商の集めてきた証言者から聞き取りを終えたのである．

　全面的な調査協力のみならず，華商たちは終始出迎えや接待，華美な礼で容閎を歓待した．これは実際かなり派手で，ケロッグもトゥイッチェルも，ペルー訪問の目的と調査の性格上，人目を引きすぎると躊躇するほどであった．ケロッグは，9月2日から4日にかけての容閎と現地華商たちとが生み出した喧騒とそれが招いた事態について，問題視している．

　　容閎は華商の招きに応じ，また宿泊先ホテルの部屋にこの町の非常に立派な〔中国人〕商人を連れて来た．…いま考えてみればまったくもって馬鹿げたことだが，容閎は物事をまるきり不注意なまま進め，その結果，上陸後数時間で我々の一挙手一投足に，ペルー社会最大級の注目が集まったのだ．容閎は，リマからカリャオに来た中国人8〜10人を引き連れて，我々をホテルからリマ行きの汽車に乗る駅に案内させ，車両に乗ることさえ許可した．それは，よしたほうがまず賢かったのだが，容閎はまったく耳を貸さなかった．……中国人たちは汽車の席を都合し，荷物運びなどすべての手配をした．その結果，昨日〔9月3日〕，我々は現地の〔スペイン語〕新聞に掲載されてしまったのだ．アメリカ領事や，また他のアメリカ人居住者たちからも，我々はこれに関して警告を受けた．トゥイッチェルからは，もし有効なら私から容閎になにか言い含めるよう強く勧められた[39]．

　ここで興味深いのは，容閎がペルー滞在中にこうした接待を積極的に受け，むしろ中国式のにぎにぎしい奉仕を強く望み，徹底して中国官人として振舞った点である．自伝やトゥイッチェルの講演内容[40]から，容閎にはこれま

---

39)　*Kellogg Letter*, September 4, 1974.
40)　1878年4月10日にトゥイッチェルがイェール法科大学でおこなった講演では，容閎の抜きん出た英語力や，イェール在学中のキリスト教改宗，卒業直後の米国帰化希望など，中国よりもアメリカに拠り所を置く容閎の生活とアイデンティティが強調されている．そして容閎が中国に戻ったのは，中国の国内改革や国際的地位の引き上げに尽くすことで，国内外で苦しむ中国人を救おうとした使命感のためだったと，中国

で高潔で近代的合理性を持つ知識人という人物像が強かった。しかし、ペルーの容閎の姿はかなり趣が異なっていて、この時代の中国の官民の関係に副っている。もっともこの点への容閎の執着のために、この後、行動を諫めたケロッグとの間に生じた不和は滞在期間中影響したうえに、トゥイッチェルからの注意にもかえって腹を立てるほどであった[41]。一方、カリャオとリマの華商は、中国東南沿海部の都市の新興商人階層や開港場知識人と同様のやりかたで容閎一行を接待した。自らの商店や同郷会館に一行を招き、茶や軽食を振舞って歓談の機会を設け、メッセンジャーや郵便受け渡しの使用人を容閎につけるなど、こまやかに按配し、もてなしは3名をヴェルディのオペラ観劇や闘牛見物に招待するまでに及んだ。一行がペルーを去る折には、華商が総出でカリャオ港まで随行し、容閎のペルー訪問を感謝して多くの贈り物を持たせている。まさに、国外の華民コミュニティという狭く濃縮された空間で再現された、上下関係と言えるだろう[42]。

　華商にとどまらず、容閎の訪問には広くコミュニティ全体が浮き立つように反応しており、移民社会に本国の官人が入ったことの意味の大きさが理解できる。9月1日の上陸日、招かれた容閎たちがカリャオ華商の店に出向いた折、集まった華民の群集が興奮して騒ぎ、容閎が目的を説明してこれを鎮めた。2日にリマ華商の自宅に招かれると、店内に入って来る者あり、窓から目を凝らして覗く者ありで、黒山の人だかりができた[43]。こうした人々の反応を間近に見たケロッグは、「彼らは容閎を、ある種『身をやつした救済の天使』が降臨したかのように見なしていたのではないか。事あるにつけ、彼らは容閎に大きな関心を向け、ものすごい騒動にもなった——総じて大げさすぎると私には思えるのだが」[44]と観察している。その後の華民の間での伝達は速く、7日には「ペルー国内の中国人に大興奮が波及している」[45]事

　　　官界での成功を語っている（Yung Wing, *My Life in China and America*, New York: H. Holt and Company, 1909, pp. 247-273）.
41）　*Kellogg Letter*, September 4, 1974; *Twichell Diary*, pp. 34-35.
42）　*Ibid.*, pp. 34, 50-51, 96. なお、中国東南沿海部の都市の新興の都市商人階層や開港場知識人の生活については、P. A. Cohen, *Between Tradition and Modernity: Wan T'ao and Reform in late Ch'ing China*, Cambridge: Harvard University Press, 1987, を参照.
43）　*Twichell Diary*, pp. 32-34.
44）　*Kellogg Letter*, September 2 1874.
45）　*Twichell Diary*, p. 53.

態になった.

　こうした記録から，容閎のペルー訪問を華民の側から見てみるならば，ペルーのような遠隔地まで，本国の官位を持ち，上部の政策担当者とのアクセスを有する中国官人が初めて訪問してきたことは，未曾有の一大事件であった．そうであるがゆえに，華商のみならず華工を含め，コミュニティの末端まで伝わるほどの強い衝撃を与えている．海外華民コミュニティの規模は得てして小さく，このためコミュニティ内への情報伝達はきわめて速い．とくに，近代に限らずいま現在のキューバのチャイナタウンでも見られるように，異邦人や来訪者の情報が短時間で徹底される速さは，コミュニティの特徴のひとつである．

　加えてこの反応は，当時保護を切望していた現地華民たちの強い期待を映し出していると言える．容閎が訪れた 1874 年のペルーでは，首都リマやカリャオの華民社会は，ちょうどコミュニティとして発展する直前にあたる．イサベラ・ローサン＝エレラ（Isabella Lausent-Herrera）は，アンデスの山岳地帯の中国人研究のなかで，ペルーの華民コミュニティの変化にかかわる転換点として，1875 年をひとつの指標として挙げている[46]．ペルーに渡った華工の契約労働期間は一般に 8 年間で，1875 年を境に満期となった華工がペルー社会に急増した．それまで北西部のアシエンダのある地域に集中していた華民人口が，この 1875 年から，沿海部・内陸・首都リマなど比較的大きな町の中心部へ移住しはじめた．1875 年時点でリマに居住するアジア人労働者総数は 5,624 人，このうち華工 5,609 人，日本人 15 人，さらに東洋人女性 128 人と示す統計もある[47]．つまり，容閎が訪れたときのリマ華民コミュニティは，成長をはじめる直前のエスニック・コミュニティであり，本国官人の訪問は，この若いコミュニティにことさら本国の強い印象を残すことになった．

　コミュニティの若さは，このときの華民住民の現地化がそう進んでいない

---

46) 秘魯中華通恵総局成立一百周年記念特刊編集委員会（編）『1886-1986 秘魯中華通恵総局与秘魯華人：秘魯中華通恵総局成立一百周年記念特刊 Sociedad Central de Beneficencia China y la Colonia China en el Peru』，秘魯中華通恵総局出版，1986 年，74 頁．

47) Luis Millones-Santagadea, *Minorías étnicas en el Perú*, Lima: Pontificia Universidad Católica del Perú, 1973, p. 78.

点にも反映されていた．従来，エスニック・スタディーズの領域やペルー華僑史の成果では，ペルー華民の現地社会への同化に焦点が当てられ，その指標として，華民のキリスト教への改宗についてよく言及される傾向がある．この傾向は，のちの第3章第1節に訳出したリマ駐在のアメリカ公使の史料に典型的に表れているように，すでに19世紀後半のペルーの中国人についての議論に見られるものである．しかし，容閎の訪れた1870年代前半でのリマの華民コミュニティでは，華商はむしろ本国，それも広東社会での生活とメンタリティーをペルーの地で再現していた．たとえば次の例のように，キリスト教への改宗については興味深い記述がある．9月11日夕刻，容閎一行がペルーを出航する前日，リマで有力華商たちが宴会を設け，「その席で，彼らはカトリックの告解に対する考え方を示し，それはペルー市民になるためであったと——キリスト教思想は彼らには何も道徳的に重要なことを教えやしないと，皆笑いながら話した．彼らがどのようにして告解と聖体拝領に臨んだか聞いたときには，大笑いした」とトゥィッチェルが書き留めている[48]．改宗は現地の市民権を取得するための生活戦略であり，中国人同士の空間で初めて，告解と聖体拝領を肴に笑い合うような本音が引き出されたと言えるだろう．

第3節　陳蘭彬のキューバ華民調査1874年

1．評価の周辺と調査の概要

　キューバで華工の調査を進めた陳蘭彬は，広東省の呉川県出身であり，洋務派でも曾国藩派に属する，清朝の初代駐米公使である（1875年任命，派遣1878～81年）．1872年からは容閎の建議ではじまった官費派遣留学制度における学生管理委員会監督を務め，75年からは駐米正公使を兼任し，学生管理委員会副監督かつ駐米副公使の容閎とともに，南北アメリカの華民に関する事項を担当した．容閎とは対照的に，科挙試を経た正道から官となった人物である[49]．一般に，キューバ調査をおこなった陳蘭彬の采配に対する評

---

48) *Twichell Diary*, p. 92.
49) 1853年進士に合格し，翰林院庶吉士を経て刑部主事に任官し，1869年から曾国藩の部下として保定で働いた．広東省出身だったため，造船や航海の分野における曾国

価は低く，さらにその評価は陳蘭彬の官僚としての力量やパーソナリティを保守的と見なす，人物評価にまで延長されてきた．原因のひとつは，研究者間でよく知られた容閎自伝『西学東漸記』の批判的な記述の影響である[50]．また歴史家の百瀬弘も，中国側档案史料の確認後，陳蘭彬の調査はほんの申し訳程度であったろうとしている[51]．

しかし，こうした容閎側からの陳蘭彬評価には，慎重であるべきだろう．陳蘭彬のキューバレポートは明らかに容閎レポートより多くの労力を使い，1,176の証言と1,665人の単独あるいは連名署名を記した85通の陳述書「稟帖」を基礎に再構成され，現地華民の実態を詳細に伝えている[52]．英語・フランス語・中国語の3か国語で同一内容を著した同報告は，1876年に上海で初版が出て以来，版を重ねた[53]．この調査報告書によって初めて，総理衙門をはじめとする清朝政府の外交交渉担当者から民間の文人まで，広く中国の読書人たちが，大量のキューバ華工に関する情報を詳しく得る機会を持つことになったのであり，19世紀末の中国社会に，中国が抱える問題の詳細を知らしめた[54]．

のちの1880年代になると，キューバには清朝ハバナ総領事署が設置され，本国とのチャネル形成が進む．そのときのハバナ領事館のおこなったキューバ華民保護政策には，華民の居留問題のなかでも最も重要な，身分保障の改善を図るものがあったのだが，これが過去の1874年の陳蘭彬の調査報告で指摘された問題点のひとつに対応するものであった．陳蘭彬のキューバ調査

　　藩の洋務を任される役回りにあったと見られている（容閎，前掲書，178頁）．1870年より上海の江南製造局勤務となり，1872年からは官費派遣留学生制度における学生管理委員会監督となり，1875年から駐米正公使を兼任した．駐米公使離任後，左副都御史に昇進し，総理衙門業務も兼任したのだが，1884年に総理衙門内部の権力闘争に敗れて免官となり，郷里に戻って地方誌の編纂に携わった．
50) 容閎，前掲書，186-189, 201頁．
51) 同上書，193-194頁．
52) The Cuba Commission, *Chinese Emigration: The Cuba Commission: Report of the Commission Sent by China to Ascertain the Condition of Chinese Coolies in Cuba*, Shanghai: Imperial Maritime Custom Press, 1897, pp. 2-4.
53) 筆者は初版1876年の上海復刻版である1897年版を使用した．
54) なお，1993年にアメリカのジョンス・ホプキンズ大学が，南北アメリカ労働移民史研究の貴重な一次史料として復刻するなど，その評価はいまも高い．*The Cuba Commission Report: A Hidden History of the Chinese in Cuba, the Original English Language Text of 1876*, Baltimore: The Johns Hopkins University Press, 1993.

はすなわち，のちのキューバにおける僑務にすでにかかわってくるものである．

清朝のおこなったキューバでの僑務の様相を理解するためにも，まずこの項では，陳蘭彬調査団がどのようにキューバ華工を把握したか，華工問題のどこをとりわけ重視したか，そして，契約華工問題を生み出したキューバの制度や社会構造のどこを問題視したかを分析する．なお，キューバのおこなう苦力貿易の弊害を証明するという本来の目的のため，陳蘭彬レポートには契約華工にまつわる問題のうち，とくに虐待の種類や実態・具体的死因などの情報が充実している．キューバ華工虐待問題の苛烈さを中心的に扱う研究は，キューバの中国移民や華僑に関するすでに多くの先行研究のなかに見られるので，本項では虐待の実態については最小限にとどめおく．

陳蘭彬のキューバ華工調査団は，漢口の税務司イギリス人のマクファーソン（A. MacPherson）と天津税務司フランス人フーバー（Alfred Huber）の2名のヨーロッパ人協力者，そして葉源濬[55]をはじめとする数名の中国官人の部下で構成されていた．調査は1874年3月17日，陳蘭彬がハバナに上陸して先に上陸していたマクファーソンたちと同市内で合流したこの日を開始日とし，5月8日をもって終了した．つまり約2か月弱の調査である．

調査団一行は3月20日からハバナ市内とその郊外で調査し，その後，4月8日にマタンサス（Matanzas）に移動して調査をおこない，以降東に進んで14日からはカルディナス（Cárdenas），18日からコロン（Colón），21日からサグア（Sagua），24日からシエンフエゴス（Cienfuegos），次いで西に移動すると，28日からはハバナ西の郊外グアナハイ（Guanajay），5月2日にはグアナバコア（Guanabacoa）で調査した．この行程が示すように，調査地はキューバ島の西部に位置する地域である（図2-1を参照）．

調査は，華工のいる場所に出向いて個々に面接し，証言を採取・記録する，インタビュー方式が用いられた．デポ，監獄，砂糖プランテーション，町によってはバラクーンや砂糖倉庫，病院，シマロンと呼ばれる黒人逃亡奴隷の新コミュニティでおこなわれ，なかでもプランテーションとデポでの調査が

---

55) 別名は葉緒東．1872年の第一次中国官費派遣留学生の管理委員会の構成メンバーであり，そのときアメリカで中国語教師を務めた人物である．

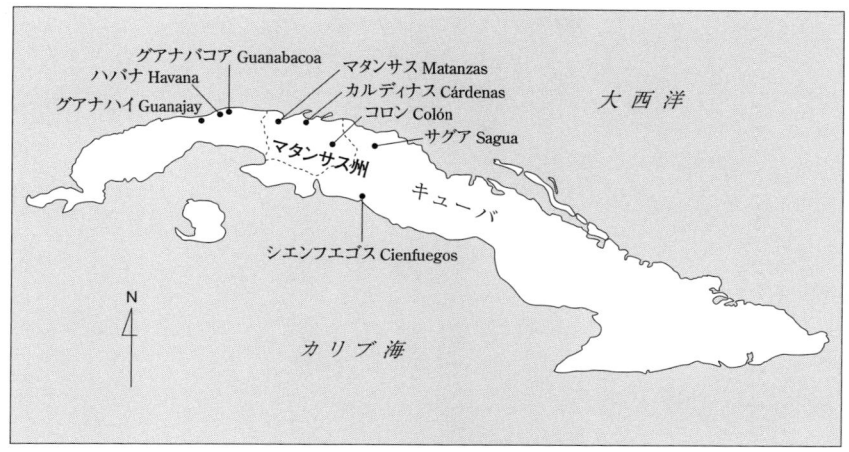

図2-1 キューバ調査地の位置関係

主体となった．デポとはひらたく言えば収容所のことで，もとは捕獲したシマロンを拘留する施設を指した．史料では英語・フランス語ともに "dépôt"，中国語で「工所」「官工所」と表記される．「逃亡華工」と見なされた中国人を収監し，新たな雇用主に送り出すまで一時的に身柄を預かる中継施設であり，その間ここの中国人は，服役中の犯罪者とともに無給で，毎日，炎天下で教会の工事や大通りの道路工事を主とする公共事業労働に派遣された[56]．

陳蘭彬レポートには，同郷会館や同姓団体などの現地華人団体に接触したという記述が見られない．容閎のペルー調査と異なり，キューバの調査は，証言を採取するチャネルがキューバ政庁を通すのみの単線であった．調査団は，ハバナ市内では，キューバ総督の発行した訓令を得てデポなど調査対象の施設に立ち入り，ハバナ市の外では，植民中央委員会 Comisión Central de Colonización[57] 委員長から得た書簡を通して，地域の主管の町にある植民委員会の支部に調査許可をとった．このため，調査の妨害なく自由に調査を遂行できた反面，調査団は，以下のような，方法的かつ心理的な調査上の

---

56) The Cuba Commission, *op. cit.*, p. 206.
57) 植民中央委員会は，1872年1月1日にキューバ総督バルマセダ伯爵（Conde de Valmaseda Blas Villate）によって設立され，中国人に関する事項一般を担った特別臨時委員会である．

制約を受けていた．

　まず，デポなどでは，責任者が直前に華民に米や衣服・ベッドなどを新しく支給しておくため，日常の実態を観察できない．また調査団は無作為に情報を得られる立場にはなく，施設側が選んだ華民から聞き取った．とくにプランテーションでは，調査団は，必ず事前に地方官と農園主の合意を得て，準備が整ったのち，現地地方官同伴で赴くよう求められた．このため調査の場には，比較的待遇の良いコックや家事使用人が連れてこられ，とくに調査が必要な契約華工とは，接触を阻まれる例もあった．契約華工との面会では，長時間仕事を中断させると後で虐待を受ける可能性が高いとして，聞き取りは簡潔迅速にせざるを得なかった．ほとんどの場合プランテーションの管理官や監督官が同席し，ときには農園主や監督官が手に鞭を持って同席するケースもあり，契約華工たちは無口になりがちだとも報告されている．またプランテーションの私設監獄に収監中の華工が，調査団の訪問に先んじて移送されたり，あるいは数日内に暴力を受けた華工が証言することを恐れて，調査団訪問中に監禁されたりしたことが，複数の華工の証言から確認できる[58]．

　にもかかわらず，レポート全体を貫いて，キューバの華工たちはきわめて率直に経験や目撃したことを証言している．これは，華工たちが中国語で作成した連名陳情書の提出が大きな助けになったと考えられる．本調査の前の晩に農園主に手枷足枷をつけられたうえ脅迫されたので，口述証言するのではなく，代わりに事前に書いた陳情書を持参した，との証言がいくつかある[59]．口述の場でも，監督官の目の前でも，「なかには果敢にも虐待の傷跡を曝け出して見せたり，バナナ・干し肉・トウモロコシなど実際の日々の食糧を並べたりして，その苦しみの再現と証明に躊躇しない者もいた」[60]と，調査協力にやぶさかでない華工も確認できる．ペルーの華民の反応と同様に，キューバ華民にとって本国の調査団が，いかに大きな希望であったか知ることができよう．

　陳蘭彬レポートは，計50の調査項目を設けて，各項目に応じる部分を口

---

58) The Cuba Commission, *op. cit.*, pp. 54, 89–91.
59) たとえばマタンサスの梁阿徳，カルディナスの潘多利がこう証言している．*Ibid.*, p. 91.
60) *Ibid.*, p. 89.

述と連名陳情書のなかから抜粋，引用しつつ，調査団の分析と見解とともにまとめられた．調査の主目的は，契約華工の契約時・渡航中・現地の就労の実態とそれに伴うさまざまな虐待問題の存在を証明することであったため，契約華工の死因，プランテーションでの激しい虐待や夥しい自殺[61]の証言量は，50項の調査項目のなかでも圧巻である．熱波の中での過酷な就労，衣食支給の不足，賃金不払い，20時間から21時間の長時間過重労働，棒・鞭・銃床による折檻や鎖につなぐ虐待などの悲惨な状況下で，文字通り，無数の死者や自殺者を記録している．

さらにこれらの事実は，当時のキューバと中国両国の，それぞれの契約華工に関連する規則や，両国間で締結されている専門の諸規定に照らして，矛盾や限界が指摘される．違反の程度や華工側の訴訟・賠償請求の権利の有無，そして華工が法的手続きをとる限界など，法の観点からの精緻な検討は，このレポートの大きな特徴のひとつである．

また，キューバ社会の文脈から華民の位置付けや実態を把握しようと試みる，第2の特徴がある．統計にはじまり，満期時の出国と再契約の選択問題，町と郊外の華民の状態の比較，奴隷制度との関連性，キューバで立法された華工関連法案とスペイン本国からの承認の有無，さらにはキューバの「内乱」──1868年10月，カルロス・マヌエル・セスペデス（Carlos Manuel Cespedes）の自己所有の奴隷解放からはじまった第一次キューバ独立戦争（1868～78年，「十年戦争」とも呼ばれる）への契約華工の参与などを検討する項目のほか，キューバ社会に華工以外の華民層が生まれているか，通婚による現地適応が見られるかなどを問う項目が見られる．華工に限らず，キューバの華民全体を包括的に捉えて問題を把握しようとした，調査団の姿勢が表れている．

2．華民の生活実態──再契約かデポか

陳蘭彬の調査したところ，キューバに連れてこられた華民の圧倒的多数は，広東省を出身とする人々であり，次いで順に福建，湖広（湖南と湖北を指す），江蘇，浙江の順に多く，総じて中国全省の出身者を見出せた．数人な

---

61) *Ibid.*, pp. 69–79.

がら満洲旗人の家の者や，科挙で秀才を得た文人もおり，大多数の農村出身者とともにキューバ現地で同じ労働に携わっていた[62]．これは広東省を中心に中国の開港場が契約労働者の募集地，もしくは詐欺や誘拐による人間の狩場であったことと，その開港場に中国全土から人々が移動してきていた19世紀中国のひとの国内移動の動きを反映してのことであった．

華民の上陸数や在留数については，特定的に精査した統計がないことから，調査団はキューバの植民中央委員会の人口統計や，イギリス総領事館の中国—ハバナ便乗船と下船の華民人数の統計など，調査主体の異なる複数の統計をつきあわせて算出している．このため，陳蘭彬レポートのなかでもすでに数字に不統一が見られるのだが，1874年時点でのキューバ全島の華民総人口は，6万8,835人[63]とも，5万8,400人[64]とも推計されている．なお，同様の手法で，1847年から74年までの航海中の死亡者数は約1万5,000人，現地での死亡は5万3,502人と算出された[65]．

誘拐や詐欺による強制的・半強制的労働契約への署名，あるいは出航までの監禁など，中国における労働者募集時の違法行為については，聞き取りや陳情書で情報提供した全4万413人の華工のうち8割がそのように証言した．そして渡航中船内の傷害事件や自殺，疾病による華工の死亡率は10%と算出された．これらの数値は現地の惨状を示すひとつの指標で，キューバ苦力貿易の凄惨な実態をよく表している．実際は，公機関がとってきた統計を上回る数値があったと考えてよいだろう．

契約華工は，ハバナ到着後は，1860年マドリード勅令の規定に則って，まずグアナハイ近くのマリエル港（Mariel）のバラクーンに隔離されると，3等級に分けられ，売値を決めやすくするため脱衣を強いられ，人身売買市場に出された．少数が家内奴隷もしくは商店雑務用の奴隷として売られたが，

---

62) *Ibid.*, p. 54, 83.
63) 1873年7月の植民中央委員会の統計に，華民人口58,410人とある．また，イギリス総領事館の1874年1月から3月の間の統計により，中国を出航したハバナ便に乗船していた華民乗客数1万1,332人から航海中の死亡数907人を引いて，ハバナ到着華民数1万425人を算出した．キューバ側が出した1873年のキューバ在留華民数に，イギリスの持つ1874年の華民上陸数を，合算して出した数値．*Ibid.*, p. 80.
64) キューバの植民中央委員会の人口統計ならびに，イギリス総領事館の統計であろう，1847年7〜8月から1872年8月の間にキューバに上陸した11万4,081人などの数から割り出している．*Ibid.*, p. 69.
65) *Ibid.*, p. 69.

大多数の華工は，砂糖やタバコ，コーヒーなどの大農園——とりわけキューバ華民の7から8割が砂糖プランターに「所有」された．職種にかかわりなく，いずれの場でも華民は虐待されたが，都市部とプランテーション農地とでは差があり，町の華民の生活は比較的ましではあった．郊外の砂糖プランテーションの契約華工の生活ははるかに劣悪で，調査団員も滞在中に，各地で虐待を受けて手や足や耳を切断された者，皮膚や頭に傷がある者，失明した者，抜歯された者を目撃した[66]．

　報告を形成する膨大な証言から，キューバ社会におけるこうした華民の待遇問題は，①契約期間中の過酷な労働，②再契約の強要，そして③デポへの収容に大別できる．問題への対策として関連の法が設定されていなかったわけではなく，同治3年天津条約（1864年10月10日にスペイン—清朝で締結），同治5年にイギリス・フランスと清朝が締結した移民法「1866年招工章程」のスペインへの延長適用，そして1860年マドリード勅令にはじまる，スペイン本国ならびにキューバで発令された一連の法令といった，いくつもの条約や法規のなかで，契約移民労働者にかかわる諸規定として，禁止事項，打開策，改善措置が取り決められてはいた．しかしながら，これらは空文化し，諸規定と実態の乖離がきわめて大きかった．なかでも華民をデポに収容する規定には，注目すべきである．デポ収容にかかわる規定は，満期を迎えた華工の身にふりかかる再契約の強制問題と表裏一体であったため，陳蘭彬レポートの中心的議論のひとつとなり，さらにのちの時代に清朝のハバナ総領事署の重要業務，「行街紙」と呼ばれた証明書の発行と大きなかかわりを持っていった．

　デポ収容の規定で最初に関係してくるのは，満期の華民が中国への帰国とキューバでの就労継続のどちらを選ぶかであった．ほぼすべての華工が満期時に帰国を望んだが，帰国するためには，まずキューバの定めた華工に関する規定のうち，満期華工に適用される出国規定に従って行政管区の主管の町のデポに入り，帰国船賃の都合をつけて2か月以内に乗船しなければならなかった．この期限内に船賃が用意できないと，雇用主との再契約が義務付けられた．また，所定の手続きなしに満期後に再雇用されていると，逮捕時に

---

66)　*Ibid.*, pp. 1-3, 17-21.

デポに拘留され，この後に新たな雇用主と再契約を結び，プランテーションに再配置されると定められた．

キューバ出国か，雇用主との再契約か，さもなくばデポかの選択規定は，キューバで1874年時に発効していた契約華工に関するいくつかの規定のなかに盛り込まれていた．1860年8月4日公布のマドリード勅令「キューバ島への中国人労働者輸入規則」，1871年12月31日のキューバ総督法「『華工導入規則および管理八十三項規定』付加規定」，そして1872年9月14日にキューバ総督が発行した植民中央委員会起案の三十七項規定に入っており，とくに1870年代に入ってから次々に関連規定が設けられ，かつ厳しくされたという特徴がある[67]．

救済措置は法的に皆無だったわけではない．満期華工の帰国船賃については，1866年招工章程の第9項で雇用主が支給すると定められ，また貧者・病者・流民の華民の場合は1871年マドリード勅令によってキューバ政庁が支給することになっていた．しかし，こうした華工側に有利な文言は，事実上の空文であった．たとえば，華工の出国時にはパスポートが必要であり，キューバでの取得申請では1872年キューバ政庁令に従って，許可証・労働契約の原本・雇用主あるいは植民中央委員会が発行した満期証明を提出し，保証人を立てて，審査を通過するという，長い手続きを経なければならなかった[68]．さらにパスポート発行時に，役人の要求で70～200ペソを余分に払うのが常であった．こうした実情のため，定められた通りに出国準備ができる華工はごく少数であった．何より，再契約の強要，雇用主の満期証明不発行，デポへの拘留によってキューバ出国は事実上不可能で，ほとんどの華工が再契約かデポ収容となったのである．

帰国を諦めた場合，満期華工にとってもうひとつの選択肢は，契約労働者の身分から抜け出し，生業を営むことであった．このためには「居住許可証兼登記証明書 Letter of Domicile and Cedula（以後「LDC証明書」と略記）」[69]を取得して，これで自由独立民であると証明する必要があった．LDC

---

67) *Ibid.*, pp. 44, 48, 51, 62-63.
68) *Ibid.*, p. 44.
69) おそらくスペイン語では Carte de Domicile y Cedula であろうと思われるが，史料表記に Letter of Domicile and Cedula とあり，以後これの略語としては，LDC を使用する．

証明書を取得する手続きは，満期時に満期証明を雇用主から発行してもらい，次に洗礼を受けてキリスト教に改宗し，キューバ人の名親か後見人を得るか，もしくはキューバ人との養子縁組をするというものである．つまりは居留権の取得，もしくは帰化手続きが必要であった．

ところがLDC証明書の取得申請には，華工と雇用主との関係や経済的な限界から，大変な困難が伴った．労働力確保のために雇用主が円満に満期証明を発行することは稀で，むしろ再契約を迫る場合が多かった．無数の証言からその傾向を摑むと，最初の契約の満期時に雇用主は2～7年，多くは6年の再契約を強い，華工がこれを拒否すると，脅迫や暴力で再契約させた．この再契約が満期になると，華工はデポに送られ，デポで労働に従事したのち，また新たなプランターとの短期契約を強いられる[70]．満期証明を得るために満期前に雇用主に賄賂を贈る華工も多いが，その多くは先延ばしにされたまま再契約となる．ここにはLDC証明書の取得の機会を奪われ，プランテーションでの短期再契約労働とデポの間を往復し続けるサイクルが見えてくるのであり，ある華工の「自由になる道はもう自殺しか残っていない」[71]との言は，あながち誇張ではない．また本来無料で発行されるLDC証明書も，申請時には役人が賄賂を要求するため，得てして高額になる[72]．ところが満期前のプランテーション労働では，恒常的な労賃不払いの問題があり，それに加えて，独自に設けられたプランテーション紙幣の制度で巧妙に支払いを減らされ[73]，華工が契約期間中に一定額の資金を貯めることは不可能であった．

---

70) 何阿四，陳阿元，欧元，胡如，陳阿福他63名，李大財他2名，倪阿煥他11名，葉阿耀他1名，張会，林阿秀他3名，張照発他12名，許建発他2名，黄阿木，梁阿盛，陳阿恒，任世貞他2名などの証言中に典型的に表れている．Ibid., pp. 28, 41-43.

71) 何阿四の証言より．Ibid., p. 28.

72) 賄賂の幅は8から200ペソ．胡阿如，文長泰他6名，呉越他1名，許数他1名，馮阿秀，周潤勝，王正副などの証言中の抜粋より．さらに毎年のLDC更新時にも，本来0.5ペソの更新料を2～36ペソの幅で徴収されるとのこと．Ibid., pp. 44-46, 53.

73) プランテーションで独自に発行されるプランテーション紙幣への不満については，華工の無数の証言がある．砂糖プランテーションでの労賃は大多数が月に紙幣4ペソだが，このプランテーション紙幣4ペソは1カルロス銀貨で1ペソ強の価値しかなく，かつ銀行での換金不能なチケットで支払われる場合も少なくなかった．多くの場合，労働に必要な帽子や服など雑貨や食料品などの生活必需品は，内部の売店で購入するよう強いられ，市価より高額であった．李肇春他166名，呉阿発他39名，林阿慶他1名，葉年他20名，梁阿秀，湯明奎，曾富民などの証言より．Ibid., pp. 26-27, 43.

何より注目すべきは，LDC証明書を取得した華民であっても，キューバ社会には，簡単にその生活を根底から奪い取る不安定さがあった事実である．華民が居留権を得るには，1868年法と1871年キューバ総督法に則った定住中国人登録をおこなう．この登録ののち華民にはLDC証明書の常時携帯が義務付けられ，街頭や自宅など，どのような場所でも警察の求めのあるときに提示しなければならない．提示できないとその場で逮捕され，逃亡華工としてデポに送還された[74]．たとえLDC証明書の取得者であれ，再契約を結んだ契約華工であれ，証明書の不携帯だけで逃亡華工となった．陳蘭彬レポートを精読すると，デポ拘留中の華民のほとんどが身分証明書の不携帯のため，逮捕されている[75]．いかなる事情があっても，身分証明書不携帯という一点のみで「逃亡華工」となり，等しく逮捕されデポ送りになるのである．

このように見てくると，華民にとってLDC証明書は，キューバ生活において，単に独立を保障する域にとどまらず，華民の身体と財産の安全を守る意味がきわめて強いことがわかる．デポへの強制収容を防ぎ，独立生活を保障することができる，唯一の拠り所としての意義を理解できよう．なお，LDC証明書を取らずに独立する手段は皆無ではなく，キューバにある各国の領事館の保護を受けられるよう，国籍を出航地のそれに置き換える方法があった．香港から出国した華工はイギリス籍，マカオから出港した華工はポルトガル籍，そしてアメリカから渡航した華工は米国籍を，各国領事館から

---

74) *Ibid.*, pp. 52, 65.
75) たとえば，理由なく役人にLDC証明書を破棄された，強盗に剥奪された，盗まれた，強奪された，焼却された，偽造証明書だと突然言われなどの事情で，LDC証明書を失ってデポに収容されている．なかには，住む町で暴動が起こったのでハバナ市政府に知らせるために町を出たところ病気にかかり，7年間持っていたLDC証明書を紛失し，デポに拘留された例，華民と黒人の間で起こった口論を仲裁していたら，駆けつけた警官から当事者ともども逮捕され，その警官から時計・お金・LDC証明書を取り上げられ，デポに拘留された例，プランテーションの入り口で白人の強盗から身分証明書を強奪され，役人に届けたところ，身分証明書不携帯としてデポに送られた例，盗まれないようにとLDC証明書を雇用主に預けて出かけたら不携帯を理由に逮捕され，10年間デポで働いている例など，理不尽なものが多い（*Ibid.*, pp. 46, 52-58）．なお身分証明書と関係なく，労働災害で片腕を機械に巻き込まれて失ったらデポに放逐された，農園で監督官に逆らったり抗議したりしたらデポ送りになったなどの例も多く（*Ibid.*, pp. 52-54），キューバ人から盗みや暴力，詐欺などの冤罪を被せられて逮捕され，デポに拘束された例もある（*Ibid.*, pp. 56-58）．
76) 譚乾初「古巴雑記」，三裏-四表，王錫祺（編）『小方壺斎輿地叢鈔』，十二帙，台北：台湾学生書局，1975年．

得て，これらの領事館の後ろ盾を得る「外国人」となるのである[76]．しかし，華民にとってLDC証明書の重要性は依然高かった．

このような華工の苦境を生み出した背景には，とくに陳蘭彬の調査の数年前から，再契約かデポ収監かの規定がことさら強化されたことが関係している．とくに1872年9月法で，満期華工の出国か再契約かの選択規定が厳格になったが，この動きについては，先行研究では，1868年の第一次キューバ独立戦争との関連性が考えられている．たとえば独立軍には華工が次々と参加してキューバ政庁を震撼させたが，実際に1878年2月停戦でのサンホン協定では，戦争に参加した奴隷および華工には，自由の権利が与えられていた[77]．1874年の現地の契約華工は，キューバ政庁が第一次独立戦争中に対応するなかで，従来の政治経済体制を維持しようと採る，反動的な行政的反応に巻き込まれていた．華民を契約労働やデポの無給労働に縛りつける体制が，数年前からキューバで強化された結果，華民の自立の道が閉ざされ，プランテーションで無期限に働く事態が急速に深刻化していた．

3. 華商の存在と社会からの抑圧

振り返ってみれば，容閎に協力したペルーの現地華商層は，連名嘆願書を作成した1860年代末，いわばすでに調査前から，中国本国と移民社会のトランスナショナル・マイグレーションの関係をつくりあげていく役どころを果たしていた．しかしキューバの華民の場合，華商の存在もその声も，陳蘭彬調査団の調査以前に本国に届くことはなかった．この事実は示唆的である．調査団が現地で見たように，1870年代前半時点のキューバの華民の生活は，

77) Juan Jimenez Pastrana, *Los chinos en las luchas por la liberacion cubana, 1847-1930*, La Habana: Instituto de Historia, 1963. また，熊建成によれば，1872年9月法を布いたキューバ総督は，1868年の年末から一連の華工関連規定ならびにデポ整備を進めており，これが第一次独立戦争への少なからぬ華工の参戦を受けたものとしている．まず総督は1868年12月31日に，1868年10月9日のマドリード勅令「華工導入規則および管理令」八十三項の導入を決定したが，これは契約満期後あるいは逃亡華工を捕獲する条項を含んでいたからであり，さらにこれは1871年10月18日により強化された．同年12月31日にはさらに付加条項を加えて強化した．また1872年1月1日には，中国人人口の統計調査をおこなうよう命令し，植民中央委員会を発足させた．そして1873年5月7日に，ハバナに2か所デポを設置した（熊建成「中国契約労工与古巴中国総領事館之設立」paper presented at the International Society for the Study of Chinese Overseas (ISSCO) Conference, April 26-28, 2001, Taipei).

契約労働者の地位に華民を拘束し続ける法的なシステムのなかにあり，華商の成長が十分に果たされずにいた。おそらくはペルー社会とキューバ社会の違いに，その原因を帰することができよう。キューバ社会の根本は奴隷社会であり，技術面できわめて早く近代的発展を果たしながら，社会の規律や統制が厳しかった。華民は，上陸以降，常にホスト社会から差別される側であると強く思い知らされていった。

　それでも，聞き取り調査の対象となった華民には，契約華工から転身し，零細または小規模の商いに着手して，店舗まで構える段階にきていた少数の商売人が見られる。これをもって，1870年代前半のキューバ華商の存在を確認することができる。

　調査団の見るところ，圧倒的多数の現地華民がまだ契約労働下にあったが，その一方で交易に従事する者がいた[78]。ハバナ市やその他の町にいる，つまりはプランテーション労働以外の都市労働に従事する華民たちは，砂糖倉庫，タバコや靴や帽子，鉄，木炭，パン屋，菓子屋などの店，また石工，大工，煉瓦工，洗濯業，鉄道敷設やガス工事の仕事や，諸々の清掃業，煉瓦焼き窯，貨物運搬の駻，使用人やコックなど，サービス業や単純労働などあらゆる業種の労働にかかわっていた。そしてそのような市街地の華民のなかに，契約労働者ではなく，LDC証明書を入手して独立し，小売業や交易に携わる者もいた。町の華民は，すでに現地で労働階級の一構成グループとなっていた。しかし，「得てしてそうした彼らもほとんどは悪環境に甘んじている」うえに，「その中に，富裕層に属する者は一人としていない」状態であった[79]。独立市民として現地社会で生活するこうした華商については，調査団は一貫してごく少数にすぎないとしている。しかし一方で，現地華民人口の2割ほどとの見解も示され，これは必ずしも少ない割合ではない[80]。

　証言を検討すると，常に不安定な境遇は華商も同様であり，身体の安全のみならず財産や経済活動そのものを脅かされる状態にあった。まず，商いに携わる華民は全員，日々の商売中に受ける何らかの被害を証言している。証言のなかに目立つのは，キューバ人が日常的に店頭から即金でなく，掛けで

---

78) The Cuba Commission, *op. cit.*, p. 79.
79) *Ibid.*, pp. 52, 81.
80) *Ibid.*, p. 80.

商品を持ち出してゆく問題である．キューバ人の掛けについては，期日が来て華商が支払い要求をすると，支払いを拒否する，または殴打などの暴力に訴えてくる，ときにはそれが，十数人が加勢して華商のリンチに発展するといった証言がある．また，商品を持ち出すその場で支払いを求めると，一気に暴力に発展するといった，事実上の強奪行為を伝える証言もある．たとえばある華商の場合，店で買い物をしたのち仲間を連れて戻ってきたキューバ人が，盗品売買の言いがかりを付け，華商の商店を地方長官に告発し，逮捕された．その後，役人と市場責任者に陳情したが，結局罰金を課された[81]．また別の華商の場合は，契約労働の満期後に肉屋を7年間営業して資金を貯め，のちに事業に成功して一般雑貨店を営み，4人の従業員を抱えるまでになった．しかし白人の軍人が来店して支払いなしに商品を持ち出し，支払いを求めたところ，自分の商店内で棒で殴られて腕を潰され，止めに入った従業員2人がそれぞれあばらと頭を刺されて重症を負った．役人に届け出たが，6日経った現在もいまだ喚問はない，という[82]．

この掛けと暴力については，このほか一般雑貨店，砂糖菓子店や米・蒸留酒店など，店舗を構える商売人も野菜を売り歩く行商人も，等しく言及しており，特徴的である．このほか，通りで石礫を投げられる，問題を相談した役人の無対応，それどころか暴言を受けるなどの証言の多さも見逃せない[83]．

突然のデポや監獄への拘留もまた，華商の経済活動を不安定にする要因であった．ある華商は，白人と進めていた取り引きから軋轢を生じ，その白人の中傷で突然逮捕され，ハバナの監獄で3年目を迎えていた．またある華商は，LDC証明書を取得したのち一般雑貨店を開いていたが，顧客から現金着服のぬれぎぬを着せられ逮捕された．このほかでは，逃亡華工を雇用しているとの冤罪で逮捕され収監された労働者派遣業者がいる．陳蘭彬の調査時にデポや監獄に収監中であった華民には，商売を営んでいた者が散見され，理不尽かつ不幸な経緯を証言している[84]．

移民の現地適応という観点から，より広く移民集団全般に見られる傾向を

---

81) 林阿源の証言より．*Ibid.*, p. 81.
82) 荘阿意の証言より．*Ibid.*, p. 53.
83) 高老秀他16名の陳情，林阿源他3名の陳情，朱其訓他9名の陳情，周阿九，韓阿興，梁道漢，葉由の証言．*Ibid.*, pp. 81-82.
84) 唐阿隆，陳成琪，何錫の証言より．*Ibid.*, pp. 55-56.

論じるならば，ある移民集団が現地社会へ能動的にかかわりはじめる第一歩は，独立生活に根ざした小売業者への転身である．しかしすでに見てきたように，キューバ華商は二級市民の扱いを受けており，かついつでもその生活を根底から覆される危うい環境にあった．調査団の聞き取りに応じているこうした華商たちが，デポや監獄に収監されていることからすでに理解できるように，生業に励む以前に，日常の生活そのものに多くの困難が伴っていた．社会環境の過酷さゆえに，1870年代半ば時点において，キューバ華商の十分な成長は望めなかったと考えられる．

　移民の社会適応と社会的上昇のひとつの指標とされる，現地人との通婚の実態から見ても，同様の結論に達する．調査団の確認したところでは，LDC証明書を持つ独立華民のうち，中国人女性との婚姻関係にあるものは2名，ムラートや黒人と婚姻しているものは5名，白人女性と婚姻しているものは2名で，このうち1名はすでに死亡していた．キューバの華民の間では，結婚自体がきわめて稀で，さらに中国人女性や白人女性と結婚した華民4名は例外中の例外であるうえに，婚姻後いずれもキューバ出国を試みている[85]．

　一般に，キューバ以外のカリブ海地域の島々に渡った契約華工は，1880年代末までには満期を機に，職人や，果物・野菜の路地栽培，小売業などの職種へ移行し終えていた．これに比べて，同時期のキューバでは，契約労働者から小売業者への転身は遅れていたとの見解がなされている[86]．このようにカリブ海地域全域と比較しても，キューバの華民は，円滑な小売業者への転身が阻まれるほど，法的・社会的障害が深刻であった．

---

85) *Ibid.*, p. 85. なお，契約華工の婚姻は，理論上は可能であった．しかし1860年マドリード勅令第35項通り，移民の婚姻は雇用主の同意を得るか，雇用主が反対した場合には所定の自己償却金を支払って独立するか，同意を得られる新しい雇用主の下に移るか，いずれかの条件を満たす必要があった．実際に華工の婚姻を許可する雇用主は稀で，自己償却金は同法第43項によって，その移民の雇用に支払った金額と労働中止時点から満期までの間の損失補填，その他その移民が去るにあたって生じると推算されるあらゆる損失額の金額，以上の全額をカバーする額と条件付けられていた．このため，事実上華工の婚姻は不可能であった（*Ibid.*, pp. 84-85）．

86) リン・パンは，1899年の統計に現地華民人口1万4,863人中，日雇い労働者は8,033人，家内の使用人2,754人，そして商人1,923人とあることから，商業領域の華人数が非常に少ないことを指摘している．Lynn Pan ed., *The Encyclopedia of the Chinese Overseas*, Singapore: Archipelago Press and Landmark Books, 1998, pp. 249-250.

小　結

　本章では，中国初の海外華民現地調査が清朝に持ち帰ったレポートを詳細に検討してきた．1870年代半ばのペルーとキューバにおける華民の実態から，近代的文脈におけるひとの国際移動の本質が労働移民であり，かつ奴隷的待遇を伴う契約移民であったと確認できる．これを，現地に渡った華民一人ひとりの生活と就労レベルまで下りて確認すると，契約華工に伴った虐待や差別問題の過酷さは，かつてスペインが宗主国であったペルーとこのときスペインの植民地であったキューバの，産業や社会の近代化，ならびに奴隷制をめぐる文化や社会規範の強さに起因していたことが解る．それゆえに苦力貿易問題は現地社会側からの問題解決を望むことはできず，華民の出身国である清朝がこれに対策を講じる必要があった．

　もう一点着目すべきは，近代的文脈におけるひとの国際移動によって，環太平洋地域あるいはそれ以上離れた地域などの，中国の域外に住む人々が増えてゆき，その地で形成された移民社会と本国との間でトランスナショナルな関係をつくる，はじまりが見えるところであろう．容閎のペルー調査と陳蘭彬のキューバ調査が示唆するものは，本国から派遣された官人が現地の華民に直接接触したことによって，まず相互認識の場が誕生した，その意味の重要性である．この場ゆえに，帰国した官人を通して現地情報が本国の外交交渉や条約締結，そしてその後の領事業務など，本国側の政策レベルに具体性がもたらされた．またこの場ゆえに，現地情報が中国の読書人がアクセスできる書物のかたちになって，知識人層に中国の抱え込んだ新たな問題を知らしめ，いわゆる社会レベルに影響を与えた．こうしたいくつかの回路を通って，移民社会の実態は，本国中国の政治・経済の公の場に出ていく．一方で，移民社会においては，官人とアクセスすることで，直接の調査対象であった華工層のみならず，ペルーの華商たちが中国本国の沿海部社会や開港場社会と同様の関係を再現したように，華民には「本国」の印象が強く残る．第4章以降で詳述するように，中南米のような遠隔地であっても，この次に本国から官人が訪れたり，本国の近代化プロジェクトが華民社会に持ち込まれたりしたときには，このつくられた場に現地華民が参画してくる状態が復

活する.

　こののち，在外華民社会には，1880年代からの清朝における常駐外交制度の設立とともに，アメリカ，キューバ，ペルー任地を経巡る駐米公使の訪問をはじめ，総理衙門から派遣された游歴官，そして1899年の李鴻章の北米旅行など，南北アメリカの華民コミュニティを訪れる本国官人が増加する．またこうした短期訪問ではなく，現地に派遣された清朝の領事は，より長い期間，現地華民コミュニティにかかわっていく．清朝の官と華民コミュニティの代表者である商との間では，後の章で取り上げていくように，出迎えや接待，現地業務の代行や諸連絡，宿泊場所や情報の提供などを担った現地華民指導層が，訪れた官とのより密接な相互認識のなかでコミュニティの権限を承認される関係が生まれた．1874年のペルーとキューバの調査は，中国の官と民が国外で相互に認識を強めることによって，中国領域内の官民秩序を再構築する，そうした独自の空間を生んだ最初の契機でもあった．

第3章　減速する中国からのひとの移動

第1節　マカオ苦力貿易禁止令の効果

　第1章では，中国からの「近代的文脈でのひとの国際移動」を次のように定義した．アヘン戦争以降，欧米の資本主義の世界的展開によって生じる労働需要に引かれて，中国の領域内より毎年，数百から数千人といった一定数が，途切れることなく，現地の単純労働に従事するために，領域外に渡航する現象である．その渡航は詐欺被害や渡航費前借りなど完全に自由とは言えない条件下，外国公私機関の直接・間接のかかわりによって継続するものであり，ゆえに国レベルの何らかの対応を必要とした．その結果，国家に近代国家の枠組みをもたらしていくものである．

　では，中国と南北アメリカの間のこのようなひとの移動がいったん終わりを迎える転機は，いつ訪れたのであろうか．

　中国から北アメリカへのひとの国際移動の場合は，1882年と言える．1882年5月6日，アメリカ合衆国連邦議会による中国人移民排斥法 Chinese Exclusion Act，いわゆる排華法の制定によって，アメリカへの華民の流入数は大幅に減少していった．カナダ政府は，1885年以降，中国人人頭税法の強化による間接的な入国阻止を図っていたが，1923年についに同様の排華法を施行した．1882年のアメリカの排華法は，中国から北アメリカ地域へのひとの国際移動に転機をもたらしたと言える．

　国家の定める法によって出入国が制御され，一地域からのひとの移動を減速させたり，別地域に旋回させたりできるようになるところにも，この時期のひとの国際移動の特徴がある．中国からの移動を左右する力を持った法の制定は，近代国民国家の存在が強くなった世界を端的に示している．

　日本のアメリカ研究の領域では，アメリカにおける1882年中国人移民排

斥法は，中国人という特定の人種を「帰化不能外国人」というカテゴリーに収め，アメリカの国民の枠組みから締め出すことで，アメリカ国民には誰を包摂し，誰を排除するかという境界線を設ける出来事であったと論じられている．つまりこうした排他的な動きは，同時に，国としての制度的枠組みを整えていく証左であり，ここに国民国家化を一歩進めたアメリカの姿が出現したと解釈されるのである[1]．ひとの国際移動のあり方が，遠隔地の労働力の需要と供給の合致によって引き起こされるとするプル・プッシュのモデルは，いまだに多くの研究者に説得的に受け取られている．しかし，国民国家の出現する時代であることを勘案すれば，経済的要因のみによって，ひとの国際移動を説明することはできない．とりわけ近代の世界においては，移動現象を後追いする国家の政治，政策，方針が，ひとの国際移動の盛衰を説明する，欠かせないファクターであることを示しているのである．

　北アメリカへのひとの国際移動を減速させた力は，このようにアメリカの国民国家化と排華法の制定に関する議論に求められる．ではその一方で，中国からラテンアメリカへの近代的文脈でのひとの国際移動は，何をもって区切りと見なすことができるだろうか．移動人数の減少や，現地華民社会に与えた影響などから考察すれば，それは1874年にマカオで制定された苦力貿易禁止令であった．

　中国からラテンアメリカへのひとの移動を促した，マカオにおける苦力貿易については，マカオが東アジアで果たしていた役割をまず説明する必要があるだろう．ペルーとスペイン領キューバ双方への華工の導入は，いずれもマカオが一大拠点であり，ここで華民を契約労働者として募集，乗船，出航させた．ポルトガルの植民地であったマカオは，香港と同様に中国の法の適用外にあったが，イギリスの植民地であった香港は，1855年船客法と，1862年に船客法を各国籍船に延長適用したことによって，比較的早くから苦力貿易対策をおこなった．一方，マカオはこれと異なり，ペルーとキューバへ契約華工を送り出す移出基地として機能し，事実上，中国からラテンア

---

[1]　油井大三郎「十九世紀後半のサンフランシスコ社会と中国人排斥運動」，油井大三郎他編『世紀転換期の世界――帝国主義支配の重層構造』，未來社，1989年; 油井大三郎「米国における『国民』統合とアジア系移民」，歴史学研究会編『国民国家を問う』，青木書店，1994年; 貴堂嘉之「『帰化不能外人』の創造――1882年排華移民法制定過程」，『アメリカ研究』，29，1995年．

メリカへのひとの移動のハブであった．苦力貿易は，このように，中国領域内に喰い込んだ植民地に守られていたのみならず，隠蔽工作が巧みで，かつイギリス対ポルトガルの図式の陰や，清朝の苦力貿易規制法の隙間を衝いて続いていた．遠く離れた地域と地域の間で展開した域際的な性格を持つ事業として，苦力貿易には，まだ国家の管理が強く及ばない環境が，有利に働いていたのである．

　こうした状況も，苦力貿易に対する国際的非難の高まりによって，1874年に大きな転換を迎えることになる．ポルトガル政府は，イギリスはじめ各国から向けられるマカオ苦力貿易に対する厳しい国際的非難に抗えなくなり，1873年12月27日に，今後マカオではいかなる国家の中国人契約労働者の募集活動，乗船・出港事業も禁止する旨を布告した．そして，その3か月後の1874年3月27日，マカオにおける苦力貿易活動の一切を禁止した．国際世論の変化から，マカオ苦力貿易禁止を予測していたペルーとスペインは，それぞれ1874年6月26日と77年11月17日の清朝との条約締結を通して，中国領内からの華民の海外渡航と移民を合法化した．しかし，これらの条約には第1章で確認したように，清朝との条約交渉のプロセスで，自由かつ自発的な本人の意志による出国――すなわち自由移民の自由渡航を前提とする条項が盛り込まれた．このため，ペルーとスペインが最も重視していた契約華工の導入には厳しい制限が加えられた．ペルーとスペイン領キューバへの労働移民は，契約華工ではなく，自由民として海を渡り，就労するという前提で許可されることになった．こうして契約華工の導入形態に必ず付随していた，契約時，搬送時，現地雇用時のいかなる強制性も，法で禁じられたのである．

　中国での苦力貿易禁止体制の効果を確認できる好例は，ペルージア号事件（1877〜78年）である．ほぼ無名のこの事件は，苦力貿易研究と米中海運史研究の一部で概説的に言及されるにとどまってきた[2]．苦力貿易史の側面のみから見れば，このペルージア号事件の歴史的意義は，1850年代から頻発

---

2) Edward K. Haviland, "American Steam Navigation in China 1845-1878," *The American Neptune*, XVII(2), 1957; Watt Stewart, *Chinese Bondage in Peru: A History of the Chinese Coolie in Peru, 1849-1874*, Durham: Duke University Press, 1951, pp. 210-214.

してきたペルーがらみの苦力貿易船事件の一事例ということになる．しかもロバート・バウン号事件やマリア・ルス号事件のように，複数国の処理を要しつつ国際裁判に発展した事件ではない．この事件の舞台となった中国での反応は地方当局止まりで，事件を起こした主体も，アメリカの私企業ならびに広東駐在のアメリカ領事にとどまる．しかしペルージア号事件は，マカオ苦力貿易禁止令によって中国の苦力貿易対策法が整った後に起こった最初のペルーがらみの事件である．それとともに，ペルーの華工導入国家プロジェクトである，中国―ペルー間の太平洋横断汽船航路設立計画とかかわっているところに大きな特徴がある．近代におけるひとの国際移動という，より広い視座からこの事件を検討し直すと，ひとの国際移動の減速が，より具体的に把握できるのである．

　太平洋横断汽船航路計画とは，ペルー政府が1870年代前半から構想しはじめたプランである．華工の大量移入を円滑にするために，中国貿易で名を馳せたアメリカのオリファント商会（Olyphant & Company，中国名は同孚洋行）と契約して，中国広東から途中ホノルルのみに寄港し，カリャオ港に入るという，汽船ルートを新しく設置することをめざした．このときペルー政府は一刻も早く国内のプランテーションに労働力を投入する必要に迫られており，途中寄港地が最小限のこの計画は，安く速い華工導入を約束する重要な国家事業と見なされていた．いかに重要であったかは，1874年中秘天津条約の交渉の前にペルー外務大臣が，全権公使ガルシアに課した二大目標のひとつが労働移民を運ぶ中国・カリャオ間の汽船運航を請け負う商会との接触であった事実や，1875年に批准交換のペルー全権公使エルモレが，批准交換後もそのまま数か月間，移民募集業務のために北京に留まった事実が物語っている[3]．

　中秘天津条約条文に則った合法移民であるにもかかわらず，この太平洋汽船航路の就航便ペルージア号（*Perusia*）は，香港および広州でイギリス在外公員と清朝地方当局によって出港を差し止められ，1878年5月から6月の間，広州一帯の話題をさらった．これがペルージア号事件である．香港政庁の見解は，ペルージア号は苦力貿易船であり，この航路設置計画は忌むべ

---

3) Stewart, *op. cit.*, pp. 161-162, 207.

き苦力貿易の再発につながるとして非難した．清朝広州地方当局も，厳しい乗客審査を繰り返して広州駐在のイギリス領事と連携しながら，同船の出港願いを拒否し続けた．一方，反発するオリファント商会は，アメリカ公使と領事の後ろ盾を得て，ペルーとともにこの措置の解除を求め，広東地方当局に再三熾烈な抗議をおこなった．しかし早くも同年末に，この事件はオリファント商会が苦力貿易関与の汚名とともに倒産して終幕となる．つまり1874年以後の国際社会で，「苦力貿易」の烙印がどれほど移民事業の成功と失敗を運命付けたかを証明する事件であった．たとえば下記は，相反するイメージにもかかわらず，どちらも太平洋汽船航路の新設という同じ事柄を論じるために作成された文書である．

　　閣下の電報を拝受してより私は，このペルー共和国における中国人の状態に注意してきました．砂糖農場をいくつか視察し中国人の待遇を調べ，信頼のおける筋から情報を得てきました．……ここリマやカリャオ，他の沿岸の町には，満期となって，あるいは金で自由を買って，共和国の全市民に与えられる権利を享受している中国人が実に多く，私見の限り彼らは満ち足りて幸福です．……町の随所に中国人の経営する屋台や料理店が並び，ペルー人経営の店よりも安く良質の食事がとれる，と貧困層が贔屓にしています．マーケットに続く通りの多くは食糧雑貨店主・仕立屋・靴職人・パン屋・肉屋などの中国人商人でいっぱいです．……中国から直接華工を運ぶ汽船航路ができれば，この国の中国人の地位を大幅に向上できます．条約［1874年中秘天津条約］に則れば移民として自由に渡航でき，これはかつての憎むべき植民奴隷のシステム下での状態とは別物です[4]．

　　……（ペルーの華工の）契約は8年間，労賃は一か月4ドル．華工を雇いたい農園主は，渡航費と予備経費のために華工一人当たり400アメリカドルか75イギリスポンドを渡航代理業者などに現金払いせねばならない．そのためか農園主は華工を所有物と見なしてしばしば奴隷扱いをし，鞭打ちや手枷足枷を科す権限を振りかざす．でなければ別の方法でこの不幸な生き物に体罰を与えるのだ．なかには華工を厚遇して得られる利を悟って適切に処遇する農園主もおり，そんな彼らは多数の労働者が契約満期後も農園に残る，逃亡する労働者が少ない，

---

4) Gibbs to Fish, November 13, 1876 in *Foreign Relations of the United States, Diplomatic Papers, 1861–1942*, Washington, D.C.: The U.S. Government Printing Office, 1966（以下 *F. R. U. S.* と略），pp. 435–437.

などのかたちで報われている．しかし一般的に労働者の待遇は悪いままで，差別を助長してきた．改善されつつあるのは疑いないが，中国人は保護が不十分のまま，農園主の虐待や警官の不正な徴収金にいかなる補償も得られないのが現実である．……（オリファント商会の）システムでは，華工たちは渡航費と他の出費を返済する契約をせねばならない．これではかつて苦力貿易についてまわったさまざまな弊害を復活させてしまうだろう[5]．

　前者は，リマ駐在のアメリカ公使が国務長官に宛てた1876年の書簡である．この書簡はこのほか，顧客層を同郷人からペルー人へ広げてゆく華商の成長や華民の通婚，キリスト教への改宗など，生き生きとした生活実態を報告しているため，これまでの研究で1870年代のペルー華民の現地適応を証明する根拠として使われてきた[6]．後者は前者ほど知られていない，1878年度広東海関報告に抜粋収録されているリマのイギリス公使館事務官の1877年度報告である．どちらも同時期のペルー華民像を扱っているにもかかわらず，かくも鮮やかに異なるのは，両報告とも華民の現地実態を正確に伝えることに主眼があるのではなく，アメリカとイギリスそれぞれの汽船ルート設置計画をめぐる利権と思惑の決定的な違いの結果生まれたもので，計画を成功させたいアメリカ在外公館側は，ペルー華民の現地生活を肯定的に述べることによって悪名高い苦力貿易とは無関連であるとし，計画を阻みたい後者イギリスは，その逆に論を展開しているのである．

　ここでは史料から事件の再構成をおこない，1874年，東アジアにおける苦力貿易にかかわる法と国際世論の流れが変化した後，契約華工の海外渡航が地域・国家間の力関係のなかで，どのように論じられ，どのように再編されていたかを見る．これを通して，マカオからの苦力貿易禁止の周辺に，強まる国家の影響力が作用し，中国からラテンアメリカ地域への近代のひとの移動が減速した背景を考察する．

---

5) William Cartwright, "Canton Trade Report, for the Year 1878," Custom House, Canton, 3rd March 1879, China, Imperial Maritime Customs, 1-Statistical Series; no. 4, *Reports on Trade at the Treaty Ports, for the Year 1878*, 14 th Issue, the Inspector General of Customs, Shanghai: Statistical Department of the Inspectorate General, 1879, p. 278.

6) Stewart, *op. cit.*, p. 225; リン・パン『華人の歴史』，片柳和子訳，みすず書房，1995年，48頁．

第 2 節　オリファント商会と太平洋横断汽船航路開設プラン

　ペルージア号事件の性格を把握するにあたって，アメリカの苦力貿易史の文脈におけるオリファント商会の位置付けをも理解しなければならない．アメリカ東海岸の貿易商社は，早くから苦力貿易に関与していた．たとえば1850年代ボストンのサンプソン・タッパン社（Sampson & Tappan Company）である．同社がペルーやブラジルと契約して苦力貿易をおこなった疑惑が浮上し，これを調査・立証するためにボストン商工会議所は調査委員会を結成し，提出された調査報告を1856年6月5日にサンプソン・タッパン社にも1部送付した．すると同社は6日にボストンの商人コミュニティに，「我が社の名誉を守り，アメリカで我が社同様の海運活動をしている商社に，このビジネスの性質がかくも誤解されていると知らせるため」と，これを冊子に刷って公表した．同社の気勢が示すように，中南米への華工輸送事業に関与するところは一社ではなかった[7]．中国に設置されたアメリカ領事館のなかには，1860年新設の汕頭のもののように，中国の東南沿海部でアメリカ人が関与するキューバ・ペルーへの苦力貿易の弊害が目にあまるようになっていたため，これを取り締まる目的で設置された領事館もあった．またアメリカは，1862年に，アメリカ市民とアメリカ国籍船の苦力貿易活動を禁止する専門法規を設けている．

　ところがオリファント商会はこうした醜聞とは無縁であった．1828年にディヴィッド・W. C. オリファント（David Washington Cincinnatus Olyphant, 1789～1851年）が広州とニューヨークで起業し，中国沿海部で通

---

7)　Boston Board of Trade, *Report of the Committee Appointed by the Government of the "Board of Trade" to Take into Consideration the Communication of Messers. Sampson & Tappan, dated April 24th, 1856*, Boston: J. H. Eastburn's Press, 1856 in 'Chinese immigration pamphlets, 1856-1907,' Film Bak 26128, Harvard University Baker Library. また，1859年6月19日付け *The New York Herald Sun* には，「喧嘩っ早い南部者がアフリカ黒人奴隷貿易の再開のために，喧しくしかし空虚な要求を続けている一方で，我ら北部，ピューリタンの賛美歌を口ずさむ黒人崇拝者は，しめやかにしかし精力的にキューバとの苦力奴隷貿易を推進している」とある (Eldon Griffin, *Clippers and Consuls: American Consular and Commercial Relations with Eastern Asia, 1845-1860*, Wilmington, Delaware: Scholarly Resources Inc. 1972, p. 99).

商・海運をおこなう同商会は，ラッセル商会（Russell & Company，中国名は旗昌公司）を筆頭とする，ビッグ・フォー（Big Four）と呼ばれた有力な中国貿易のアメリカ商会のひとつに数えられた[8]．オリファント商会の創業者ディヴィッドは，敬虔な長老派プロテスタントで，アメリカ人宣教師の中国における外交・ビジネス・布教・教育活動を積極的に賛助した．たとえば，宣教師のアジアでの布教を支持して同商会の船によるニューヨーク—広東間の渡航と中国でのむこう1年間の経済援助を申し出た．1829年にこれで中国に渡ったのが，アメリカ公理会宣教師ディヴィッド・アビール（David Abeel, 1804～46年）とエリジャ・C.ブリッジマン（Elijah Coleman Bridgman, 1801～61年）である．その後も，のちに敏腕外交官となるサミュエル・W.ウィリアムズ（Samuel Wells Williams, 1812～84年）やピーター・パーカー（Peter Parker, 1804～89年）の中国渡航を助け，そして当時十代であった若き容閎たちの初めての渡米において，渡航費を都合し，商会所有の船便を都合し続けた．つまり，草創期米中関係史における錚々たる人物と友好関係を築いている．さらに1832年にブリッジマンが中国理解を進めるために創刊した英語雑誌チャイニーズ・レポジトリー（*Chinese Repository*）の出版にも出資しており，学術，研究，文化方面への経済的な貢献も積極的におこなった．清教徒的道徳観とその実践から来る清廉潔白なイメージはオリファント商会の看板であり，当時ほとんどの欧米商会がかかわった巨利を約束するアヘン貿易に，ディヴィッドはモラル的見地から参画しなかったという[9]．

太平洋横断汽船航路の開設計画に臨んで，ペルー側がオリファント商会をパートナーに選んだのは，戦略であった．イギリスが注目し英訳したペルーの内部文書には，「（商会の）高潔な社風は，中国での創立以降長く保たれた

---

[8] 豊原治郎「Augustine Heard & Co.と Olyphant & Co.——米中海運史研究の一節」，『追手門経済論集』，**XXV**(1)，1990年，14頁．なお，Big Four中のオリファント商会の資本・経営活動規模は第4位である．

[9] Thatcher Thayer, *Sketch of the Life of D. W. C. Olyphant, who Died at Cairo, June 10 1851: with a Tribute to His Memory*, New York: Edward O. Jenkins, 1852; Latourette Kenneth S., "David Washington Cincinnatus Olyphant," *Dictionary of American Biography*, Base Set., American Council of Learned Societies, 1928-1936, Reproduced in Biography Resource Center, Farmington Hills, Mich.: The Gale Group, 2002（http://www.galenet.com/servlet/BioRC，2002年6月1日閲覧）; 豊原，前掲論文，14頁; Griffin, *op. cit.*, p. 202.

ままであり」、「汽船事業の経営においても知識と経験を十分に持っており」、よって「新設会社の利益が挙がるよう尽力するであろうし、中国通でもあるから中国人の出国を促すには何が必要かも熟知しているであろう」とある[10]．ディヴィッドの息子ロバート・M.オリファント（Robert Morrison Olyphant, 1824〜1918年）の代になって、オリファント商会は1860年代には貿易のみならず揚子江水運、さらに広州を中心とする上海までの東南沿海部の海運業でも成功していた．上海—芝罘（煙台）—天津、上海—厦門—汕頭、台湾の基隆—香港そして上海—長崎—神戸—横浜といった新航路を積極的に開拓し、1,000トン前後の木造外輪式蒸気船を多数就航させ[11]、こののちに太平洋横断航路に臨む、充分な経験が用意されていたのである．中国貿易と海運業の経験にも増してペルー側が何より頼みとしたのは、オリファントの社名が持つ信頼性と道徳的イメージであったと考えられる．そして一方、これはオリファント商会側にとって、経験蓄積のない、最初の移民事業であった．

このように、アジアとラテンアメリカを結ぶ初の太平洋横断汽船航路計画の最大の目的は、通商でも布教でもなく、労働者の確保であった．国際的圧力がマカオ苦力貿易を終了させた渦中にあっても、ペルー政府は国内のプランテーション経済を維持するためには、従来通りの、安価でかつ奴隷的に使用できる外国人労働者が必要であった．

汽船航路プランは、中秘天津条約の批准交換と前後してはじまった．中秘天津条約交渉を担ったガルシアは、帰国後に国務長官となり、1875年4月21日、議会に向かってペルーの農業部門への華工導入の必要性を強調し、いくつかの条件を整備して中国移民の渡航を促すべきだとした．条件とは、割高で時間のかかるマカオ経由のルートを使わずに、中国移民が直接ペルーに発てるようにする、中国移民が必ず自由意志で渡航を決定する、中国移民が条約で合法化されたばかりの渡航の権利を行使するよう必ず中国政府の承諾と許可の下ではじめる、などである．とくに華工導入の障害として相応の

---

10) Great Britain Foreign Office, Foreign Office: General correspondence, China, FO 17/889, London: Public Record Office, 1971, p. 369.
11) 豊原、前掲論文、15頁; Edward Conrad Smith, "Robert Morrison Olyphant," *Dictionary of American Biography*, 2002 (http://www.galenet.com/servlet/BioRC, 2002年6月1日閲覧).

交通手段がないことを指摘し，アメリカの協力を仰いで中国—ペルー間汽船航路を設置すべきだとした[12]．1875年6月16日，ペルー上院議会は汽船航路開設のために16万ポンドの国家助成額を可決し，協力企業との契約は就航便の航海から5年間と定めた．1876年11月2日，ペルー政府はオリファント商会代表H. S. ゲイリー（H. Seymour Geary）と契約を結んだ．この契約は，当初はオリファント側に過分に有利でペルーの国益が考慮されていないとの理由でペルー議会の承認を得られなかったが，再協議を経て修正を加えられ，1877年4月には議会の承認を受けた．

ペルー政府とオリファント商会の交わした具体的な契約内容は，カリャオのイギリス領事が香港政庁に送った1876年11月23日付け文書[13]に確認できる．23項目の契約内容を検討すると，下記のように，華工輸送に目的を特化していることが明らかである．なかには大量の積荷を積んで太平洋横断に耐える大型船の就航を望む，グアノと硝石を積むことにするなど，ペルーには中国貿易をおこなおうとする姿勢も認められるが，これはあくまで華工導入を進めるかたわらでの副次的事業にすぎなかった．

契約期間は，就航便が中国を離岸してから5年（第3項），この間ペルー政府とオリファント商会はペルー・中国汽船会社（The Peru and China Steamship Company）と称する新会社を設立し（第1項），オリファント商会はペルーの特別移民募集エージェントとして香港と中国における移民の選抜や審査の責任を負う役まわりとなった（第6項）．船舶は一度の航海で1,000人を運ぶ容量のあるものを使用し（第2項），一度の航海で500人以上の華工を乗せねばならず（第12項），就航便は契約日から半年以内に華工を乗せて中国を発つ必要があり（第4項），契約期間中に計28回の往復便を運航，うち就航より2年間は10往復することが義務であった（第3項）．ペルー政府に先の6月に議決した計画の特別助成金16万ポンドを，オリファント商会に次の手順で支払うことになった．まず就航便の準備が中国で整った段階で1万ポンドが支払われ，それが500人の華工を乗せてペルーに向けて出港したときにまた1万ポンド支払われる．第2便が中国で整った段階でさらに1万ポンド，第2便，第3便，第4便それぞれが500人の華工とともに

---

12) Stewart, *op. cit.*, pp. 209-210.
13) FO 17/889, pp. 364-365.

離岸するごとに1万ポンド,残る24往復各便で成功裏に華工500人ずつを導入したら10万ポンドを一括清算する（第12項）．同商会がこれを履行できないと，本来その航海が成功したら支払われたはずの金額に1,000ポンドを上乗せした違約金を支払う，との厳罰も設けられた（第16項）．

契約では第7項で中秘天津条約条文に基づき，自由意志による華民のみの乗船を明文化しているが，苦力貿易の防止となる項目は，その他では5項の医者の同乗義務程度である．むしろオリファント商会の利権が詳細に取り決められており，たとえば同商会はペルー入港時の関税を免除され最恵国特権を享受し（第9項），アジア・ペルー間の郵便が無料（第10項），契約満期後の再契約優先権を持った（第17項）．さらにペルー政府は，この機に年間8,000トンを上限とするグアノもしくは硝石を往路の貨物として中国市場に出そうと目論んだが，広東と福建でこの販売代理と市場開拓を引き受けるのはオリファント商会で，総売上額の5%を手数料として収めることになっていた（第18, 20, 21項）．

ペルー・中国汽船会社には，月1本の頻度で中国―ペルー，そしてペルー―中国間定期便を就航させ，中国から華工1,000人と1,500トンの石炭と500トンの貨物を一気に持ち帰ることができ得る汽船を使うことが義務付けられた[14]．開業時にペルー・中国汽船会社は，ペルー政府から年間2万5,000ポンドの特別助成を受け，ペルーからグアノを貨物運送する委託業務の手数料2万4,000ポンドを得ることにもなった．

第3節　1878年ペルージア号事件

1. 香港における出港差し止め

1877年11月24日，太平洋横断航路の就航便となるべき船舶がイギリスから到着，香港沖に投錨した．オリファント商会がペニンシュラ・オリエンタル社（Peninsula & Oriental Company）から購入した，3,446トンのイギリス籍船ネメシス号（*Nemesis*）である．これまで揚子江流域の水運で事業してきたオリファント商会の所有する船舶はすべて700～1,200トン級であ

---

[14]　FO 17/889, pp. 366-367.

り，これは同社初の3,000トン級船舶である[15]．12月5日，ネメシス号はベルギー船籍に変えられ，船名もアントウェルペンのペルージア号と改名された[16]．

広州のイギリス領事ジェームズ・モンガン（James Mongan）は，ペルー公使エルモレが，苦力貿易と関連が最も薄いベルギーの国旗を掲げれば余計な疑いがかからないからと語るのを耳にしたと記録しているが[17]，この言葉が物語るように，オリファント商会が船名と船籍を変えたのは意図的な行為であった．同商会が，華工を運輸するビジネスの背徳性を認識していて，事前策をとった事実は興味深い．移民募集代行業においては，船長・出港国・事業依頼国の国籍そして船籍をそれぞれ変えると，責任の所在が複数となって，問題発生時には処理が複雑化して処罰され難い，という「技術」が生みだされていた．

12日，オリファント商会代表ゲイリーは，香港の同商会移民募集エージェント兼香港駐在ペルー領事として，香港政庁に，中国人乗客を乗せてハワイ諸島そしてペルーに向かうと報告し，ペルージア号出港の許可を申請した[18]．しかし，ゲイリーに通達された返答は，出港の差し止めと，今後香港ならびに中国のどの港でもペルーに中国人を運ぶ目的でペルージア号を使用することは二度としないとする誓約書の提出であり，応じない場合は船の押収が待っていた[19]．

このときの香港では，一般に，契約華工の乗船・出港を厳禁とし，またいわゆる自由移民でも，中国移民の待遇が改善されていない国への出港を禁じる方針が採られていた．しかしペルージア号出港の差し止めは，香港のそうした全体的方針の影響ではなく，イギリス本国が香港政庁にこの計画を阻止するよう事前に通達していたためであった．ペルージア号の入港前に遡る6

---

15) 豊原論文に整理されているオリファント社の所有船舶のトン数を比較参照のこと（豊原，前掲論文，15-16頁）．
16) Cartwright, *op. cit.*, p. 275.
17) Embassy and consular archives—China: Correspondence series 1, FO 228/607, p. 106.
18) 'Note from the Chinese Legation,' in *Notes from the Chinese Legation in the United States to the Department of State, 1868-1906*, M 98/1, Diplomatic Records Microfilm Publications, NARA at College Park, Maryland, p. 104.
19) Cartwright, *op. cit.*, p. 275; The Earl of Carnarvon to Hennessy, December 24, 1877, M 98/1, p. 0104; FO 228/607, p. 122.

月5日,植民地相カーナボン卿(The Earl of Carnarvon)は,香港総督 J. ポープ・ヘネシー(J. Pope Hennessy)に,ペルー政府とオリファント商会が華工導入計画を進めていると伝えた.そして香港を契約移民の送り出し拠点とする計画が実行に移される,あるいはそうした計画下での船舶が出港許可申請を出すなどの動きすべてに,厳しく目配りするよう厳命していた.カーナボン卿は,「過去に鑑みれば,今ペルー政府がめざす方向は最大級の弊害を再発させるものである.ペルー政府の目的が苦力貿易の復活だと明白である以上,関係するいかなる企ても阻止されるべきである」と言及している[20].この指示を受け,ヘネシーはとくにその動向に注視していた[21].このようにイギリス側は,早くから太平洋横断汽船航路の設置を苦力貿易の再開だと認識していた.ペルーやオリファント商会側とイギリスの姿勢の違いは,すでにこのときから明確であった.この結果,ペルージア号は,やむなく中国人乗客を全員降ろして出港した.

　香港からの就航が失敗してから,オリファント商会は次の投錨地として広州を選び,準備にかかった.オリファント商会の依頼を受けた広州のアメリカ領事チャールズ・P. リンカン(Charles P. Lincoln)は,ペルージア号の到着に先駆けて1877年12月20日,広東・広西一帯を管轄する清朝の両広総督劉坤一(1830～1902年)に報告して,広州―カリャオ間の汽船航路が開設された旨を告げた.このなかでリンカンは,ペルージア号の広州出港の折には,他の条約締結国の貿易船と同様に乗客と貨物を乗せることになり,これが中国への復路便としてカリャオから広州に向かうときには,中秘天津条約第6条に準拠して,満期華工80人を本国送還[22]する,とも照会した.加えてリンカンは,中国人民はいまや条約によってペルー国からの利益と保護を合法的に受けられることになっているうえに,労賃の高いペルーに渡ることは広州人民にも有益であるから,広東当局から民衆に汽船航路の利用を勧

---

20) The Earl of Carnarvon to Hennessy, June 5, 1877, M 98/1, p. 104.
21) Hennessy to the Earl of Carnarvon, September 13, 1877, M 98/1, p. 104.
22) これまでペルーで契約満期を迎えながらも,帰国用の乗船費がない貧しい,あるいは病気や老齢の華工が帰国を希望した場合,ペルー政府の経費によってその送還をおこなうものである.詳細は園田節子「1874年中秘天津条約交渉の研究――環太平洋地域における多国間関係のはじまり」,『相関社会科学』,東京大学大学院総合文化研究科国際社会科学専攻,10号,2000年,参照.

める告示を発してほしいと依頼した.

これに対して27日,劉坤一はペルーからの華工送還に好意的に返信しつつも,広州当局による民衆への国外就労斡旋については拒否し,さらに,自由意志による乗客の渡航のみを許可するとした.こうした中国当局との対話の後,1878年5月4日にペルージア号は,広州黄埔港に入った[23].

2. 広州での摘発

曾維邦は広東省新安県深圳村にて農漁兼業で生計を立てる45歳の男で,その日,4月29日は所用で広州に出かけた.すると知り合いの陸富成に偶然出会った.陸富成は広州郊外の沙基にある店「江源元記」の主人である.話に興じるために曾維邦を店に招いた陸富成は,やがて,実はいまオリファント商会の買辦との間で商談がある,ペルーとの契約で海外出稼ぎ労働者を数百人集める労働者募集の代理業だと切り出した.曾維邦に持ちかけられた話は,募集業務と出港までの宿泊を提供する「招工所」を共同経営しないかという話であった.陸富成の話によれば,オリファント商会は集めた労働者一人ひとりにメキシコドル10元を貸し付けるのだが,労働者は渡航のためにこのうち3元を移民代行業者に払い,1元を香港の契約者に払い,そして2元を支度金として自身のものとする.しかし残りの4元は,招工所に払うことになるので,自分たち2人の間で利益を山分けできる儲かる仕事だとのことであった.仕事は5年契約,保証人はオリファント商会とのことであった.曾維邦は承諾し,陸富成とともに広州にほど近い珠光里に赴いて一店舗を借りると,これを江源元記の屋号で5月2日に開業した.

曾維邦は陸富成に月4元で雇われた雇用関係にあり,陸富成は招工所を新設したときの金の工面のみをおこなって,曾維邦は華工の募集事務のみを担当した.数日後,曾維邦は話を聞きに集まった人々に向かって,航海の前に必要物資を整えられるようにと2元を支給し,こういったお金が必要ない者には代わりに服を上下一揃い用意すると誘い,本題に入ったときに,ペルー

---

23) 1878年7月31日「粤督劉坤一為同孚洋行勾串秘魯違約私招華工為理情形致総署函」陳翰笙(主編)『華工出国史料彙編』,第一輯,1098-1099頁;1877年12月27日「照録札復美国林領事稿」陳翰笙(主編),前掲書収録史料,第一輯,1102-1103頁; Cartwright, *op. cit.*, p.275.

での労働契約は5年で賃金は月35元，中国からの渡航費75元は現地での労賃から差し引かれて返済に充てられることになる，と伝えた．こうした募集の誘い方は，事前にすべて陸富成から言い含められた通りに伝えたものであった．集まってきた人々は，これを聞き，皆，渡航を希望した．ところが，本来約500人を集める必要があった募集活動はその後が思わしくなく，曾維邦はいったん見切りをつけ，13日に停泊中のペルージア号に乗船させることになった．5月10日に官憲が踏み込んだとき，招工所には16人の中国人従業員と，曾維邦の集めた77人の労働者がいた．曾維邦を含めた計6人の招工所従業員とその場にいた49名の華工が縛についたが，他は摘発の折に遁走し，陸富成も姿を消した[24]．

以上は5月10日に広東省番禺県の官憲に逮捕された招工所責任者，曾維邦の供述であり，オリファント商会が黄埔港入港後すぐ広州でおこなった華工募集活動の詳細である．このとき，経理係をしていた唐鑑湖という男もともに捕縛されているが，その供述も，4月30日に広州近隣の恩平県から広州に出て，たまたま宿泊していた同族の唐氏祀堂で，沙基の江源元記の従業員と出会い，その紹介で陸富成に会い，招工所の仕事に就いたという．また曾維邦が募集業務のみを担当しているように，唐鑑湖は経理のみにかかわっており，募集業務には一切かかわることはできなかった．仕事の責任の範囲は明確だが，互いに名前も知らずにいる[25]．

こうした，中国本土における華工募集活動の例を詳細に追うと，招工所関係者の全員が陸富成の人脈によって場当たり的に寄せ集められ，著しく専化し，細分化された業務を担当しており，ほとんど事情を知らずに招工所で働いている．広州の一般民衆が偶発的に加害者側にまわってしまうという，不安定で飽和した当時の広東社会の空気が伝わってくる．この事件はマカオ苦力貿易禁止後に起こったものであるが，かつて海外労働者を不断に確保してきた苦力貿易の構造をよく表している．苦力貿易は，広東社会の血縁・地縁関係の先で外国人公私企業の利益を挙げていく図式を描いていた．1840年代末にはじまり1850年代末をピークに，中国東南沿海部でこれまで一般的

---

24) 1878年5月11日「照録番禺県呈繳供摺」，陳翰笙（主編），前掲書収録史料，第一輯，1103-1104頁．
25) M 98/1, p. 83.

におこなわれてきた外国商会の華工募集活動は，おおむねこのようなかたちであったと思われる．

　さて，曾維邦と陸富成の招工所は，地方当局の許可を取らず，秘密裏に営業を開始したため，章程二十二款違反として摘発された．章程二十二款によれば，清国内での招工所の設置は地方当局の許可を得ねばならず，違反した場合は総督の命令によって招工所は一時閉鎖され，関係者はじめ華工全員が地方当局に取り調べられて相応の罰を受けることになっていた．曾維邦たちの供述を官憲から受け取った総督劉坤一は，5月14日に広州のアメリカ領事リンカンにこの件を通達した．劉坤一はさらに，オリファント商会側が渡航費を前貸しして返済義務を課したこと，勧誘を成功させるために2元を与えたこと，中国人による外国の移民募集業の代理業務が禁じられているにもかかわらず活動したことなどをもって，バーリンゲイム条約第5条と中秘天津条約第6条の「自由で自発的意志による渡航」が守られていない，事実上の苦力貿易に等しい行為であると糾弾した．そして広州におけるオリファント商会の活動をただちに止めさせ，今後は同商会が所有する船には商品と自由意志によって渡航を望む乗客のみを載せるよう，リンカンに厳しく要請し[26]，各国在外公館にも通達を出した．

　外国企業によって中国国内でおこなわれた違法行為は，治外法権のため，とりわけ中国の地方官レベルでできる対応は，こうした当該国の公使への通達にとどまらざるを得なかった．しかし，この事件の場合，香港総督が強い興味を示していた．5月18日，香港総督は広州のイギリス領事モンガンに特電を打ち，事件に関する情報を求めた．こののち，中国では広州地方当局が苦力貿易の咎（とが）で江源元記の営業停止を告示するうごきがあり，香港総督は22日に再度モンガンへの特電で，イギリス香港政庁もまた契約移民募集業者の違法行為を取り締まるにあたって協力する意志があり，香港において必要な関連法を設けることができると，劉坤一に照会するよう促した．モンガンを仲介に，香港総督は劉坤一に，ペルージア号の本来の目的や，広州投錨の前に香港で起こった出航差し止めの経緯，そして香港政庁の見解と対応など情報を伝えた．中国側で劉坤一は，こうした情報を受けつつ，広州知府な

---

26)　M 98/1, p. 60.
27)　FO 228/607, pp. 105-108.

どの地方官に，曾維邦たちの取り調べを重ねさせた[27]．

このように中国側では香港総督の積極的な協力姿勢を容れて，情報交換や香港における対応策など，苦力貿易防止の協力体制が用意されていった．

3. 「苦力」か「乗客」か

取り調べの開始とともに，広州からのペルージア号の出港が差し止められ，広州地方当局とアメリカ領事を後ろ盾とするオリファント商会の間では，苦力貿易疑惑をめぐって激しい議論の応酬がはじまった．

ペルー政府と結んだ先の契約によって，オリファント商会は 10 月 16 日までに 500 人以上の華工をカリャオに上陸させねばならず，このため同商会は領事リンカンの協力を仰いで，まず中国人乗客の乗船とペルージア号出港の許可を要請した．また，北京のアメリカ公使ジョージ・F. シュワード（George Frederick Seward, 1840-1910 年）は，秘密裏にリンカンに連絡し，本国アメリカの公人に大きな影響力を持つオリファント商会であるから，これを助力するために領事が公使の権限を使うことを許可した．シュワードのこのような姿勢は，現在カリフォルニアに流入している中国からの移民の流れを塞き止め，ペルーに円滑に旋回させるためにも，就航を成功させたいという，もうひとつの狙いが明確にあったためであった[28]．こうした後ろ盾を得て，アメリカ領事リンカンは劉坤一にペルージア号の出港要請を繰り返し，乗船予定の華工たちは全員，自由意志で渡航を希望する中国人乗客，すなわち free passengers であり，渡航前の詐欺も教唆も渡航費前借りの事実もなく，この商会の事業計画は苦力貿易とは異なると主張し続けた．ここに来て焦点は，ペルージア号の乗客たちが苦力か乗客かの判別に移ってゆくことになった．

苦力貿易か否かの区別に深くかかわる，契約移民労働者と自由移民の定義については，19 世紀半ば当時から流動的であったのが実態である．たとえば香港政庁とマカオ政庁は，契約移民と自由移民をめぐる議論を，すでに 1860 年代から開始している．香港政庁はとくに 1860 年代の後半から，ラテンアメリカに向かう苦力貿易船の高い死亡率や，頻発する苦力の反乱事件を

---

28) 'Confidential,' FO 228/607, p. 110.

根拠として，マカオからの契約華工の出港に対する批判を強めた．マカオ政庁はこれに対して，香港からの「自由移民」も，そのほとんどが渡航費を前借りし，就労地の労賃から徐々に返済していく華工であり，その実態は契約移民と何ら変わりはないとして香港政庁に反発した[29]．

この頃の苦力貿易の現実として，すでに第1章で触れたように，マカオ苦力貿易の禁令前は，イギリス，フランス，プロイセン，スペイン，オランダ，ハワイ，ペルーそしてアメリカ，すべての国家の公機関あるいは私企業が何らかのかたちで苦力貿易をおこなっていた．そのため，苦力貿易の論議では，ある国を糾弾すると，議論の方向次第で自国も有罪に陥ることもあり，かつ苦力貿易によって港湾都市として発展していた香港とマカオでは，自己矛盾を抱えた問題でもあった．しかし，1874年の転換で契約移民と募集時の自由意志の有無が厳しく定められ，乗船前審査の手続きや基準が明確になって以降は，こうした曖昧な議論を展開することが不可能になっていったのである．

劉坤一はリンカンの出航許可申請に応酬しながら，広州知府ほか数名の地方官に命じて曾維邦ならびに華工たちの取り調べを重ね，イギリス人税務司ジョン・M．ブラウン（John McLeavy Brown）の同席を願って清英合同調査の形をとりながら，華工募集の実態に関する供述を採取していった．劉坤一は，供述調書のなかでも，オリファント商会が華工の渡航費を肩代わりし，返済義務を課している，集められた人々が実際は渡航を望んでいない，以上の2点を証言できる情報を最も重視した．劉坤一はリンカンとのやりとりのなかで，この2点を強調し，渡航費の前払いの事実があることから，華工たちがまさに契約移民であり，苦力であり，審査が完全に終了するまでペルージア号出港を許可できないとして，その出港差し止めを継続した．また華工のなかには渡航を望まない者がいるとの供述箇所を強調して，自由で自発的意志による渡航のみ許可されると謳う，バーリンゲイム条約と中秘天津条約の違反であるとした．加えて曾維邦の供述から，陸富成こそが広州・香港両地におけるオリファント商会のブローカーであると結論して，リンカンに，

---

29) 鄧開頌（他編）『粤港澳近代関係史』，広州：広東人民出版社，1996年，127-128頁．
30) 1878年7月31日「粤督劉坤一為同孚洋行勾串秘魯違約私招華工為理情形致総署函」，陳翰笙（主編），前掲書収録史料，第一輯，1098-1099頁．

陸富成の身柄引き渡しを要求した[30]．

　ここで指摘すべきは，この時期における禁止法と移民保護策の整備のなかで，契約移民と自由移民の違いに厳密な審査基準と条件が設けられていった，その意味の大きさであろう．苦力貿易を進めようとする側が以前のような隠蔽工作を用いても，中国側は諸条約文や諸規定を後ろ盾に，処置に踏み切ることができるようになっていったのである．

　これに対してリンカンは，ペルージア号の乗客は，自発的にペルーへの渡航・就労を希望していた自由移民であると主張したが，それを裏付ける証言や証拠を提出することができなかった．リンカンは難局を打開するために合同調査に圧力を加えようと，香港に停泊中のアメリカ戦艦レインジャー号（Ranger）を黄埔港に呼び入れ，6月3日に清英合同調査にペルー公使ならびにアメリカ領事と同船軍人の同席を許すよう劉坤一に申し出た．劉坤一はこの要求を一蹴し，ペルージア号の出港差し止め措置を続けるよう地方官に告示を出す一方で，今後の状態次第では条文に従って強硬手段に訴えるとリンカンに返答し，同時に陸富成の引き渡しを再度強く要求した[31]．

　この間に中国側では，苦力か乗客かを判別する審査が進められており，海関で42名の華工たちの審査が終了した．ここでは，返済義務が生じるオリファント商会の経費ではなく，親戚からの借金を含む中国人の個人の財源による経費で乗船切符を購入してあれば，自由移民として扱うとされ，外国公私企業への債務が発生しているか否かが審査の明確な基準に設定された．6月6日におこなった再審査では，7人の華工たちが募集時に騙されたと証言し，ペルー行きに躊躇して，その場で乗船切符を返却した．またこれらの華工のなかに，オリファント商会から事前に，渡航費の都合をどのようにつけたか尋ねられた場合，親族や親戚から借りた結果彼ら自身が支払ったと答えなければならないと強要された，と証言する者が出た．こうした華工からはさらに，渡航費は現地ペルーで稼ぐ労賃から返済することになっていたとの明確な証言が採れた[32]．

　一方，6月24日にオリファント商会は，広州地方当局の出港差し止め措置によって，事業に多大の損害が生じたとして，リンカンを通じて当局に損

---

31) M 98/1, p. 64.
32) M 98/1, pp. 62-63; Cartwright, *op. cit.*, p. 275.

害賠償を請求した．賠償は一日 1,000 元で算出された滞船料に加えて，1,050 人分の乗客の運賃，ペルー政府からの補助金の総計，そして本件が原因で今後生じる損害を合計した額であり，この後ペルージア号の出港が延びるにつれて，順次計上していくと申し添えられた．これに対して劉坤一は，審査や出港差し止めの措置は，条約違反をした同商会の責任であると賠償を拒否した．

このような経緯を経て膠着状態となった米中両者の間には，イギリス人税務司ブラウンが調停に入り，その提案によって，乗客全員の再審査を実施すること，そして審査までにペルー行きの希望を変えない者は，その者の出身地において社会的信頼のある華商から保証書を取り寄せられれば，ペルージア号への乗船許可を出すとした．華商からの保証書には，これが自由意志による渡航であり，渡航費は親族などから渡航前に清算されているとの文言が明記されねば無効になると定められた[33]．この最終的な審査を経て乗船許可を取ったのは，途中寄港地であるホノルルに行く 118 人と，目的地ペルーを目指す 19 人の，合計 137 人であった．当初 500 人の中国人労働者を運ぶはずであったペルージア号は，19 人の労働者のみを甘んじてカリャオに運ばねばならず，1878 年 7 月 22 日にこの 137 名を乗せて広州湾を出航した．しかし契約日の 10 月 16 日までにカリャオ港に入ることができなかったため[34]，この便が太平洋横断汽船航路の事実上最後の便となった．

広東におけるアメリカ領事とオリファント商会の動きは，アメリカ本国の協力を得たものではなく，アメリカの私企業と中国に赴任中の領事の間で進められた，現地レベルにとどまるものであった．このため 1878 年 9 月 7 日，アメリカ海軍省から，中国沿海部でペルーの苦力輸送事業にアメリカ領事館の過分な便宜が図られたと知らせを受けたアメリカ合衆国国務長官ウィリアム・M. エバーツ（William M. Evarts）は，23 日付けで，ペルージア号事件で独自に行動したとして広州のアメリカ領事リンカンに訓告を出し，こののち苦力を乗せて入港するアメリカ船すべてを入念に検査し，苦力貿易に関与する違法行為のすべてを報告するよう厳命した[35]．清朝側も 1879 年 1 月 13

---

33) M 98/1, pp. 68-69.
34) Stewart, *op. cit.*, p. 212.

日，初代駐米公使陳蘭彬と副使容閎が連名で，エバーツに，ペルーの移民事業計画へのアメリカの商会の関与を伝え，アメリカ本国においてこの件を審議するよう要請した．陳蘭彬と容閎は，審議の参考にと，広東を舞台にやり取りされたペルージア号関連資料を送付し，この移民事業計画が中秘天津条約に違反しており，したがってリンカンが求める賠償要求は不合理であるとする中国側の主張への，国務長官の同意と措置を求めている[36]．

ペルージア号事件の発生した同じ年の1878年末，オリファント商会は倒産した．ペルージア号は，船名も船籍ももとのイギリス籍船ネメシス号に戻され，1891年に廃棄処分となった[37]．オリファント商会の起こしたこの事件は，スキャンダルとして同商会と縁の深い中国専門家に衝撃を与えた．たとえば容閎は，当初は断固とした調子で信じられないとしていたが，1年後にはウィリアムズ宛ての私信で遺憾の意を吐露している[38]．太平洋横断航路計画は，結果的にオリファント商会に，最も不名誉な終焉をもたらしたことになった．

しかし，オリファント商会経営者ロバート・オリファント自身には，この事件はさして大きな影響を及ぼさなかった．オリファント商会が移民事業に着手する以前から，本業である中国揚子江地域を中心とする貿易・水運活動は，これにかかわるアメリカ商会全体がイギリスとの競争に敗退しつつあり，多くのアメリカの商会はちょうど1870年代後半に中国国内河川の資本を引き揚げ，アメリカ国内の鉄道敷設に投下先を変えつつあった[39]．ロバートも例外ではなく，ペルージア号事件の発生前である1870年代前半から，彼自身の事業と資本の重点をすでに中国から引き揚げていた．1873年5月に鉄道敷設と採鉱業会社デラウェア・ハドソン社（Delaware & Hudson Company）の支店長に選ばれたロバートは，その後も順調に出世し，1903年に社長職を退くまでに同社の資産・純利益ともに成長させ，その在職中に配当

---

35) Evarts to the consul of the United States, September 23, 1878, *F. R. U. S.*, p. 3.
36) Chen and Yung to Evarts, January 13, 1879, M 98/1, p. 57.
37) Haviland, *op. cit.*, p. 142.
38) Yung Wing to Williams, June 7, 1877 & August 23, 1878, *Samuel Wells Williams Family Papers*, Group 547: Correspondence, 1873 Mar-1878 Feb, Box 5. Manuscript & Archives, Yale University Starling Memorial Library.
39) Kwang-Ching Liu, *Anglo-American Steamship Rivalry in China 1862-1874*, Cambridge, Mass.: Harvard University Press, 1962.

金総額 3,500 万アメリカドル，賃金支払い 2 億ドルの実績を挙げた[40]．つまりペルージア号事件をオリファント家の事業経営史のなかに位置付けると，事業の方向性の切り替えを決定付けた事件にすぎない．太平洋という舞台を降りたオリファント商会のその後は，本国アメリカ合衆国の内側に向かっていくもので，それまでこの企業の事業が見せていた域際的な性質が消失していく過程でもあったと言えよう．

この事件ののち，1874 年以降にペルーが試みた華工導入は，マカオ苦力貿易禁止令で大きな打撃を被り続け，事実上自国の経済構造との格闘が続いた．ペルーでは 1873 年の不況で砂糖生産が下落した矢先であったため，マカオ苦力貿易の禁止はさらに二重苦となった．以後，労働力不足からくる労賃の高騰が起こり，ここからいかにして安価な中国の労働力を獲得し続けるか，ペルー政府の奮闘と試行錯誤がはじまった．引き続き華工導入のために奮闘するペルー政府は，中国本土からのルートを断念し，代わりに排華運動の影響で新しい就労地を捜すカリフォルニアから華工を導入する計画を立ち上げた．ペルー政府は，カリフォルニアに駐在するペルーの総領事自身を斡旋業者として活動させ，中国人旅客運輸事業の周辺に明るい海運業者ほか華商を含む数社とともに，募集活動をおこない，同時にアメリカ西海岸からペルーに向かう汽船航路の設置に着手した．しかしこれも折からのチリ・ペルー間の太平洋戦争（1879〜83 年）の開戦によって，やむなく中断に追い込まれていった．

こうしたかたちで華工を導入する試みが不振に終わっていくなかで，ペルー国内の農園主たちは，現地の契約華工の契約期間を延長して対応した．しかし，その延長契約の際には労賃を昇給したり，小人数雇用へ切り替えたりなど，以前よりも好条件を設定して華工の雇用形態を変え，プランテーションに華工をとどめて生産性を保とうとした．しかし太平洋横断航路計画が頓挫して以降，国外からの中国人労働者の導入は際立った成果を挙げなかった[41]．国外からの華工導入の見通しがつかず，その間，国内生産を維持し

---

40) *Minute Regarding the Retirement of Mr. Robert M. Olyphant from the Presidency of the Delaware and Hudson Company*, The DeVinne Press, Delaware & Hudson Co., May 12, 1903.

41) *F. R. U. S.*, 1878, pp. 716-718, 721-723, 733-734; Michael J. Gonzales, *Plantation Agriculture and Social Control in Northern Peru, 1875-1933*, University of Texas

てゆく模索のなか，大量の奴隷的な労働者を必要としてきた従来のペルーの経済構造の転換が起こりはじめた．新しく設けられていった労働雇用の条件によって，徐々に苦力への依存度が弱まっていき，外国人労働者依存から国内賃金労働者を雇用するかたちへと切り替わっていったのである．そして，1890年代にペルー現地の中国人労働者たちが高齢化を迎えると，ペルー人を雇用する動きがさらに加速し，ペルー経済の中国人契約華工への依存に事実上の終止符が打たれた[42]．加えて，20世紀頭にはじまったペルーの排華運動のため，中国とペルーの間のひとの国際移動は消滅していったのである．

以上，1874年に苦力貿易をめぐる環境が大きく転換して以降，中国からペルーへのひとの移動は急速に衰えた．これが端的に示すように，この地域へのひとの移動は苦力貿易が実体であったと改めて確認できよう．

小　結

ペルージア号の顛末が明示するのは，まず1874年のマカオ苦力貿易禁止令の出されたのちも，ペルーが中国から華工を導入する前提が，依然として契約労働者のままであったということである．しかし，契約華工の出国を抑制する体制は，1874年マカオ苦力貿易禁止令ののち，ほどなくして，中国本土で機能していることも明らかである．なかでもラテンアメリカへの苦力貿易を禁止するために，イギリスと清朝の協力が組まれたこと，清朝が積極的な取り締まり体制を設けていること，政策担当者からの苦力貿易への道徳的非難や人道的モラルを問う声が，苦力貿易をおこなう主体の行動を制限する力を持ちはじめたことには，中南米に向かう近代的文脈でのひとの国際移動に対して，国家が管理を及ぼす力が生まれはじめたことが確認できる．

その一方でペルーの場合は，国際的に強まるモラルの拘束力を十分意識しながら対策をとったものの，過去の苦力貿易と同様の手法で人々を契約華工として募集する，当時の中国の国際関係においてそれほど影響力のないアメリカを後ろ盾とするなど，認識が十分でなかった．このため条約締結によって合法的な労働力導入の道筋をつけたにもかかわらず，苦力貿易の烙印を押

　Press, 1985, pp. 88–91.
42)　*Ibid.*, pp. 88–91; Stewart, *op. cit.*, pp. 214–217.

され，中国から労働者を組織的に大量導入する最後の機会を失っていった．

　最後に，中国からのひとの国際移動を世界史的視野からより広げて，近代のひとの国際移動を眺めてみよう．キューバとペルーへの華工送出基地であったマカオは，その役割を終えた．それによって1874年以降，中国からの苦力貿易で挙がるうまみは，以前に比べて少なくなり，むしろ1874年を境に事業失敗の危険性が高まった．とりわけ外国の移民事業者にとっては，拘束された場合の損失が大きくなったのである．

　中国からラテンアメリカ地域への近代的文脈でのひとの国際移動はこのように減速していったが，1899年に初めてペルーの地を踏んだ日本からの契約移民が，新たに太平洋を越えて上陸する，東アジア地域からのひとの国際移動を1923年まで引き継いでいく．1899年，日本政府公認の移民会社である森岡商会によって790人の日本人契約移民が，主に新潟，山口，広島から集められ，4年契約で砂糖黍農園および製糖工場での労働に従事するため，第1期移民船の佐倉丸からペルーのカリャオ港に降り立った．佐倉丸乗客は契約華工のような渡航費前借りではなかったが，現地就労では最初の25か月間，契約完全履行の保証と帰国費用として森岡商会が給金から一定額を控除していった[43]．さらに契約移民労働に付随する労働の過酷さ，出来高払い制や契約不履行など，およそ日本人契約移民の経験は，先の契約華工たちが過去に経験した問題と，多くの点で共通点を持っていた．

　また，アメリカ西海岸の排華運動と，1882年のアメリカの中国人排斥法の制定によって，不断に太平洋を越えて北米に向かっていたひとの流れは，東南アジア諸国を新たな就労地と見定めた．東南アジアではちょうど1870年代から，ヨーロッパ諸国による現地の植民地経営が本格化し，換金作物のプランテーションが急激に開発されると同時に，輸出入物資の流れを円滑にする港湾，運河，鉄道，道路などのインフラを整備する必要が生じ，これに伴う労働力需要が高まった．この結果，中国からのひとの移動は東南アジアに向かい，中国はインドとともにこの地域に大勢の肉体労働者を送り出すことになった．これはアジア地域の短距離航路において，汽船の使用が急増したことでさらに拍車がかかり，中国から汽船による東南アジアへの大量輸送

---

43) アメリア・モリモト（Ameria Morimoto）『ペルーの日本人移民』，今防人訳，日本評論社，1992年．

時代に入っていった．この新時代にあっても中国から東南アジアに向かう華工には，やはり南北アメリカへの契約華工同様の問題が認められた．華工たちは渡航にあたって移民仲介機関として客頭を使ったが，その渡航費用は掛けにしておき，上陸時に客頭が雇用主とともに人々の値段を交渉した．雇用主から客頭に渡航費が支払われ，そのあと華工たちは5割増しされた渡航費を現地労働のなかで分割返済した．客頭は可能な限り高額で華工を雇用主に売り，雇用主は労働者を可能な限り使役して事業の利益を挙げようとしたため，東南アジアの華工たちの負債と苦役の程度は，先の苦力貿易時代と大差はなかった．つまり中国から南北アメリカに向かっていた近代的文脈でのひとの国際移動は，太平洋を退き，1870年代に新たに東南アジアへと旋回をはじめたということができる[44]．

　俯瞰的に見れば，資本主義のグローバルな展開という経済的要因とあいまって，1870年代から国家が整備する移民保護のためのさまざまな法律が近代的文脈でのひとの国際移動に作用するようになっていた．そのなかで，南北アメリカの両地域に向かう中国からのひとの流れが終息していったと言えよう．

---

44)　可児弘明，『近代中国の苦力と「豬花」』，岩波書店，1979年，64-71頁．

第Ⅱ部　南北アメリカの「官」と「商」

1882年にストックトン街（Stockton Street）に成立した「サンフランシスコ中華会館」，[本書第5章]．2007年9月1日筆者撮影

第4章　チャイナタウンのはじまりと華商
―サンフランシスコ (1)―

　1878年から清朝の在外常駐外交使節がアメリカ合衆国に派遣されるようになる．彼らの向かう先にある華民社会は，近代的文脈におけるひとの国際移動がはじまってからすでに30年を経過し，いわゆるチャイナタウンとしての成長を遂げつつあった．この章でとりあげるサンフランシスコには多くの華人団体が成立し，華民が中国や現地で仕入れた品を売り，華民が買う，自己完結型の経済がまわる，ひとつのコミュニティが成立していた．もともと，サンフランシスコは太平洋に面し，中国，とくに広東省からアメリカに渡る広東原籍の人々の第一上陸地であった．それゆえに，南北アメリカでは最も早くから華民集住地が形成された．そしてこの地は，のちにカナダやペルーにおける華民集住地の発展や，統括団体の設置にあたってモデルを提供した，きわめて重要な空間である．

　そこでまず確認すべきは，本国の行政窓口である在外公館がサンフランシスコ華民社会に設けられる前，現地にはどのような自律性が存在したかという点であろう．これを明らかにするために，サンフランシスコ華民社会の特質とサンフランシスコ華商について，19世紀初頭から1880年代までのチャイナタウン発展史のなかで論じていく．

　先行研究によれば，サンフランシスコには，南北アメリカの華民社会のなかで最も早くその地の華民コミュニティをたばねる統括団体が誕生した．その統括団体については，1853年にはすでに「中華」の名を冠していたとの見解があるのだが，歴史的に「中華」という言葉を華民が使いはじめる時期として早すぎる．とはいえ，この時期すでに華人団体を横断するしくみがあったことは，確かに確認できるのである．

第 1 節　四邑と堂会，社会不安

　1848 年 1 月 24 日にカリフォルニアの内陸コロマ（Coloma）で金が発見されたとの風聞が広がり，カリフォルニアのゴールドラッシュがはじまった．中国東南沿海部，なかでも広東省から，大勢の華民がアメリカ西海岸に毎年上陸しはじめ，カリフォルニアの広東人の人数は 1849 年に 791 人，50 年に 4,025 人，そして 51 年には 1 万 2,000 人と急増していった[1]．

　サンフランシスコの華民社会の形成において重要な意味を持つのが，「華僑社団」「僑団」と呼ばれる華僑・華人団体である．これは中国の国内外で中国人が，出身地を離れた遠隔地で互恵扶助を目的に連帯したもので，以下のようないくつかの結合原理で結成された．とくに①と②が海外華民社会においては基本的なところで日常生活を支えていた相互扶助団体であった．多くの場合，同郷からの同姓集団が結成されたように，①②は重複した[2]．

① 　出身地を同じとする地縁で集まり，結成した同郷団体．一般に「会館」「公所」と呼ばれる施設であり，華人団体では最も基本的な結束のかたちである．

② 　血縁，あるいは父系血縁関係がなくとも同じ姓であることから擬似的血縁関係を前提につくる，複数の同姓宗族団体．一般に，李などの姓を冠した「宗親会」「宗親総会」「公会」などの組織名で，クラン的結合をひとつのモデルにつくりあげた．移民社会における自助団体の最も基本的な単位である．

③ 　同じ業種での同業団体．中国国内では，明末から同郷かつ同業の組織として「会館」「公所」が発達してきた．海外華僑社会の各地では，清朝の商部が制定した 1903 年「商会簡明章程」を受けて 20 世紀初頭に商

---

1) 　William Hoy, *The Chinese Six Companies: A Short, General Historical Resume of Its Origin, Function, and Importance in the Life of the California Chinese*, San Francisco: The Chinese Benevolent Association, 1942, p. 1.
2) 　可児弘明・斯波義信・游仲勲（編）『華僑・華人事典』，弘文堂，2002 年；吉原和男「中国移民とチャイニーズ・アメリカンの太平洋ネットワーク」，油井大三郎（他編）『太平洋世界の中のアメリカ』，彩流社，2004 年；吉原和男「『血縁』の再構築――同姓団体の生成とその社会的機能」，吉原和男（他編）『〈血縁〉の再構築――東アジアにおける父系出自と同姓結合』，風響社，2000 年．

工会議所「中華総商会」が設立された．
④　義兄弟の契り，血盟を通して俠気で結びつく，「堂会」と呼ばれる会党組織，すなわち秘密結社．組織名に「堂」「会」がつく．

サンフランシスコで最初に成立した華人団体については，諸説あり，詳細は不明である．しかし，1848年のゴールドラッシュを契機にはじまった華民のアメリカ上陸とほぼ同時に成立したことは確実で，華民の継続的渡航のはじまりとかかわりがあるだろう．当時は，地縁と血縁と結社が混じる実体があった．たとえばウィリアム・ホイ（William Hoy）は，チャイナタウンの中国系住民の間で20世紀初頭に定着していた巷の一般見解に則って，1851年に成立した「岡州会館」をサンフランシスコ最初の華人団体としている[3]．ヒム・マーク・ライ（Him Mark Lai，麦礼謙）は，急激に成長するコミュニティ内部を円滑にまとめるために，市内の華商が結成した「公司 Company」が初の華人団体であり，これが1849年までに結成されていたと述べる[4]．ライは傅雲竜の記録を典拠とし，傅雲竜も現地華民が口頭で伝えた情報に基づいている[5]．このため，決定的な史料的根拠はホイ同様やはりない．「公司」は，時代や地域によって持株企業である「合股」，同族の祠堂，秘密結社などを指す．サンフランシスコの場合は，東南アジアにおける草創期の華人団体が公司としつつ実は宗族集団であったことや[6]，海外中国人社会では同郷の血族で商売をするかたちが一般的に見られることから，草創期の華人団体は地縁血縁と業縁が分かち難いものであったと考えられる．

1854年までにサンフランシスコには，50以上の同郷，同姓，同業，秘密結社などの華人団体が成立し，南北アメリカ各地の華民社会と比べて，その数と多様性は当時から群を抜いていた（図4-1）．同郷団体は，古くから中国国内に定着した一定地域の呼称を冠して結成された．広東省の地方行政単位

---

3) Hoy, *op. cit.*, p. 2; William Hoy, *The Story of Kong Chow Temple*, San Francisco: Kong Chow Temple, 1939, p. 3.
4) Him Mark Lai, "Historical Development of the Chinese Consolidated Benevolent Association," *Chinese America: History and Perspective*, San Francisco: Chinese Historical Society of America, 1987, p. 14.
5) 傅雲竜「游歴美利加図経余紀前編上」，四裏，傅雲竜『游歴図経余紀』，n. p., 1889年．
6) Yen Ching-hwang, *A Social History of the Chinese in Singapore and Malaya, 1800-1911*, Singapore: Oxford University Press, 1986.

図 4-1　密集する華僑・華人団体
ウェイバリー街（Wavery Place）から南をのぞむ．2007 年 9 月筆者撮影

である県が，ちょうど隣接する数県で一地域とされるかたちである．このときに成立していたものとしては，三邑公司（1851年成立．南海・番禺・順徳の3つの県からの華商が結成，別名は広東公司），四邑公司（1851年成立．新寧［のちに台山となる］・新会・開平・恩平・鶴山・四会県の出身者が所属），寧陽公司（1853年に四邑公司から分離，余姓以外の新寧県出身者），陽和公司（1852年成立．香山［のちに中山となる］・東莞・増城の3県）そして新安公司（1853年に陽和会館より分離，新安県出身の客家）がある．アメリカの中国人社会は広東・客家・南福建の言語グループに分けられ，1850年代のサンフランシスコの華民はほとんどが広東省原籍者で，わずか1％程度が福建省や上海や中国東北部からの華民と言われる．その広東省出身者も，同省72県のうち21県からのみ，うち15県が主な送り出し地であった[7]．現地の広東人社会は，①「台山話」として知られる四邑方言，②広州・香港・マカオ周辺で話される標準広東語，そして③香山方言の3つの言語グループに分けられたため[8]，同郷団体は言語グループでもあった．

さらに時代が下がっても，同姓団体には，余姓の「余風采堂」のほか，「竜山堂公司」「九竜堂公司」のように，公司を用いながらも血縁あるいは結

---

7) Hoy, *op. cit.*, 1942, p. 6.
8) Thomas W. Chinn ed., *A History of the Chinese in California: A Syllabus*, San Francisco: Chinese Historical Society of America, 1969, p. 4.

社である堂が実体の集団が少なからずあった[9]．また，連宗会と呼ばれる複数の姓で結成する団体があるのも特徴で，雷・方・鄺姓の「遡源総堂」，陳・胡・袁姓の「至孝篤親総公所」，小説『三国志演義』を縁とする劉・関・張・趙姓の「竜岡親義総公所」があった．これらも堂のほか，同郷団体が用いる公所を組織名に用いた．

　南北アメリカ各地の他の華民社会と比べ，サンフランシスコの華民社会の最大の特徴は，コミュニティ内部で同郷会館，すなわち地縁団体の影響力がきわめて強いところにある．なかでもチャイナタウンで有力であった6つの同郷会館は，「六大会館 The Chinese Six Companies」と呼ばれ，それぞれの総理や執行部は，華商が独占した．さらにふたつめの特徴として注目すべきは，この時代のアメリカの中国人人口の圧倒的多数を占めた四邑出身者とその団体である．「四邑」とは，広東省珠江デルタの西側に位置する広東省新会・新寧・開平・恩平の4つの県を指す．この地域は広東省でも貧困地区にあたり，早期から破産農民や流民が流入し，匪賊が跳梁した地域として知られる．この四邑出身者がカリフォルニア華民の人口比率の多くを占めていったことで，華民コミュニティ内部の性格にとどまらず，アメリカ社会が抱く中国人やチャイナタウンのイメージにも強い影響が及んだ．

　アメリカ合衆国に華民を引きつけた二大要因は，ゴールドラッシュのほか，1862年に建設工事がはじまった大陸横断鉄道（着工1862年，完成1869年）である．ゴールドラッシュ時の華民の上陸ピークは1852〜55年の間，鉄道建設時のそれは1869〜70年の間であった[10]．これらのピーク時に現地に流入したのが，この四邑出身者である．トーマス・W．チン（Thomas W. Chinn）が整理した表4-1は，広東系の各同郷会館に所属する会員数を基にして，カリフォルニア州の華民について出身地域別に人数を算出したものである．人口規模を比較すると明らかなように，とくに四邑系の人口は大陸横断鉄道建設時のピーク後に急増した．その結果，華民全数に占める比率では

---

9)　方雄普・許振礼（編）『海外僑団尋踪』，北京：中国華僑出版社，1995年，230-231頁．
10)　June Mei, "Socioeconomic Origins of Emigration: Guangdong to California, 1850-1882," in Lucie Cheng and Edna Bonacich eds., *Labor Immigration under Capitalism: Asian Workers in the United States before World War II*, Berkeley: University of California Press, 1984, p. 224.

表4-1　カリフォルニア州の中国人の出身地別人口表

出身地	1855		1866		1868		1876	
	人数(人)	比率(%)	人数(人)	比率(%)	人数(人)	比率(%)	人数(人)	比率(%)
三邑系	6,800	17.6	10,500	18.0	10,000	16.4	11,000	7.3
香山系	14,000	36.2	11,500	19.7	11,800	19.3	12,000	7.9
四邑系	16,107	41.6	32,500	55.8	35,900	58.9	124,000	82.0
客　家	1,780	4.6	3,800	6.5	3,300	5.4	4,300	2.8
合　計	38,687	100	58,300	100	61,000	100	151,300	100

(出典)　Thomas W. Chinn ed., *A History of the Chinese in California: A Syllabus*, San Francisco: Chinese Historical Society of America, 1969, p. 20.

8割以上という，目立った存在になっていった．

　四邑系人口の優勢はこののちも変わることはなく，1880年代末まで，常にサンフランシスコ華民全人口の8割以上を維持したことが史料からも確認できる[11]．

　ヒム・マーク・ライの研究[12]からは四邑系諸団体の動静を確認でき，四邑系団体の分裂統合の激烈さが，華民社会を不安定にした一因であったことが解る．四邑出身者の団体抗争とその結果の団体の分離独立は，まず1853年の寧陽公司の独立からはじまり，20世紀初頭まで続いた．最初の1853年の分裂は，新寧県出身者が四邑出身者の大多数を占めるようになり，激しい

---

11)　1876年にアメリカ人宣教師が各会館から得たという成員統計では，寧陽会館7万5,000人，合和会館3万4,000人，岡州会館1万5,000人，陽和会館1万2,000人，三邑会館1万1,000人，人和会館4,300人で，サンフランシスコの中国人人口は総計15万1,300人と算出されている（Hoy, *op. cit.*, 1942, p. 16）．なお1876年9月21日付『申報』には，前述の諸会館の成員数と同数値が掲載されているほか，以上の会館に所属しない他省出身者やキリスト教改宗者は2,000人，女性6,000人とされている（「美国寄居華人縁起併叙近日形情」，『申報』1876年9月21日, 9, p. 282）．つまり四邑系の寧陽・合和・岡州の成員は全体の8割を超える．1888年の傅雲竜の記録では，陽和会館1万人，三邑会館1万人，人和会館3,000人，寧陽会館6万人，合和会館2万人，肇慶会館8,000人，岡州会館1万5,000人とあり，寧陽，合和，肇慶，岡州で全体の82%を占めていた（傅雲竜「游歴美利加図経余紀前編上」，四裏，傅雲竜，前掲書，1889年）．
12)　ライの研究は，黄遵憲や傅雲竜の残した同時代史料の細部と合致して信頼性が高い．それ以外では，前述のウィリアム・ホイのサンフランシスコ会館研究がある．ホイの研究は，中華会館内部の史料や現地華人社会に伝えられる話を用いているが，出典情報がないうえに，中国系の人々や会館に向けられるアメリカ社会の誤解を解く目的で書かれているため，若干の誇張や省略があることを否めない．ホイの研究は多くの研究者が参考にしており，たとえばアメリカの会館組織の諸特徴に言及した内田直作も大きく依存している．なお会館の分裂に内部抗争が伴ったことは，ホイの研究も言及している．Hoy, *op. cit.*, 1942, pp. 2-6.

分離抗争のすえに四邑公司から分かれて，寧陽公司を形成したものであった．続いて1862年には四邑公司で総理選出をめぐる争いが起こり，このとき四邑公司に残っていた新寧県グループが開平・恩平出身者とともに離脱し，新たに合和公司を設立した．このとき合和公司には，それまで寧陽公司に属していた余姓を中心とする大勢の新寧県出身者が新たに加入してきたため，一躍コミュニティの最大勢力となった．そして1860年代半ばには，残っていた新会を原籍とする華商たちが四邑公司を離れ，新たに岡州公司を結成した．さらに1878年9月21日，合和公司は資金管理をめぐる内部意見の相違から，その担当者の公選をきっかけに新総理を頂いて肇慶公司が独立した．合和公司はこの後も分裂を続け，1879年までには肇慶公司，恩開公司，余風采堂，譚怡怡堂の合計4つの団体に分裂した．1883年にサンフランシスコ総領事黄遵憲の調停によって4団体は再統合したが，すぐに会館や氏族，出身県ごとの小グループ単位で再分離・再統合を繰り返した[13]．

図4-2は，ライのまとめたサンフランシスコ会館分裂統合図である．これを便宜上，四邑の系列団体をアミかけで，三邑の系列団体を斜線で模様分けすると，四邑を源とする諸団体の分裂統合が際立つ．

このように，四邑原籍者の間では，多数派の新団体を成立させることで既存団体の持っていた権力が削ぎ落とされて，相克が生じていた．分化した四邑系の会館は日常的に拮抗し，コミュニティ内部に多くの不和を生み，不安定化させた．一方，客家や三邑の団体は，前者は少人数，後者は広東省の比較的豊かな地域出身ゆえに，四邑系に比べて穏やかであったとされている[14]．

サンフランシスコのチャイナタウンといえば，同郷会館の分裂のほかに，暴力や殺し合いを伴った，「堂闘（Tong WarあるいはChinese War）」と呼ばれる，堂会の激烈な内部抗争がよく知られている．堂闘の発生は，大規模なものが1874年にあり，第2次として1880〜86年，そして第3次が1890〜1900年とされている[15]．しかし堂闘はすでに1850年代前半から表面化し，19世紀後半を通じてサンフランシスコ華民コミュニティでときおり起こっていた．

---

13) Lai, *op. cit.*, pp. 16-18.
14) Hoy, *op. cit.*, 1942.
15) 荘国土『中国封建政府的華僑政策』，厦門大学出版社，1989年，172-173頁．

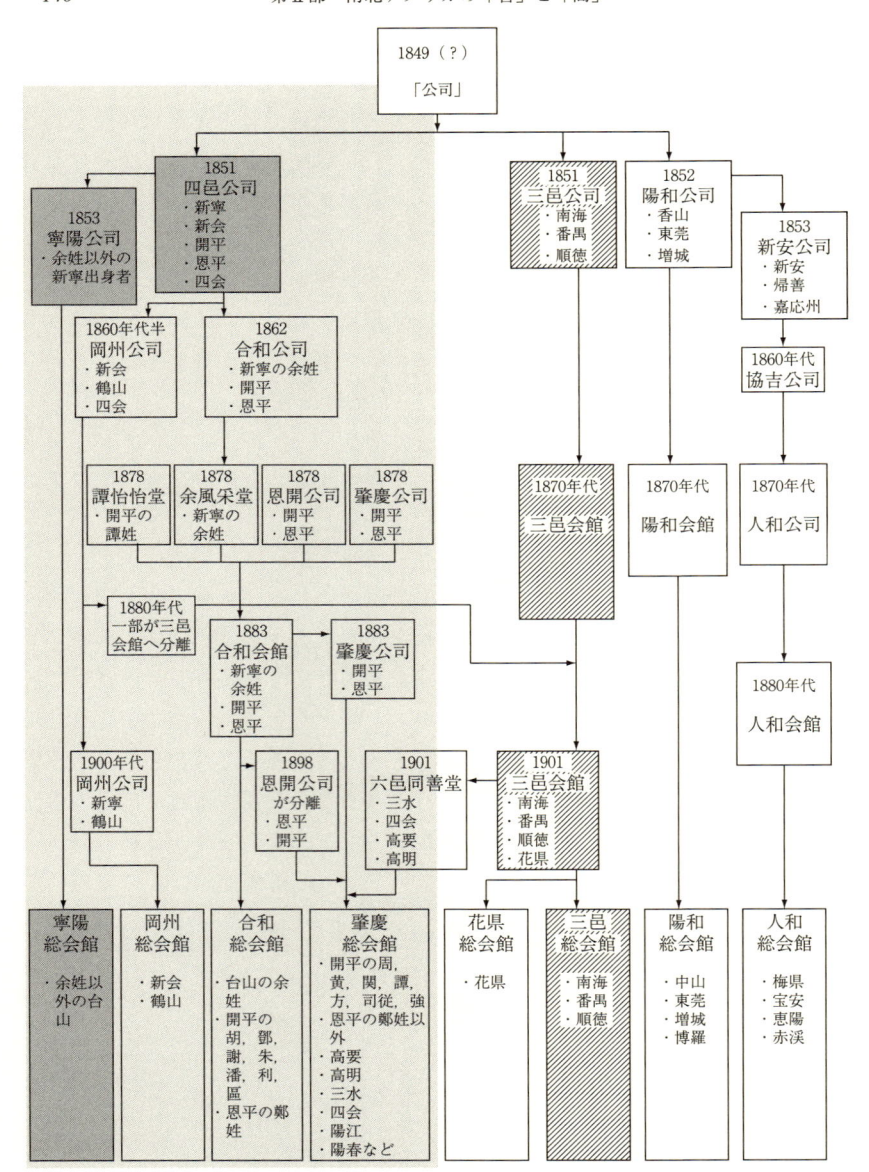

図 4-2　サンフランシスコの華民地縁団体の分離統合

(出典)　Him Mark Lai, "Historical Development of the Chinese Consolidated Benevolent Association," *Chinese America: History and Perspective*, 1987, p. 15.

初期にこの地に成立した堂会の多くは，同時期の中国華南地方で活動した「三合会」[16]の流れを汲み，1854年までに市内には，四邑系の「広徳堂 Kwong Duck Tong」と三邑系の「協義堂 Hip Yee Tong」の，少なくとも2つの堂が結成されたという．1863年頃には「アメリカ洪門致公堂」が結成され，満州族による清朝の中国支配に反対する反清政治運動の組織として20世紀初頭に孫文（1866〜1925年）の革命運動に協力した（図4-3）．こうした団体は，その成立時期から，同じ時期に中国の南半分を巻き込んだ清末最大の内乱である太平天国運動（1850〜64年）を受けて，海外に拠点を移し

図4-3 現在の致公堂
致公総堂の建つスポフォード筋（Spofford Alley）は孫文の革命党が最も活動した界隈．2007年9月1日筆者撮影

たグループと考えられる．1903年にサンフランシスコを訪れた梁啓超（1873〜1929年，広東省新会県出身）は，現地の堂会名を26社挙げ，そのほとんどが三合会を起源とする団体であり，これは太平天国の鎮圧前後に逃れてきたその残党が結成したためであろうと記している[17]．

サンフランシスコの華民社会における堂会がどういった位置付けにあったのか，特定は難しいが，ひとの移動が激しい現地で，同郷・同姓団体に入ることができない，移動者・弱者・非成功者・犯罪者などの下層社会の人々を吸収する役割を果たしていたと考えるのが妥当であろう．前述のウィリアム・ホイは，サンフランシスコの堂会は本来，血縁・地縁団体から差別的に締め出された人々が郷幇の別を越えて集まり，会館が提供するものと同じ社会保障や保護を得る相互扶助組織であったと述べており[18]，ここには孫文

---

16) 18世紀後半に福建に現れた秘密結社「天地会」の流れを汲み，19世紀から20世紀初頭にかけて，広東・福建の両省を活動の中心とした．二大秘密結社である青幇・洪門（紅幇）のうち後者の流れを汲み，「反清復明」のスローガンを掲げていた．
17) 梁啓超『新大陸遊記』，長沙：湖南人民出版社，1981年，140-141頁．
18) Hoy, *op. cit.*, 1942, pp. 8-9.

の協力者として知られる致公堂や三合会とは異なる組織像が垣間見える．実際，初期の堂会には，この指摘にきわめて近い組織の実態があったと思われる．

　たとえば，スタンフォード・ライマン（Stanford M. Lyman）によれば，サンフランシスコの堂会の活動は，政治運動，抗議，犯罪，互助の4つの特徴を持った．まず，①政治運動の特徴は，アメリカ国内で発生する排華暴動や排華法に対する抗議行動にかかわりを持たず，中国本国での政治の動きや出来事に強い関心を払って行動する．②抗議活動は，同姓団体や同郷団体が華民に及ぼす支配や搾取の監視役を自負し，とりわけチャイナタウンで実権を握る華商層に対抗的である．有力な同姓・同郷団体がチャイナタウンの商売や実権を独占するため，弱小の血縁団体にいた者，事業に失敗した者，団体の調停で解決しなかった者，親族を失った者のなかに，結社に加入する者，結社が放つ暗殺者になる者が見られた．既存の団体から疎外，落伍，もしくは追放された結果，新たに秘密結社を設立するケースもあり，設立者には中国で科挙の郷試に合格した伝統的読書人も見出された．③犯罪については，非合法ながら巨利を生む，賭博・売春・アヘン販売事業に着手して組織の経済基盤とすることが多く，裏社会を牛耳ることでチャイナタウンでの影響力を強めた．④メンバーに対して相互扶助をおこない，新たにやって来た者に職業を斡旋したり，資金を貸したり，福利厚生をおこなった[19]．こうした結社で堂闘の原因となったのは，利益のあがる非合法事業の支配をめぐる争いであったり，出身地の広東省で進行中の内乱をそのまま持ち込んだ衝突であったり，賃金未払いのまま華商に搾取される労働者が対抗したものであったり，単身者社会ゆえに起こりやすかった女性をめぐる諍いであったりした[20]．

　つまり堂闘は，小さなコミュニティ内部におけるきわめて近しい間柄の華民同士の大小の利権争いに端を発していた．山田賢によれば，18世紀の福建は，人口が急増し周辺地域への開発移住が進んだ時代に，とくに台湾への移住のハブとなったため，こういった移住社会の下層で非成功者が相互扶助

---

19)　Stanford M. Lyman, "Conflict and the Web of Group Affiliation in San Francisco's Chinatown, 1850-1910," *The Pacific Historical Review*, **43**(4), 1974, pp. 37-43.
20)　*Ibid.*, pp. 44-47.

組織としてつくった盟約集団が，三合会の原型ではないかと論じている．さらに 18〜19 世紀に中国の華南地方で頻発した天地会系結社の反乱も，反清ではなく，きっかけは資源や富の争奪をめぐる暴動であったと指摘している[21]．これは，サンフランシスコの堂闘の本質にも共通するであろう．すなわち，広東省内の戦禍によって，特定の地域の特定の県から多数の人間が短期間で流入し，広東社会での利権や確執をそのまま持ち込んだ華民社会が急速に成長し，それに伴う争いが生じたものと見ることができる[22]．サンフランシスコも激しい移動をする民によって形成される社会であったため，血縁・地縁団体の相互扶助の対象外となる存在あるいはそうした団体が疎外する存在は，必ず生じた．つまりサンフランシスコの堂会は 20 世紀に入るまで，政治目的よりも，移動する人々による社会において，その下層民の相互扶助団体であった可能性が指摘できるのである．

　以上，近代的文脈での中国からのひとの国際移動は，アメリカ西海岸の場合，ゴールドラッシュとそれに続く大陸横断鉄道建設工事からはじまった．なかでも四邑出身者は，そのような国際移動の先鋒であったと言えよう．四邑出身者は，その圧倒的多数は単純労働者であり，かつ独身男性であった．彼らはゴールドラッシュが下火になり，また鉄道建設工事の終了で契約労働を終えると帰国を望んだが，実際にはその多くはサンフランシスコ中心部に移動し，華民集住地区に流れ込んだ．小部屋に複数が集住して日雇い都市労働の口を捜すか，あるいは元手が小額ですむ行商や洗濯業，小さな飲食店を開くなどして，小口の元手の商いを手がけ，現地社会で自活する途を模索した．サンフランシスコの華民集住地区の人口が急増し，いわゆるチャイナタウンとしてエスニック・コミュニティへと成長するのは，ちょうど都市に流

---

21) 山田賢「三合会」，可児・斯波・游（編），前掲書，310-311 頁；山田賢『中国の秘密結社』，講談社，1998 年．
22) 本国の確執を現地に持ち込んだ結果生じた華民の衝突としては，1854 年ウィーバービルの械闘 Weaverville War と 1856 年チャイニーズ・キャンプ（Chinese Camp，フレスノ（Fresno）市より内陸寄りにある地名）の械闘が例である．これらは一般に堂闘とされていたが，実際は堂闘ではなく，出身地グループごとの確執に近い紛争であった（Chinn, *op. cit.*, p. 30-31）．いずれも金鉱や鉱山に働く中国人の間で起こった代表的械闘で，前者はカリフォルニア州ウィーバービルで四邑出身者と香山出身者が，後者は同州チャイニーズ・キャンプで三邑出身者と客家が，現地の勢力基盤をめぐって対峙し，大規模な戦いに発展したものである．これが広東省で進行中の，広東人「本地人」と客家の間の大械闘（1854〜67 年）の延長と見られている．

入した人々が，このように無資本労働者から零細ながら生活資本を持つ都市生活者へと転身していく動き，すなわち手持ちの資本の規模に合う商いをはじめることで，「工」から「商」へ転身する，不断の動きを反映していた．流入する人口を吸収してチャイナタウンは拡大し，「単身者社会 bachelor society」と呼ばれる，男女比のバランスを著しく欠いたコミュニティとなっていったのである．

第2節　サンフランシスコの華商

ゴールドラッシュによってはじまる中国からのひとの移動に，いささか伝承めいた華商の役割が伝えられている．カリフォルニアの砂金発見を知らせ，中国にゴールドラッシュ熱を引き起こしたのは，現地に渡った華商だという．1847年にサンフランシスコに上陸した広東省広州府の華商チュン・ミン (Chum Ming) は，翌年に金が発見されると最初の集団とともに現場に確認に行った．これを故郷の友人に手紙で知らせたところ，その親族友人から順次カリフォルニアに向かいはじめた，というのである[23]．実際，華商はきわめて少数でありながら，ゴールドラッシュ以前からサンフランシスコに姿を現し，ゴールドラッシュ以後は現地の華民コミュニティに形成草創期からかかわる，重要なファクターであった．

1815年頃，サンフランシスコはまだメキシコに属するイェルバ・ブエナ (Yerba Buena) と呼ばれる寒村であったが，アメリカ東海岸を拠点とする中国貿易とかかわりのある人々が見られるようになったといわれている．少数ではあれ，この時期の華商のアメリカ西海岸での活動は，広東の港から環太平洋地域の諸港に及び，1849年にイェルバ・ブエナがサンフランシスコへと改称され，翌年1850年にカリフォルニア州がアメリカ合衆国31番目の州となったときも，その活発な交易活動が目撃された．当時のカリフォルニアは，中国人に限らず，アメリカ人そして世界各地からの移民にとってのフロンティアであり，生活，農・林・商・工いずれの領域の事業でも，成功の

---

[23] 1878年7月21日の英字紙 *San Francisco Chronicle* の掲載記事にあり，サンフランシスコのチャイナタウンで指導的立場にある華民のインタビューによる話である．Chinn, *op. cit.*, p. 9.

可能性を拓く地であったことに注意すべきであろう．それは，上陸港であるサンフランシスコの都市成長の速さに端的に現れている．サンフランシスコは，ハドソンズベイ・カンパニー（Hudson's Bay Company）が1841年に交易基地を設けて，東海岸のニューイングランドと西海岸のカリフォルニアの間で，手綱や革靴用の獣皮貿易をおこなった，一小商業コミュニティにすぎなかった．1848年時点で全人口800人を数える程度のこの小コミュニティが，ゴールドラッシュによって，ただ1年で促成の町に急成長し，4年間で全米第4位の対外貿易港となった．南北戦争までに全人口は5,000人になり，アメリカ第6位の規模の港に成長し，戦争終結の1865年には1万人を突破した．1860年代には，主要人口がイギリスとドイツからの移民でありながら，3,000人の中国人と2,000人のアフリカ人を含む，人口5万7,000人の国際的な町となった．そして1880年には，総人口25万以上の大都市に成長した[24]．初期の華商は，このように急成長する都市部で生まれる新たなチャンスを，敏感に察知していた．

　ゴールドラッシュ直後の1840年代末から50年代にカリフォルニアに上陸した華商の多くは，広東省の南海・番禺・順徳の「三邑」と呼ばれる広州府に隣接する諸県，ならびに順徳に接し南端にマカオを擁する香山県を出身とする商人であった．三邑は当時の中国でも最も発展した沿海商業地区のひとつであり，とくに南海と順徳は，養蚕業・絹生産・窯業・養殖・対外交易が盛んであった．この豊かさを反映して，この地域では，従来の農民とも賃金労働者とも内陸の地方地主とも異なる，都市で商業に従事する新たな人々を生み出しつつあった．三邑出身者には，「買辦」と呼ばれる，中国に来た外国商社と中国人商人の仲介人として商業活動をおこなう者も少なからずいたという[25]．

　1870年代までサンフランシスコの華民集住区域で影響力のあった華商は，ほとんどが三邑出身者で，とくに南海県原籍者が多かった．これは1847年から53年まで続いた広州一帯の経済不況で，その影響を受けた都市部の華

---

24) Robert W. Cherny and William Issel, *San Francisco: Presidio, Port and Pacific Metropolis*, Sparks, Nevada: Materials for Today's Learning, Inc., 1988, pp. 9–10.
25) Chinn, *op. cit.*, pp. 3-4; Arnold Genthe and John Kuo Wei Tchen, *Genthe's Photographs of San Francisco's Old Chinatown*, New York: Dover Publications, Inc., 1984, p. 42.

商が渡米したことによると考えられている[26]．広州府周辺で生まれつつあった新社会階層出の人々が，サンフランシスコの初期の華商であったと見なし得る根拠として，たとえば読み書きの素養をつけていた，農民や単純労働者は太平洋横断の渡航費を業者から前借りしたが，この早期華商は当初から自費払いの渡航である，中国の商品を携帯して現地で扱う，合資方式で一店を興す，広州や香港の屋号をそのまま引き継ぐなどが挙げられており，上陸後すぐに商品・資本・経験を活かすその行動から，単純労働者との明確な違いを見てとれる．現地最古かつ最も成功した商店として知られる「済隆 Chy Lung」は，1850 年に三邑華商の合股で設立され，同郷人が頻繁に利用する，中国から輸入した食糧雑貨の店であった[27]．香山原籍のノーマン・アシン（Norman As-Sing）は 1849 年の華商の会合でアメリカ人弁護士を雇って華商の代表とし，また現地商取引の方法を学んだ．これら初期のサンフランシスコ華商は，英語を修得し，アメリカの祝祭日を祝って現地社会との良好な関係を戦略的に築くなど，現地への適応力もあった[28]．つまりこのような華商は，商業都市として成長を開始した中国東南沿海部開港場の識字層であり，かつ，当時の中国社会の新階層であった．こうした特性を民衆史的な観点から証明することができる，数少ない物質文化資料として，1850 年代のサンフランシスコ華商の活動を示すと思われる，アメリカの広東人華商の間で使用された辞書がある．1855 年に広州で出版された 2 巻本の中英辞書『華英通語集全』は 41 の項目で編まれ，「茶葉類」「通商貨物類」などの商業通商社会に必要な用語項目がきわめて充実しており，それとともに「職分類」には制台，布政司，欽差，知県，領事官などの中国の基本的な官職，とくに外国との接触にかかわる職分の英訳が収録されている[29]．

　三邑や香山出身の華商はカリフォルニア華民人口のわずか 2% であったが[30]，現地では社会的上位にあった．サンフランシスコの華民社会には，四邑出身で商売を営む華商が非常に多くいたが，次のような傾向の違いが見ら

---

26) Cheng and Bonacich, *op. cit.*, p. 233.
27) *Ibid.*, p. 232.
28) Genthe and Tchen, *op. cit.*, p. 42.
29) 『華英通語集全』，広州：蔵文堂，重訂，1855 年，Yale Beinecke Rare Book and Manuscript Library 所蔵（Zc 72 855 ht）．
30) Cheng and Bonacich, *op. cit.*, p. 232.

れた．一般に四邑華商は，洗濯業や小さい小売商店やレストランなど，わずかな資本で容易に起業したのち，一つひとつ受注する，利潤の少ないビジネスを手がけた．三邑や香山の華商はこれに比べて規模が大きく，利益もあがる，たとえば雑貨食料の輸出入業などをおこなった．さらに三邑華商のなかでも，南海県出身者は男性服店・洋服の仕立て販売業，肉屋の各業種を独占し，順徳県出身者は仕事着や作業服縫製業を手がけるなど，扱う物品や商品には，三邑内部でも地縁ごとに傾向があった．香山県出身の華商は，果樹栽培や魚，女性の上着やシャツ・下着の縫製業を独占した．ジョン（ジャック）・チェン（John Kuo Wei Tchen）によれば，三邑華商がより儲かる上述のような商売を占有したため，四邑華商はこれらの業種に進出できなかった．この地縁による業種分けは，事実上経済力の違いとなって，サンフランシスコのチャイナタウン内部の上下の社会階級を決定づけた．そしてこの階級別は，第二次世界大戦の終わりまで根強く存在していたという[31]．

すなわち人口比では四邑出身者が圧倒的多数を占めながらも，サンフランシスコは，三邑華商が有力な社会であった．もっとも，サンフランシスコの華商の全体的傾向として，その三邑華商であっても中小企業レベルにとどまり，ハワイや東南アジアの華商のような大商人は皆無であった．ある者は同じ華民の鉱夫や労働者などを顧客として生活必需品や食糧・雑貨を売り，ある者はアメリカ人が求める労働者を派遣し，そしてある者は中国の奢侈品を売った．その事業はいずれも大々的に展開するものではなく，サンフランシスコでの華商の成長規模は限られていた[32]．サンフランシスコ華商を特徴付けたのは，事業規模よりも，むしろその交易のかたちであった．香港や珠江デルタなど広東社会からの物流をアメリカの太平洋岸まで延長し，華民集住地で消費するという，長距離の局地間経済をつくる担い手となり，これを通してチャイナタウン経済がつくりあげられていった．

このようなサンフランシスコの華民社会では，華商がコミュニティの意識や考えを代表する役割を担っていた．華商がアメリカ社会に働きかける姿は，すでに1850年代前半に確認することができる．ゴールドラッシュを機に現

---

31) Genthe and Tchen, *op. cit.*, pp. 42-43.
32) *Ibid.*, p. 43.

地華民が急増すると，カリフォルニア州政府やカリフォルニア地方社会では，華民への敵意が高まりはじめた．これは，まず中国人に特定的に税制を新設するかたちで表面化した．カリフォルニア州政府は，1853年に中国人とメキシコ人鉱夫を対象に外国人鉱夫税を課し，さらに62年4月26日には，労働者，商売人，男女の別を問わず，18歳以上の黄色人種の成人に，等しく月額2.5アメリカドルの人頭税を課した．これは，中国からの大量のひとの上陸を規制し，その流入の勢いを弱めるべく，アメリカの地方行政レベルで設けられた上陸規制措置法であった．この動きに対してサンフランシスコ華商は迅速に抗議し，州政府と州議会そしてカリフォルニア州一般市民に対して，偏見や誤解を解こうとした．サンフランシスコ華商は，みずからの主張を英語発信するだけの積極性で現地社会にコミットしていたのである．

たとえば1852年から，現地華商たちは，カリフォルニア州知事ジョン・ビグラー（John Bigler）宛てに外国人鉱夫税の法案に対する抗議文2通を送っており，1855年には英語パンフレットを作成して広く配布し，外国人鉱夫税導入に反対している．これは，鶴山会館[33]の代理に立った，商家「Chai Lung」支配人で南海県原籍の三邑商人黎春泉（Lai Chun-chuen），ならびに四邑，陽和，三邑，寧陽，人和の各同郷会館が作成したもので，州知事宛ての抗議文とともに，州知事・州議会そしてカリフォルニア州の人々に向けて，会館と華工とのかかわりを具体的に説明している．黎春泉は，アメリカ社会は，中国人の会館が営利団体で労働者の移入斡旋業を手がけていると誤解していると述べ，渡米してくる華工が「他者の利益のために働く未熟練労働者か，最下層階級の奴隷である『苦力』」だと誤解」されることが，「何よりも深刻に，アメリカの中国人移民の評判を落とし，金鉱採掘場で多くの困難を生じる」と言及し，各会館の機能，会員メンバー数，総資産額を詳細に開示したのである[34]．

黎春泉は有力華商として現地華民コミュニティ内では，名の知られた人物であった．華商ならびに各同郷会館が，アメリカの中国人はいわゆる奴隷で

---

33) 英語名は Chinese Merchant Exchange と表記される．
34) Lai Chun-chuen, *Remarks of the Chinese Merchants of San Francisco, upon Governor Bigler's Message, and Some Common Objections; with Some Explanations of the Character of the Chinese Companies, and the Laboring Class in California*, San Francisco: Whitton, Towne & Co., 1855.

はないこと，会館が奴隷商人や斡旋業者ではないことをカリフォルニアの主流社会に向けて発信したのは，これが最初の例である．発信された情報は主に，華民コミュニティの外からは解り難い，会館の機能と組織構造についてであった．つまり華商は，単なる抗議に終わらず，慣習や文化などの理解し難いみずからのしくみを重点的にアメリカ社会に説明する，現地社会との仲介役を担っていた．

　黎春泉は，ことに華工に関しては，「固定給のために労働奉仕して自らの自由を拘束し，労働契約を全うし得るよう，雇用主に自らの家族を抵当として差し出す『中国人苦力』などひとりも存在せず，この国［アメリカ］の華民はいかなる種類の農奴でも奴隷でもない，己のために働いている」と述べている[35]．この発言は，奴隷貿易，奴隷生活，独立自営農など，アメリカ社会通念上の議論や価値観を正確に把握し，議論している．またとりわけ華工と黒人奴隷との区別に努めるこの表現の背後には，やがて南北戦争（1861～65年）に結びついていく，黒人奴隷制度の西部フロンティアへの拡大をめぐる北部と南部の対立がある．アメリカでは，カリフォルニア州を奴隷制度を認めない自由州と決めた1850年協定に続き，このパンフレットが発行される1年前には，カンザス・ネブラスカ法が成立してミズーリ協定が破棄された．奴隷をめぐるアメリカ社会の緊張した議論のなかで，カリフォルニアに流入する華民がどのような人々なのかがひとつの論点となっていた．黎春泉や同郷会館の華商たちは，問題の性質をよく理解して弁護に努めたことが解る．

　こうした華商たちは，新来の華工と利害が一致していた．それは次の表現に端的に表れている．

> 「金鉱採掘者のみに制限を加え，商人を禁止しはしない」と弁明されることでしょう．しかしこれに答えるならば，華商が輸入する商品は，主に中国人の消費に頼っています．中国人採鉱者を禁止すれば，我々華商は一体どういった商売をすればよいというのですか．職分はあたかも唇と歯の関係同様それぞれ頼り合い，いずれか一方をなしで済ますことはできないのです[36]．

---

35) *Ibid.*, p. 2.
36) Suppose you say, "we will restrain only those who work in the mines; we would not forbid merchants", it is replied, that the merchandize imported by Chinese mer-

表 4-2 カリフォルニア州の主要な町における中国人商店の数とその種類

カリフォルニア州内，町名		サンフランシスコ	サクラメント	サンホセ	オークランド	ストックトン	ロサンジェルス
職　種		軒　数	軒　数	軒　数	軒　数	軒　数	軒　数
クリーニング		327	43	8	36	18	18
仕　立　て　屋		17					
靴工房，販売		41	1	2			2
タバコ工房，販売		61	6	1		2	
食料品店	油・米・一般食料品雑貨	61	12		1		
	魚・野菜・食料雑貨	26					
	精肉・鶏肉（雑貨込み）	22					
	魚（雑貨込み）	3					
	米穀のみ	4					
	豆　　　腐	2					
	果　　　物	1					
	乾　　　物	14					
	食料品一般	9					
一般雑貨	一般雑貨 アメリカの雑貨	39	17	11	10	11	3
				1		1	
	貴金属宝飾	11					
	日本漆器	5					
	象　　　牙	1					
衣類関係	衣料品（雑貨込み）	6	8	2	1	3	3
	（アメリカの）洋服	8					
	シャツ	8					
	下着（含女性用）・パジャマ	10					
	スリッパ	10					
裁縫・縫製業		10					
薬	雑貨込み	24	3	3	1	1	
	漢方薬局	3					
飲食業	レストラン	8	3	1	1	3	
	カフェテリア	6					
	菓子店	5					
アヘン商		6		3	2	3	

カリフォルニア州内，町名 / 職種	サンフランシスコ	サクラメント	サンホセ	オークランド	ストックトン	ロサンジェルス
	軒数	軒数	軒数	軒数	軒数	軒数
燃料屋	9		2			1
蠟燭	2					
床屋	12		5	4	4	
質屋	8	2				
ブリキ・錫職人	7	1				
家具店	2					
医者	2		3	1	1	2
大工	2					
翻訳			1	1		
葬儀屋	4					
古布回収	3					
職業紹介所	2	1	1	5		
商人					7	11
代理商人		2				
宿(まかない付きを含む)	5				1	
会館・結社	4	3				
各宗派教会		1	1	4	1	
華字新聞社	2					
(職種記載なし)	2		30		2	1
備考	このほか，玩具店，写真スタジオ，時計店，ランタン販売店，籠屋，箱屋，傘屋，包装出荷店が各1軒記載		「木屋」という職種不明の店4軒あり			
合計 (軒数)	674	104	80	68	57	41

(出典) Wells Fargo & Co.'s Express, *Directory of Principal Chinese Business Firms in San Francisco, Oakland, Sacramento, San Jose, Stockton, Marysville, Los Angeles, Portland, Virginia City, Victoria*, San Francisco: Britton & Rey, 1882 (Microfilm CA-14). U. C. Berkeley Ethnic Studies Library 所蔵 Chinese Americans Archives Collection から作成. なおメリーズビル，バージニアシティ，ポートランドの住所録には職種の記載なし.

　これは華民社会が基本的に自己完結した商業コミュニティの性格を持つことを示している．華商が全華民の代表を務める背後には，たとえ社会階級が異なる華工の問題であっても，華商の利益に直結する経済・社会構造があっ

---

chants chiefly depends upon Chinese consumption. If there be no Chinese miners allowed, what business can we have to do? The occupations are mutually dependent, like tooth and lips; neither can spare the other. (*Ibid.*, p. 3.)

たためである．

　以上のように，1850年代当時から，チャイナタウンは必ずしも沈黙してはいなかった．必要時には華商が華工を含めた華民全体の利害を外に向かって代弁する，外への回路を有していた．

　1870年代から80年代，サンフランシスコのチャイナタウンは商業コミュニティとしてめまぐるしく成長した．表4-2は，西海岸を拠点とする速達便と銀行業ウェルス・ファーゴ社（Wells Fargo & Co.）の住所録のなかの華商の職種と店舗数を整理したものである．これには，1882年時のサンフランシスコには674戸の華民商店が掲載されている．同じ年のカリフォルニア州オークランドには68戸，サクラメント104戸，サンホセ80戸，ストックトン57戸，メリーズビル42戸，ロサンジェルス41戸，オレゴン州ポートランド63戸，ネバダ州バージニアシティ7戸，カナダのブリティッシュ・コロンビア州ビクトリア44戸である．この店舗数の比較からも，サンフランシスコの華民社会が，華商の数の面でも職種の多様性の面でも，アメリカ太平洋岸の他の華民居住地とは，一線を画した巨大な規模であったことが明白である．

　成長する1880年代サンフランシスコのチャイナタウンの経済は，多くの見聞録や記録のなかにも見られる．1880年代半ばの状態については，飲食業や一般雑貨店，そして食料品店の輸入中国食材や本国の食生活を維持できる生鮮食料品などの様子が描かれ，中国東南沿海部の生活文化を維持したサンフランシスコ華民が，華商の商いを支える主要な顧客であることが読み取れる．八百屋や肉屋では，大量の乾物・燻製品，皮蛋，最も需要の高いチリメンジャコをはじめとする豊富な種類の魚介類，生きたガチョウなどが，中国から直輸入されて店頭に並んだ．野菜はサンフランシスコ郊外の広大な野菜園でつくられた中国野菜が運ばれ，絹さやえんどう・胡瓜・葉菜類が最も消費された．中華レストランは調理道具も食器もすべて中国から運んで来たものを使い，一般商店では，茶・絹製品・刺繍入りガウン・陶器など雑貨が売られた．こうした商店街エリアは清潔で煌びやかだが，同じ区域内にある広大で雑多な居住区は貧しく，好対照をなしていた．道端には床屋が無数に開業し，たいていの華民は時間ができるとすぐ辮髪を整えるため剃りに来るので，非常に繁盛していた．アヘン窟もあちこちにあり，アヘンや吸引用具

も堂々と店頭に並んだ[37]．

　さらにこの時代のサンフランシスコのチャイナタウンについて，前出のジャック・チェンは，コミュニティ内における華商の権力と権威が著しく大きくなったと指摘している．排華運動と排華法の影響で，とくに1882年以降，多くの華工がより安全に暮らせる場所を求めてチャイナタウンの居住区に移動して来た．華商はアメリカ人やアメリカ社会との折衝に通じていたため，新来の華工の華商への依存度は上がり，同時にコミュニティ内における華商の影響力は強まっていった．華工の流入によって人口が増加し，チャイナタウンが飽和すると，それとともに同郷会館の執行部にいる華商は，就職の斡旋から日用品や食品の支給，失業者や新参者の仮住まいの提供，そして慈善活動をおこない，内部での認知度，影響力，実権を強化していった．つまり排華は，チャイナタウンに対し，経済や社会福祉サービスを外のアメリカ社会に求めずとも内部で調達できる，自己完結した空間を強化する作用を引き起こしたのである．これが華商のコミュニティコントロールのあり方に転機をもたらした．サンフランシスコの華民社会内部における「商」の要素を，さらに特権的に強化することになったのである．商業コミュニティの性格がいっそう強まると同時に，経済的に最も裕福な華商が，労働者の社会的政治的生活の生殺与奪を握り，コミュニティの階層化が進んでいった[38]．

　1880年代のサンフランシスコのチャイナタウン全体の様相は，すでに商業コミュニティとして一定のところまで成長していたところ，排華の影響によって華商の力が強まりつつある状態，とまとめることができよう．

第3節　移動社会の中の同郷会館

1．1850年代の同郷会館

　一般に会館は，移動先における同郷人の現地生活のはじまりとその後を支援するもので，とくに中国華南出身者が移動先での便宜を確保するために結成したと理解されている．さらに互助・親睦を深め情報交換をするための，

---

37) Author unknown, "China Town in San Francisco," *The Cornhill*, July 1886, pp. 51-54.
38) Genthe and Tchen, *op. cit.*, p. 43.

日々のコミュニケーションの場ともなる.しかし,1850年代という草創期のサンフランシスコ華民集住地にあった会館の姿は,これとはやや異なっていた.

この時期に成立した同郷会館は,いずれも,サンフランシスコ市内中心部に土地や建物の不動産を所有し,本部や分館を設けていた.たとえば四邑会館は,パイン街 (Pine Street) にレンガ造りの本館を構え,サクラメント街 (Sacramento Street) に木造の分館を持っていた.その活動は,成員の移動の便と慈善を主目的に,内部に短期滞在者のためのベッドと燃料,水を用意し,貧者や老人・病人のために収容空間と薬を提供した.会館の財源は会員年会費と不動産であり,臨時で持ちあがる公共事業や会館運営資金は,コミュニティからの募金――こうした募金を華僑社会では「捐金」という――に頼った.とはいえ会費の未納によって財政は常に厳しく,四邑会館の場合は未納金が6,700アメリカドル以上にのぼった.会館運営費の支出の内訳は,執行部と雑務係の給料,光熱費,病人の本国送還,薬,貧者の葬儀代,墓石管理,訴訟費用,不動産への州税,新参者の離発着に伴う諸経費であった[39].つまりその活動は,メンバーへの福祉・公共サービスである.1850年代サンフランシスコのある特定の同郷会館についての情報であるにもかかわらず,ここには,南北アメリカのさまざまな華民集住地に存在する大小の会館組織がいまも多かれ少なかれ必ず備えている,最も基本的な特徴が現れている.

ところがこの時期の同郷会館には,より現地の必要に応じた団体へと変化する動きが認められた.イヴ・アーメントロー=マー (L. Eve Armentrout-Ma) の指摘によれば,中国国内では,会館の会則は設立目的に応じてつくられ,時代や現地の状況変化に応じて柔軟に改訂される[40].そのため会館会則はその活動の内容を示すとともに,改定の折には会館の変化を端的に物語った.中国国外であるサンフランシスコでも,国内と同様に会則の改定がおこなわれた.草創期の会館会則の改定では,出身地外での生活や活動を直接反映させて,移動性の高いコミュニティで生じる問題に対応すべく,会館

---

39) William Speer, *The Oldest and the Newest Empire*, Cincinnati: National Publishing, 1880, pp. 565–567.
40) L. Eve Armentrout-Ma, "Fellow-regional Association in the Ch'ing Dynasty: Organizations in Flux for Mobil People. A Preliminary Survey," *Modern Asian Studies*, **18** (2), 1984.

の機能や性質が変化した.

　陽和会館は1852年9〜10月の間にサンフランシスコに成立し,ゴールドラッシュを契機に現地に流入した香山・東莞・増城からの同郷人を成員とする同郷会館である[41].会館の開設時につくられた最初の会則は,中国国内の会館のような一般的なものであったが,「後続の移民たちの性質が劣るようになり,問題が叢生するようになったので」,滞在国アメリカの慣習と一致するよう,1854年10月に会則を改訂,発効した[42].改定会則では,香山・東莞・増城出身者は,上陸後半年以内に入会費を納めて会員になる.会員には会則を守る義務が生じ,同時に,その調停や慈善サービスを受ける権利を持った.入会費は,上陸者が自由意志で会館に出向いて登録時に支払ったが,会館から徴収人がカリフォルニア全域の金鉱山まで派遣されて,取り立てる場合もある.そして成員は,中国への帰国時に会館で,入会費その他の不払いがないか照合された.

　改定会則をさらに検討すると,主な取り決めは,①疾病で働けなくなった者が帰国のために充分な金も身寄りもない場合の本国送還や,そうした者が死亡した場合の運棺と記帳,②鉱山に入る者の管理,③華民の間の紛争調停,④犯罪への対処,そして,⑤貸付金の申し込みと回収のしかたであった.紛争調停はとくに詳細な規定が多く,金鉱山における成員同士,あるいは成員と白人との間に起こった諍いが対象にされている.罰や禁令,殺人などのいわゆる刑事事件の処理項目も多く,たとえば殺人犯の指名手配と賞金,会館が開く民間法廷や裁判・告訴といった事項が取り決められている.ただし堂闘や,盗品・売春・賭博・密輸などアメリカの州法・憲法に抵触する行為から生じた紛争は,現地社会の司法に委ね,陽和会館の調停や私設法廷では扱わないとした.次いで詳細な規定があるものは,会館からの貸付けやその回収の手順である.たとえば借り主が中国に帰国する折には,借金や未回収金

---

41) Speer, *op. cit.*, p. 556.
42) 陽和会館の中国語原文を宣教師スピアーが英訳したものを使用. Those (the rules of the Yeung-wo Company) which formerly existed in a general form we deem it necessary to draw up in a new and definite shape, and to publish them to all men, since successive immigrations have become less substantial in their character, and troubles have sprung up like thorns. They are in conformity with the customs of the foreign country in which we are sojourning. We trust they will be exactly observed by common consent. (*Ibid.*, p. 558.)

がないか確認する，未払い金回収のため鉱山に派遣した徴収人からの領収書を回収する，中国から送られてくる請求書の一時受け取りについての取り決め，負債者が貧困や疾病によって帰国する際の返済義務の消失などが決められている[43]．

このように，ゴールドラッシュの最中に，同郷会館は会員制度を整え，慈善機能を持つなど社会福祉サービスを提供するしくみをつくる中で，紛争調停や犯罪，そして金銭貸借について重点的に取り決めた．ここから，当時の現地華民の間では，ひとの争いとカネの貸し借りの周辺を整備する必要が切迫していたと解る．急激に大量のひとが移動してきた海外の華民社会で，ひととひととの間の信用と治安，そして金銭関係の安定を図るには，どこかに固定した住所を持ち，連絡がつき，信頼のできる第三者が関与して公平にものごとの筋道を整える体制が必須であった．換言すれば，当時の華民社会には，高い移動性ゆえに生じる，「移動社会」としての弱点があった．同郷会館は，この弱点を補うつなぎ目の役割を果たすようになったと理解できよう．サンフランシスコで地縁団体の影響力が強くなった要因のひとつとして，早期から現地の華民の状況に対応し，移動する人々が形成する社会にとって必要な，基礎的なしくみを準備できたその柔軟性に，答えの一端を求めることができる．アメリカ西海岸の草創期の同郷会館は，ごく短期間にひとが大量流入し，不安定化するコミュニティ内部の問題に対応する中で，その機能を整えていったのである．

2. 1870年代の同郷会館と中華会館成立期の再検討

1870年代の同郷会館の機能については，寧陽会館の総理リョォン・ク（Leung Cook）の証言に詳しい．これは排華法成立前にカリフォルニア州上院議員トンプソンが「中国移民問題委員会」を任命し，委員会の調査員が1876年4月17日に，リョォンの証言をとったものである[44]．この証言聴取は，渡米した中国人が自由移民か契約移民かを区別するため，華民がどのよ

---

43) Ibid., pp. 558-564.
44) Frank Shay, *Chinese Immigration: The Social, Moral, and Political Effect of Chinese Immigration, Testimony Taken before a Committee of the Senate of the State of California, Appointed April 3rd, 1876*, Sacramento: State Printing Office, 1876.

うな状態で渡米するのか，自由移民としてやって来るのか，契約下にあって自由を束縛されて来るのか，それにサンフランシスコの会館組織がどのようにかかわっているか，などを追究したものである．とくに委員会公選調査員の質問の集中する事項には，同郷会館が無資本労働者をアメリカ人資本家の需要先に「販売」するために，上陸の受け口として存在しているか否か，アメリカ人の目に奇異かつ理解不能に映る活動の目的を問いただすものがある．このような質問には，当時のサンフランシスコ社会が華民に向けていた中心的関心が反映されており，地方社会の猜疑心と蔑視を炙りだしている．それと同時に，質問に対するリョンの返答と説明のなかに，1870年当時の同郷会館の機能が浮き彫りにされていくのである．

　証言によれば，サンフランシスコにある各同郷会館は，寧陽会館に限らず，本国に事務局を構える国境を越えた組織ではなく，渡航先の地にのみ建ち，「ここの華民を後見することを唯一の目的と」している．たとえば上陸後多くの時間や資金を費やさずともすぐ職を得たり，どこかへ再移動したりするための手助けをするもの，と言及されている[45]．ウィックバーグ（Edgar Wickberg）は，1850年代から1990年代までという，近代から現代までを含む長い時間軸でカナダの華人団体を捉えて，地縁団体・宗親団体いずれの場合でも，新しく上陸した中国人がより効率良く生活と就労に入っていくことができるようにつくられる，いわゆる適応を促すための団体一般を括って，「adaptive organization 適応組織」と定義した．ウィックバーグの論じたこの組織の定義は，新来の移民のための組織に限らない．ある程度の時間を現地で過ごして生活経験を持つ華人や華裔といった，もはや「移民」とは呼べない段階の人々に対しても，現地における地位の向上のための，さらなるプロセスを助ける組織が含まれていることから，移民一世に限定されない定義である．つまり適応組織とは，新旧両移民の求めるサービスを包括的に満たすべく，機能を変化あるいは拡張していくものである[46]．そして歴史的に遡れば，サンフランシスコの同郷会館に，ウィックバーグの定義に合致する

---

45)　*Ibid.*, p. 64.
46)　Edgar Wickberg, "Overseas Chinese Adaptive Organization, Past and Present," in Ronald Skeldon ed., *Reluctant Exiles?: Migration from Hong Kong and the New Overseas Chinese*, Hong Kong: Hong Kong University Press, 1994.

適応組織としての性格がいっそう強まったのは，この1870年代であった．

　1870年代の同郷会館には，華商の影響力が強いという特徴も挙げられる．ただしこの特徴は，1850年代から変わっておらず，コミュニティの構造に原理的な変化がないことを示している．たとえば先のリョョンの証言によれば，寧陽会館の董事は20人前後で，総理は会館に属する商人の投票で決まる公選制で，毎年交替する．証言をしたリョョンもまた，広東省新寧県からカリフォルニアに来て4年になる華商で，サンフランシスコのチャイナタウン内にあるTung-ching-lungの店主である．読み書きの教養があるので華民が同郷に宛てる手紙の代筆と，その発送・受け取りを主に担っているとのことで，故郷とのコミュニケーションの要となっている．また，委員会公選調査員の，アメリカで没した中国人の骨を本国に送り返すのはなぜかとの質問に対して，リョョンは，送骨は習慣であり，死者の遺骸の一部を残すことに中国人は大変こだわり，これを本国の縁者に追悼と儀礼を執りおこなってもらうために送り返すのだと答えている．そして，運送費は商人の寄付金であると言及している．このような方面にも，華商のコミュニティへの資金的貢献があったことが解る[47]．

　ここから解るのは，コミュニティ内部における華商の社会的地位の上昇である．人々の結節点となる条件を備えた者——読み書きの教養と人格，現地情報と同郷人を支え得る，ある程度の資金力，これらの条件を備えた華商がコミュニティ内で信頼を得て，同郷人の取りまとめを担い，やがて同郷会館の執行部に就いて肩書きを得る．華民社会における「商」の上昇と階層化は，単なる経済力の差で決定するのではなく，このような日常レベルでの指導的役割からもはじまってゆくものであった．

　さらにこのときの同郷会館は，移動性の高いサンフランシスコ華民社会の人員管理に資する登録制度をも新たに設けて，ひとの出入りを把握すると同時に，滞りなく会費徴収をする，一挙両得のシステムを編み出していた．これは，中国との直通汽船航路を持つ太平洋郵便汽船会社 Pacific Mail Steamship Company と契約し，会館の証明手形を持つ中国人にのみ乗船切符の販

---

47) Shay, *op. cit.*, p. 65.
48) 黄遵憲「上鄭欽使第十八号」，黄遵憲「上鄭玉軒欽使稟文」，『近代史資料』，総55号，中国社会科学院近代史研究所，1984年，33-34頁．

売をするという，上陸と帰国の移動のポイントを押さえた方法である[48]．具体的には，同郷人の上陸の折に会館が船費や宿泊費などの世話をし，このときかかった経費や手間賃への払い戻しとして，この会員が中国に完全帰国する際に，数ドルから十数ドルの「回華銀」を徴収する．回華銀を所属している同郷会館に支払うと，同郷会館が証明手形を発行し，はじめて太平洋郵便汽船会社から乗船切符を購入できた．帰国前に仲間や会館にあらゆる借金を返済し，かつこの回華銀を支払わねば，この証明手形は発行されないしくみになっていた[49]．この方法はちょうど1880年まで続き，清朝の領事館が設置されて以降は，領事館が華民の上陸時に出入国を把握した．領事館の出入国管理と切り替わったこのシステムは，1878年以前に現地で同郷会館が実施していた独自の方法である．なお，20世紀初頭までカナダのビクトリア中華会館がこの乗船前の手形発行システムを採用しており[50]，カナダでも同様に，領事館設置前まで，この方式で人員管理がなされていた．

以上のように，サンフランシスコの同郷会館は，1850年代から70年代の間に，現地の社会変化に応じて，機能も変化させていった．1850年代の華民たちの激しい移動の中で安全と信用のつなぎめとなる役割から，70年代には現地生活を助ける適応組織の役割を果たすようになった．

そしてちょうどこの期間に，1882年のサンフランシスコ中華会館の前身となる，統括団体「中華公所 Chung Wah Kung Saw」が形成されたといわれている．「中華 Chung Wah」の名を冠するとされるこの草創期の統括団体については，おおむね次のように説明されてきた．中華公所は，岡州会館，寧陽会館，三邑会館，陽和会館，そして人和会館の5つの同郷会館で構成され，1853年当初「中華会館」と名付けられた．寧陽会館の加入時に「中華公所」になり，1862年には当時チャイナタウンで最大規模の合和会館が加わり，6つの会館で成り立つようになった．このとき名称が再度「中華会館」に戻され，アメリカ人の間で The Six Companies，いわゆる六大会館の通り名で知られるようになった，というのである[51]．

---

49) Shay, *op. cit.*, pp. 65-66.
50) Chinese Consolidated Benevolent Association Fonds, 1884-1922. University of Victoria Archives & Special Collections 所蔵，AR 030.

ところが，1853年からしばらく，中華公所が上述のように表現されている統括団体であることを示す史料，もしくは団体として存在したことを確認できる表現は見あたらない．1860年代でも，中華の名を冠し，組織としての統括団体があったかどうかは疑わしい．その代わりに，それぞれの同郷会館の会則のなかに複数の会館の協議体制が設けられていることが確認でき，また，同郷会館が抗議文の署名を5つの会館の連名で出していることも確認できる．つまりは，少なくとも複数の地縁団体を横断する体制や，その用意があったことは断定できるのである．その体制は，次のようであった．

　陽和会館1854年10月改定会則には，ゴールドラッシュで踏み入った先の金鉱山で起こる，華民同士の諍いや揉め事について「（岡州，寧陽，三邑，陽和，人和の）5つの会館の協議において解決を図らねばならないことを，陽和会館が事前に独断で推し進めてはならない」[52]とある．同改定会則では，このほか，金銭貸借のトラブルや，陽和会館ならびにその会員の名誉毀損で加害者に与える罰則について話し合うときは，同様に5つの会館で協議することが不可欠だと定めている．このように見てくると，複数の同郷会館が協議すべき事項は，華民の間の調停・借金・面子の問題である．これら3つの問題は，移動性の高い社会で最も決着が難しく，かつ横の連絡と協力がなければ処理の難しいものであった．

　ちょうどこの時期は，ゴールドラッシュに伴う華民のカリフォルニア流入のピーク時にあたる．華民数が短期間に急増し，激しく移動するため，生じる問題が従来の出身地枠で成り立つ一団体の能力では対処しきれない性格を帯びていった．複数の会館を横断する体制は，こうしたサンフランシスコ華民社会の特性が基礎にあると理解すべきであろう．

　つまり1850年代に確認できるのは，厳密な組織や団体としての統括団体ではなく，所属団体を持ちつつ特定事項に参加する，コンソーシアムの体制である．激しいひとの移動のために，解決の難しい問題を複数の会館が集合して話し合うかたちこそ，のちに成立する統括団体の基礎となる，現地華民社会において編み出された管理と秩序維持の手段であったと言えよう．

---

51) Hoy, *op. cit.*, 1942, pp. 9–10, 12–13.
52) Whatever is referred for settlement to the assembly of the five companies conjointly cannot again be brought before this company alone.（Speer, *op. cit.*, p. 559.）

小　結

　1878年以前の南北アメリカの華民社会においては，それぞれの歴史や，コミュニティ内外の社会的特性，そして移動性の違いに対応して，生活や商いの基礎部分に秩序がつくりだされていた．サンフランシスコ華民社会の場合は，まず地縁・血縁・業縁の多種多様な相互扶助団体が林立するなかでも地縁団体の力が強く，これがサンフランシスコ特有のコミュニティの特徴とも言えた．歴史的には，1840年代末から労働者としてやって来た圧倒的多数の四邑系の人々と，古参でありかつ中国東南沿海部で成長する新興社会階層でもある一握りの三邑系の商人という，特徴的な異なる集団の華民が，コミュニティの性質にかかわる重要な役回りを果たしてきた．つまり，初期の段階で，短期間に大量の四邑出身の人々がチャイナタウンに住むようになり，それに伴い，堂闘や四邑系同郷会館の分裂によってコミュニティが不安定化した．その安定を図る役目は，草創期から華商，ならびにその華商が代表を務める各同郷会館のものであった．

　その一方，利害の面では，上部の華商と下部の華工で分けられるような単純な図式を当てはめられないコミュニティであった．華民社会では，華工も商売をはじめて華商になり，現地社会で自活と社会的上昇をはじめてゆく．つまりは工と商の境界が，きわめて曖昧である．三邑華商も中小規模の商人であり，中国から太平洋を越えて運んだ物品を同郷人に売って，チャイナタウン内部で消費する．その中の一部の限られた小数の華商が，コミュニティの管理を担う役割を果たし，高まる排華運動に対しては，この華商がアメリカ社会に向けて代弁した．すなわち華商は，華工を含む華民全体の利益を守った．みずからと区別こそすれ，華工を切り捨てるようなあからさまな対立構図を生まなかった．経済力の差が社会階層として現れる階級社会の様相が観察されても，異地居住する以上，基本的に華工と華商の利益が一致していたということである．

　1880年代初頭のサンフランシスコ華民社会は，商業コミュニティとして十分な成長を遂げた．1850年代初頭から，その内部では秩序を保とうと工夫され，そのためのシステムが編み出されてきた．その秩序づくりの主体は，

①華民とアメリカ社会の結節点となる，知識人としての華商，そして，②ゴールドラッシュの時期の巨大なひとの移動のうねりを背景に，治安と人の信用関係を補う調整体となった同郷会館，さらには1870年代には適応組織に発展した，有力な6つの同郷会館，さらに，③送骨や回華銀のように，移動社会ゆえに発達させたいくつかの独自の流通・管理・システム，そして，④華商個人や単体の同郷会館では決着が難しく，それゆえに横の連絡と協力が必要な問題を扱うための，地縁を横断するコンソーシアム，などのファクターであった．高い移動性を持つ人々によって形成された社会——「移動社会」であるがゆえに，移動の際の緩衝材となり，また移動の結節点となって安定を図り得る，何らかの権威や手段や協議の場が必要とされた．郷幇を越え，団体を横断するシステムが誕生したのがこのような背景を有するサンフランシスコ華民社会であったことに，留意すべきであろう．

　華民コミュニティの構造と秩序のありかた，そこにおける華商のありかたに対して，より考察を深めてみると，サンフランシスコにおける華民コミュニティ形成の根底には，移動し新生活を開拓する新天地の特性があると指摘したい．すなわち当時のサンフランシスコという場所が，華民のみならず他の多くの人々にとって金・職・機会そして成功を期待して上陸する，フロンティアとしての空間であったことを無視できない．

　たとえばこれは，アメリカ西海岸のフロンティアに限定される議論ではない．山田賢は中国の辺境，18世紀前半の四川の雲陽県における漢民族の入植開発地，すなわちフロンティアの「移住民社会」を論じているが，その視座には多くの示唆が含まれている．大勢の移住民が流入する時期は高い流動性によって地域が乱れ，これを秩序立てるために，移住民は地縁や血縁の団体をつくり，無数の私的関係を成立させ，網の目のような集団関係をつくりあげた．これがやがて雲陽県を統括する「公局」による公局体制として統合され，これ以降「地域社会」が成立し，安定がもたらされるというものである．入植開発地で起こる反乱においては，たとえば白蓮教徒の乱（1796〜1804年）のように，争いは定住者対移住民という単純な構造ではなかった．同じ移住地のなかで社会的上昇に挑んだ人々に勝者と敗者があり，社会的上昇の途を絶たれた敗者の血族が，反乱側にまわっていた．また菊池秀明は，太平天国を生み出した広西の移住社会を研究し，そのなかで，地縁・血縁・

業縁のあらゆる諸団体は，移住してきた人々がまず生存を図る縁（よすが）であると同時に，これからの社会上昇の機会を模索してゆく社会関係でもあると指摘し，移動後の移住民が安定を生み出す装置として諸団体を捉えている[53]．

　サンフランシスコは華民にとってそうした一種のフロンティアであり，そこに入った人々が新たにその地で在地権力的な基盤をつくっていく．そのような激しい争いや相克を誘発する「移動社会」という空間性は，山田や菊池の明らかにした密度の高い「地域社会」「移住社会」の像と共通している．それゆえにこれらの研究が明らかにしたコミュニティ内部の統合・反統合の動きは，サンフランシスコの広東人社会の場合，とくに勝者・強者としてのサンフランシスコ華商のありかたに多くの点で合致するのである．もっともサンフランシスコ華民社会の場合，植民による開墾開拓ではなく，商業に根ざすという違いがある．サンフランシスコ華民社会の場合，「商」の要素が，権威や権力と同じ意味を持つ空間が生成されていたのである．

---

53) 山田賢『移住民の秩序――清代四川地域社会史研究』，名古屋大学出版会，1995年; 菊池秀明『広西移民社会と太平天国』，風響社，1998年．

第5章　1878年以後の官商関係
―サンフランシスコ（2）―

第1節　駐米公使「出使アメリカ大臣」の特質

　中国における在外常駐使節制度は実現が遅く，初めて国外に在外公使を派遣したのは1877年である．これは1875年に雲南とビルマの国境でイギリス公使館員が殺害される事件が起き，そのため1876年に結ばれた芝罘協定を受けて1877年にイギリスに謝罪使郭嵩燾が派遣され，そのまま現地に留まって公使館開設にあたったものである．アメリカへの常駐使節派遣は，1878年に陳蘭彬がワシントンD.C.に赴任して，清朝政府の公使館を構えてからはじまった[1]．しかし常駐使節制度の発足間もない当時，清朝に専門的な職業外交官はおらず，常駐使節にはこの時期ゆえの特徴がいくつか見られた．たとえばそのひとつが，彼らが官吏登用試験である科挙に合格するための伝統的な儒教教育の素養を持つ官人だったことで，「文人外交官」との表現もある[2]．

　まず整理しておくべきは，南北アメリカへ派遣される清朝の常駐外交使節のこういった時代的特性である．1880年代以降，アメリカ，ペルー，キューバで現地の華民と接触し，新たに華民コミュニティに本国という要素を持ち込む彼らには，今日的な外交官と異なるどのような時代的・文化的特徴があったのだろうか．

1. 使節派遣の議論と華工問題

　清朝にとって，南北アメリカへ常駐外交使節を送る意味は，他国へのそれ

---

1) Immanuel C. Y. Hsu, *China's Entrance into the Family of Nations: The Diplomatic Phase 1858-1880*, Cambridge: Harvard University Press, 1968, pp. 172-185.
2) 張偉雄『文人外交官の明治日本』，柏書房，1999年.

とは異なっていた．もともと清朝は財政難と適材不足を理由に，常駐公使の派遣に対しては条約締結国へのそれさえ消極的であった．しかし，南北アメリカへの派遣については，現地華民の保護のために，比較的前向きであった．清朝内部で「遣使」，すなわち外国への使節の派遣一般について検討されはじめるのは，1868年に迎える天津条約の条約改正交渉の直前である．交渉に先立つ1867年，総理衙門はイギリスが要求してくると予測される6つの項目について特定し，開港場が管轄に含まれる地方大官や通商大臣など，合わせて18名に意見を求めた．特定された6項目には電信・鉄道の建設，内河航行，炭坑開発，布教活動の許可のほか，諸外国への「遣使」があった[3]．これに対して返信には，「遣使」は実行すべしとの意見が多く，なかでも福建巡撫李福泰（1807～71年）は，苦力貿易の被害などを考慮して，在外華民の保護のため使節派遣は急務であると意見した[4]．

「遣使」が本格的に検討されはじめるのは，光緒年に入った1874年である．この年の日本の台湾出兵を契機に，沿岸各省を管轄する総督・巡撫たちは海防の必要性を痛感し，軍備の充実等とともに「遣使」そして「駐紮（現地に留まり，問題を調整すること）」による外国の国情調査の重要性を認識し，活発に上奏をおこなった．在外公館設置をめざす動きに関しては，7名の沿岸部各省の総督・巡撫が刮目すべき建議をしたという[5]．このなかで，3つの上奏が，常駐使節派遣を実現する決定的な役割を果たした．王凱泰，李鴻章，薛福成による洋務の献策である．なかでも福建巡撫王凱泰（1823～75年）は，華工保護の必要性から領事館設置に必然性を認め，イギリス・フランス・ロシア・アメリカ・プロイセン・日本に遣使して，正領事と副領事を設置すべきと上奏した[6]．

ここで清朝が1874年6月26日に調印したペルーとの通商条約を考慮する必要がある．天津でおこなわれた条約交渉は，ほぼ全過程を直隷総督李鴻章

---

3) Hsu, *op. cit.*, pp. 163-166.
4) 坂野正高『近代中国外交史研究』，岩波書店，1970年，235頁．
5) Avery to Fish, July 16, 1875, in *Foreign Relation of the United States, Diplomatic Papers, 1861-1942*, Washington, D. C.: The U. S. Government Printing Office, 1966, pp. 378-379.
6) 『籌辦夷務始末』，同治朝巻九十九，四十八裏-四十九表，北京：故宮博物院，1929-1930年; Hsu, *op. cit.*, pp. 172-176.

が担い，また時期的にも1873年10月に交渉を開始し，翌年に調印し，75年8月7日に批准交換するというはこびであり，つまりは「遣使」の議論がおこなわれた時期と並行して進んだものであった．この条約締結によって，ペルーは，中国と条約関係に入った最初の中南米の独立国家となった．しかし，交渉中は常に華工虐待問題を李鴻章に糾弾され，これにペルー使節が激昂して交渉が暗礁に乗りあげることがしばしばであり，英米公使の調停活動に依存せざるを得なかった[7]．そして，李鴻章は，交渉中に強めたペルーへの不信感から，華工虐待問題に対処するには中国の官僚が現地に常駐して問題にあたるべきであると強く感じ，常駐の必要性を説いている[8]．

1875年3月，薛福成が洋務の必要性から遣使を含む10項目の建議を上奏すると，李鴻章と沈葆楨がこれを支持した．ここでは海防などの洋務の複数の項目のひとつとして「遣使」が論じられ，領事館設置によって華工保護をおこなうべきだという主張が現れた．3者の建議を容れた結果，「遣使」は，「洋務に通暁した人材を選び随時使節として派遣することで，中国の威信を宣揚し各国と友好の情を通じ，如何なる情報も逐次報告し耳目を鋭敏にして中国と外国の間の隔絶を埋めるために」[9]実現することになった．

1875年5月30日，遣使を承諾する皇帝の上諭が下った．この上諭を受けて総理衙門は，各省の総督・巡撫に，洋務に通じた人材を推薦し，在外公使に任命することを要請した．同年6月17日，総理衙門は各国に派遣する9人の在外公使を任命した．初代駐英公使に任命された郭嵩燾（1818〜91年）が，老齢を理由に辞退する一幕があったが，このときに郭嵩燾は辞退しながらも，西洋への常駐は急務ではないが，サンフランシスコは中国から数万人の華民が流寓しているし，一方ペルーとキューバでは，最近頻発する華工問題もあるので，これらの国々には例外的に使節を送り，現地に留まって問題の処理にあたる必要があると述べている[10]．つまり「遣使」に対して不必

---

7) 坂野，前掲書，220-221, 247-248頁．
8) 1875年8月1日「北洋大臣李鴻章等奏速派使臣赴秘保護受虐華工片」，陳翰笙（主編）『華工出国史料彙編』，第一輯，中華書局，1985年，1077頁．
9) 『奏定出使章程』，上巻，三表，民国刊（活版），都立中央図書館実藤文庫所蔵（実1065）．
10) 郭嵩燾「擬銷假論洋務疏」，郭嵩燾『養知書屋遺集』，奏疏，巻十二，九表，台北：芸文印書館，1964年．

要と考える者が多いなかでも，南北アメリカへのそれは，華工問題ゆえに，派遣の必要性が認められていたのである．そして1875年12月11日に，外政の中央機関である総理衙門が，イギリスやアメリカなどに，在外常駐外交使節である「出使大臣」を，9名派遣すると宣言した．

このように在外華民にかかわる問題は，中国が抱え込んだ新しい問題であり，清朝の主体的な対応が求められていた．当時，常駐制度の実現が必要視されたファクターは複数あり，華工問題はそのうちのひとつであった．むしろ，なかでもひときわ使節派遣と常駐による対策が有効だと受けとめられた課題であったと言える．

2. 官 制

清朝の駐外公使は「大清欽差出使大臣」といって，皇帝に直属する二品二等の欽差官であり，3年任期制を採った．「欽差」とは，本職を持つ官人が，にわかに起こった問題に対応するために，臨時の任務を与えられて現地に派遣される，いわば兼任かつ臨時の役職である．内乱や戦争，対外交渉で派遣される例が多かったが，アヘン戦争以降，清朝が諸外国との外交交渉や折衝などに対応する機会が多くなると，天津や広東（のちには上海）に設けられた直隷総督や南洋通商大臣が，欽差大臣の資格で任にあたった．清朝は，諸外国との接触が増え，新しい業務が生じると，これに対して兼任・臨時職の常設化されたポストを設けて対応したのであり，在外常駐公使はこの流れの延長線上にある．また清朝の駐外公使は，清朝の外政の中央官庁である総理衙門と対等の関係であった．西洋型外交機関では，外務省などその国の外政の中央機関は，駐外公使の上級機関となるのだが，清朝の在外常駐公使・直隷総督・南洋通商大臣・総理衙門は，同格官庁間で交わされる咨文や函（文書）を使って連絡をおこない，それぞれが対外交渉をおこない得る，一列の平行関係にあった．また，在外常駐公使は皇帝直属のため皇帝への報告義務を上奏で果たすが，総理衙門には月例報告の要請も無視するなど，事実上その統制下にはない[11]．

---

11) 「総理衙門 奏定出使章程」，『申報』，1876年11月29日，9, 517頁; Hsu, *op. cit.*, pp. 190-196; 織田萬（主編）『清国行政法』，臨時台湾旧慣調査会，1910-15年，巻1下，31-36頁; 坂野正高，『近代中国政治外交史』，東京大学出版会，1973年，32,

実際，駐外公使にはかなりの地位と権限があった．たとえば駐外公使と同格の清朝の地方総督を例にとれば，そのことはより把握しやすい．総督は皇帝直属で官品は二品であり，管内の文武官の監督権と弾劾権，書吏・幕僚の採用における人事権を持った．駐外公使の持つ権限はこれと同様で，まず人事権も持ち，随員と領事の任免権を持つ．また坂野正高は，欽差大臣について，当該懸案を処理できれば讃えられ，失敗すれば処罰され，要は結果次第で業績を判断されるという，権限がきわめて曖昧なものであったと述べている[12]．同じ欽差大臣である駐外公使も基本的に同様であり，後の各章で扱うように，鄭藻如や張蔭桓などアメリカに派遣された駐外公使の場合，清朝に明確な華僑政策がないこともあって，現地の僑務では相当な自由度を持ってみずから考える施策を実施することができた．

3. 僑　務

厳和平によれば，初期の常駐公使の主な仕事は，実際のところ，接受国とその所属の植民地にいる海外華民の保護と，任地での交渉事件や風土人情に関する情報収集と西洋機器の買付けという，この2点に限られ，「観察を重とし，談判を少とする」特徴があった[13]．一般に常駐使節である大使や公使は，18世紀半ばのヨーロッパの商業発展に伴う，外交官の常駐制度を基礎に成立した「常駐専門外交官制度 the permanent professional diplomatic service」に則り，外国語や国際法などの知識と技能を要求され，資格試験制度の下，外交機関におけるキャリアを重ねて鍛錬される，職業外交官である．具体的な業務は，接受国で自国の代表として行動し，現地の情報を収集し，本国の訓令を受けると外交交渉に臨み，在留民の面倒を見る．外交交渉で勝利するか，あるいは自国の被害が最少となる状態に持っていく交渉を展開して国益を調整するため，その能力が外交官としての手腕を判断する前提となっている．一方，領事は，駐在国で在留する自国民の保護と通商航海に関する利権の維持・増進の2つを担う．領事は外交特権を持たず，原則的に外交官ではない[14]．外交官にとって第一の任務の交渉が，この時代の在外

46-48, 289-292頁．
12) 坂野，前掲書，1973年，46-47頁．
13) 厳和平『清季駐外使館的建立』，台湾商務印書館，1975年，234-235頁．
14) 坂野正高『現代外交の分析——情報・政策決定・外交交渉』，東京大学出版会，

公使においては比重が軽く，僑務と洋務が多いという厳和平の先の指摘は，きわめて示唆的である．常駐使節が任地で果たした役割を考察するにあたって，その行動を理解するポイントであろう．

確かに，このとき清朝が，アメリカに派遣する外務官僚にとりわけ期待したのは，外交活動で二国間関係を支えることではなかった．清末におけるアメリカへの常駐使節は，正式名称を「大清欽差出使美利堅国日斯巴尼亜国秘魯国大臣（大清欽差出使アメリカ・スペイン・ペルー大臣）」といい，外交文書中では一般に「出使美日秘大臣」と書かれる（以降は，「出使アメリカ大臣」と略記する）．今日的表現では駐米公使だが，その名が示すように，中国の初期の駐米公使は，アメリカに加えてスペインとペルーをも担当した．これはペルーとスペイン領キューバの華民にかかわる現地業務を扱うためであって，1870年代前半，華工の虐待問題が，中国とスペイン・ペルーの間の最大の外交懸案となったことを受けている．ラテンアメリカへの苦力貿易問題によって，出使アメリカ大臣は，南北アメリカの僑務を主要な任務とされた．使節権の行使は，交渉を前提とした二国間の公的な国際関係のはじまりを告げるものだが，清朝側から見れば，アメリカ大陸へのそれには，発足当初から華工虐待問題とその保護が密接にかかわっていたのである．

出使アメリカ大臣に見られる，僑務と直結するその特性を確認しよう．まず，次に示す1875年12月11日の総理衙門の上奏の一部からは，南北アメリカへ出使大臣を派遣する目的が，これらの地域の華民の保護であることが確認できる．さらに，最初に出使大臣を送る時点では，アメリカよりも中南米の華工虐待問題への対策が重視され，その処理を円滑にするためにまずアメリカへの派遣がなされたことが解る．

> ペルーとの通商条約調印では，ペルー華工の現地調査の結果をふまえ華人保護の特別条款を結び，条約締結後に中国から人を派遣し現地で処理をおこなうと明言しました．……まことにペルーとスペインは華工をさまざまな手段で虐待しており，もし中国が人を派遣滞在させて随時手段を講じ救わなければ，中国の虐待される人民を放置するのみならず，これを見た各国が中国は民の命を何とも思わないと軽蔑の念を抱くことも十分あり得ます．各国の事情・形勢を参考にすると，条約文に照らしてその地に領事等の官を設けて初めて華工を保

表 5-1　出使アメリカ大臣の任期と出身地

	大臣名	任期	出身
初代	陳蘭彬（正使）	1875. 12. 11～1880. 11. 30	広東省高州府呉川県
	容閎（副使）	1875. 12. 11～1881. 6. 24	広東省香山県南屏鎮
2	鄭藻如	1881. 6. 24～1885. 7. 26	広東省香山県
3	張蔭桓	1885. 7. 27～1889. 9. 30	広東省南海県仏山
4	崔国因	1889. 3. 31～1892. 2. 8	安徽省太平府
5	楊儒	1893. 2. 8～1896. 11. 23	北京
6	伍廷芳	1896. 11. 23～1903. 11. 27	広東省新会県
7	梁誠	1903. 4. 5～1907. 7. 3	広東省番禺県黄埔
	梁敦彦	1907. 5. 3 任命，赴任せず	広東省順徳県
8	伍廷芳	1907. 9. 23～1909. 12. 14	広東省新会県
9	張蔭棠	1909. 8. 12～1911. 6. 21	広東省新会県

(出典)　中華民国外交部档案資料処『中国駐外各大公使館歴任館長銜名年表』，台湾商務印書館，1969年；『中美関係史料　光緒朝』，中央研究院近代史研究所，1988年；魏秀梅『清季職官表（附人物録下）』，中央研究院近代史研究所，1977年，などから作成．

護できるため，領事等の官の設置を望めば必ずまず大臣を選抜しその国に派遣してのちに実現します．キューバおよびペルーはともにアメリカに近く，ペルーの華工虐待問題ではかつて米公使が（窮状を訴えるペルー華人を）代弁して我々総理衙門に申し立て，スペインの華工募集事件でも公平な議論をしました．……いまスペインとペルーへの使節派遣を望むならば，必ず先に米国に派遣すれば徐々に業務が軌道に乗るので，米国・スペイン・ペルーの順に遣ります．どの国への派遣も急務ですが3国への同時派遣は短期間に人材を得ることが困難なため，大臣を2名派遣し3か国の業務を合わせて処理すれば比較的便利でありましょう[15]．

さらに歴代出使アメリカ大臣は，広東人が選抜される傾向がきわめて強い．たとえば表5-1は，1911年までに出使アメリカ大臣を務めた人々の任期と出身地である．

これは現地における最重要任務が華民にかかわる事務一般であることと，管轄地域に渡った大多数の華民が広東省原籍であることがかかわっている．広東人官人を派遣することによって，広東語を話す現地の華民との間に言語不通の問題が生じない．第4章で詳述したように，サンフランシスコ華民社会では，南海県・番禺県・順徳県の総称「三邑」と香山県を出身とする華商

---

[15]　「総署奏請派員出使美日秘国保護華工摺」，王彦威（編）『清季外交史料』，巻四，十七表-十八表，北平：外交史料編纂処，1932-1935年．

が力を持っていた．これら4県を出身とする出使大臣の多さにも着目すべきであろう．官商のつながりは，このような地縁も無視できない要素である．実際，広東人官人の僑務への取り組みは熱心で，原籍地広東省の地縁・血縁ともどこかで交差する強い可能性，同郷意識などが，海外華民社会における官と華民との間の距離をさらに近しくしていた．

4．洋　務

洋務とはすなわち，外国と関係する事項一般を指す言葉で，外交交渉やその事務，通商，教案の処理，西洋機器と技術の摂取がこの範疇に入る．1862年から日清戦争で清が敗北する 1895 年までの間に，両江総督曾国藩や直隷総督李鴻章などといった，太平天国軍を鎮圧した軍事力を背景に実権を持つようになった総督や巡撫が主導した改革を「洋務運動」という．祖法や政治制度に変革を加えることなく，国外の進んだ機器と技術のみを取り入れて軍備を充実し，清朝の自強を図ろうとする改革論が特徴である．

出使大臣の活動には，外国において，現地の諸事情や近代技術，歴史，時事などの情報収集に大きな期待が寄せられた．たとえば，『大清会典』には，出使大臣の役割は，「照会をやりとりする，あるいは風俗を採取探訪することを主管し，国交を結び，中国を安んじる」[16]ことと記されている．総理衙門においては，「交渉事項に関するもの，および各国の風土・人情すべてを，これら大臣が皆詳細に記載し随時，咨文［照会文．対等の官庁間，同等の官吏の間で用いられる公文のこと］で報じるべきである．そうすれば数年後，各国事情を中国の人員皆が知悉してすべてを処理し，いい加減に把握することはないだろう」と，国外事情の収集を期待している様子を確認できる．このため出使大臣には，赴任中に洋務に有益な情報や分析を日記形式でまとめ，帰国後「出使日記」として提出する義務が課せられた．これ以外では，必要に応じて，現地で最新型の武器を買いつけたり，接受国の法律を翻訳し提出する役目をも負っている．当時の中国は，国力を増し海防を徹底する洋務を最優先事項としていたため，外国に常駐している出使大臣が，こうした情報や機器入手には適任であった[17]．

16）「出使大臣」，「総理各国事務衙門」，巻一百，『欽定大清会典』，1899 年．

歴代出使アメリカ大臣に限って焦点を当てるならば，任命の前後でのそのキャリアをまとめたところ，ほぼ全員が洋務運動を主導する地方大官の幕僚で，とくに李鴻章派の人脈に連なる人々である（表5-2）．坂野正高によれば，清朝の在外公使は総理衙門への定例報告命令をあまり守らなかった一方で，李鴻章には絶えず情報を送っていた[18]．これも人脈との関連であろう．

出使大臣に着任する前をそれぞれ見れば，彼らの持っていた外国語・法律・海関行政などの実務経験は，外国と関連する業務であろうと知識であろうと，つまりは洋務である．そして，洋務関係の職種そのものが，この当時の中国の官界においては傍流であることを示している．初期の出使大臣の場合，傍流から出発し，出使大臣を務めた後は，中央で六部の長官職と総理衙門大臣を兼任して，清朝中央に地位を得る．このときは礼部・戸部・刑部など専門的な職業外交官としてのキャリアのパターンから外れた役職に就いているが，時代が下るにつれて，徐々に外務部や他国の在外公使に就くなど，外交官としての専門的なキャリアを示しはじめる．ここには，洋務に携わる政治集団が，新しく設けられた外交機関を通過して官僚制の階段を昇ってゆく，科挙とは別のルートで築いた政治的上昇の途を確認できる．

表5-2には現れていないが，これら出使アメリカ大臣については全体的に，「保挙」，すなわち職を得るために大官の推薦を得て官職に就いたキャリアや，「捐納」——この時代にはすでに広くおこなわれていた方法で，官位を購入することで官界入りの端緒を手に入れた人々——を見出すことができる．保挙や捐納など，この時期の清朝の官僚の社会的上昇の手段は多元化し，やがて20世紀初頭には科挙制度そのものが崩壊するのだが，正規の科挙を経ない「雑途」と呼ばれる方法によって官職に就いた人物が多いところにも，海外に派遣された清朝官人のひとつの特徴がある．

以上のように，出使アメリカ大臣は，大多数の在米華民と同様に広東省出身者であり，清朝の地方行政と洋務の実務の中で訓練された人々であった．それゆえに彼らが現地華民社会に向かい合うとき，僑務は内政のアナロジー

---

17) 『奏定出使章程』，上巻，三表；1877年10月31日恭親王奕訢「擬纂通商則例以資信守摺」，『近代中国対西方及列強認識資料彙編』，第三輯第一分冊，中央研究院近代史研究所，1985年，207頁．
18) 坂野，前掲書，1973年，292頁．

表 5-2 出使アメリカ大臣のキャリア表

	大臣名	出使大臣着任直前	出使大臣離職後
初代	陳蘭彬	刑部主事、候補京堂 清朝派遣留学生管理委員会監督 キューバ現地調査団団長 李鴻章の幕僚として洋務に関係	左副都御史に昇進→総理衙門大臣(1882年)を兼任．総理衙門大臣が本職
初代	容閎	候補同知 派遣留学生管理委員会副監督 ペルー現地調査責任者 曾国藩・李鴻章の幕僚	張之洞の命で日清戦争用の1,500万ドル外債をロンドンで募債(1895年)など，洋務派官僚の幕僚として，単発の任務をこなす．国立銀行設立案と北京―鎮江間の鉄道敷設案を提出し(1895年)，自発的に建議活動も行う
2	鄭藻如	津海関道，三品 李鴻章の要請で江南機器製造局幇辦	病免．ただし出使大臣任期中に官位が次のように昇進．通政司副使(1884年)→光禄寺卿(1885年)
3	張蔭桓	直隷省大順広道，三品 (ただし1884年9月まで総理衙門大臣) 丁宝楨・李鴻章の幕僚	総理衙門大臣(1890年)．以後の職歴はすべて兼任→大理寺卿から都察院副都御史，礼部右侍郎に昇進(1891年)→戸部右侍郎から戸部左侍郎に昇進(1892年)→尚書．日清戦争講和交渉に派遣(1984年)
4	崔国因	翰林院編修 李鴻章の後輩	左遷．出使アメリカ大臣任期中に翰林院侍読に昇進(1891年)
5	楊儒	徽寧池太広道，候補京堂 浙江・江蘇・安徽の地方官の経験あり	出使ロシア・オーストリア・オランダ大臣(1896年)→工部右侍郎(1898年)
6	伍廷芳	候補道，四品 李鴻章の幕僚，洋務と国際法の助言	修訂法律大臣，会辦商務大臣，外務部右侍郎，刑部右侍郎→出使アメリカ・メキシコ・ペルー・キューバ大臣(1907年)
7	梁誠	総理衙門章京，記名道，三品 1872年度政府派遣留学生	翰林院侍読学士を拝命(1907年)→出使ドイツ大臣(1910年)，赴任中に頭品に昇格
8	伍廷芳	―	革命を支持．辛亥革命後より南京臨時政府司法総長(1912年)→段祺瑞内閣外交部長(1916年)→孫文の下で外交職歴任．
9	張蔭棠	外務部右参議	在任中辛亥革命を迎え，在アメリカの中華民国外交代表→参政院参政(1914年)

(出典) 胡垣坤(他編)『カミング・マン――19世紀アメリカの政治風刺漫画のなかの中国人』，村田雄二郎他訳，平凡社，1997年; 厳和平『清季駐外使館的建立』，台湾商務印書館，1975年．このほか，桂楀(他編)『南海県志』，二十六巻末一巻 十六冊，n. p., 1910-11年; 坂野正高「張蔭桓著『三洲日記』(一八九六年刊)を読む――清末の一外交家の西洋社会観」，『国家学会雑誌』，95(7, 8), 1982; Arthur W. Hummel ed., *Eminent Chinese of the Ch'ing Period 1844-1912*, 2 vols., Washington, D. C.; Government Printing Office, pp. 1943-44; 羅香林「清末駐美公使梁誠在中美関係与教育発展上之貢献」，中華文化復興運動推行委員会主編『中国近代現代史論集14 清季対外交渉 (一)』，台湾商務印書館，1986年，などから作成．

として捉えられた．トランスナショナル・マイグレーションのはじまりは，こうした官の性格にも起因していたと言えるだろう．

第2節　南北アメリカ華民社会における統括団体の形成

　「中華会館」もしくは「中華総会館」は，英語名を"Chinese Consolidated Benevolent Association"（略称CCBA）といい，地縁や血縁による相互扶助団体や，有力な華商や商家など，多様な単位が複数集まって成立する，華民コミュニティの統括団体である．中華会館は，南北アメリカの主要な華民社会に1880年代から90年代にかけてつくられ，いまや世界各地の華人社会ほぼいずれにも成立している．成立地それぞれでの華民コミュニティの統括団体であるのみならず，なかには設立当初，サンフランシスコはアメリカ合衆国全域の，ビクトリアはカナダ全域の，リマはペルー国内のといったように，華民すべての代表を務める全国組織として意図されたものもあった．サンフランシスコやニューヨークの中華会館は，1960年代まで各チャイナタウンの政治・社会・経済構造をつくりあげる中心的役割を果たし，いまも一定の影響力を持ち続けている．その役職は，19世紀の設立当初から商家や商人が占め，恒常的に華商が現地華民コミュニティを牽引することを端的に示している．

　アメリカ西海岸の華人団体を扱う古典的研究のなかには，中華会館の設立を，華民コミュニティで内発的に形成された「自然的所与」もしくは組織の「自律的発展」と見るものがある[19]．しかしこの議論はやや性急であり，設立されはじめた1880年代という時代性に注意をはらう必要がある．清朝では1877年に在外常駐使節制度がはじまり，1878年に南北アメリカへの最初の駐外公使が派遣され，その管轄下で，1880年代には主要な華民居留地に領事館が設置されていく．本国から派遣された官人たちが，在外公館で仕事をはじめ，華民コミュニティに中国本国との公のチャネルが創出されたことと，この1880年代に中華会館の設立が相次いだこととは，実に不可分の動きであった．中華会館はいずれも，出使アメリカ大臣や総領事の承認を得て

---

19)　内田直作『東洋経済史研究Ⅱ』，千倉書房，1976年．

正式な成立とされ，設立以後は清朝の公使館や領事館との連絡を保った．中華会館がコミュニティに向けて慈善活動や公益事業をおこなうときには，居住国の政府や国家ではなく，在外公館や本国を最高権威に置いて，募金活動や報奨制度を整備した．中華会館の設立は，清朝での常駐外交使節制度の実現を受けて，本国の官が南北アメリカ各地の華民社会に与えた変化を意味している．これは出身国と海外移民社会とのかかわりにおいて，トランスナショナル・マイグレーションを証明できる，ひとつの画期である．

中華会館は，横浜や神戸にも成立した．安井三吉は，中華会館には他の同郷会館とは異なり，神戸やサンフランシスコで清朝の公使・領事がその設立にかかわった事実があり，中国が近代世界に巻き込まれていく時期に世界各地に成立していったと述べて，中華会館が組織として形成されていく，その世界的文脈に着目している．安井は，中華会館が「自然的所与」「自律的発展」とする議論に異議を唱えており，とくに神阪中華会館の設立への清国外務官僚のかかわりを以て，「完全な『自然的所与』のものとはいえない」としている[20]．

こうした俯瞰的視野から初めて，本国官人が奨励する華民の組織化の動きが見えてくる．これはさらに，現地社会の近代化と都市化，そして国民国家形成とが連動する社会ダイナミズムのなかで考えてゆく必要がある．近代の環太平洋地域の文脈が，同時期に世界のあちこちに中華会館が成立した具体的なメカニズムに関係している，と言い換えることもできる．

表5-3は，サンフランシスコ，ニューヨーク，カナダのビクトリア，ペルーのリマ，そしてキューバのハバナでの中華会館の設置された年と，設置の奨励と承認に動いた在外公館員名である．

これまで中華会館については，組織編制や機能が中心に論じられてきており，その地のチャイナタウンの自治において最上格組織であり，既存の複数の組織が連合した上位団体であるとの見解が一致している．中華会館の役員選出のシステムは，主要団体から出された代表者——ほぼ全員が商家，それも店舗の支配人である華商が，公選を経て，輪番制で執行部を務めるのが常となっている．コミュニティの外部に向かっては，華民社会全体にかかわる

---

[20] 中華会館（編）『落地生根——神戸華僑と神阪中華会館の百年』，研文出版，2000年，15, 19-20頁．

第5章　1878年以後の官商関係　　177

表5-3　南北アメリカの中華会館設立一覧

① 地域	② 公式名称	③ 通称	④ 設立年	⑤ 現地政府への届出年	⑥ 承認者名	⑦ 領事館設立年
サンフランシスコ	金山中華総会館 (Chinese Consolidated Benevolent Association)	(中華公所) 中華会館	(1853) 1882	1901	第2代出使アメリカ大臣鄭藻如	1879
ニューヨーク	中華総会館 (Chinese Consolidated Benevolent Association)	中華公所	1883	1890	第2代出使アメリカ大臣鄭藻如	1883
カナダBC州ビクトリア	中華仁愛周済会館 (The Chinese Consolidated Benevolent Association)	域多利中華会館 CCBA	1884	1884	サンフランシスコ総領事黄遵憲（鄭藻如の代）	(バンクーバーに設立したため該当せず)
ペルーリマ	中華通恵総局 (Sociedad Central de Beneficencia China)	通恵総局，あるいは秘魯中華会館	1886	1883	第2代出使アメリカ大臣鄭藻如	1883
キューバハバナ	古巴中華総会館 (Casino de Chung Wah)	中華総会館	1893	1893	第4代出使アメリカ大臣崔国因	1879
カナダBC州バンクーバー	温哥華中華会館 (The Chinese Benevolent Association)	温哥華中華会館 CBA	1894	1894	?	1909

利害関係の調整一般を担い，コミュニティ内部においては，出入国人員管理，会員間の紛争調停・治安維持・慈善・教育・商業活動の後援などの働きを担っていたことも指摘されている．

しかし，官人が華民コミュニティに入ってきてからの内部変化を解明するものとして，中華会館の周辺に見られた具体的変化を明確に論じた研究はない．在外公館や領事館，中華会館によって，前章で検討したサンフランシスコ華民社会システムがどのように変容したのか．この命題を検討し，近代に成立した国家と海外華民社会との関係を考察していく．

第3節　サンフランシスコ中華会館の成立と官

1. 成立を主導する官――黄遵憲と鄭藻如

清朝在外公館が設立された後の，公使館や領事館とサンフランシスコ華商の関係，つまりは本国とのチャネル設置以降のサンフランシスコ華民社会における官と商の関係を考察するにあたって，この地で領事館が活動をはじめた草創期にサンフランシスコ総領事を務めた黄遵憲（1848～1905年，サンフランシスコ総領事任期1882年4月～85年9月）と，その黄遵憲を随員に選び，総領事に任命した第2代出使アメリカ大臣鄭藻如（1824～94年，出使大臣任期1881年12月～85年7月）の役割を強調しなければならない．この両者の任期中におけるサンフランシスコ華民社会へのかかわりによって，現地華人団体の統括団体である，サンフランシスコ中華会館が設立するのである．なお，黄遵憲と鄭藻如の両者は，サンフランシスコに限らず，ののちにカナダやペルーの華民社会に統括団体が形成される際にも，重要な役割を果たす．南北アメリカ太平洋岸の華民社会の変容という面からも，両者の働きは要の位置にあるのだが，それは本章に続く第6章，第7章で論じていく．

黄遵憲は広東省嘉応州（現在の梅州）に生まれ，駐日公使何如璋の参賛，すなわち参事官として日本に赴任中に，鄭藻如の随員に任命され，サンフランシスコ総領事を3年半務めた．サンフランシスコには1882年3月30日に上陸し，任を終えて85年9月23日に出航したが，この現地執務期間は，まさに，アメリカ西海岸で排華の動きが最も苛烈なかたちで具現化した時期に

あたる．たとえば，1882年5月6日にアメリカ議会がいわゆる中国人排斥法，排華法として知られる「中国人上陸制限法15条」を布告している．着任したばかりの黄遵憲は，ちょうど1943年まで続くアメリカの排華の歴史の開始に立ち会ったのである．このとき，黄遵憲がアメリカへの抗議をこめて詠んだ詩作が，『逐客篇』である．この詩には，まだ官人が労働者一般に対して強い階級意識を持っていたこの時代にあって，例外的に華工と中国本国，そして己自身を，等しくアメリカの侮辱を被る対象として同一視している特徴がある[21]．

さらに黄遵憲の離任の直前である1885年9月2日に，ワイオミング州ロック・スプリングス（Rock Springs）の中国人虐殺事件が起こり，これらの関連業務を手がけることになった．「ロック・スプリングス大虐殺」として知られるこの事件は，中国人が低賃金で働いて，いわゆるストライキ破りの要員として使われたことに対する中国人排斥感情の高まりが原因であった．現地のチャイナタウンが暴徒の襲撃を受けて放火され，数百人の華民が町を追われ，家や商店が破壊された結果，中国人炭鉱労働者28人が死亡，15人が負傷した．その被害は，当時の金額で14万8,000アメリカドルといわれている．16人の白人が容疑者として逮捕され裁判にかけられたが，全員無罪となった．

総じてサンフランシスコにおける経験は，のちの黄遵憲の僑務に対する考え方の礎になる，強烈なものであった．アメリカの中国人の窮状を目の当たりにすることで，強い屈辱感と，西洋列強主導の弱肉強食の国際関係のなかで，中国と中国人を位置付ける世界観を獲得したといわれている．

黄遵憲はサンフランシスコの華民関連執務にあたるなかで，当時としては群を抜いた僑務の感覚を身に付けていった．先行研究で触れられているその業績は，次の3点である．①強まる華民上陸制限の議論のなかで，中国一時帰国からアメリカに戻った華民の再上陸の権利を擁護するため尽力し，②総領事館が華民にパスポートを発行する権利をアメリカ当局に認めさせて，華商の移動の便を確保し交易活動を保障した．そしてこれら以上に特筆すべきは，中国海外移民史上最も重要な，③これまで華民の海外渡航を禁じてきた，

---

21) 島田久美子（注）『黄遵憲——黄公度』，岩波書店，1963年，53-73頁．

清朝の海禁令を 1893 年に撤廃させる契機となる，その議論を，薛福成と共同でおこなったことである[22]．

海外の華民は従来「棄民」と見なされ，本国は基本的に無関心であった．しかし常駐外交使節制度ができて以降，任地に向かう清朝の官人が，東南アジアなどの華民コミュニティを目にする機会が増えてきた．そのため，海外華民の経済力に着目した張之洞や丁日昌のような官人が，領事館設置や商業活動の保護などを議論するようになっていた．黄遵憲は，このような官界の新潮流のなかでも最も早い時期に，その目で実際に現地華民の実態を見て，その話を聞き，対話して，実務レベルに反映する役割を担った官人であった．黄遵憲はサンフランシスコ総領事の後は，ロンドンの公使館に勤め，そしてシンガポール総領事に任命されて，1890 年から 91 年まで東南アジア華人にかかわる僑務を手がけた．顔清煌（Yen Ching-hwang）は，黄遵憲にはアメリカにおける僑務経験が基礎にあったからこそ，新任地の東南アジアで華人を見ていくなかで，その生活や経済活動を保護し，活性化させる方策を立てることができたと指摘している[23]．こうした経験の上で，1893 年 6 月 29 日に黄遵憲が書いた華僑保護策の草案は，華僑送金の額に着目し，中国の近代化に貢献する可能性を論じたものであった．賛同した薛福成がこれを引き継ぎ，1893 年 8 月 21 日の華僑送金に注目する建議として総理衙門に提出した．薛福成のこの建議に納得した総理衙門が，1893 年 9 月 13 日に海禁令を廃止して，晴れて中国からの海外渡航が合法化されることになったのである[24]．

興味深いことに，黄遵憲が最初に華僑送金に目を留めたのは，サンフランシスコ総領事任期中におこなった，銀行での本国送金の調査の際である．東南アジアや日本のように，本国の僑郷への帰郷が比較的容易な地域では，頻繁なひとの移動があるため，古くから縁故者が金を持ち帰り，中国内で依頼主の華民の家族に手渡すスタイルが主であった．また，送金を携えて僑郷に帰ることを専門の生業とする，「水客」のような商売も成り立った．華僑送

---

22) Yen Ching-hwang（顔清煌），*Coolies and Mandarins: China's Protection of Overseas Chinese during the Late Ch'ing Period (1851-1911)*, Singapore: Singapore University Press, 1985, p. 255; Noriko Kamachi, *Reform in China: Huang Tsun-hsien and the Japanese Model*, Cambridge: Harvard University Press, 1981.
23) Yen, *op. cit.*, p. 258.
24) *Ibid.*, pp. 256-266.

金の先行研究では，こうした東南アジアや日本といった，僑郷に近い地域の華僑華人と比較した場合，南北アメリカの華僑・華人には，遠隔地に送金が可能なシステムとして，銀行が早くから発達したと指摘されている[25]．華僑・華人にとって地理的に大きく隔たっているために，頻繁な帰国がかなわず，また労賃が生活費に削られるため，遠距離移動できる帰国資金を貯めることが難しい．銀行の発達は，南北アメリカでの華民社会の特性とも言える．黄遵憲が調査したところ，サンフランシスコ華民は年間120万アメリカドルを広州に送金していた．これこそ黄遵憲が華僑送金に目を留めた最初の出来事であり，のちの1893年6月29日の草稿につながっていくのである[26]．

一方，鄭藻如は広東省香山県出身で，科挙に合格した後は広東省における天地会の反乱の鎮圧にあたり，その功績によって内閣中書の官職を得た人物である．李鴻章の招きに応じて同知に選ばれ，1869年に江南機器製造局幇辦の職に就き，洋務にかかわることになった．1878年に天津海関道に任命され，呉淞砲台の製造責任者となる．のちに広東方言館に就き語学教育に携わり，西洋の科学技術の翻訳をさせた．このように，国内の洋務運動の第一線で活躍したのち，1881年から出使アメリカ大臣の任に就いた人物である．4年後に病気のために出使大臣を辞職し，その後は故郷に帰り，亡くなるまで鄭一族の族譜の編集に携わった[27]．

鄭藻如も黄遵憲と同様に，やはり僑務に熱心であった．1882年の排華法の成立前後にアメリカ国務長官と李鴻章とにさかんに連絡を繰り返し，在米華民に有利な情況をもたらそうと尽力した．さらにロック・スプリングスの華民虐殺事件では，アメリカに激烈な糾弾をし，要求した賠償金全額を勝ち取った．このため，先行研究における外交官としての評価はきわめて高い．とくにマリー・ロバーツ・クーリッジ（Mary Roberts Coolidge）は，1885年11月30日に国務長官バイヤードに宛てられたロック・スプリングス事件への抗議の書簡について，辣腕外交官として名高い伍廷芳以前に，中国人外交官が記した書簡のなかで，最も威厳に満ち，出色の，理路整然としたもの

---

25) 夏誠華『近代広東省僑匯研究（1862-1949）——以広，潮，梅，瓊地区為例』，Singapore: 新加坡南洋学会，1992年; 曾慶輝『海外華商銀行之経営及其発展』，台北：華僑協会総会，1987年．
26) Yen, *op. cit.*, p. 256.
27) 鄭藻如・鄭希僑纂修『義門鄭氏家譜』，n. p., 1891年．

と高く評価している[28]．

以上，この黄遵憲と鄭藻如の両名が，中国人の排斥がはじまった時期のアメリカで，領事館業務と統括団体の創設，そして華商の移動や経済活動の保護など，早期の僑務のかたちをつくりあげた官側の主体である．

2. サンフランシスコ中華会館の成立

サンフランシスコ中華会館の成立に関しては，諸説，細部に相違がある．現地紙 *San Francisco Call* によれば，サンフランシスコ中華会館は中華公所を改称して1882年11月19日に成立した．改称の直接の原因は，1882年5月6日発効の排華法であった．華民がいよいよ排華法制限下の社会で暮らすにあたって，共通の利害を扱い，共通の利益を保護する必要性が高まり，そこへ総領事黄遵憲から包括団体をつくるように強い勧めがあり，岡州会館，寧陽会館，三邑会館，陽和会館，合和会館，人和会館の6つの同郷会館がそれを容れて結成した，とされている[29]．また，游歴官の傅雲竜（1841～1900年，浙江省徳清出身）によれば，1882年に「六公司」すなわち中華公所が，「総会館」に改称したその直後，鄭藻如が正式名称を「サンフランシスコ中華会館」と命名して成立した，とある[30]．なお游歴官とは，第7章で詳述するように，1887年に清朝が各国事情を調査する目的で派遣した臨時使節である．組織については，サンフランシスコ中華会館の執行部は出使アメリカ大臣そしてサンフランシスコ総領事の認可を得て，会館上部役員の就任が決定した．まず役員である「董事」職を6席（のちには8席）設けて，1年あるいは2年任期とし，出使アメリカ大臣がこの人事に証明書を給付して承認した．董事の上には4か月任期の「総董事」職が1席設けられ，サンフランシスコ総領事が任命権を持った．董事と総董事の下で形成される中華会館委員会は定員制限がなく，事務・通訳・アメリカ人の専属弁護士が各1席設

---

28) Yen, *op. cit.*, pp. 230-234; Mary Roberts Coolidge, *Chinese Immigration*, New York: Henry Holt, 1909, pp. 271-272; Shih-shan Henry Tsai, *China and the Overseas Chinese in the United States, 1868-1911*, Fayetteville: University of Arkansas Press, 1983, pp. 68-78.
29) Thomas W. Chinn, *Bridging the Pacific: San Francisco Chinatown and its People*, San Francisco: Chinese Historical Society of America, 1989, p. 5.
30) 傅雲竜「游歴美利加国図経余紀前編上」，五表，傅雲竜『游歴図経余紀』，十五巻，n. p., 1889年．

けられた，という[31]．

　これらの記録から判るのは，①サンフランシスコ中華会館の設置は，総領事の黄遵憲が直接の発起人であるということ，②1882年の排華法が契機となって，ひとつにまとまる必要があると認識され，統括団体をつくることになったということ，③コミュニティの有力者を取り込む執行部システムが設けられ，そして④最終的な人事権は，官である出使アメリカ大臣と総領事にある，ということである．とくに，③に関しては，同郷会館の力が強いサンフランシスコ華民社会ならではの工夫が見られる．まず現地の同郷会館が従来より持っていた董事制度が，サンフランシスコ中華会館の執行部にも適用されているのだが，その際に6席の董事に就任するのは，6つの同郷会館がそれぞれ選出した1名の代表である．中華会館の董事という権威職は，ここで有力な6つの会館に，平等に各1席が割り振られた．その上に設けられた総董事は，6人の董事が輪番制で就く．このように特定の会館の代表が総董事を占有することでコミュニティに不和が生まれぬよう，各会館代表が4か月交代で，めまぐるしく巡ってくる最高権威職を共有するしくみになっていた．平等な権威の持ち回り体制と言い得るものである．

　会館設立に直接かかわった黄遵憲自身の総領事館書簡には，より詳しく中華会館の設立周辺が記録されている．それによれば，1882年に，従来の「中華会館」と「総会館」を合併して新しい「中華会館」にすることが決まり，まず華商たちは中華会館の名義でアメリカ人弁護士を1名雇用した．これに次いで，中華会館と総会館の両会館の「紳董」（もともと地方の有力者を指すが，コミュニティの有力団体の役職にある者の総称としても用いられる）たちは，サンフランシスコ総領事宛て連名状を作成し，起草中の中華会館章程が仕上がったら出使アメリカ大臣に提出してその確認を待ち，承認が下りたら正式な会館章程としてコミュニティに声明を出したいと報告した．これが終了したのち，1882年11月20日に，総会館のほうの扁額[32]を撤去し，

---

31) 劉伯驥『美国華僑史』，台北：行政院僑務委員会，1976年，172頁．
32) 海外華民社会における団体の扁額は，官人から贈られたものを掛けて，コミュニティ内部に団体の格を示すことを目的としており，地域を問わず華僑華人社会の団体には見られるものである．サンフランシスコ最古の廟である岡州廟には，20世紀初頭にワシントンD.C.中国大使館代理大使兼顧問を務めた容揆（1861〜1943年）が贈呈した扁額が飾られている．容揆は，1861年3月2日，広東省新寧県に生まれ，14歳

総領事館員と華商が催した大々的な中華会館統合祝いの席となって，正式に新しい「サンフランシスコ中華会館（金山中華会館）」が成立した．寄付の呼び掛けの結果，11月30日に計6,270アメリカドル余りの中華会館運営費が集まり，これを新しい中華会館章程に照らして，中華会館構成団体である各同郷会館や各店舗が輪番制で資金管理し，公用に備えることになった．さらに同章程に照らして，各会館の董事を中華会館の董事に任命し，それと別に「紳董」60名を任命した．大人数の紳董を設けた体制は，処理事項が生じたときに最も適切な措置がとれるよう，各同郷団体・同姓団体に命じて手を借りやすくする意図でつくられた，と説明されている[33]．

このように上記の記録からも，サンフランシスコ中華会館が統括団体たるべく，整えられたことが解る．なかでも，新たに設けられた「紳董」制度には注目すべきであろう．60名の紳董は，サンフランシスコに存在する有力な団体を選んで，その代表者たちを任命したものである．これは多種多様な華人団体とその成員が，可能な限り中華会館に関係するしくみであって，有事の際に，中華会館が諸団体の処理能力やネットワークをそのまま借りることができるシステムである．紳董制度によって，コミュニティに存在する横の人脈をそのまま取り込み，中華会館は万一に備えて，コミュニティ内で広げられるだけ広げられる，包摂的かつ連絡の行き届く，いわば「回路」を用

で清朝の官費派遣留学生制度における第2次派遣生として渡米し，スプリングフィールドのアメリカ人家庭にホームステイした．留学中にキリスト教に改宗し，辮髪を切り落とす事件を起こして管理委員会で問題視された．この罰則として1880年にハーバード大学から入学許可を得た直後に，管理委員会の通達で官費留学生の資格を剥奪される．1884年にイェール大学を卒業したが，帰国を拒み，容閎の肝いりでワシントンD.C.の中国公使館現地職員となり，以後50年近く勤務した．1943年にワシントンD.C.で82歳の生涯を閉じた (Dana Young, "Yung Kwai's Memoir of the Chinese Educational Mission," paper presented in Yung Wing and the Chinese Educational Mission, 1872-1881 at Yale University, September 28, 2001; Yung Shang Him (容尚謙), *The Chinese Educational Mission and its Influence*, Shanghai: Kelly & Walsh Limited, 1939, 参照)．また岡州廟1階中央ロビー入り口の上には，1922年に贈られた出使アメリカ大臣伍廷芳（1842～1922年）の自筆による廟名の扁額がかかっていた (William Hoy, *The Story of Kong Chow Temple*, San Francisco: Kong Chow Temple, 1939, pp. 7-8)．コミュニティにおいて社会統制力を持つ主立った団体は，中国の官人の権威をこうしたかたちで借り受け，会員の組織帰属意識やコミュニティにおける存在感を確保した．

33) 黄遵憲「上鄭欽使第十八号」，「上鄭欽使第二十八号」，「上鄭欽使附二十九号」，『近代史資料』，総55号，中国社会科学院近代史研究所，1984年，32-33, 53, 57頁．

意して，排華法下の社会に備えたのである．実体としての中華会館は，執行部のみがインスティテューショナルな形態をとるが，末端は際限なく広がってゆく回路で構成される．統括団体とは，堅固なヒエラルキー組織ではなく，コミュニティに広く張られた神経細胞のような形態と言い換えられる．統括団体を設立する意義は，コミュニティを堅固に系統化するのではなく，このように包摂的回路を整えるところにあった．つまり，中華会館の設立によって，サンフランシスコ華民社会は必ずしも系統立ってはいないが，問題や必要性の種類や程度に応じて必要な回路が多重に動くような，統括性を獲得したのである．

「官」が契機をつくって建てたサンフランシスコ中華会館が，最上格組織としてのコミュニティの共通認識を得たか否か，確認してみると，その認識は得られており，時期も比較的早い．1888年6月19日に游歴官の傅雲竜がサンフランシスコ中華会館を訪れ，中華会館の「華商」「紳耆（名士や老人）」から中華会館の説明を受けている．このとき現地華商は，傅雲竜に向かって，中華会館を現地華民諸団体の「総」すなわち統括団体であり，加入している同郷会館を「分館」と表現した[34]．少なくとも1880年代後半の中華会館メンバーは，統括団体の自覚を持っていた[35]．

なお，ウィリアム・ホイ（William Hoy）は，1860年代から1910年までの期間に，サンフランシスコ中華会館が果たした機能や役割を，次のように11項目にまとめている．①1870年代に清朝総領事館が置かれ，外交の出先機関ができるまで，アメリカ合衆国の華民にとっての清朝政府の代弁者，②地縁団体間の紛争の調停，③定期登録制を用いた華民の人口統計づくり，④中国の歴史・言語・哲学を教える広東語教育，⑤本国への送骨，⑥華商商店を守る自警団の組織，⑦コミュニティ内部の治安維持のため犯罪者への罰則規定の作成，⑧「中華医院」に代表される医療福祉活動，⑨抗議文，声明文，嘆願書など，文書を通じてのアメリカの市・州・連邦政府に対する排華法への抗議活動，そして，⑩堂会のおこなう売春や賭博など違法業種の取り締ま

---

34) 傅雲竜「游歴美利加国図経余紀前編上」，四表，傅雲竜，前掲書，1889年．
35) なお，最上格組織として最初に明文化されたのは1930年，改訂された中華会館会則の第4章からである．William Hoy, *The Chinese Six Companies: A Short, General Historical Resume of Its Origin, Function, and Importance in the Life of the California Chinese*, San Francisco: The Chinese Benevolent Association, 1942, p. 27.

りと，堂会の持つコミュニティ統制力の奪取，加えて，⑪商家間の取引の立会い保証や，その事業における合意事項の裁可など，つまりは華商の経済活動の振興促進，である[36]．

ここには，1850年代から地縁血縁業縁団体がみずから発展させ，請け負ってきたさまざまな社会サービスを，中華会館が包摂していることが見てとれる．華民の生活全般にかかわるすべてをおこなう組織として動いている，その機能の包括性もまた大きな特徴であった．

3. 官のはたらき――統括団体を志向して

サンフランシスコ中華会館の総理の任命権を持つ「官」は，現地華民コミュニティでは権威的な立場にあった．しかし，総領事と出使アメリカ大臣が，実際にコミュニティに果たした具体的な役割を追ってゆくと，意外にも，同郷会館や華商との距離はきわめて近い．たとえば，サンフランシスコ中華会館の設立周辺での鄭藻如や黄遵憲の具体的な役割は，確認の限りでは，①「承認」――新しい会館章程を吟味しその認可を下す，華商間で公選された董事を正式に叙する，②「助言」――現地政府への法人登録を華商に勧める，そして③「調停」――複数の小団体に分裂した旧同郷会館の間を取り持ち，確執を解いて再統合させ，その後，新しいサンフランシスコ中華会館の構成団体として迎え入れる，の3点が挙げられる．

まず，①「承認」についてである．1882年の中華会館の設置時に，サンフランシスコ華商がどれほど主体的にその新設にかかわったかを示す直接的記述は少ない．しかし，華商側は，新しい中華会館章程を起草した．そしてそれに鄭藻如の認可を得た．これは事実上組織の運営や機能にかかわる部分は華商側の裁量に任されており，出使アメリカ大臣はその承認をおこなったことを示している．また中華会館の董事や紳董は，公選後に出使アメリカ大臣や総領事の正式任命を受けている．

②「助言」は，設立されて間もない清朝の在外公館や領事館に集まってくる情報を基に，華民社会に助言を与えたものである．ちょうどこの時期に，ハワイで中華会館の設置が進行中であり，黄遵憲はこれを参考に，団体結成

---

36) *Ibid.*, pp. 19-23.

を現地政府へ法人登録するよう，サンフランシスコ華商に勧めている．ハワイ中華会館設立の建議は，初代出使アメリカ大臣陳蘭彬が任期を満了し帰国の途に着いた1881年，中継地のハワイで，現地華民に中華会館の設立を勧め，その設立のために1,000アメリカドルを寄付したことからはじまったものである．その後任の鄭藻如が，随員王欧明を1882年に派遣し，ハワイ華商に公選された程汝楫と古今輝をそれぞれ総理と副総理に任命して，設立が実現した[37]．1882年9月，黄遵憲の手元にサンフランシスコ華商から，サンフランシスコ中華会館の新しい会館章程が届いたとき，ちょうどハワイ派遣中の王欧明からの，ハワイ中華会館設立準備に関する書簡も黄遵憲に届いた．このなかで王欧明は，鄭藻如に対し，ハワイ中華会館章程の草稿を駐米ハワイ公使に照会して，ハワイの国務省[38]に転送していただきたいと依頼していた．ここから黄遵憲はヒントを得て，鄭藻如に宛てて，諸外国における慈善機関や結社の多くは，居住国政府の地方行政官に法人登録を出して活動許可を申請している．中華会館もそれに従った手続きをするとよいであろう．そして，いまサンフランシスコの諸会館がアメリカ社会から，中国から労働者を上陸させてその労働力をアメリカで売りさばくと誹られているのは，州政府・市政府に法人登録を出していないことが原因ではないか．サンフランシスコ中華会館のためにも鄭藻如からアメリカ合衆国国務省に法人登録のしくみを訊ねてはどうかと打診した[39]．

おそらく黄遵憲が総領事として果たした最も興味深い役割は，③「調停」であろう．サンフランシスコ華民社会が強い分裂傾向を持つ空間であったことはすでに確認した通りである．そして黄遵憲はこの分裂傾向を押さえ，可

---

37) 陳匡民，『美州華僑通鑑』，New York: 紐約美州華僑文化社，1950年，280頁．ハワイ中華会館の設立年を1884年とするものもある．しかし陳匡民，前掲書，279頁には「1880年にホノルル華商が『華人連合会』を創設し，1884年7月25日に程利（程汝楫のこと）・古今輝・盧岳たちが役員となり，『中華会館』名義で不動産を購入した」とある．黄遵憲の1882年書簡に，このように新しいハワイの中華会館章程の草案の話も出ており，1882年の設立であろう．
38) 当時のハワイはアメリカに併合される前であり，カラカウア王治世下の独立国家であった．
39) 黄遵憲「上鄭欽使第十八号」，「上鄭玉軒欽使稟文」，黄遵憲，前掲論文収録史料，32-33頁．ただし，サンフランシスコ中華会館がカリフォルニア州法に基づいて州政府に法人団体登録をしたのは1901年1月25日であって，きわめて遅い．このとき正式名称を「中華総会館」，その英語名をChinese Consolidated Benevolent Associationとして届け出られた（Hoy, *op. cit.*, 1942, p. 27）．

能な限りコミュニティをひとつにまとめあげようとした．これがつまり，「官」が試みた同郷会館再統合の手法のひとつである．

　総領事着任後すぐ1882年に，黄遵憲は3年前に肇慶会館，恩開会館，余風采堂，譚怡怡堂の4つに分裂した四邑系の合和会館の調停をおこない，再度，合和会館としての再統合を促し，新しいサンフランシスコ中華会館に参与させた．これは，具体的には次のような経緯であった．まず，黄遵憲の調べたところ，合和会館分裂の原因は，もともと会員の余姓の者の間の諍いであった．これに，いま肇慶会館に所属している黄秀瑚という者が扇動して，みずから新生の会館董事に納まるために，同時期に組織内で不満を抱えていた恩県と開県，そして譚姓の一族を巻き込んで画策し，合和会館を分裂させたという．肇慶会館の分裂支持派と黄秀瑚の間には密かに取り決めがあって，分裂成功後に黄秀瑚は肇慶会館から報酬1,000アメリカドルを受け取った．一方，独立した恩開会館と譚怡怡堂だが，分裂時に抱えた負債が大きく，団体維持が困難な状態に陥っていた．黄遵憲がさらに調べを進めると，これらの会館は分裂後も建物を別々に構えてはおらず，分裂時にも裁判沙汰や流血の抗争がない，穏健なものであった．このため，多くの関係者が再結成を望んでいた．こうした事情をふまえて，黄遵憲は，近い将来4つの会館が建物・不動産分割で争いになるであろうこと，1882年の中国人入国制限法以来アメリカが華民に対して課す入国条件が厳しくなったため，サンフランシスコでは人々の行き来が減ったが，このうえまた複数の会館が人々に回華銀を課すのも不合理であること，何か問題が生じたときの処理の上でも何かと不便であることなどから，関係各所に人を派遣して打診した．すると，同姓同郷会館の総理など37人が総領事館を訪れ，合和会館の再結成に賛成した．黄遵憲は岡州会館の董事陳文泉たちに，再統合に向けて手順を考えるよう指示し，合和会館の再結成が実現したら中華会館に統合するよう通達した．

　これに対して黄秀瑚が，新しい中華会館章程を中傷して，肇慶会館が中華会館への参与を拒否するよう，会館内部の根回しをはじめた．黄遵憲は黄秀瑚に対して立腹しながらも，肇慶会館の成員で中華会館への参与を望む者は6～7割もいるのだから，いずれにせよ遠からず統合は可能だと安心し，肇慶会館が中華会館への統合を拒否した場合は，まずは恩開会館，余風采堂，譚怡怡堂の3団体の統合を先に済まそうと決めた．黄遵憲のこの調停活動は

第 5 章　1878 年以後の官商関係

図 5-1　現在の合和会館
2007 年 9 月 1 日筆者撮影

図 5-2　ストックトン街に建つ清朝総領事館
UC バークレー校バンクロフト図書館所蔵

功を奏して，1883 年に 4 つの会館が合和会館（図 5-1）として再結成され，さらに中華会館へのその統合も実現した[40]．

　この事例からは，海外移民社会にとっての官の意味が解る．華民社会では権限を持つ者が限られるために人間関係が限界まで凝縮し，利害と確執が深まる．このため，コミュニティ構成員以外の，権威職からの裁量がなければそもそも調停が難しかった．

　以上のように，サンフランシスコで，初めに華民社会をひとつにまとめあげる統括団体が生まれたのは，1880 年代のアメリカ西海岸の排華が最大の要因であった．コミュニティにあるすべての同姓・同郷団体が横断的にかかわっていける組織は，理論的には，団体内部の問題や団体と団体の間の問題に対する従来の対応よりも，より規模の大きい問題の処理に対応できる．現地華民の間に出身地域ごとに確執や分裂や抗争が生じる実態があった歴史は前述の通りであり，華民の根深い出身地域アイデンティティを知ることができる．これを越えて，「中国人」というエスニシティを分母に，危うくもまとまる必要性が生じたことには，排華法の成立，なかでも「中国人」に特定的に敵意を向ける，現地サンフランシスコの地方社会のありかたがかかわっ

---

40)　黄遵憲「上鄭欽使第十八号」，「上鄭玉軒欽使稟文」，黄遵憲，前掲論文収録史料，35, 57 頁．

第 3 代出使アメリカ大臣に就任した張蔭桓が，渡米直後にサンフランシスコの華商にした説明のなかに，この点に関する記述がある．サンフランシスコ上陸から 3 日後の 1886 年 4 月 10 日，張蔭桓は中華会館と三邑会館を訪れ，会館メンバーの華商たちと会談した．華商たちは張蔭桓に，この春のサンフランシスコ排華暴動について説明し，中国へ帰国する途を選べば商売の採算が合わず，サンフランシスコに留まれば命の危険に晒されかねず，進退窮まっていると語った．これに対して張蔭桓は，こう述べている．

> 思うに海外で寄る辺のない民衆にはどう対応すべきか．各々がつながり合い，皆がまっとうな職業に就いて，軽んじられることのないようにすべきだ．華人は数万里を遠くやって来たのだから，故郷を思い敬う心を尽くし，何府だ何州だ何県だと分かれることなく，外での生活の道を講じ，皆が一家のようにさせることがとりわけ大事だ．たまに争いが起これば，会館に訴え，どうしようもない場合だけ，サンフランシスコ総領事に処理してもらう．白人たちに我々華人は互いに助け合うものだと知らしめ，侮られることのないようにしなければならない[41]．

張蔭桓のことばは，一見，儒教道徳的で一般的なコミュニティ調和の勧めにとれるもので，サンフランシスコ社会の評価が変わるまで華民側が身を正して待つ，受身の案ではある．しかしこの言は，排華運動の熾烈な社会で安全に暮らす対処法であり，そのためにも「つながり合うよう工夫（各謀連絡）」できるのが中華会館の役割であった．発言を集約し機構的にも一体となるには，郷幇ごとに分裂せずにまとまることが重要であった．

第 4 節　事例研究——「サンフランシスコ東華医局」捐金活動

サンフランシスコ中華会館の特徴的な活動のひとつが，コミュニティのなかからあがってきた慈善や公益事業の要請を酌み取ると，これを実現するた

41）　顧茲海外残黎，何以為計．是宜各謀連絡，咸務正業，毋為所軽．華人数万里遠来，尤当共切桑梓敬恭之意，毋分某府某州某県，旅居謀食，悉如一家．間有勃谿，訴之会館，甚不得已，乃煩領事，務令彼族知我華人彼此相顧，庶可略免欺侮．（張蔭桓『三州日記』，巻一，十二裏-十三表．）

めに，コミュニティ全体に向けて捐金を呼びかけることであった．海外の華民社会における捐金活動は時代に関係なく見られ，何か新局面——たとえば慈善活動，新団体の結成，土地や建物など不動産の購入，教育，そしてコミュニティ内外の華民社会や僑郷が戦災や天災で被災したときの救援など——で資金が必要となり，それがコミュニティで華民の公益と見なされれば，華民コミュニティの人々に広く呼びかけられていく．ある事業に対して，コミュニティが動きだしたとき，捐金徴収活動で，中華会館はどのような役割を果たすのか．

サンフランシスコの「東華医局」は，サンフランシスコ華民の自立的な公共医療機関として最初のものといわれている．1900年3月に設置され，1923年にチャイナタウンの住人に診療と投薬をおこなう「サンフランシスコ東華医院（正式名称は「美国三藩市全僑公立東華医院」，英語正式名称はChinese Hospital)」に改称され，発展した[42]．役員はサンフランシスコ中華会館と7つの同郷会館を含む，15の主要団体から選ばれた．この東華医局の設立と再建については，比較的まとまった捐金記録が残されている．一連のこの活動を分析すると，中華会館の統括団体としての働きが解る．またこれを通して，南北アメリカの他の地における，華商や中華会館の捐金活動を理解することが可能である．

もともとサンフランシスコの「東華医局」は，1900年の発足当時は，木造の約8m×20mの小さなもので，身寄りのない人間が病気で弱り，帰国を望むときに，一時的に療養できるよう収容する簡易の慈善施設であったと記録されている[43]．サンフランシスコでは，それぞれの同郷会館がこうした空間を設けており，同郷会館ビルの一室を当てる場合もあった．たとえば，1880年代の陽和会館の内部を描写した記録には，会館ビルの1階には2部屋あって，大部屋はホールとして使われて壁一面が会員の捐金名簿と赤い捐金記録紙でおおわれ，小部屋は管理者と使用人の部屋として使われ，2階と3階の納屋，そして離れが，一時的な簡易宿泊施設として同郷出身者に開放

---

42) 劉偉森（主編）『美国三藩市全僑公立東華医院四十週年紀念專刊』，San Francisco: 東華医院董事局，1963年，26頁．

43) 拡建東華医院籌捐局『拡建東華医院勧捐縁部』，一表，San Francisco: 中西日報，1923年，Microfilm Collection of the Ethnic Library, U. C. Berkeley；陳楽生「東華医院徴信録」，序文，劉偉森主編，前掲書収録史料，27頁．

されていた，とある．この離れには，カリフォルニア山中の金鉱山から市内に出た者や，中国帰国前の者が泊まっており，このなかに，病人が藁布団に包まって仰臥していた[44]．

個々の地縁団体の力が強いサンフランシスコ華民社会で，なぜ改めて東華医局が必要となったのであろうか．サンフランシスコの華民社会は，地縁・血縁をふまえたネットワーク社会であると一般に理解されている．しかし，流動性が高く，かつ成人男性の単身出稼ぎ移民が大多数を占める「単身者社会」である以上，会館に所属せず，したがってその保護を受けられない，地縁とも血縁とも深い縁のない者が常に存在していた．移動社会ゆえに，内部に無所属の経済的弱者を常に抱え，収容場所と基本的な医療を必要としたのである．さらに，東華医局が20世紀に入ってから成立した背景をより広い社会的な視野から見れば，1882年の排華法の施行以降，チャイナタウンがゲットー化したことが挙げられる．古くからサンフランシスコのチャイナタウンには，内部の住民の言語能力が著しく広東語に偏ったため，アメリカ人の医師と必要な英語コミュニケーションができない，病院がチャイナタウンから遠い，医師の態度も往々にして差別的で，診療費が高いなどの問題があった．しかし診療費の安いアメリカの公立病院は患者数が多く，柔軟な入院措置を望めなかった．東華医局の開設によって，華民たちはこうした言語や通院距離の問題，そして差別を避けられるようになり，患者は経済状態に応じて費用の減額・免除などの対応を受けられるようになった．そして何よりも，華民の習慣や心情に応えられるところが東華医局の意義として最も大きかった．サンフランシスコ華民社会では，まだ多くの人々が西洋式医療より伝統的な中国式医療を強く望んでいた．西洋式医療も中国式医療もどちらも施せるよう，東華医局には中国人医師もアメリカ人医師も勤めていた．このため，チャイナタウンの住民にとって，東華医局は必要不可欠な医療機関であった[45]．

サンフランシスコ東華医局が中国と西洋の両医療を用意した点については，香港の「東華医院（のちの東華三院，英語名を Tung Wah Hospital．以後，香港

---

44) William Speer, *The Oldest and the Newest Empire*, Cincinnati: National Publishing, 1880, p. 556.
45) 劉偉森（主編），前掲書収録史料，26-27頁．

東華医院と表記する)」に倣うところが大きかった．香港東華医院は，1880 年代以降に東南アジア各地に次々とつくられていった民間の華人医院にさまざまな影響を与えたことが指摘されているが[46]，北アメリカの地に建ったサンフランシスコ東華医局も，そのひとつであったと言えよう．

香港東華医院とは，1851 年の広福義堂から発展して，広く広東人全体の同郷組織としての性質を持つに至った慈善組織であり，1870 年には初の華人団体として香港植民地政庁の認可を受けた．帆刈浩之の研究を参照すれば，香港と海外に暮らす広東人と僑郷の広東省とをつなぐ，いわゆるネットワークのハブとしての機能が特徴的である．たとえば「医院」の名称であるとはいえ，香港東華医院は医療よりも，難民の収容と回籍（出身地を特定して，そこへ送り返すこと），香港や海外で死亡した者の棺を広東省などの故郷に送り返す運棺，そして災害救援をはるかに重点的な活動とした．その経営は，香港の中国人商業エリートが出資して支えていた[47]．なお，「東華」とは「広東華人」の略という．

東華医院は，1860 年代末に，西洋医療に加えて，中国人医師が施す伝統的な中国医療の体制も整え，どちらでも希望するほうを受けられる特徴的な医療サービスを開始して，その後，世界各地の民間の華人医院に影響を与えた．香港では，投薬への考え方や死生観を反映して，西洋の近代医療に対してほとんどの中国人が懐疑的であったため，香港東華医院に伝統医療を求めて中国人患者の来院数が激増し，中西両用の方式が開始された[48]．20 世紀初頭のサンフランシスコにも，伝統的な中国式医療を欲する華民たちの強い要望が存在したことは前述の通りであり，サンフランシスコ東華医局には香港東華医院の医療のかたちがじかに導入されたと考えられよう．

サンフランシスコで東華医局を開くにあたって，サンフランシスコ総領事館とワシントンの清朝公使館，サンフランシスコの主立った華商，中華会館，7 つの同郷会館からの捐金で，設置用の資金が用意された．華人団体それぞ

---

46) 帆刈浩之「香港東華医院と広東幇ネットワーク――民弁華人医院の展開」，飯島渉（編）『華僑・華人史研究の現在』，汲古選書，1999 年．
47) 帆刈浩之「香港東華医院と広東人ネットワーク――20 世紀初頭における救済活動を中心に」，『東洋史研究』，**55**(1)，1996 年．
48) Elizabeth Sinn, *Power and Charity: Chinese Merchant Elite in Colonial Hong Kong*, Hong Kong: Hong Kong University Press, 2003, pp. 60-62.

れに割り当てられた額があるのが特徴的で，中華会館が最高額の2,000ドル，寧陽会館1,100ドル，岡州会館500ドル，三邑会館500ドル，陽和会館500ドル，合和会館250ドル，肇慶会館150ドル，そして人和会館150ドルであった[49]．この割り当て額は，まず会館の会員数によって算出されていた．そして，中華会館は事業に対する最大の後援者であった．

　一般に，海外華民社会の慈善や公益事業においては，出捐が完了してから事業が実現するまでの時間がきわめて長くかかる．これは海外華民全体の資金の規模に限りがあるため，さまざまな外因に左右されて捐金の集まりが悪かったり，より深刻な事態が起こると援助用の捐金活動が優先されたりなど，活動が頻繁に中断するためであった．サンフランシスコ東華医局の拡張と増設も，例外ではなかった．増設は常に検討されていたが，ほぼ20年経った1918年に，建物の老朽化，非衛生的な環境，そして収容人数の限界から，ようやく本格的に増築工事が検討されはじめ，1920年に華民の寄付で不動産が購入されたことを契機に，実現に結びつく動きとなった[50]．

　1920年10月に，サンフランシスコ中華総会館は，諸会館を何度か召集し，東華医局から「東華医院」への改称を決めた．このときには，7つの同郷会館はじめチャイナタウンで影響力の強い14団体が召集され，これに中華総会館を加えた15団体を，増築の提唱団体と位置付けた．そしてこれら15団体から代表を出して，臨時委員会の「増建東華医院籌捐局（以下，籌捐局と略記）」を発足させ，その事務局を中華会館に置いた[51]．籌捐局は，増築目的や捐金を集める手順を明記した規定細則の議案をまとめ，10月14日に「増建東華医院勧捐小引」，「籌辦医院章程辦法」，「東華医院章程縁起」として活字化し，コミュニティに配布した．

　籌捐局の捐金の手順は，次のようなものである．まず捐金の徴収は期間を決め，おおよそ数か月で締め切る．捐金の呼びかけはコミュニティ内部におこなったのち，コミュニティ外の各地に人を派遣して直接捐金を打診する．募金帳を作成して番号を振り，氏名・商店名を先に記入して，これを各地に回覧して捐金の有無を書き入れ，その後募金帳と募金を回収する．このよう

---

49)　劉偉森主編，前掲書収録史料，27頁．
50)　拡建東華医院籌捐局，前掲史料，一裏．
51)　同前．

な手順は，第6章で扱う，1880年代のカナダ，ブリティッシュ・コロンビア州ビクトリアにおける中華会館の創設の折のものと酷似している．

　また籌捐局は，次のような褒賞制度もつくった．1万アメリカドル以上の捐金の場合，中華民国政府から賞を贈り，東華医院のホールに出捐者である個人または商家の名を冠して称え，その写真を1.3メートルサイズでつくり，そのホールに掲揚する．5,000ドル以上では民国政府からの賞と1メートル弱の写真の掲揚，1,000ドル以上は中華民国駐米公使からの一等褒賞と80センチの写真の掲揚，500ドル以上は駐米公使からの二等褒賞と50センチ写真の掲揚，250ドル以上は駐米公使からの三等褒賞と40センチ弱の写真，100ドル以上はサンフランシスコ総領事からの褒賞と30センチ弱の写真，そして最後に50ドル以上の捐金の場合は，サンフランシスコ総領事からの褒賞と記念碑への氏名の一括刻印とされた[52]．

　この報奨制度は捐金の額によって細かく分けられ，最高権威は中国であって，次いで駐米公使，サンフランシスコ総領事の順で，序列化された官で示されてあった．募金がコミュニティ全体に呼びかけられるなかで，比較的裕福な華商や商家，そして華人団体が常に多額の捐金を出す．これは，経済力のある者が慈善を通してコミュニティの公の場で，名声と権威を獲得していくしくみでもある．そしてこの名声と権威は，本国としての中国に正統性を求め，本国を上位とする価値観で秩序立てられた．

　その後の籌捐局の活動は，資金不足や中国本国での大旱魃のために中断し，サンフランシスコ東華医院の増設も着工が延期され，協議は2年後の1922年10月18日に再開された．1923年2月，先の籌捐局メンバーのなかから新しいサンフランシスコ東華医院の局長，書記，「司庫」という金庫係を正副2名ずつ選んで執行部が選ばれ，さらに増築に伴う補充職員が決められた．

　サンフランシスコ東華医院の新組織構成が決まると，籌捐局はサンフランシスコの内外で組織的に募金活動をはじめた．コミュニティ内での本格的な捐金徴収活動は，3月にはじまった．まず132の華人団体に，各団体の規模に応じた額の寄付を呼びかけた．次いでチャイナタウンの華商代表を籌捐局に招集する，目抜き通りのデュポン街（DuPont Street，現在のグラント街

52）　同前，二表-裏．

Grant Avenue）に集中する華商宅を巡回するなどの方法で，華商に貸付けや寄付を募った．こうして期日の4月14日までに総額7万7,660ドルを集めた．次いで23年4月から24年末までの間に，新たにオークランド，ストックトン，ロサンジェルス，サクラメント，サンタバーバラ，サンディエゴ，サリナス，サンタクルズなど，すなわちサンフランシスコの外にあるカリフォルニア州各地の華民コミュニティに役員が派遣され，同様の捐金募集活動が進められた．その後，サンフランシスコのアメリカ人商人や有志からの募金を受け付けた．さらに，香港からは香港東華医院から1万5,000アメリカドル，香港広東銀行から1,000アメリカドルを集め，上海からは広東資本の永安公司から1,000アメリカドルの捐金を集めた．こうして5月には当初の目標である10万ドルを超えた11万5,000ドルの資金が集まり，最終的に年末には総額16万アメリカドルに達した．

　この捐金によって新たにジャクソン街（Jackson Street）に地所を購入して病院を新設し，旧来のサクラメント街の医院を合併して，サンフランシスコ東華医院とすることになった．11月23日にカリフォルニア州政府から認可を受け，東華医院は1925年4月18日に開院した[53]．開院後のサンフランシスコ東華医院に，各華人団体がどのようにかかわったかを見ると，東華医院の役員として毎年15の会館がそれぞれ代表1名を選び，15人の役員が運営に携わっている[54]．コミュニティ内部での医院の運営には，華人団体の資金協力が不可欠であったことがここからも窺い知れる．東華医院はその後の運営で慢性的な資金不足に悩まされたが，中華会館が，香港東華医院・香港の広東銀行などとともに随時捐金で支えたため，1950年代には産婦人科も設置された．

　以上，ある事業での捐金活動において，サンフランシスコ中華会館の果たした役割やその手順を検討すると，中華会館はまずコミュニティ最大の出資者であり，換言すればそうあるべき存在であった．そして捐金活動では主導的かつ調整的な役割を果たした．すなわち事業がはじまると，中華会館はイニシアティブをとって諸会館に代表を選出させ，委員会を組織した．その後，それぞれの会館に捐金の寄付金額を割り当てて，各会館が団体の規模に適す

---

53)　同前，一表，二表-裏；劉偉森（主編），前掲書，28-30, 38 頁．
54)　劉偉森主編，前掲書，54-73 頁．

るひとやカネを出して負担と責任を等しく負うよう調整した．中華会館の役割はここまでで，以後は委員会が事業の段取りやコミュニティへの説明責任を果たして，細かい実務を担った．そして，この活動の要所で，中国本国政府や在外公館などの官が後援していくのである．

小　結

サンフランシスコ中華会館の設置周辺を検討した結果，中華会館と清朝の公使・領事との関係については，以下のようにまとめられる．

1880年代に本国の官が入ったことで起こった，サンフランシスコ華民社会内部の変化とは，新たな官設の民間代表団体である中華会館による，コミュニティ全体に係る包摂的な協力体制の成立である．このような団体の設立の契機は1882年に成立した排華法であり，排華法下のアメリカ社会で生じるであろう諸問題へ対応するため，ひとつにまとまる必要性が認識され，統括団体の形成がめざされた．それは統括団体となるべく工夫された，①有力な同郷会館が平等に権威を持つことができる董事制や総董事制や，②華民社会全体に係る連絡・対応の回路として用意された紳董制度に明らかである．さらに華民社会はこれ以降，清朝の在外公館や総領事館，ひいては本国である中国に，政治的・文化的な正統性を求める秩序に帰するようになっていった．

実証の結果，サンフランシスコ中華会館に関して2点，指摘しておきたい事項がある．第1に，中華会館が名実ともにコミュニティの総括団体となった背景には，黄遵憲個人の采配があった．むしろ，サンフランシスコ中華会館の成立には，黄遵憲のパーソナリティが大きなファクターとして働いている．現在まで続く中華会館の歴史のはじまりで，黄遵憲一個人が整えたシステムや及ぼした影響は無視できない位置にある．成立した組織的特徴や構造は，その後完全に覆されたり消滅したりすることはなく，基礎に残るものである．「はじまり」の段階で黄遵憲がサンフランシスコ華商とともにつくりあげた中華会館の組織的特徴――コミュニティの代表たるべく，会館の分裂を回避し，包摂して中華会館の下にひとつに保とうとする強い統括団体志向は，この後も続いていく．第2に，サンフランシスコ中華会館は，もともと

複数の有力な同郷会館が1850年代から持っていた協議体制が徐々に組織化されたものと見ることができ，これが1880年代からは清朝領事館の主導で，華民社会の代表組織として正式に成立したものとも捉えられる．すなわち中華会館の設立は，海外華民社会において官の主導と，その助言を容れた商が，事実上，官設のかたちながら，それまで発展してきたコミュニティコントロールのしくみの集大成として代表団体をつくりだした点に意義があった．これは移民社会における本国のプレゼンスが，一歩進んだ段階に入ったことを示している．

　中華会館は，こののちに清朝が崩壊して中華民国が成立しても，中国本国に対して現体制肯定を原則とする政治姿勢をとる．これはこの1880年代に確立した，官を後ろ盾とする，民間代表団体の組織的性質ゆえである．たとえば清朝の崩壊直前，20世紀初頭の南北アメリカの華民コミュニティでは，康有為・梁啓超の改革運動や孫文の革命運動の宣伝活動や募金活動がおこなわれたが，中華会館は実際に清朝が倒れるその日まで，清朝打倒や共和国樹立に傾倒することはなかった．ところが1912年1月1日に中華民国が成立すると，サンフランシスコ中華総会館は民国政府の打ち出す不平等条約撤廃ならびに南北アメリカの排華法体制への抗議などの政策に，いちはやく協力した[55]．また1927年に中国で蒋介石が政権を握ると，サンフランシスコ中華会館は直後から国民党支持を表明し，その僑務に積極的に協力したことが指摘されている[56]．

　アジア系アメリカ人運動のなかで蓄積された北米の中国系コミュニティ史研究には，現代史におけるサンフランシスコ中華総会館と国民党とのつながりについて，厳しい批判的見解を展開するものも少なくない．たとえば，経済力を持つ一部の華商が，コミュニティにおける利益と権限を維持するために国民党に癒着し，現地華商も国民党も互いの利潤動機を原則として関係を成り立たせたと説明している．そして中華総会館執行部を占有する有力華商たちが，コミュニティにおけるみずからの権益の基盤である商業活動を保護し，発展させ得ることしか考えていなかったため，コミュニティの華民全体

---

55) Chinn, *op. cit.*, pp. 5-6.
56) Jan Lin, *Reconstructing Chinatown: Ethnic Enclave, Global Change*, Minneapolis: University of Minnesota Press, 1998, p. 125.

第5章 1878年以後の官商関係

の利益が優先されなかったとしている[57]．おそらくこれもまた一面からは真実であろう．しかしながら本章のように，清朝末期からのより長い歴史幅で中華会館の本国に対する政治姿勢を検討してみると，官の組織が中国という国家を背後に控えて移民社会に入っていき，その官を後ろ盾にして現地生活の安定を図ろうとする移民社会にとっては，本国の現体制支持の姿勢こそが，移民社会の代表機関たる民間組織に運命付けられたものと言うこともできる．本来移民社会には，本国を離れた異地に居住する危うさが基礎にある．とくに排華法施行中のアメリカの華民社会では，みずからの財産と生活がみずからのコントロールを離れ，居住国側に激しく左右された．アメリカの華民コミュニティの代表機関であるサンフランシスコ中華総会館が，みずからの後ろ盾となる官と本国に対して現体制支持を貫く姿勢は，内部で形成されてきた官商関係のみならず，移民社会の代表機関ゆえであった．

---

[57] 詳細は園田節子「北アメリカの華僑・華人研究——アジア系の歴史の創出とその模索」，京都大学東南アジア研究所『東南アジア研究』，43(4)（特集 東南アジアを超えて——華僑・華人史研究のフロンティア），2006年，における概説を参照．

第6章　伝播する情報，増す近接性
― カナダ太平洋岸 ―

第1節　ゴールドラッシュと転航華商，早期華民社会

　カナダの太平洋岸に位置するブリティッシュ・コロンビアは，アメリカ西海岸と地理的に近いため，こと華民に関するさまざまな事象には，カリフォルニアの政治・社会との深いつながりが見られた．たとえば，カナダへやって来る華民の移動と定住の歴史には，きわめて早期からサンフランシスコからの転航民を確認できる．また，華民に敵対的な政治的・社会的風潮がカリフォルニア社会で醸成されると，それがカナダ太平洋岸に散らばる町の白人層や，内陸の小コミュニティの白人の思考や行動に影響を与えた．その結果，ブリティッシュ・コロンビアでは，カリフォルニアの社会ほど激烈ではないが，中国人を対象に差別法が制定され，排華運動も発生するなど，アメリカ西海岸と類似の現象が見られた．カナダ太平洋岸は，環太平洋地域の一部として，カリフォルニアからのさまざまな波及現象が見られる地域的特徴を有していたと言える．そして，やって来たものは華民や華商といった「ひと」や，白人の醸成した価値や文化にとどまらない．本章で明らかにするように，華民の間の情報，具体的には華人団体をつくるための手続きや手順もまたサンフランシスコから伝わった．

　カナダ太平洋岸へ華民が上陸し，居留するきっかけとなったのは，カリフォルニアのゴールドラッシュにちょうど10年遅れて始まった，1858年のブリティッシュ・コロンビア植民地でのゴールドラッシュである．こうした地域はカリフォルニアとの比較において，華民の継続渡航先としての「後発地」である．南北アメリカのこうした後発地では，中国から直接渡ってくる人々に加えて，少なからぬ人数の転航華民がいた．このなかにいたサンフランシスコ転航華商は，少数ながらも，渡航先の華民コミュニティ内部に無視

できない社会的・文化的影響をもたらした.

　1858年4月,カナダのブリティッシュ・コロンビア植民地の内陸フレイザー川流域で金が発見されると,カリフォルニアから多くの人々が北上し,オーストラリアの金鉱にいた人々を含めて,カナダにはさまざまな国や地域からの雑多な浮動人口が集まりはじめた.バンクーバー島の南端に位置するビクトリアは,のちのカナダ連邦加入によって州都となる町で,当時はブリティッシュ・コロンビア植民地政府があった.内陸に入って採金するためには,まずビクトリアに赴き,ブリティッシュ・コロンビア植民地政庁のGold Commissionerが発行する1年間有効の「自由鉱夫証明証 free miner's certificate」を5カナダドル[1]で取得しなければならなかった.まずこの証明証を得るために,人々は続々とビクトリアに上陸した.この流入人口が,それまでイギリス色がきわめて強かった社会を変えた.ブリティッシュ・コロンビア植民地は,ビクトリアに植民地政府の一握りのイギリス人官僚と少数の商人と農民を抱え,内陸部にハドソンズベイ・カンパニー(Hudson's Bay Company)の毛皮貿易商のごく小さな交易コミュニティと若干の開墾地を伴うにすぎなかったが,1858年以降,急激に国際色豊かな発展を開始した[2].

　ビクトリアへの華民の継続的渡航は,ビクトリアが小さな交易の町から商業流通の町へと発展する,まさにこの1850年代後半にはじまっているが,それは無秩序なひとの流入ではなかった.まずサンフランシスコの華商が,同郷人を対象とする事業の下地を整える目的でビクトリアに拠点を設け,それを契機に多くの華民が流入しはじめたのである.

　カナダ最初の中国人上陸者は砂金を捜す者ではなく,商売の機会を探る目的で同地に入って来たサンフランシスコの中国人商店の代理人,すなわち華商であった.華商はフレイザー河の金のうわさを聞いて来た1858年4月の最も初期の上陸者のなかにおり,サンフランシスコに戻ると,同年5月16

---

1) カナダは1858年からドルを使用しはじめた.
2) W. Peter Ward, *White Canada Forever: Popular Attitudes and Public Policy toward Orientals in British Columbia*, Montreal: McGill-Queen's University Press, 1978, pp. 23-24.

日付け *Daily Globe* 紙にカナダの金に関する記事を載せた．これを読んだ華民たちが，以来サンフランシスコから北上するようになった．最初の華民の一団は1858年6月28日にビクトリアに上陸した300人であり，サンフランシスコ華商の「合記商会（Hop Kee & Co.）」が船会社アラン・ロウ商会（Allan Lowe & Company）とともに手配した船でカリフォルニアからやって来た．次いで，華商とアメリカ人商人が合同手配するほぼ同様のかたちで，次の船は1859年春に香港から来た．以降，フレイザー川の砂金や現地における商売を目的に，香港からビクトリアに上陸する華民の数は年々増加した．サンフランシスコやポートランドから，不況に悩み，また高まる排華の気運を避けて，金鉱の夢や商売の機会がより期待できる新天地としてカナダを選択した転航華民も，継続的にやって来るようになった．1858～59年のわずか2年の間に，サンフランシスコとポートランドから，船あるいは陸路で2,000人以上の華民がビクトリアに上陸したと推計されている[3]．

　カリフォルニアと香港の2つのルートからビクトリアに上陸した華民は，自由鉱夫証明証を得て内陸の金鉱に向かうか，あるいはそのままビクトリアに生活基盤を築いて商売に携わるか，いずれかの途を選んでいった．1860年代初頭には海上交通路の新設を受けて，香港，マカオ，そしてホノルルからの直行便が寄せ，大量の華民が同地に上陸するようになった．この時期のバンクーバー島と内陸を合わせたブリティッシュ・コロンビア植民地には，約6,000～7,000人の華民がいたとされる[4]．

　このように見てくると，ゴールドラッシュ期にこの地に来た早期の華民は，他の白人や非白人の流入人口と同時期に，同様の目的を持って新開拓地――フロンティアに入ったことが解る．のちにカナダ社会から排斥される存在となる華民は，当初は時期的にも立場的にも，他の人々と同等の位置にあって，いわゆる新来の移民集団に古参の白人グループが排斥感情を抱く，という構図ではなかったことに注意を向けたい．華民は白人移民と同様に，フロンティアとしての現地社会の発展と形成に能動的にかかわり続けていた．

---

3) Harry Con, Ronald J. Con, Graham Johnson, Edgar Wickberg and William E. Willmott, *From China to Canada: A History of the Chinese Communities in Canada*, Toronto: Minister of Supply and Services Canada, 1982, p. 13; 李東海『加拿大華僑史』，加拿大自由出版社，1967年，36頁．
4) Con, Con, Johnson, Wickberg and Willmott, *op. cit.*, p. 14.

ビクトリアに華民が定住してチャイナタウンの基礎を形成しはじめるのは，華民の最初の上陸とほぼ同時期であり，やはり華商がその要であった．1858年7月，サンフランシスコの華商である阿寿がビクトリアに移り，郊外に地所を購入したのが，同地における華民の居留・定住の開始とされている[5]．ほどなくしてビクトリアの中心部で，フィスガード街（Fisgard Street），コーモラント街（Cormorant Street），ジョンストン街（Johnson Street）に華商たちが店舗を開いた．この区画が20世紀に東西はストア街（Store Street）からダグラス街（Douglas Street），南北はコーモラント街からヘラルド街（Herald Street）の4ブロックを占めるチャイナタウンの基礎となる．この区域には1860年までに，華民が経営する洗濯屋1軒，診療所1軒，食事と宿泊を提供する会館とおぼしき建物1軒が建てられた．こうして出現した小規模の華民集住区域で，中心的役割を担ったのは商店「広利（Kwong Lee）」であった．広利は数年前にサンフランシスコに成立した同名の商店のビクトリア支店で，同郷人相手に中国から輸入した物品・米・砂糖・茶そして食料品を売った[6]．こうして発展しはじめた同地の華民集住地が，消費供給秩序の面で自己完結した社会経済構造を持つ，いわゆる今日的なチャイナタウンの性格を備える可視的な社会空間になったのは，1880年代の終わりである．

第2節　1880年代，華商の活動──都市と内陸東漸

ブリティッシュ・コロンビア州の華商はサンフランシスコや香港とのつながりを維持しつつも，1880年代には同州内での居住範囲を広域化し，経済活動を多様化させた．

1884年に，サンフランシスコ総領事黄遵憲がビクトリアに派遣した清朝サンフランシスコ総領事館主事の黄錫銓は，ブリティッシュ・コロンビア州内のいずれの町に華民が住むか，そして華民の性別・職業別人数，同州内の華商・華工の経済状態について調査した．その報告書からは，当時華民が住んでいたのは，①ゴールドラッシュやカナダ太平洋鉄道の敷設工事を契機に，

5）　李，前掲書，36頁．
6）　Con, Con, Johnson, Wickberg and Willmott, *op. cit.*, pp. 14-16; 李，前掲書，81頁．

第6章 伝播する情報，増す近接性

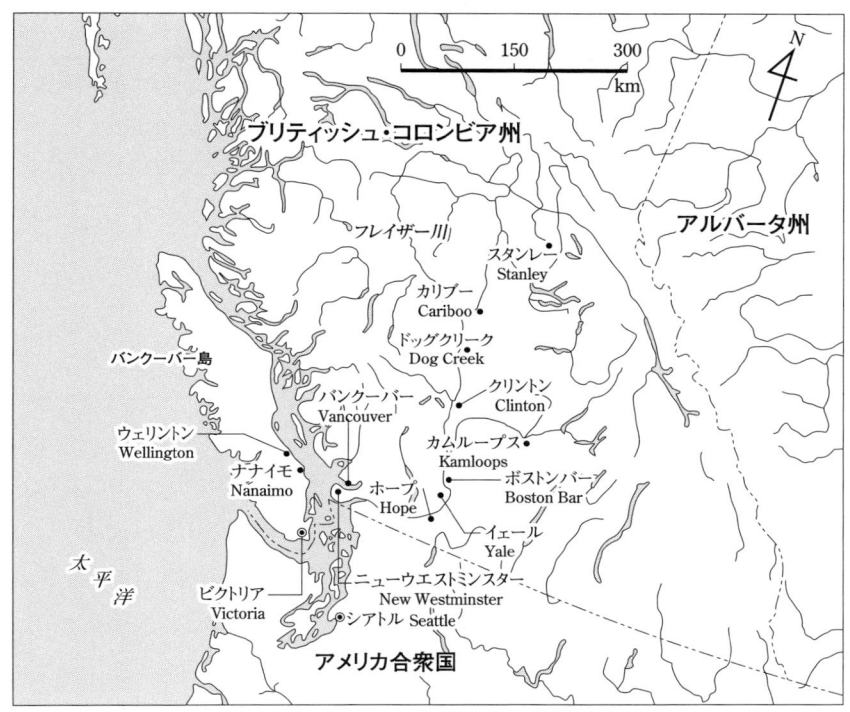

図6-1 カナダ太平洋岸の町の位置関係

内陸のフレイザー川沿いに拓かれた小コミュニティや中型コミュニティ，そして②アメリカ西海岸やカナダ内陸へ向かうひとの移動のハブとして成長した町，であって，つまり同州内の町やコミュニティのほとんどであることが解る．①に該当するドッグクリーク（Dog Creek），クリントン（Clinton），ボストンバー（Boston Bar），イェール（Yale），ホープ（Hope），カリブー地域（Cariboo），カムループス（Kamloops），スタンレー（Stanley）などの小コミュニティには最少でも50人程度，ウェリントン（Wellington）のような中型コミュニティには平均150人程度の華民が暮らしていた．②は州都ビクトリア，そしてビクトリアの北にあるナナイモ（Nanaimo），フレイザー川河口のニューウェストミンスター（New Westminster）であり，1,600人以上の華民が住んでいた．成長する州都のみならず，コミュニティや町など，広い地域に華民の姿が見られたのである（図6-1）．

表 6-1 ブリティッシュ・コロンビア州現地華民の職業別人口一覧

	町名	ビクトリア	ニューウェストミンスター	ナナイモ	ウェリントン	鉄道建設関係
	職種	人数	人数	人数	人数	人数
都市型労働	商人	45	12	4	9	1
	店員	179	18	6	8	25
	行商人	10	―	―	―	―
	野菜売り	20	9	―	―	12
	肉屋	8	―	―	―	―
	医者	12	6	6	4	6
	教師	4	2	1	1	―
	皮靴職人	130	―	―	―	―
	縫製業職人	30	6	―	―	―
	印刷業者	3	―	―	―	―
	料理人・召使	180	50	18	19	―
	マッチ製造職人	7	―	―	―	―
	煉瓦造り職人	60	―	―	―	―
	煉瓦積み職人	25	―	―	―	―
	炭焼き職人	16	18	―	―	―
	葉巻職人	28	―	―	―	―
	洗濯業者	90	20	9	4	―
	金属職人	2	―	―	―	―
	床屋	20	15	4	3	22
	溝堀人	―	156	―	―	―
	大工	25	3	―	―	―
	売春婦	34	7	2	―	―
郊外型	野菜栽培業者	114	―	―	―	―
	農園労働	―	400	23	―	―
林業	製材所労働	17	190	―	―	―
	きこり	―	82	―	―	280
鉱業	石炭鉱夫	―	―	64	620	―
年齢性別	12歳未満少年	10	5	2	―	300
	12～19歳少年	98	85	15	15	―
	既婚女性	41	4	4	―	―
	少女	31	2	―	―	―

町名	ビクトリア	ニューウェストミンスター	ナナイモ	ウェリントン	鉄道建設関係
職種	人数	人数	人数	人数	人数
新来華民	380	200	—	—	—
備考・特設項目など		他に特定できない職種（Fuel cutters 65人）や史料筆記のかすれで読解不可能の項目あり	Fuel cutters 82人			鉄道敷設労働 2,900 食堂経営 11
合計	1,767	1,680	168	693	3,460

(注) 1. それぞれの職種名は原資料に拠る．行商人と野菜売りは同形態の商人だが，それぞれ Peddlers, Vegetable sellers と別項目であり，野菜栽培業者は Vegetable gardeners，煉瓦造り職人と煉瓦積み職人は Brick makers, Brick layers である．
2. 表中の「—」は，その町の職業に設けられていなかった項目を示す．
3. 「鉄道建設現場 Railroad constructions」の項目には，町や場所を特定する情報がない．カナダ太平洋鉄道の敷設現場に沿って存在する労働者キャンプを統合した概数か，もしくは華人団体の資料を得た数かと推測される．
4. この調査はバンクーバーではおこなわれなかった．当時，ビクトリアに次ぐ規模の町はニューウェストミンスターであり，バンクーバーの発展ははるかに遅れていた．カナダ大陸横断鉄道がバンクーバーに到達して初めて，都市の発展がはじまっていく．

(出典)「査明可林比亜華人事務覆英委員細冊及説帖存稿 1884」, in CCBA Fonds, AR 030, Box 1, File 1. 6, sheet 159-163, University of Victoria Archives & Special Collections より作成．

　表 6-1 は，黄錫銓報告のなかから，同州の主要な町やコミュニティを選び，その地の華民の職業別人口を整理したものである．

　華民の職業別人数を便宜上「都市型労働」「郊外型労働」「林業」「鉱業」に分類すると，ブリティッシュ・コロンビア州各町の華民の生活実態が見えてくる．ビクトリアでは商業従事者の数が突出しているうえに，さまざまな業種の職人や家内雑用などの多様な都市型労働に携わっている．一方，ビクトリア以外の内陸の中小コミュニティでは，農・林・鉱といったブリティッシュ・コロンビア現地の主要産業部門で労働力を提供している．

　注目すべきは，「商人 merchants」と示された，いずれの町にも確認できる華商の存在である．表 6-1 に整理した主要な町はもとより，華民人口50人程度でしかない内陸の複数の小コミュニティにも，平均で華商2人から4人，その商店手伝い2人から3人が記録されている．

　黄錫銓報告によれば，当時のブリティッシュ・コロンビア州の華商は，中国・日本・アメリカから，米・茶・油・リキュール類・煙草・乾物・陶器・

薬・絹製品・紙製品・書籍や文具・敷物・靴・アヘン・紙銭と線香などを輸入し，ブリティッシュ・コロンビア州内では衣類・毛織や麻製の帽子・書籍・マッチ・灯油・紙・石鹸・煙草や葉巻・砂糖・小麦粉・米・菓子・各種肉類[7]・ラード・牛肉・バター・魚・皿・時計・ランプ・各種燃料[8]・炭[9] などを購入して，同州内もしくは中国本国で売った．ブリティッシュ・コロンビア州の華商が1年間におこなう取引の総額は132万カナダドルであり，中国・アメリカ・日本との貿易額は50万ドル，ブリティッシュ・コロンビア州の白人の商人との間でおこなった取引の額は40万ドル，関税支払年間総額は15万ドル以上である．同州の華商が所有する不動産はおよそ10万ドル，中国人の所有するビルのレンガなどの価格は8万1,000ドルとなっている．

ビクトリアの華商のみに限定した場合，その経済状態に関しては，とくに現地で華商に課せられた各種の税金が詳細に調査された．まずビクトリア市には中国人の商人のみに課せられる税金が10項目あり，それぞれ，貿易許可証のための支出は年間7,560ドル，所有財産の査定のための支出は年間500ドル，華商とその従業員のビクトリア市税務局への支払いは1,100ドル，白人への家賃が年間2万7,000ドル，華商から白人へ合計750エーカーの耕作地賃借料が年間6,180ドル，市への賃借料4,440ドル，ガス代1,170ドル，建築物および商品への保険料が2,560ドル，白人からの借り入れが8,400ドル，その他3,000ドルであった[10]．

黄錫銓はさらにブリティッシュ・コロンビア州内の華工の収入と支出について調査し，州内の華工数は9,629名，平均年間収入は300ドル，年間支出額は257ドルと算出した．支出内訳は，複数の労働者から聞き取った概数であろうが，前借金の控除額75ドル，食費と衣料130ドル，部屋代24ドル，雑費10ドル，ブリティッシュ・コロンビア州税5ドル，祭祀関係支出5ド

---

7) 史料には Meats とのみあり．
8) 史料には Fuels とのみあり．
9) 史料には Coal とのみ表現され，ブリティッシュ・コロンビア州の産品には石炭も木炭もあるため，史料からは区別がつかない．
10) n. d.「査明可林比亜華人事務覆英委員細冊及説帖存稿1884」, in Chinese Consolidated Benevolent Association Fonds（以後，CCBA Fonds と略記）, AR 030, Box 1, File 1. 6, sheet 113-115, University of Victoria Archives & Special Collections（以後，UVic と略記）．

ル，医療費3ドル，油・水・煙草5ドルとされ，華工の年間純利益は43ドルと見積もられている[11]．

これらの情報から判断するに，1884年時点のブリティッシュ・コロンビア州の華商の事業の量と規模は大きくはない．太平洋を往復して大口の貿易をおこなう貿易商というよりも，むしろ，仕入れた生活用品や食料品を小売りする，中小規模の商人と見るのが妥当である．しかし彼らの扱う商品の搬送距離は長く，中国・日本・アメリカとカナダの間を物品が流れる．日本における近代の華商の研究については，福建系在日華商の活動について研究成果があがっている．とりわけ長崎の泰益号に関する一連の研究で，その事業規模が小資本で，いわゆる中小企業であるにもかかわらず，19世紀後半にはロシアから中国東北地方，華北，華中，華南，香港そして東南アジアに及ぶ広大な商業網をつくりだしていることが指摘されている[12]．こうした広域活動は，20世紀前半に香港や台湾，日本を結節点とする，いくつかのルートが張りめぐらされたなかでおこなわれており，伝統的アジア域内貿易として物流が活性化する様相を呈している[13]．ブリティッシュ・コロンビア州の華商も，19世紀後半からこのような華商商業ネットワークのダイナミズムを体現していたと言えよう．

さらに，白人との商売としての取引や，土地建物の賃貸ならびに資金借り入れをおこなうなど，中国人社会の外と接触している．しかしその一方で，扱う品目の特徴が物語るように，華商の顧客層の大多数は同じ華民であった．他国との貿易額や白人商人との取引総額に比べて，州内ビジネスの年間収入総額が突出していることから，ブリティッシュ・コロンビア州の華商は中国・日本・アメリカ・カナダの間を等比に活動するのではなく，主に州内の顧客相手の商売に比重を置く，強い輸入志向型の交易をしていたことが解る．華商は強い顧客志向ゆえに，ゴールドラッシュ時に内陸開拓コミュニティのような奥地に分け入っていく同郷人――とくに鉱山労働従事者や華工を顧客とする以上，彼らを追ってその地にはるばると分け入った．こうして華商の行動範囲は，地理的に驚くほど広く，かつ網羅的であった．現地華商の経済

---

11) *Ibid.*, sheet 116, UVic.
12) 朱徳蘭『長崎華商貿易の史的研究』，芙蓉書房出版，1997年．
13) 廖赤陽『長崎華商と東アジア交易網の形成』，汲古書院，2000年．

活動が，以上のように，小規模でありながら機動性に富んだ性質を持っていたため，ビクトリアのような政治経済の中心地から内陸の小コミュニティまで，華民の在るところすべてに華商の姿が見られたのである．

①大陸の内陸へと東進する「広域性」と，②州都ビクトリアに集住する「都市性」，これらの特徴をブリティッシュ・コロンビア州の華商に見ることができよう．

エドガー・ウィックバーグ（Edgar Wickberg）が指摘する通り，基本的に華民はこの 1880 年代からいま現在に至るまで，都市型労働者の性質を有し続けている[14]．黄錫銓報告のうちビクトリアを見ると，商業関係者が多数を占めるという，コミュニティの傾向が目を引く．「商人」と「店員」の総数は 224 人で，ニューウェストミンスターの 30 人を大きく引き離している．華民の総人口はどちらの地でも 1,700 人前後であり，ビクトリアの華民が商家中心のコミュニティを形成していた様相が際立っている．さらにビクトリアの華民集住地では，この時期に，チャイナタウンとしての独自の経済と機能，そして文化が確立している．医者や教師など少数の熟練労働者の存在は，華民の生活区のなかで同郷人に同郷の言葉で対応する知識人の存在を示すもので，同州内の他のごく小さな華民コミュニティにはない，空間の成熟を窺わせる．そのほか「野菜栽培業者」の存在に注目すべきである．都市部に流入した華民の生活がある程度落ち着き，また一定数の華民が消費者となる一定の生活空間が成立すると，コミュニティが生まれる．このとき，都市近郊で野菜を露地栽培し，これを天秤棒に入れて売り歩く行商人が現れる．この現象は，キューバやニューヨークなど広く南北アメリカの華民社会の発展史に見られるものである．ビクトリアの「野菜栽培業者」は，華民コミュニティが一定の人数を確保し，消費が落ち着いてきた証と捉えられよう．

このように，ビクトリア中華会館が誕生した 1880 年代の同時代的特徴には，カナダ社会の情勢変化のみならず，ブリティッシュ・コロンビア州内の華民の全体的な生活・経済空間の発展も関係している．なかでもビクトリア華民コミュニティの商家の集団的繁栄は，他のブリティッシュ・コロンビア

---

14) Edgar Wickberg, "Overseas Chinese Adaptive Organization, Past and Present," in Ronald Skeldon ed., *Reluctant Exiles?: Migration from Hong Kong and the New Overseas Chinese*, Hong Kong: Hong Kong University Press, 1994.

州の華商に比べて,やや突出したものと言うことができるだろう.
　なお,梁啓超がブリティッシュ・コロンビア州を訪れたとき,現地ではすでにカナダ太平洋鉄道が開通して,都市発展はビクトリアからバンクーバーに移っていた.現地華商はビクトリアに140店余り,バンクーバーに50店余り,ニューウェストミンスターに20～30店余りの規模になっていたが,商売の形態はほとんど変わりがなく,「西洋人と貿易するものは一,二の商家にすぎず,残りは皆華工を顧客として頼みにし,生業を営む.中国一般雑貨の店が十中七,八」と,やはり依然として同郷人を相手におこなう商売であったことが記録されている.さらにビクトリアではアヘンの輸入税が軽いため利益が大きく,アヘン取引がさかんで,華商が利益を独占できた.そしてビクトリアからアメリカ合衆国に向けてこのアヘンが輸出されていたという[15]．

　以上のようにカナダ太平洋岸は,現地の白人社会の華民に対する政治的社会的な動向においても,華民集団がコミュニティ内でつくる秩序や,コミュニティ自体の特質の点においても,カリフォルニアと強く連動した社会であった.サンフランシスコから来た華商は,サンフランシスコ華民社会と経済的かつ社会・文化的に連動しつつ,カナダにおける商業活動や生活を整えていった.具体的には,商売や相互扶助団体など,すでにつくりあげていた生活や経済を支えるやりかたを持ち込み,展開したのである.このため,サンフランシスコ華民社会で培われたさまざまな特性が,カナダ太平洋岸の華民社会にも現れた.
　以上,ブリティッシュ・コロンビア植民地への華民の上陸・居留のはじまりについては,移動の性質として,①サンフランシスコ華商の経済活動との密接なつながり,②香港,つまり本国からの直接の渡航者に加えて,アメリカ西海岸からの転航という2つの移動ルートを持つ特徴,を指摘できる.

---

15) 梁啓超『新大陸遊記』,長沙:湖南人民出版社,1981年,5頁.

第3節　ビクトリア中華会館の設立

1. 背景――国民国家化・大陸横断鉄道・四邑人口の急増

　1880年代は，ブリティッシュ・コロンビア州の華民の居住と経済活動の範囲が広域化した時期であったのみならず，1884年に州都ビクトリアにカナダ華民の統括団体として「ビクトリア中華会館（域多利中華会館．中国語正式名称は中華仁愛周済会館，英語正式名称は The Chinese Consolidated Benevolent Association）」が設立された，コミュニティの画期でもあった．先行研究では，その設立の意義を「（華民の）コミュニティ自治あるいは中華海外植民地自治領の傾向を大きく発展させることになった」とし[16]，その機能と活動の定義は，①カナダにおける事実上の中国政府で，②華民の保護者，調停者兼後援者とされている[17]．サンフランシスコ中華会館とおおむね同様の役割を果たすものと理解できよう．カリフォルニアとの連動はこのような組織編制にも見られるのであり，サンフランシスコ型の組織がカナダへと移植される事象を確認することができる．

　このような動きが華民社会に現れた背景には，①カナダの連邦化，すなわちカナダの近代国民国家化，②アメリカ合衆国西海岸の政治文化と共振する，北アメリカ太平洋沿岸地域社会の政治・経済・文化的特性，ならびに，③1880年代初頭にはじまる，カナダ太平洋鉄道会社（Canadian Pacific Railway Company）の大陸横断鉄道「カナダ太平洋鉄道 Canadian Pacific Railway」の建設工事を契機とする，転航してくる華工人口の急増という，3つの社会的要因があった．後節で詳述するように，ビクトリア中華会館の成立は，人頭税法の新設などのかたちでカナダ社会が華民を排除の標的としていったことと，新しく来た華民の数が急増し，コミュニティ内部の治安と風紀が悪化したこととが，直接の原因であった．この現象は，ごく小さな交易コミュニティであったビクトリアが，短期間のうちに周辺地域と経済的つながりを発達させて近代型商業都市へと変化し，この時期にアジア太平洋地域の

---

16)　李，前掲書，186頁．
17)　Chuen-yan Lai（黎全恩），"The Chinese Consolidated Benevolent Association in Victoria: Its Origins and Functions," *B. C. Studies*, 15, 1972, pp. 57-58.

一部となっていった．カナダ太平洋岸の発展のプロセスが，現地の華民にも影響を与えたことを示している．

　まずカナダの国民国家化と排華の関連性については，アメリカの国民国家化の議論とほぼ同様のメカニズムがあることを理解しなければならない．アメリカの排華は，アメリカが自国に居留する中国人をアメリカ「国民」の枠外に設定してゆくプロセス，すなわち国民国家化の一現象として理解されている．

　1867年にイギリス領北アメリカ法に基づいてカナダ連邦が成立すると，ブリティッシュ・コロンビアは1871年にこれに加盟し，州となった．このブリティッシュ・コロンビア州成立後すぐ，華民に対するさまざまな傷害事件や差別問題が公的な性格を帯び，組織立ったものへと変化した．華民に対する敵意が高まるのは，フレイザー川流域のゴールドラッシュが終息し，不況が始まる1860年代からである．それでも1870年代以前までは，ブリティッシュ・コロンビアにおける華民への差別や排除関連の事件は散発的で，大衆が協力体制をつくりあげる実質的な運動はなかった．反中国人感情や差別は，私的な嫌悪の段階にとどまっていた．

　しかし1871年からは，政治家の発言や華民を標的とした事件にとどまらず，短期的に活動する反中国人運動体が相次いで結成されたり，人頭税の新設の成立を見たりと，中国人排斥は公の場で実体化した．ブリティッシュ・コロンビアのカナダ連邦加入と中国人排斥の動きの社会化について，ピーター・W. ワード（W. Peter Ward）は，連邦加入によって現地白人社会の共同体意識が高まり，このとき新たな社会の性格を定めるにあたって，新しい共同体への受け入れ資格として「白人性 Whiteness」を基準に，誰を除外し，誰を包摂するか画定していった，と具体的なメカニズムを説明している[18]．

　1884年，14歳以上の州内の華民すべてに居住許可の対価として，年10カナダドルの課税を義務付ける法案がブリティッシュ・コロンビア州議会を通過し，「中国人」という特定の人種集団への課税制度が構想された．州議会の提出したこの法案は連邦政府が許可せず，立法化しなかった．ところが1885年，連邦政府は50ドルの人頭税を中国人に課すことを決定した．サン

18）　Ward, *op. cit.*, pp. 30–31.

フランシスコ総領事館の黄錫銓は，1884年のビクトリア華民の調査結果から，当時のビクトリアの華商に支払義務があったのはこの人頭税のほか，等しくカナダ人にも課せられる税や公共料金である営業許可証の費用，水道料金，実業税の3種であることを明らかにしている．このうち営業許可費は商品によって異なり，煙草店は1年間に500ドル，酒店ならば50ドルを納入して営業許可証を得る必要があった．このときビクトリアには華商の煙草店11店舗，酒店12店舗があった[19]．

　ワードの議論に基づけば，特定人種を排斥する法整備が段階的に発展し，縛りが強められていく様相は，新生ブリティッシュ・コロンビア州の地域アイデンティティが構築される過程そのものとして理解できる．中国人の排斥は，当初の反中国人感情や偏見といった域から，州政府や連邦政府の法律によって地方当局が合法的に中国人排除をはじめる事態に発展した．こうした排華の性質の変化は，連邦制国家として成立するカナダがブリティッシュ・コロンビアを巻き込んだこと，つまりはカナダの国民国家化の影響であった．カナダの国民国家化を契機に，国民や市民枠への包摂・排除が検討され，反中国人運動が変質して社会性を持ち，苛烈さを増して，華民が排斥されていったのである．

　カナダ太平洋鉄道の大陸横断鉄道建設事業に伴う労働需要に応じて，中国人人口の流入に拍車がかかり，華民の人口が短期間に急増したことも，カナダの近代化に伴う変化のひとつとして指摘できる．とりわけこのとき急増した四邑原籍の労働者人口が，カナダに住む華民全体の性格を特徴付け，ビクトリアのチャイナタウンにも大きな影響を及ぼした．

　カナダ太平洋鉄道は1881年に着工し，カナダ東部と西の太平洋岸をつなぐ路線として建設され，1884年に一応の完成を見たが，その後も延長工事が続き，1885年にポート・ムーディー（Port Moody）に達し，1887年にはバンクーバーに乗り入れた．町の規模として，それまでビクトリアやニューウェストミンスターに遠く及ばなかったバンクーバーが，太平洋沿岸の交通と経済の要として現在に至る発展をはじめるのは，このときである．

---

19)　飯野正子『日系カナダ人の歴史』，東京大学出版会，1997年，20頁; n. d. 「黄錫銓覆英委員関於域埠華商納税事函原稿」，in CCBA Fonds, AR 030, Box 1, File 4.2, UVic.

この工事に関係した鉄道建設業者4人のうち，アメリカ人アンドリュー・オンダードンク（Andrew Onderdonk, 1848〜1905年）は以前サンフランシスコの公共事業に参加した経験があり，安価で作業効率も良い中国人労働者に注目していた．ビクトリアで高まりつつあった排華感情を意識しながらも，オンダードンクは華工を大量導入し雇用するカリフォルニアの方式を採り，みずからの敷設担当区画で多くの華工を用いた．オンダードンクは，ビクトリアと香港に支店を持つサンフランシスコの「連昌公司」などの華商と契約し，北太平洋鉄道 North Pacific Railroad および南太平洋鉄道 Southern Pacific Railroad の建設に携わった経験のある華工約1,500人を，1880〜81年に，ポートランドとサンフランシスコから雇い入れた．さらに1882年，連昌公司はオンダードンクの手配した2隻の船舶で，鉄道建設労働のために，香港から数千人の華工をビクトリアに上陸させた．1881〜84年にポートランド，サンフランシスコ，ピュージェット・サウンド港（Puget Sound ports, ワシントン州の北西岸一帯を指す．図6-1を参照）そして香港から約1万7,000人の華工がカナダ太平洋鉄道のために上陸した．このうち約6割は香港から来たと推計されている．工事では，崩落や落盤，墜落，白人労働者の襲撃，過労，壊血病や伝染病などによって，カリフォルニアの鉄道建設現場と同様に多くの華工が死亡した．この状況は，1884年冬に鉄道が完成し，全員が解雇されるまで続いた[20]．

鉄道建設の労働需要によってカナダに渡航した1万7,000人近い華民は，

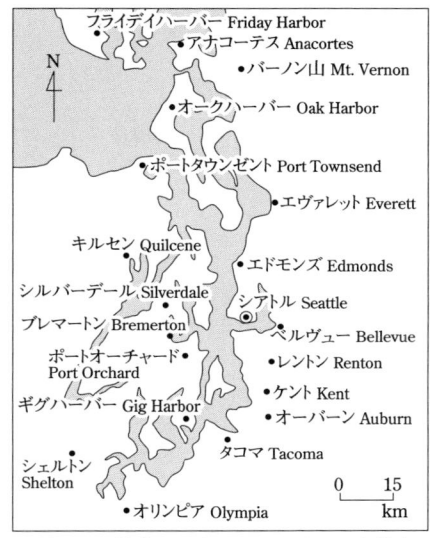

図6-2 「ピュージェット・サウンド港」一円の都市

---

[20] David Chuenyan Lai and Pamela Madoff, *Building and Rebuilding Harmony : The Gateway to Victoria's Chinatown*, Victoria: Western Geographical Press, 1997, p. 45; Con, Con, Johnson, Wickberg and Willmott, *op. cit.*, pp. 20-24.

広東省四邑原籍者がおよそ7割を占めた[21]．黎全恩によれば，1884年時点のカナダの華民の出身地別割合は，全体の3分の2が四邑から，さらにこの四邑人の3分の1が新寧［台山］県から来た人々であった[22]．

　オンダードンクとサンフランシスコ華商たちが事業提携しておこなったこの華工導入が，1880年代のビクトリアの華民コミュニティに直接変化を与えた．急増した新来の華民は，すぐにビクトリアからジョージア海峡を渡ってカナダ大陸部へと，鉄道工事の現場に移動していった．しかし，ビクトリアは新興の小都市であり，かつ当時のブリティッシュ・コロンビア社会自体が絶対的に小規模であったため，これら新来の四邑の人々はビクトリアで急激に可視的な存在となっていった．さらにこの浮動人口は，ビクトリア華商の小コミュニティにアヘン，売春，抗争といった治安と風紀の悪化をもたらすようになり，コミュニティ管理を担う同地のビクトリア華商には，危急の問題として認識されていった．

　以上のように，ブリティッシュ・コロンビアの連邦加盟と大陸横断鉄道建設は，ビクトリアの華民社会といったエスニック・コミュニティの枠内にとどまらず，カナダ太平洋岸社会という広域的視野から見ても大きな歴史的変化であった．こうした1880年代のコミュニティ内外の2つの社会的変化を受けて，華民コミュニティの意見を集約し，代表者として発言する団体が必要になった．同時に旧来の華民，とくに現地で商売を営む華商層にとっては，不安定要因をコントロールして，秩序回復をめざすことが急務となったのである．

2. 官のサンフランシスコ僑務経験の移植

　ブリティッシュ・コロンビア州では，1909年1月に清朝政府がバンクーバー領事を新設し，蕭永熙を初代領事として派遣するまで，同地の領事館設置は実現しなかった．よって1880年代にビクトリア中華会館の設立にかかわったのは，サンフランシスコの清朝総領事館の総領事，黄遵憲であった．

　1884年3月，ビクトリアの商店「泰巽」の経営主である黄彦豪，「永祥」

---

21) *Ibid.*, p. 26.
22) David C. Y. Lai, "Home County and Clan Origins of Overseas Chinese in Canada in the Early 1880s," *B. C. Studies*, **27**, 1975.

の徐全礼,「兆昌」の馮錦淳,「泰昌」の馬心銘たち華商 4 名は，サンフランシスコ総領事黄遵憲に宛てて，連名申請書を作成した．黄遵憲の華僑保護への取り組みはすでに各地の華民社会で評判であって，その高い評価をビクトリア華商も共有していた．華商 4 名は申請書を携えてサンフランシスコに南下し，4 月 12 日に黄遵憲に面会した．

　申請文の内容を検討すると，華商側が，サンフランシスコ総領事に最初にコンタクトをとったこの 1884 年春の時点で，すでに問題解決の具体的方策をみずから持っていたことに注目したい．華商の声は次のように要約できる．

　ブリティッシュ・コロンビア州における中国人排斥の動きは，1879 年には幸いにも不成立だった居留華民への人頭税法をまたも設置させる議論として再燃し，1884 年現在，新たな中国人人頭税法案が中国人上陸制限法とともに州議会を通った．このように，華商の生活と経済活動を妨げる圧力がコミュニティの外で強まっている．この窮状に加えて，華民人口の急増に伴い，堂の抗争による治安の悪化，白人と結託した同胞の搾取，老齢や失業，飢えや病気による華民の横死，華民の娼婦による風紀問題でコミュニティ内が混乱している．商民たちも愚昧無能でなすすべなく，しばしば集会を開いては協議し，外患を払い除けるにはまず苛酷な法令を撤廃しなければならず，内憂を消し去るにはまず華人娼婦を根絶しなければならないが，さらに中華会館の設立と領事の設置も必要だということで意見は一致している．以上の四事はすべて目前の急事と思われるので，黄彦豪ら 4 名を派遣したい．ついては，以上の四事のどれを先にし，どれを後にするか，また四事のほかに急務はあるか等について，派遣する 4 名に対し具体的に訓示いただきたい[23]．

---

23)　「安息数年，不料該議院又於今年議立苛例，禁止華人前往，既在該地者，又要抽丁税銀拾元，併有禁限貿易工作居処種々刻虐之議例，欲次第施行，此外日日迫之大端也．華人在該地者，向皆安份営生，近年人数衆多，習染日悪，其狡猾點無頼者，結党横行，往々事通番人，魚肉郷里，其老弱失業者，飢寒貧病，往々転死溝壑，周恤無人，加以娼賭日多，包庇攻撃日滋禍患，此内憂日迫之大端也．……商民等愚拙無能，夙夜徬徨，罔知所惜，屢集中再三籌議，咸謂袪外患必先駆除苛例，消内憂必先禁絶華娼，欲求憂患永無，則又必設立中華会館以聯絡衆情，又必請設領事，駐剳以辦理交渉．凡此四端，似皆目前之急務．因不揣冒昧，共推商民黄彦豪，徐全礼，馮錦淳，馬心銘等四人拠情越赴台階，籲懇訓示，若者可行，若者不能行，若者急行，若者宜緩行，又或四端之外，別有急需挙行之事，統求飭伝彦豪等進署面示一切，彦豪等亦得進一知半解以備諮詢，并求批示挙行之大略，俾彦豪等回告大衆，次第挙行．」, n. d.「光緒十年域多利商人具稟駐美国士埠大清国総領事黄遵憲請設領事館及中華会館原稿 1884」, in CCBA Fonds, AR 030, Box 1, File 1.1, UVic.

つまりこれは，華商側が，コミュニティ内外の問題を解決し得るであろう方法として，①上陸制限法や人頭税法などの一連の排華法への対抗，②中国人娼婦の根絶，③「中華会館」の設置，④清朝領事館の設置を挙げ，これらをすべて実現させ得る具体的な手順は何かと打診しているのである．

ここに表れているように，すでにビクトリア華商はさまざまな差別新法に対抗する組織として，かつ不安定化した華民コミュニティの秩序安定を図る組織として，「中華会館」と呼ばれる形態があることを知っていた．加えて中華会館の設立は，ビクトリアへの清朝在外公館の設置などの，複数の要求のひとつとして出されている．すなわち，中華会館設立の契機は，まず現地華民コミュニティ内部から自発的に出てきたものであった．中国人排斥運動がカリフォルニアと似た経過を辿って私的・断続的レベルから，やがて公的・組織的な性格に切り替わったホスト社会においては，そこに暮らす華商たちにとって，この組織のかたちは参照するに値した．ブリティッシュ・コロンビアの華商は，排華運動や差別法に対抗し，かつみずからのコミュニティを管理する効果的な媒体として，中華会館に着目したのである．またカナダの場合も，サンフランシスコと同様に，短期間で同地の華民コミュニティに大量の華工——その多くはやはり四邑出身者が，新たに流入した現象が起きていた．このため，これでコミュニティの治安と風紀が乱れたと感ずる古参の華商たちが，チャイナタウン内部の秩序の確立のために，中華会館の設置を必要と見なした．

一方，相談を受けた黄遵憲は，複数の要求のうち，中華会館の設置を優先した．連名申請書に応える最初の助言で，黄遵憲は会館を設置する意義とは何か，次のように示した．

> ［中華］会館を設立してコミュニティの華民全体で気持ちをひとつにすることが，目前の急務である．会館が成立したら役員を選出して，華民内部の紛争が起これば公開の場で調停し，白人からの詐欺や暴力など［排華］の被害が起これば，道理が通るように手段を講じ，貧者・老人・身寄りのない華民があれば救済できるようにすべきである．皆の心持ちがひとつになれば利益は非常に大きく，効果も挙げやすいので，華商たちが協力して［中華会館］会則をつくり，経費を工面し，実行することを望む[24]．

---

24)「施蒙批示：設立会館連絡衆情, 乃目前急要之務. 会館既立, 公推紳董, 以後遇有

つまり中華会館の設立によって，①華民内部の紛争調停の場と，②排華の被害に対する共同対応，③慈善救済活動，これらすべてをおこない得るので，「コミュニティの華民全体で気持ちをひとつにする（連絡衆情）」，「皆の心持ちがひとつになれば利益は非常に大きい（衆情既合，受益極大）」と勧めている．ここに明らかなように黄遵憲は，中華会館の設立の意義についても，設立の手続きに関しても，サンフランシスコでの経験に照らして，排華という北米社会の全体的な現象から問題を捉えている．こうした強い統括団体志向は，やはりアメリカ合衆国における排華法の成立を，官の側から見てきた経験が大きく作用しているのである．

黄遵憲は，サンフランシスコ総領事館主事であった黄錫銓[25]と通訳の載永祥をビクトリアに派遣し，中華会館の立ち上げに向けて一連の準備を指導させた[26]．コミュニティには会館設立の捐金が呼びかけられ，3万カナダドルが集まった．1884年8月3日，黄錫銓と載永祥が「当堂監定人」，すなわち成立手順の監督承認者として立ち会う場に，ビクトリア華民コミュニティの華商と華工計42名が集まって中華会館章程の署名帳に直筆署名をし，会館規定「域多利中華会館章程」が発効し，ビクトリア中華会館――会館規定で定められた正式名称は「中華仁愛周済会館」が正式に成立した．

8月9日，華商たちはビクトリア中華会館の英語名称を"Chinese Consolidated Benevolent Association"としてブリティッシュ・コロンビア州政府に届け出て法人登記した．会館ビルはフィスガード街558番地の廟を改築し，1885年5月27日に着工し，同年7月中に落成した（図6-3）．3階建ての会館ビルは，1階が会館の収入源ともなる短期滞在者のための貸し部屋，2階が会館事務局，3階が関帝・行海神とも呼ばれる天后・財帛の三神を祀る廟

華人争競之事，可以公開調処，遇有洋人欺凌之事，可以共同設法伸理，遇有貧病無帰之人，又易量為周恤．衆情既合，受益極大，此及確然之事理，易収之功效，望該商等公同妥訂章程，籌措経費，以便挙辦等因．」，n. d.「域埠中華会館等備成立呈報旧金山総領事請転呈駐英倫欽差大臣立案原文1884」，in CCBA Fonds, AR 030, Box 1, File 1.7, UVic.

25) なお，黄錫銓は1886年よりニューヨーク総領事となるが，ニューヨークにおける中華会館「中華公所」の設置は1883年であり，黄錫銓の直接の関与はない．しかし，1883年にニューヨークの中華会館を承認したのは，このときの出使アメリカ大臣鄭藻如であって，同様に中華会館設置の情報が東海岸に伝播された可能性は高い．この点はさらに検討を要する課題である．

26) 前節の黄錫銓の現地華民の実態調査は，このときにおこなわれたものである．

図6-3　ビクトリア中華会館
写真右，2008年6月16日筆者撮影

であった．またヘラルド街に，貧者や病者を収容し療養する善堂「太平房」を設けた[27]．

最初に会館設立の要請が華商側から出されたとはいえ，設立の実務や組織化のプロセスを検討すると，会館設立を華商の自立的かつ自発的行動として結論付けるのは性急であると判る．サンフランシスコ清朝総領事館からは，正式な成立に至るまで，細部にわたる実践的な助言と指示が出され，華商側はこの手ほどきを忠実に容れている．黄錫銓の1884年4月28日付け書簡では，ビクトリア華商に向かって，中華会館開設準備のプロセスで必要な「捐簿」と「捐啓」，すなわち捐金名簿と捐金呼びかけ文の作成手順が9項目立てで示されている．とくにコミュニティに向かって，実務処理を透明にし，誠実さを示すことについては注意深い指示が出ているところに注意したい．

　一，捐簿150冊の代金30.75メキシコ銀，捐啓100枚・総理など執行部リスト500枚・領収書400枚の代金13メキシコ銀，印鑑2つの代金0.8メキシコ銀．以上の項目はすでに［サンフランシスコの商店］「広生泰」が立て替えた．小生がその書付原本を送付させたので，確認されたし．

　二，捐簿はページごと，氏名ごとに原籍・年齢・住所・職業の各項目を印刷して，捐簿を担当する者に手渡す．募金する人は，ありのままをはっきりと記入し，一切記入漏れがあってはならない．この部分は善後策を講じる際に最も

---

27) n. d.「光緒十年域多利商人具稟駐美国士埠大清国総領事黄遵憲請設領事館及中華会館原稿1884」，n. d.「旧金山総領事回函1884」，n. d.「域多利中華会館章程1884」，n. d.「域僑商与工人籤名賛同中華会館組織章程1884」，n. d.「域埠中華会館等備成立呈報旧金山総領事請転呈駐英倫欽差大臣立案原文1884」，in CCBA Fonds, AR 030, Box 1, File 1.1 & 2 & 5 & 6 & 7, UVic；李，前掲書，176-179頁；Lai, *op. cit.*, 1972.

大切な拠り所なので，しかと記憶されたし．

　三，捐簿にはまだ記入規定がない．そこで，捐啓を印刷したものを，捐簿一冊ごとにその1ページ目に貼付する．小生がすでに一冊に貼付し，見本にし，1包み目に入れた．捐簿にはすでに福字で第1号をつくり（残りの帳簿にはまだ号数をつけていない）点検しやすくしたので，この見本通りに処理すればよい．捐啓の奥付には，中華会館総理のリストを貼付するなり，各商店の印鑑を押すなり，そちらで適宜判断されたし（図6-4）．

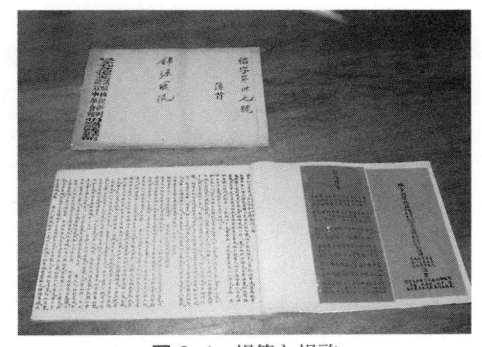

図6-4　捐簿と捐啓
捐簿の見開きには，捐啓と総理のリストが貼付されている．ビクトリア大学所蔵

　四，捐啓の募金日・金額・店名の空欄はすべて空けたままとし，そちらで確定したのち，1枚ずつ書き入れること．一切記入漏れがあってはならない．

　五，募金の期日は急ぎすぎる必要はないが，遅すぎもよくないので，六月末（旧暦）頃で締め切ればよい．入金後は次々に書き写して，その明細を［中華］会館の門の外に張り出し，少しでも誤魔化して人々の論議を招いてはならない．手続きというものは，初めにいい加減にせずに，人々に信用されて，ようやく足元が固まり，のちに仕事を正しくおこなえるのだ．皆はビクトリアのチャイナタウンを保護するのであるから，心をひとつにして共に事を成すべきである．面従腹背で，段々とばらばらになるようなことがあってはならない．衆議決せずという事態になったら，詳細を［サンフランシスコ］総領事に伝えて相談してもよろしい．

　六，先月問い合わせがあった，［帰国の際に華民から徴集する「回華銀」と同じ］「出港銀」および［貧者や身寄りのない者からの］募金免除を規定する2つの規則について．小生が総領事に相談して訓示を得たが，どちらの規則も中華会館会則であり，捐啓のなかに入れるのは早すぎて都合が悪い．中華会館会則ができたときに提案通り入れるまで待て．

　七，本日梁翻訳官が来て言うには，あなた方が執行部リストに記していた「駁除苛例［人種差別法を撤廃する］」の4文字を削除したとのこと．小生は，これは皆の誤解であり，現時点で施行されていない法は，中国人入国禁止法を指す

のみで，中国人人頭税法とアヘン［輸入］禁止法は来春にも施行される，と答えた．思うに，中国人入国禁止法も必ず施行されるであろう．というのも最近，［オーストラリアの］メルボルンでは中国人税が毎年50ポンドに増税となっている．向こうで施行されている以上，ビクトリアでも必ず同様に行われるだろう．この法はまさに大難題で，人々は皆被害を受けている．これを詳しくビクトリアのチャイナタウンに知らせて，勇んで寄付を募り，訴訟の準備をしていただきたい．これはきわめて重要である．

　八，捐簿発送後，ビクトリア華商からの寄付額はいくらか，それ以外［ブリティッシュ・コロンビア州や北米］のチャイナタウンからの寄付額はいくらか，詳細かつ速やかに小生に連絡されたし．そうすることで，小生の処理代行も，事の次第を整理し，見通しが立てられる．書簡を送るのは，一人に任せるように．そうすれば，前後の報告事柄は一貫し，脈絡を辿りやすくなるから．小生がビクトリアのチャイナタウンに代わって処理するにあたり，絶えず注意を払うので，了解されたし．

　九，中華会館会則については，会則が出来上がったと報告が入った時点で，そちらに送り検討いただく．以上の9か条を誓約書にまとめて記し，その他のことは公布してから書き加える．敬具，不一．

　同郷各位へ．［サンフランシスコ］総領事からも宜しくとのことである．[28]

---

28) 「一，捐簿壹佰五拾本，該銀参拾墨元七角五．捐啓壹佰張，名帖五佰張，収単四佰張，該銀壹拾参元．図章両顆，該銀墨元八角．以上各款概由広生泰代支．弟囑其将原単寄列位存査矣．二，捐簿内毎葉毎名，皆印便（ママ）籍貫・年歳・住址・事業各字様於函囑領簿人．凡捐銀之人，即宜照実墳注明白，切不可遺漏．此節係捐善後第一要緊之根拠，切記．三，捐簿内未另有簿叙章程，即特所印捐啓，毎本簿点貼一張於首葉．弟既粘為一本做様子，放在第一包．（其余各簿未編号数）捐簿内已編福字第一号於検査便，可照様辦理．捐啓之後，或加粘総理各名単，或加用各店図章，則由列位酌行．四，捐啓内収銀月日及存銀・店号均空開未刻，於列位酌定後，用墨筆毎張填注．切不可有所遺漏．五，収銀月日不必太急，亦不可太遅，大約以六月底截止為宜．既収之後，宜随収随鈔，清単粘貼会館門外，不可有一些含糊，招人議論．凡辦一事，捻要開手認真，所信于人根脚方穏，後日方好執正辦事．大家皆係為保護郷里起見，尤宜和衷共済．不可面従後言，漸開離散之隙．為遇拳論難決之事，不妨詳悉函電総領事処断施行．六，前月台函議加収出港銀及捐免章程両款．弟電総領事承肯，此両款係会館内之章程，不便預早刻入捐啓内，俟立会館章程時，即当依議列入．七，本日見梁訳周元面述，列位刻名帖刪除『駁除苛例』四字云々．弟謂此係列位誤会，蓋現時不准行之例係単指禁止華人進境壹条，其抽丁税禁洋烟各条，須到明年春方行．弟料此条必然行挙，因近日新金山加抽華人税毎年五拾磅，彼処現行，域埠亦必照行．此例方是大難題，人々皆受其害．列位宜詳悉告知郷里，踴躍捐貨，預備争訟，至要至要．八，発簿之後，威埠商家捐銀若干，各埠梓友捐銀若干，務要時々詳悉函報弟処，代辦方有眉目，方有把握．写信宜専成一位，前後所報事情，方能一貫，有頭緒可尋．弟処代威埠辦事，時刻留心，列位宜解諒．九，会館章程，弟処俟聞得事有成就之時，即当商定寄列位参酌．以

このように，コミュニティからの捐金徴収の手順やその記録のしかた，管理上の留意点といった，きわめて細かい助言が在外公館員から発せられたことは，興味深い事実である．ここに見られるビクトリアの事例では，現地華商とサンフランシスコの清朝総領事館との間に密な連絡があり，総領事館側からは，会館の正式な成立に必要と見なされる形式や手続きにとどまらず，出捐者の記帳を徹底するなど，捐金の管理にかかわる具体的な助言が与えられている．夫馬進の善堂・善会研究によれば，従来民間で自発的に形成されてきた福祉目的の結社や事業が，清代に地方官がその経営や捐金に参入することで，民と官の境界をつけ難い実体を持つようになり，清朝末期になるにつれて民と官とが混同した団体となる傾向が強まることが指摘されている[29]．清朝在外公館員は，管轄地のサンフランシスコで進めてきた僑務の経験を通して，民辦団体を官側から組織する手順に明るかった．ビクトリアでは官の知識のその一部を伝授して，官と頻繁にやりとりする回路を持つ，官と近しい民辦団体をつくりあげていった実態が，よく理解できよう．一方，華民側も，出身地ごとのアイデンティティが根強い社会で中華会館を設立するにあたって，官側の助言をきわめて重視していたのである．官のかかわりによって，移住先コミュニティで育まれた知恵や情報が，別の移住先コミュニティに伝播する現象については，これまで重視されていなかった．トランスナショナル・マイグレーションのひとつの形態として，今後さらに考究する必要のある現象と言えよう．

　黄遵憲とビクトリア華商の例から，海外華民社会における官と商との関係は，助言の授受により成り立つ調整関係と見ることができよう．華民が採った現地社会への対抗手段には，こうした出身国側からの公のチャネルを通して，別の華民社会での教訓が伝達されていった事例が存在するのである．

　　上九条，統於誓照，余俟続佈手泐，即請台安，惟照不一．列位郷台，均此候好．総領事命筆致候.」，n. d.「旧金山総領事回函 1884」，in CCBA Fonds, AR 030, Box 1, File 1. 2, UVic.
29)　夫馬進『中国善会善堂史研究』，同朋舎出版，1997 年.

第4節　ビクトリア中華会館と官商関係

　ビクトリア中華会館規定は，4条の一般規定「会館規条」と7条の人事規定「会館用人章程」と19条の運営規定「会館辦事章程」から成る．規定には，次のように，いくつかの特徴を見出すことができる．
　一般規定第1条において，中華会館は「華商と華工（中国郷紳工人）」双方に跨ってつくられる包括的な「公共」の組織と定義された．つまりビクトリアにおいても，中華会館はサンフランシスコ中華会館と同様に，コミュニティ全体の統括団体であった．しかし，サンフランシスコは同姓会館・同郷会館の乱立する華民社会であったが，これと比較すると，ビクトリアの華民社会ははるかに小規模であった．コミュニティのサイズを反映して，全体の統括組織としての条件を満たすために，華商と華工という2つの社会階層の双方を包括したと考えられる．
　また中華会館の成立以後は，「中国官人からの布告を得ることなしに，新たな会館・公所・堂会などの団体の設立を許可せず，そのようにして諍いを防ぐ（非奉官諭不許別行設立会館・公所・堂会等名目以息争嫌）」とした[30]．これは会館が抗争とともに分裂していく事態の防止策であり，1860年代からサンフランシスコで起こった会館の分派に伴う抗争と，それが誘引した治安悪化から教訓を得て，ビクトリアで予防策をとったものと見ることができる．
　中華会館執行部は「正董事」2名，「副董事」6名，「司事」1名，「正値事」10名，「副値事」80名で構成される．正董事とは会館の総理で，預金貸付金と金庫の鍵と錠を管理し，会館業務すべての責任者である．副董事は，収入支出の会計検査をおこない，会館業務すべてを取りさばく．司事とは会館文書の記録整理係，すなわち書記で，収入支出・事務処理・書信の送受などをすべて記録する．正値事[31]は会館事務のサポート役であり，さまざま

---

30)　n. d.「域多利中華会館章程 1884」，一表，in CCBA Fonds, AR 030, Box 1, File 1.5, UVic.
31)　香港東華医院の例のように，総理を最初は「値事」と呼称する団体もあり，その組織のトップを示す場合もある．ビクトリア中華会館の場合は，会館規定を読む限り総理にあたるのは董事であり，値事はさしずめ「世話役」であろう．

表6-2 ビクトリア中華会館創設時の執行部

役職	氏名(字)	原籍	商店名と役職	氏名(字)	原籍	商店名と役職
正董事	李祐芹(泮池)	新寧	広安隆 司事	黄彦豪(瑞朝)	番禺	泰巽 司事
副董事	李天沛(雨田)	新寧	聯昌 司事	馬秀(心銘)	新寧	泰昌 司事
	李奕徳(慎之)	新寧	泰源 司事	徐全礼(為経)	番禺	永祥 司事
	盧卓凡(侶鶴)	恩平	広利 司事	馮錦淳(秀石)	新会	兆昌 司事
正値事	岑緝熙(瀬斉)	順徳	広安泰 司事	翟貫臣(なし)	不記	成利 司事
	李鴻元(微)	香山	鴻元記 司事	張雅堅(錫圭)	不記	宝源 司事
	衛流基(瑞堂)	不記	聯昌 司事	劉昌(樵山)	不記	怡昌泰 司事
	曾銘勳(鼎堂)	香山	宝芝堂 司事	林徳錦(なし)	新会	錦源 司事
	司徒森(子喬)	開平	森記 司事	何雙(なし)	不記	合吉 司事
	黄宣彜(徳臣)	新寧	広昌 司事	温金友(なし)	不記	乾泰 司事
	楊彬(質如)	不記	源昌 司事	馬祖祥(喬蔭)	不記	記載なし
	陸進(礼卿)	新会	栄昌隆 司事	黄照(なし)	不記	記載なし
	陳茂春(滔栄)	番禺	悦昌楼 司事	劉希輩(なし)	不記	記載なし
	盧巨南(仁山)	不記	福源 司事	陳芳恵(なし)	不記	記載なし
司事	徐林福(徳英)	番禺	永祥 司事			

(出典) n. d.「1884年域埠中華会館成立之職員表」, n. d.「域多利中華会館章程1884」, 六表-裏, Box 1, File 1.4 & 5ならびに「域多利各埠梓友議駁抽税新例設立中華会館捐題経費縁部, 1884-1885」, Box 5, File 3-8より作成. in CCBA Fonds, AR 030, UVic.

な事項について会館に集合して協議する係で, 副値事はコミュニティから処理事項が持ち上がったら, 会館に集合し協議する係である. 董事と司事は公選制で, 1年任期制を採る. 執行部に対するコミュニティからのチェック機能も設けられ, 董事・司事・値事の不公平な処理や不正会計を取り締まった[32]. このように董事制度の役職名や, 任期制で公選であるところから, サンフランシスコ中華会館の機構を踏襲しているとわかる.

またビクトリア中華会館は, ブリティッシュ・コロンビア州政府が発行する採鉱許可証の許可証番号と採鉱者の漢字表記, そして華民の原籍地を記した控えをつくった[33]. つまり金鉱を探して内陸に入る, 華民の人口管理もおこなったのである.

ビクトリア中華会館は, コミュニティの社会階層の上部に位置する人々がメンバーとなった. 表6-2は, 中華会館設立時の執行部役員名簿である. ほ

---

32)「会館用人章程」, 一裏-二表, n. d.「域多利中華会館章程1884」, in CCBA Fonds, AR 030, Box 1, File 1.5, UVic.
33) ビクトリア中華会館史料には, カリフォルニアから来た71人分, ビクトリアの3人分の華民採鉱者の控えが残っている. n. d.「光緒十二年坑裏各号已納採金収単一本1886」, n. d.「Free Miners Certificate 八張」, in CCBA Fonds, AR 030, Box 5, File 8 & 9, UVic.

ぽ全員が商店の「司事」，すなわち固定した住所に店舗を構える商店支配人である．このうち，ゴシック体で示した華商はサンフランシスコで黄遵憲に面会した4人の華商である．黄遵憲に面会し，会館設立の端緒をつくった華商は，みな上役職に就き，権威付けされている．また，表6-2にはないが，設けられた入会条件2ドル以上の額を納め，かつ捐金の徴集活動を担った「勧捐値事」には，80名の名前が挙がっている．

　ビクトリア中華会館の執行部の出身地を見ると，四邑出身者が多いという特徴がある．さらに，2席設けられた中華会館の正董事は，三邑出身者と四邑出身者がそれぞれ1席を占めていた．李東海によれば，これは三邑出身者と四邑出身者の間で確執を生まぬよう，組織のトップには必ず2つの出身地グループそれぞれの華商を就ける慣例があったためであるという[34]．当時の華民が持っていた出身地別のアイデンティティによって，組織内部やビクトリア華民社会の中で諍いの契機が生まれぬよう，権威職にはこうした工夫が見られた．これは，サンフランシスコ中華会館で有力な同郷会館からの代表に必ず1席，董事職が割り振られていたと同様の工夫である．このようなところからも，ビクトリア華民社会もまた，サンフランシスコ同様に，出身地によって分裂する危険性が内包されていたコミュニティであったことが窺い知れる．

　ビクトリア中華会館成立をきっかけに，以後，サンフランシスコ清朝総領事館とブリティッシュ・コロンビア州の華民との間には連絡の回路ができ，このチャネルは，1909年に清朝バンクーバー総領事館が設けられるまで機能していた．
　たとえば，華商たちはビクトリア中華会館を設立した直後の1884年8月に，黄遵憲に会館の成立を文書で報告し，そのなかでロンドンに駐在する清朝出使イギリス大臣（駐英公使）にも，この会館成立報告を伝えてほしい，同時にまだ実現していないビクトリアへの領事館設置が実現するよう，サンフランシスコ総領事である黄遵憲から出使イギリス大臣に口添えをしてほしいと願い出た[35]．実際に，黄遵憲はこれを受けて，サンフランシスコから

---

34) 李，前掲書，180頁．
35) n. d.「域埠中華会館等備成立呈報旧金山総領事請転呈駐英倫欽差大臣立案原文　光

ロンドンの清朝出使イギリス大臣曾紀澤（1839〜90年，任期1879年1月〜86年5月）に文書を転送して，ビクトリア華商の会館成立の旨とともに，改めてカナダへの清朝領事館の設置要請があることを伝えた．

また，黄遵憲の側でも，1894年にはビクトリア中華会館に宛てて，僑務に強い関心を持っていた出使イギリス大臣薛福成（1838〜94年，任期1889年5月〜94年8月）の見解をビクトリア華商に伝達している．それによれば，薛福成は華民保護に熱心であり，かねがねビクトリア華民の現地での生計の途が漁業ないしは鉱業などに限られているうえに，町には路上に失業した華民たちがたむろしていることについて，この状況を遺憾に思っていた．華民を対象とする差別税制の件については，薛福成がイギリス政府に文書を送って，同じような排華の動きを示してきたオーストラリアの件とともに，旧英領植民地で高まってきた排華法と差別税制の撤廃に努めている．そして黄遵憲は，ビクトリアで排華に関係する何かが以後起こったら，これまで通り弁護士を雇ってまず話し合い，その後サンフランシスコ清朝総領事館にも書面で詳細に報告するよう，かつ必ず英語の詳述も添付するようにと助言している[36]．

この書簡が示唆する，黄遵憲と薛福成の僑務における協力体制と，アメリカやカナダの華民との関係は，中国本国の華民社会への関心を利潤動機で説明する研究にひとつの疑問を投げかけている．1884年にビクトリア中華会館が設立し，1909年に清朝がブリティッシュ・コロンビア州のバンクーバーに総領事館を設立するちょうどその間に，華民の海外渡航を禁止してきた清朝の海禁令が廃止され，中国側の法からも海外渡航と国外就労が自由化された．すでによく知られているように，1893年9月13日に廃止された中国の海禁令は，同年8月21日の薛福成の上奏が契機となっている．当時出使イギリス大臣であった薛福成は，この上奏のなかで華僑送金に言及し，本国に

緒十年六月」，in CCBA Fonds, AR 030, Box 1, File 1.7, UVic.
36)「欽憲薛大人於保護華民之意，極為殷摯，又素知貴埠除魚罐金鉱之外生意無多，車路既成工人必多失業，実不堪．此項重税是以照会英廷並将新金山之事相提，並論意在請其廃除苛例．今特命弟函覆列位，並将照会摘録，祈伝知各位知悉．以後倘有苛刻，仍須就地延聘状師先與辨論，其有寄使署之信，惟須照事直叙，不宜過文，又必須将洋文寄来寧詳母略．」，n. d.「駐英国公使参賛覆信域中華会館申述辨理抗例経過1894」，in CCBA Fonds, AR 030, Box 1, File 2.1.4, UVic.

送られるその金額が中国に貢献すると論じたのである．

　海禁令廃止を僑務の文脈から論じる際に，これを根拠に，華僑送金に期待を寄せる本国官人の華僑保護論として解釈する視座がいまだに強い．しかし，ビクトリア華商と黄遵憲，そして薛福成の間に築かれていく1880年代の関係は，まず彼ら官人が排華差別法に対する積極的な抗議をする，排華への対抗として中華会館の設立に助力するなど，利潤動機のみでは説明できない側面を，すでにこの早期の時点で多く含んでいる．ここにもまた，サンフランシスコ総領事黄遵憲とビクトリア華商の間に，協調関係を見ることができよう．

小　結

　これまで見てきたように，サンフランシスコの華民と華商は，サンフランシスコで形成されたチャイナタウンの内部で培われてきたさまざまなファクター――ひと・カネ・情報，さらには中国本国官人の協力――を，アメリカ西海岸からカナダ太平洋岸に送り出していた．ビクトリアの事例を通して，サンフランシスコは南北アメリカ華民社会の歴史上，いわばハブの位置を占めていることが解る．

　カナダ太平洋岸における中華総会館の設立には，カナダの国民国家化と近代交通インフラストラクチャー整備というコミュニティ外の大きな国家的・社会的な近代化のうねりが背景にあり，とくに排華税法の成立を受けて，現地華民が統括体を必要とした経緯があった．換言すれば，清朝が在外公館を各地に建てて近代の国際条約体制へ順応するプロセスのみならず，ホスト社会カナダの国民国家化のプロセスがあり，このふたつの近代的変容プロセスのはざまに，中華会館を設立する動きが起こったのである．

　ビクトリア中華総会館の成立に関する直接の史料を検討した結果，サンフランシスコの官とカナダの商の間には，新たにつくられたトランスナショナル・マイグレーションを確認できた．サンフランシスコにおける黄遵憲の僑務の手腕をカナダ現地華僑社会が伝え聞いており，みずからの民間の情報網からアクセスすべき官を選択して，関係を築いた．そして直接黄遵憲の助言を請うことで，結果的に黄遵憲のサンフランシスコ僑務の経験から，現地統

括体の設置に関する官の実務経験と情報が，カナダ太平洋岸の華民社会に移植されていった．前章で扱ったサンフランシスコの事例と同様に，カナダ太平洋岸でも，官商関係を通して，官設団体・統括団体の中華会館がつくりあげられたのである．

　最後に，華商の政治力と，彼らが根差した都市の環太平洋圏内における成長と成熟との密接なかかわりを指摘しておこう．ビクトリアは19世紀中，カナダ太平洋岸の行政と商業の中心だった最大の町であり，華民はこの町の発展と同調して北米第2位の規模の華民コミュニティを成長させた．しかし，カナダ太平洋鉄道がその最西端を内陸寄りにあったポート・ムーディーから，より好立地の港と終着駅を求めて20キロメートルほど西に路線を延ばして1889年にバンクーバーに達すると，ビクトリアの発展は減速しはじめた．バンクーバーはジョージア海峡を挟んだビクトリアの対岸の大陸側にある．そのため，鉄道の到達によって太平洋とカナダ東海岸へのアクセス拠点としての役割を果たすようになり，近代都市としての急激な成長をはじめた．そして，20世紀に入るとビクトリアに替わる同地域最大の商業流通の中心となった．ビクトリアのチャイナタウンは，ビクトリアの盛衰と同調して，バンクーバーの活力が増すと対照的に，エスニック・コミュニティとしての経済や文化の活力を失った．こうしてビクトリアのチャイナタウンはバンクーバーに新たに生まれたチャイナタウンに北米第2位の地位を譲り渡すと，衰退してゆき，いま現在見られる陰鬱な寂れた姿になっていったのである．このように見るならば，1880年代は，ビクトリア華商の活動と影響力の最盛期にあたり，カナダ太平洋岸地域の華民コミュニティの政治経済の中心としての動きを本章で扱ったことになる．

第7章　新華商層の築く官商関係
―パナマ・エクアドル・ペルー・チリ―

第1節　華工の条件改善と華商の活動

　南アメリカの華商は，苦力貿易の過去ゆえに，その大多数が契約華工から華商に転身した人々であった．しかし，清朝からやってくる官人と接触し，コミュニティの管理を公認されていったのは，そうした華商ではなく，苦力貿易の終わり以降に新たに中規模の資本を持って渡航してきた，事業経験を持つ華商であった．なかでも地域間仲介交易をおこなう華商の存在を通して，官と彼らの関係がつくられていく．そしてこの様子を追うと，南アメリカで発達していった中国早期外交の商董制度と代理領事制度の発展を説明できる．この章では，コミュニティの華商が本国から訪れた官人と接触する意味や，華民コミュニティにおける華商の名声の確立，こうした点の考察を中心に進め，その後，リマの中華会館の設立周辺における官商関係を検討する．

　ペルーでは，1886年にこの国の中華総会館である「中華通恵総局 Sociedad Central de Beneficencia China」（以後，「通恵総局」と略記）が，首都リマに成立した．ペルーの華民社会に統括団体である通恵総局が新設された意義については，アダム・マッケオン（Adam McKeown）が，「外国国民」として移民社会の自治の領域を創出した点だと述べている．マッケオンは，1880年代のシカゴとリマの華民社会を比べ，その当時に華民代表組織も本国の領事館もなかったシカゴでは，華民はエキゾチックな都市移民集団のひとつにすぎなかったが，リマでは清朝の在外公館が建ち，通恵総局が成立したことによって，ペルーの人々から中国というひとつの国家を後ろ盾とする「外国国民」として見なされるようになったと述べる[1]．ホスト社会に向け

---

1) Adam McKeown, *Chinese Migrant Networks and Cultural Change: Peru, Chicago, Hawaii, 1900–1936*, Chicago: The University of Chicago Press, 2001, p. 138. なお，

て代表たる組織ができた意義は，現地社会における華民の位置付けに大きく関係することである．ペルーでも，北アメリカ太平洋岸の華民社会で見られた，統括団体の設立の場合と同じ変化が起こっていた．

　一方，華民コミュニティの外ではなく，内側に向いたとき，統括団体を設置することにはどのような意味があったのか．これは，カナダに次いで，サンフランシスコの中華会館の経験が遠隔地の華民社会に移植された第2の事例である．リマの場合はビクトリアの場合と比べ，どのような共通点と相違点を持つかという点で，南アメリカにおける官商関係を考えるひとつの分析視点になる．この章ではとくに1880年代の南アメリカの華商を検討し，ペルーにおける現地華民の統括団体の設置について考える．

　20世紀に入るまでに，中南米で比較的経済的余裕がある豊かな華商層が形成されたのは，パナマとペルーの2か国と見なすことができる．一例として，19世紀の間，香港の民間団体が国内や海外華民社会に慈善救済活動の捐金を呼びかけると，中南米地域の華民社会のなかでは，ペルーとパナマが一貫して反応がよく，救援の出捐をおこなっている[2]．これらの華民社会は，南アメリカ太平洋岸でどのような様相を見せていたのだろうか．

　すでにこれまで見てきたように，19世紀半ばからラテンアメリカやカリブ海地域に渡った華民は，主に契約労働者となって，その地の経済の発展に大きく貢献した．ペルーにおける近代的文脈におけるひとの国際移動は，1849～74年に，約10万人が苦力として上陸したものである．ペルーの契約華工は第2章の容閎レポートで報告されているように，大多数は砂糖と綿花プランテーション，鉄道建設，グアノの掘削，そして都市労働の場で働いた．なかでも綿花主体のペルー沿岸経済の発展に，なくてはならない労働者であった．

　1874年のマカオ苦力貿易禁止令より以後，ペルーでは，プランテーションにおける華工の労働条件に大きな改善が見られ，1880年代は契約華工がペルー人の賃労働者とほぼ同じ条件の賃労働者へと移行する，いわば過渡期であった．先行研究では，華民を取り巻く労働状態が次のように多くの面で

　　シカゴに中華会館が創設されたのは1906年である．
2)　帆刈浩之「香港東華医院と広東人ネットワーク――20世紀初頭における救済活動を中心に」，『東洋史研究』，55(1)，1996年．

改善され，自由民としての賃労働者へ移行が進んでいったことが明らかにされている．たとえば1870年から，プランテーションでの契約労働においては，8年間の契約期間を終えて再契約に入ろうとする華工は，半年から2年以内の短期間契約となり，かつ同じ雇用主の下でのみ再契約を結ぶことになった．このため，転売の弊害があった以前の状況に比べて良好な条件となった．また1年分の労賃が前金で支払われることとなり，この結果，契約華工は，以前より多く貯蓄できるようになり，プランテーションを去った後に，近郊の町，もしくはリマやカリャオなどの町に移って，小資本の商売に着手することが以前よりも容易になっていった[3]．さらに華民のなかには，労働請負業を手がける者が現れ，華民自身の自律的な労働者派遣組織を結成した．彼らは満期後に自由華工となった人々と一対一で契約を結び，自立した労働者団体をつくると，プランテーションの農繁期やそのほか特定の仕事に需要があるとき，団体で労働に赴いた．なお，こうした華民の自律的労働者組織は，カリフォルニアやメキシコのバハカリフォルニアノルテでも結成された[4]．

20世紀が近づくにつれてペルーの華工の状況が改善されたことにはまた，1880年代後半に現地経済が上向いたことが少なからず影響している．この時代は，後述するボリビア・ペルーとチリ間の太平洋戦争後の戦後復興と，それに伴う経済の建て直し・再安定の時代であり，政治も経済も比較的良くなり，1890年代まで鉱産物・砂糖・綿の輸出を通して経済再興を実現でき，社会全体が恵まれた状態であった[5]．このため，1874年以降のペルー社会では，華民の立場が相対的に向上した．ペルーにおける華商の活動は，労働契約を終えた少数の華工が商業に従事しはじめた1860年代末からはじまっていたが，とりわけ1874年のマカオ苦力貿易禁止令以降，華民が急速に商業活動に参入していった．それもこうした背景ゆえである[6]．

---

3) Evelyn Hu-Dehart, "Coolies, Shopkeepers, Pioneers: The Chinese of Mexico and Peru (1849-1930)," *Amerasia Journal*, 15(2), 1989, pp. 109-110.

4) *Ibid.*, p. 110; Michael J. Gonzales, *Plantation Agriculture and Social Control in Northern Peru, 1875-1933*, Austin: University of Texas Press, 1985.

5) 増田義郎・柳田利夫『ペルー 太平洋とアンデスの国——近代史と日系社会』，中央公論社，1999年；上谷博「ペルー独立後の経済開発の模索」，上谷博・石黒馨（編）『ラテンアメリカが語る近代——地域知の創造』，世界思想社，1998年．

6) Hu-Dehart, *op. cit.*, pp. 92, 106.

大勢の華商の活発な動きは，次のように，その生活と商業圏の地理的な広がりに見ることができる．もともとペルー早期華民の生活圏は，当初は苦力貿易によって連れてこられた港町カリャオや，プランテーションが広がる北西沿海地方，鉄道建設現場沿い，グアノのあるチンチャ諸島，そして首都リマの都市中心部など，総じて労働需要があった国の西北から中央の沿岸部に集中していた．

　この状態は，労働から逃亡した華工や，契約満期となった華工が自由華民となって，ペルー社会に相当数現れはじめる1875年を境に変わりはじめる．まず大多数の華民は，太平洋沿岸の港町や都市部に下りていった．西北山岳地帯ではじまった鉄道の建設工事に参入する華工もいたが，基本的に華民はアンデス高地に生活拠点を構えることはなく，鉄道敷設が終わると，その大部分は就労条件に恵まれたアンデス山脈の西に下り，沿岸部や都市部に住んだ．その結果，1880年代後半になると，リマやカリャオをはじめとする大きな都市では，華商が多く目撃されるようになった．また，首都リマを基点としてパナマからチリにかけての南アメリカ太平洋岸沿いの港町を上下する華商や，1890年代末には遠隔の開拓地域であるアマゾン川上流域の町イキトスのような，アンデス山脈東の熱帯降雨林地帯の内陸に至る華商も見られるようになる．すなわち，カナダのブリティッシュ・コロンビア州で見られたような，都市部の華民集住区の成長と，華民の居住，生活，商業活動の内陸部への地理的広がりは，同時期の南米でも観察された．

　まずリマ市内の場合を見よう．1880年代以前，リマの華民社会の構成員は，満期となって移動してきた契約華工出身者が圧倒的多数を占めていた．その多くは都市の賃金労働者，もしくはごく小規模の元手で済む，炭，コーヒー，パンなどの行商人や小売業者などの都市労働者になった．1870年代後半からそうした華工のなかに，簡易食堂，小さな宿坊，洗濯業など，ある一定の分野における小規模の商いに進出する者が現れ，やがて多数を占めるようになっていった[7]．リマ市街中心部カポン（Capón）街を中心に，アヤクチョ（Ayacucho）街からウアンタ（Huanta）街，フニン（Junin）街からプノ（Puno）街の間にチャイナタウンが成立し，商人のなかにはやがて，豆・

7）　Luis Millones-Santagadea, *Minorías étnicas en el Perú*, Lima: Pontificia Universidad Católica del Perú, 1973, pp. 78-79.

米・雑貨を取り扱う食品雑貨店が現れた．とりわけこれらの商品を扱う食品雑貨店の業種の成長は著しく，1940年代までにはリマのチャイナタウンで店舗数最多の業種となった[8]．食品雑貨店は，元手が小額で済み，専門的な事業知識や経験を必ずしも必要としないという利点がある．1880年代前半になると，リマのチャイナタウンには手工業者，小売業者，そして零細土地農民，都市の肉体労働に携わる賃金労働者などの多彩な社会層が暮らし，かつごく少数ながら同市に拠点を持つ，交易をおこなう中規模の商家も数軒成立した．リマ市では，華工から華商への社会的上昇のプロセスが，以上のように進んでいた．

　内陸へ東漸する動きは，1870年代後半から現れたが，全体的に少数である．アンデス東に現れた早期華民コミュニティは，おおむね人口100人足らずの小規模なものであった．しかし，ブリティッシュ・コロンビア州の内陸に位置するゴールドラッシュの開拓コミュニティに華商の姿があったように，この現象もやはりペルーで見られ，内陸に入っていく華商の機動力と広域性を証明している．ラ・リベルタド（La Libertad）県からの華民の場合，まずカハマルカ（Cajamarca）やウアマチュコ（Huamachuco）で姿が見られ，とくにカハマルカを中継地に，より内陸の高地チャチャポヤス（Chachapoyas）や東部熱帯雨林地方面への入り口であるタラポト（Tarapoto）などへと目撃の範囲が広がっていった．アンカシュ（Ancash）県カスマ（Casma）からの場合，ワヌコ（Huanuco）県の高地ティンゴ・マリア（Tingo Maria）やモンソン（Monzon），そしてアマゾンへと，華民の活動が目撃される範囲は東に進んだ．こうした華民は，開墾耕作の後トウモロコシ・米・豆・ピーナツ・芋を収穫し，近くの町の市に売りに出るという，耕作と小規模交易あるいは行商で生計を立てた．彼らは1880年代前半には，先住民との抗争で犠牲になるなど，軋轢の対象にもなった．

　そして1879年に初めて，アマゾン川上流域の開墾地イキトス（Iquitos）にゴム取引にかかわる華民が現れた．このとき華民は，米・コーヒー・トウ

---

8)　秘魯中華通恵総局成立一百周年記念特刊編集委員会（編）『1886-1986 秘魯中華通恵総局与秘魯華人――秘魯中華通恵総局成立一百周年記念特刊 Sociedad Central de Beneficencia China y la Colonia China en el Peru』，秘魯中華通恵総局出版，1986年，93頁．

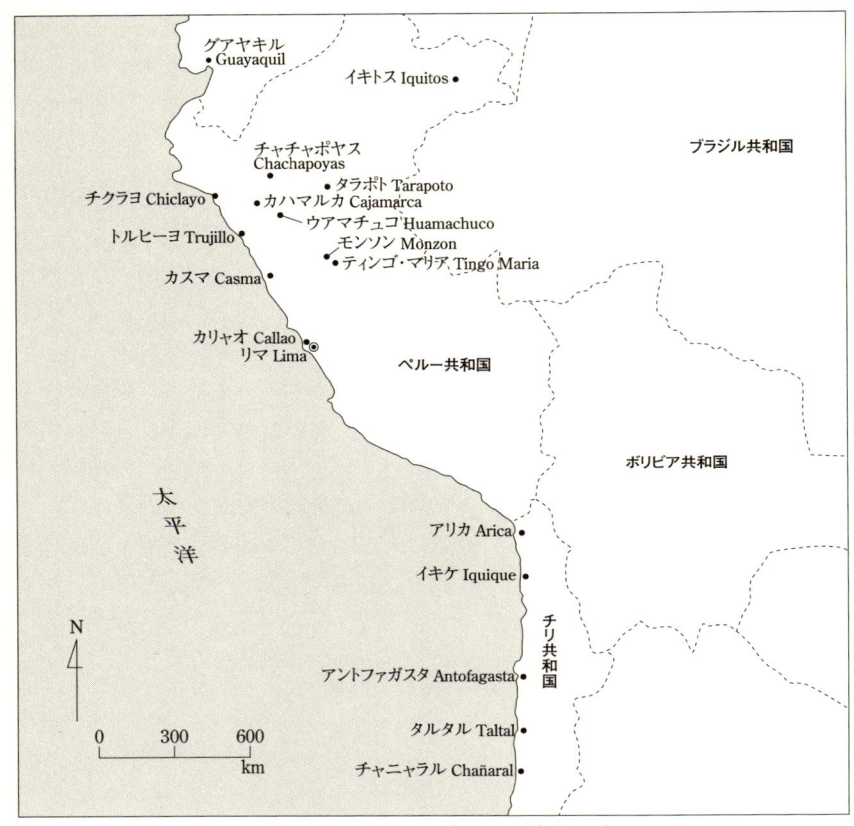

図 7-1 南米太平洋岸の町の位置関係

モロコシ・カカオ・砂糖・小麦粉などを小船で運び，川沿いのゴム園や金鉱の人々からのゴム・綿花・タバコの現物取引で利益を挙げた．やがてイキトスには，アマゾン河流域のゴムと金に惹かれた華民が，ペルー国内，カリフォルニア，そして中国本国からも入り，合資方式で地産を購入し，酒屋や雑貨店を開いて定住しはじめた．1899 年，イキトスの華民は計 346 人を数え，この地の外国人グループのなかで最大の人口を抱えるコミュニティとなった．20 世紀からはイキトスのゴム産業とタバコ産業に参入し，華人団体を結成してコミュニティの枠組みを整えていった[9]．

第7章　新華商層の築く官商関係　　　　　　　　　　237

第2節　清朝官人の見た中南米太平洋岸の華商

1. 移動，交易する華商

　ペルーの華商の大部分を占めた華工からの転身華商は，コミュニティの構成員とはなり得ても，経済力に限界があった．マッケオンは，ペルーでは契約華工が労働契約の期間中に得られた労賃ではきわめて小さな商いしかはじめられず，むしろ食料品や高級品を扱えるほどの資本力を持つ華商は，1874～1904年の間に新たにリマにやって来た，事業経験のある華商であったと指摘している．こうした華商は広東省香山県の客家出身者が多く，またすでに香港やサンフランシスコに店舗を構えていた[10]．

　この時期の華商のペルー上陸数自体は少数で，継続的なものではなかった．しかし，やって来た華商たちは，華民相手の商売ゆえにペルー人商人とビジネス上の競争がなく，顧客数に恵まれた．しかも香港・中国広東省・カリフォルニアとのつながりから商品を引き込むことができたため，有利な条件の下で成長した．

　たとえばこの時期に創業した華商のなかには，20世紀初頭までにプランテーション経営や卸売，貿易商など，より大きな投資にも耐えられるほど成長した商家がある．1888年に創業した「和昌」，1889年に広東省香山県馬辺埔の謝宝山（Aurelio Powsan Chia）が創業した「宝隆公司」（現地物産卸販売，欧米輸入品と中国絹の販売，4つの大プランテーション経営），1893年に香港の貿易商「安栄桟」の陳仲佳・陳保麟・陳齢瑞が創業した「合安栄」（中国と現地ペルーの諸物産の販売），1899年に広東省赤渓県（現在の台山市の一部）の鄔子才が創業した「保安」（ペルー現地物産の卸，漢方薬と輸入品の貿易商，5つのプランテーション経営），1900年に何寿康が創業した「正合」（中国絹，毛織物・貴金属の販売）などが，コミュニティの記録に残っている[11]．

---

　9)　Isabelle Lausent-Herrera, "Los Inmigrantes Chinos en la Amazonia Perua," 秘魯中華通恵総局成立一百周年記念特刊編集委員会（編），前掲書，73-83頁; Hu-Dehart, op. cit., pp. 111-113.
　10)　McKeown, op. cit., pp. 54, 140.
　11)　秘魯中華通恵総局成立一百周年記念特刊編集委員会（編），前掲書，93-94頁.

中南米華商の活動のなかで最も意義があり，エスニック・コミュニティとしての華民集住地のありかたにより強い影響を及ぼしたのは，こうした中規模の資本を直接持ちこんだ華商であった．トランスナショナル・マイグレーションの観点からも，彼らが活動した南アメリカの沿岸で官と接触するさまは，実証の意義がある．以下に，1880年代に沿岸部で華商がどのような活動をしていたかを見ていこう．

はじめに，沿海部で活動する華商の概観を，外国事情調査記録『游歴図経余記』から押さえよう．1887年から89年にかけて日本，アメリカ，カナダ東海岸都市，キューバ，ペルー，チリそしてブラジルを順に訪問した清朝游歴官[12]の傅雲竜は，キューバを視察したのち，パナマ地峡を横断してペルーに向かった．傅雲竜の航程は表7-1の通りである．

傅雲竜によれば，キューバのサンティアゴ・デ・クーバに華工200人，人口約5,000人のチリのアリカには華民100人余り，人口4万500人のイキケ（Iquique）には華民600人，アントファガスタ（Antofagasta）には華民600人，総人口約1,000人の町であるタルタル（Taltal）の華民数は十数人，総人口4,000人のチャニャラル（Chanaral）には華工ばかりが20人弱が，住んでいた[13]．このように，1880年代後半のパナマ地峡からチリにかけての太平洋沿岸の港町には，華民が広く散住していた．こうした港町には，荷物の上げ下ろしをする港湾労働者としての苦力であろう，労働力需要ゆえにどのように小さな港でも華工が目撃された[14]．一方，こと華商に関しては史

---

12) 游歴官とは，在外公館員や留学生の派遣に続いて清朝政府がおこなった外国事情調査の要員である．清の官人による外国事情調査は，それまで曾国藩や李鴻章をはじめとする地方大官が進めた．しかし，この游歴官派遣は，初めて総理衙門が独自におこなった調査であった．中央官僚である六部の中下官僚を選抜して，諸外国の調査をさせ，外国事情を記録させた．集められた情報は地誌中心であり，中国国内の官僚や知識人が短期的に諸外国の知識を網羅的に摂取するのには役立った．佐々木揚「第三章一八八〇年代末における清朝遊歴官の外国事情調査」，佐々木揚『清末中国における日本観と西洋観』，東京大学出版会，2000年，189-281頁．

13) 傅雲竜『游歴美利加図経余紀前編上』，五表，『游歴古巴図経余紀』，五表，『游歴秘魯図経余紀下』，二表，三裏，四表-裏，傅雲竜『游歴図経余紀』，十五巻，n. p., 1889年．

14) たとえばチリのアリカには相当数の華民が見られたものの，その一方で湾のすぐ対岸のやや離れた小さな港では，華民人口100人中で華商1人，残りはすべて華工で占められ，簡便な相互扶助組織「聯義堂」もあったと記録がある（傅雲竜『游歴秘魯図経余紀下』，二裏，傅雲竜，前掲書）．

表 7-1　傅雲竜の行程——訪問国：アメリカ・カナダ・キューバ・ペルー・ブラジル

出　国	光緒13年9月9日	上　海		ペルー	2月3日 2月4日	ラマス Lomas モレンド Mollendo
日本(省略)	9月29日から11月9日	長崎，下関，神戸，横浜，横須賀，東京を訪問		チ　リ	2月5日 2月6日 2月7日	アリカ Arica イキケ Iquique アントファガスタ Antofagasta
アメリカに向けて出航	1888年5月29日				2月8日	チャニャラル Chanaral
アメリカ	1888年6月14日	サンフランシスコ着			2月9日 2月10日	ウアスコ Huasco コキンボ
	8月16日	鉄道に乗る			2月11日	バルパライソ
	8月21日	ニューオリンズ			2月13日	「美牙馬」
	8月23日	鉄道に乗る			2月18日	チリを出発，海路
	8月25日	ワシントン D. C.			2月19日	「達果窪羅」
	9月10日	ニューヨーク			2月20日	「猓達」
	9月24日	ワシントン D. C.			2月25日	「媵宜嘎達」
	10月12日	ニューヨーク		ブラジル	3月7日	ブラジル首都リオデジャネイロ着
	12月2日	キューバに出立				
	12月4日	タンパ，フロリダ			3月19日	リオデジャネイロ発
キューバ	12月5日	キューバ着				
コロンビア	12月31日 1889年1月1日 1月4日	コロン Colon パナマ パナマ出発			3月23日 4月1日 4月3日	「巴希亜」から海路で アマゾン 「巴亜拉」
ペルー	1月8日	パイタ Paita			4月9日	「巴別突司」
	1月9日	ピメンタル Pimental→「先得布拉司」			4月11日	「丹属地」
				アメリカ	4月18日 4月20日 5月3日	ニューヨーク ワシントン D. C. ワシントン D. C. 発
	1月10日	「嘎美押」→サラベリ Salaverry				
	1月12日	チンボテ Chimbote			5月9日	サンフランシスコ
	1月13日	「粟碧」		日本	5月26日から10月15日	横浜，東京
	1月14日	カリャオ				
	1月15日	リマ		帰国	10月21日から11月9日	上海着，上海発，北京帰着
	1月20日	「基格納山」				
	1月23日	「三達嘎拉」				
	2月1日	ペルー発，車で移動				
	2月2日	イカ Ica				

(出典)　傅雲竜「表一」，二表-二十七裏．傅雲竜，前掲書．

料を検討した結果，物流・交易の結節点として機能する中規模以上の町ほど多く姿が見られる傾向がある．彼らの原籍地は，ごく少数の湖南・江西・浙江という長江中流域および下流域出身者を除けば，圧倒的多数は広東省出身

者である．北アメリカ同様，中南米と南アメリカ太平洋岸の各華民コミュニティも，広東人が主要な構成員の華民社会であった．

この沿海部では，移動仲介取引型の華商が活動している様相が多く記録されている．なかでもエクアドルの港町グアヤキル（Guayaquil），そしてペルー北部のチクラヨ（Chiclayo）からトルヒーヨ（Trujillo）にかけての沿岸に散らばる港町には，リマから北上して商売に来た華商の姿があった．たとえばグアヤキルには小さな華民コミュニティがあり，1889年1月6日の傅雲竜の上陸は，その場に居合わせた現地商家「新昌和」の華商たちが手助けした[15]．ここには華人団体「恵慶公司」が成立しており，「生隆」「和生」「和安」の3店舗を持つ広東人の潘祿則が現地で一番大きな商家の華商としてグアヤキルの華民たちに知られていた．グアヤキルから南に位置する沿海の小さな港町に現れる華民たちは，リマとグアヤキルの間を往復し，その間にある港町をさかんに移動し，米を商うところが特徴的である．たとえばリマから北上してきた江西出身の李姓の男は，グアヤキルでは税が高いが，ペルーの2倍の売価で米が売れると話している[16]．

以上のように，リマ以北の沿岸を華商が移動し，主要取引品として米を扱う傾向が見られる一方，リマから南では，チリ北部のアリカ，イキケ，タルタル，バルパライソなどで活動する華商には，固定の住所を設けて酒を売る傾向が強かった．アリカでは浙江からの藍氏と湖南からの楊氏の同族グループを除けば，すべてが広東会館に所属する広東人であった．「新勝堂」「和隆」が最大の商家であり，「林富」「関煒」「林徳」「張養」「陳生」の5軒の酒屋があった[17]．イキケには，譚芝雲の経営する広東系商家「万和」があり，「聚義堂」「忠勇堂」「同盛堂」「協義堂」の4つの互恵組織が成立していた[18]．華民人口が十数人という，極端に小さな港町タルタルにも商いをおこなう者がいて，専ら酒を扱っていた[19]．チリのバルパライソやサンティアゴにも，酒業で蓄財する有力華商が確認できる．

チリでは太平洋に面した北部のアリカ・イキケ・アントファガスタ・バル

---

15) 傅雲竜『游歴秘魯図経余紀上』，四表，傅雲竜，前掲書．
16) 同前，四裏-五表．
17) 傅雲竜『游歴秘魯図経余紀下』二裏，傅雲竜，前掲書．
18) 同前，三裏．
19) 同前，四表．

パライソが同国の四大商業港で，こうした輸出貨物の貿易港を中心に華商コミュニティが成立していた．チリの華民は，太平洋戦争が勃発した1879年を境に人口が増えはじめたもので，ペルーから戦火を逃れて移動した華民のほか，チリ軍に加勢してペルーと戦い，終戦とともにそのまま南下した者が少なからずいた[20]．これもある意味で，ペルーからチリへの新たな華民の移動を示すものである．なお，チリの華商は旅館や小売業の方面に進出し，20世紀初頭には豆・米・酒・雑貨・牛肉などを扱う店が簇生した[21]．

2. リマ「永安昌」——沿岸部での官と商

沿海部の華商のなかには，ペルーのリマに本舗を構えてそこを基点とし，南アメリカ太平洋岸の中規模以上の港町との間を往復する華商がいた．そうした華商は，移動の中継地点にある港町に店舗を開くなどして，交易活動をおこなっていた．たとえばリマの商家「宝芳」の店主梁丈祺はスペイン語が堪能で，チクラヨの南の港町まで米の買い付けに北上していた記録がある．梁丈祺は，チリのアリカ現地で一番大きい商店である「新勝堂」の店主でもあった[22]．

交易をおこなう商家のなかでも，リマの「永安昌」には特別の注意を払わなければならない．永安昌は，ペルーで最初の中国人資本による中国人経営の商家として1872年（一説には1873年）にリマで創業し，やがて20世紀初頭には絹織物・陶器・工芸品・茶・白檀などの高級輸入品を中心に，中国の食料品や外国製品なども置く貿易商に成長して，1978年まで存在していた．ペルーの中国人商家のなかでも，最も大きく，最も成功したとペルー華民社会から広く認知されてきた著名な店であり，ひいてはペルーとパナマにおける官商関係で最も重要な役回りを担った．

コミュニティの記録によれば，リマの永安昌の創業者は香港からやって来て，直接ペルーに資本金を持ち込んだのみならず，それ以来伝統的に事業経営に通じた人物が香港から直接派遣され，支配人に就くスタイルが慣例であ

---

20) McKeown, *op. cit.*, p. 141.
21) 陳匡民『美州華僑通鑑』，Yew York: 紐約美州華僑文化社，1950年，790頁．
22) 傅雲竜『游歴秘魯図経余紀上』，六表，『游歴秘魯図経余紀下』，二裏，傅雲竜，前掲書．

ったという[23]．リマの永安昌が香港とつながりがあったことは，いくつかの先行研究でもおおまかではあるが必ず触れられている[24]．加えて永安昌の香港との紐帯や交易形態は，1880年代後半の清朝官人たちの記録からも，より詳細に知ることができる．

　張蔭桓によれば，リマの永安昌はパナマやチリに商店があり，商人や店員を現地に送って商売を任せている．派遣された商人は，香港の総支配人から経営の手ほどきや秘訣を伝授されており，頻繁に監督し，事業の筋道を精査するので，ペルーからパナマやチリが離れていても詐欺や粉飾はできず，経営が長続きしている，とある[25]．また傅雲竜の記録では，パナマの永和昌は広東人の招裕田が資本を集め，曹兆賓が支配人を務め，サンフランシスコでは「永和生」，ペルーで「永安昌」，チリではリマと同じ「永安昌」，そして香港では「祥和店広泰南北行」の屋号を用い，ブラジルにも店舗を展開する予定があった．さらにこのパナマの永和昌の支配人を務める曹兆賓は，地域と地域の間で利益をあげる，典型的な移動仲介取引型の華商であった．すなわち，主要取引品として外国製婦人用ショールを扱い，アメリカのニューヨークでは50ドル程度で飾刺繍を，ペルーやチリ南米諸国ではそれより2割ほど安い値段で黒地刺繍布を販売して利潤を挙げ，広東から広東刺繍を約2万取り寄せて商っていた[26]．その成功については，それぞれ，リマで「秘魯永安昌為華商之冠」[27]，パナマで「生意最大」[28]，そしてチリでも「以永安昌為最」[29]であり，いずれの地でも現地で最も大きく，かつ成功した華商

---

23) 秘魯中華通恵総局成立一百周年記念特刊編集委員会（編），前掲書，93-94頁．
24) たとえばMcKeown, *op. cit.* やLausent-Herrera, *op. cit.* を参照．
25) 「秘魯永安昌為華商之冠，南墨州諸国如巴拿馬，智利都城，皆有字号分託商夥経営，而受成于香港総核之人，層叠約束，条理精密，数万里外不能欺飾，故能持久．」，張蔭桓『三洲日記』，任青・馬忠文整理『張蔭桓日記』，上海：上海図書出版社，2004年，303頁．
26) 「張大臣所派商董二，一正為曹兆賓，一副為曾桂鵬曾業酒，曹則永安［史料の誤りであり「和」が正しい］昌号司事也．其本鳩自広東人招裕田，旧金山曰永和生，秘魯利馬曰永安昌，智利以秘魯同，香港曰祥和店広泰南北行，巴西尚未設也．曹所貿以外国女披肩為大宗，采繍之属售美利加紐約論直銀五十円，黒地繍黒之属售秘魯智利諸国論直減十之二，繍自広東女紅無慮二万，此亦通恵一端歟．」，傅雲竜『游歴秘魯図経余紀上』，二表，傅雲竜，前掲書．
27) 張蔭桓，前掲史料，任青他整理，前掲書，303頁．
28) 同前，287頁．
29) 傅雲竜『游歴秘魯図経余紀下』，五表，傅雲竜，前掲書．

として，華民コミュニティで認識されていた．

　張蔭桓と傅雲竜とで食い違うリマとパナマの本店と支店の関係は，実際曖昧で，むしろいずれも香港の祥和店広泰南北行の系列の商店であったと見るべきであろう．「南北行」とは，1860年代から活動をはじめ，19世紀末から20世紀初頭に活動のピークを迎えた中国資本の中国人商人のことであり，香港を基点にして，中国と東南アジア，もしくは中国と日本，あるいは中国とアメリカなど，これらの遠く離れたふたつの地域の間の物産を仲介販売して利益を挙げた．たとえば，香港で販売・消費する物品を中国の華北などから輸入し，香港からは生活品を輸出する．一方，東南アジア諸国から食料品などを輸入し，香港から雑貨などを輸出した．この北と南のルートを併せ持つ貿易をする商社が多いところから，南北行の名前がついた．多くの南北行が，輸出に比べて輸入量が圧倒的に大きいという特徴を持ち，薄利多売で利益を挙げ，また広東省と福建省を出身とする「紳商」が集まって経営したことで知られている[30]．パナマの永安昌の曾兆賓の事業は，広東―パナマ―ペルー―チリ―ニューヨークの販売網のなかで，地域間の仲介交易をおこなう南北行の方式を踏襲している[31]．

　いったんここでまとめてみるならば，1880年代のラテンアメリカの華民コミュニティで，それぞれ最大の華商であったのは，香港の南北行が暖簾分けをしたと見られる同系列の店舗群であった．永安昌は1870年代に入ってから南アメリカにやってきたその折，香港から直接ペルーにカネと経営経験を持ち込むことによって，もともと現地にいた契約華工から転身した華商よりも，はるかに広く有利に事業を展開した．交易をおこなう沿岸部の華商たちは，南アメリカの華商のなかでも比較的裕福な華商として位置付けられるのだが，とくに仲介交易をおこなう華商は，南アメリカ各地の華民コミュニティのなかでの経済的・社会的成功が顕著であった．そして彼らはまた，現

---

30)　木屋隆安「東洋の紳商"南北行"の実態」，『世界週報』，**39**(1)，1958年．
31)　なお，チリの永安昌は地域仲介型の移動交易をおこなっていたか定かでなく，バルパライソでビクトリア酒店という酒屋を営み，この酒店の年収2万ペソに加えて，旅館業の年収約6,000ペソを挙げ，酒を商う現地華商のなかで最大の華商として名を上げたとあり（傅雲竜『游歴秘魯図経余紀下』，五表，傅雲竜，前掲書），むしろ固定した住所での商いで成功していたことが確認される．これは地域によって，最も需要があり，競争相手が少なく利益があがる商いに集中してニッチ・ビジネスをおこなう華商経営の柔軟さを示すものであると考えられよう．

地の清朝の官人との関係や中国の早期外交制度のなかで，最も重要な役回りを担っていた．

　1870年代半ばに常駐外交制度が発足したことで，1870年代末以降，清朝政府からは，任地に向かう駐外公使や領事，游歴官が南アメリカを訪れ，沿海部を時おり上下するようになった．外交制度が発足して間もない清朝では，外国に派遣する官僚に諸外国の情報を直接収集するよう命じていた．こうした官人たちは，南アメリカの沿岸を航行する折，寄港地にある華民コミュニティに必ず立ち寄り，華民の有力者と接触した．

　たとえば先述の游歴官の傅雲竜は，担当訪問国であった日本，カナダ，アメリカ，キューバ，ペルー，ブラジルの事情について調査し，清朝に持ち帰ることが任務であり，これらの国の鉄道や近代技術，政治事情，歴史などを書き留めている．『游歴図経余紀』からは，ペルーに向かって海路を南下するその途中，沿岸の港に停泊するたび，その地の華商の訪問接待，もしくは行き合わせた華工や華商との会話を通して，現地の地誌や時事，政治制度の情報を収集している姿が読み取れる．傅雲竜が外国事情を著すにあたって，現地華民を情報源のひとつとしたことは疑いない．現地華商たちの官人との接触は，現地情報を提供することで，結果的に本国の近代化プロジェクトに参画したことを示している．

　外国事情とともに，傅雲竜は現地華民の生活のあらまし――なかでも，港町の中国人居留者の概数や華工華商の別，華民コミュニティ内で特筆すべき有力華商など――をも聞き取って記録している．注意すべきは，これら華商たちのほうも実に積極的にこうした官人に接触して来ることである．傅雲竜が南アメリカ太平洋岸を南下する船旅では，いずれの寄港地でも，現地の有力華商が必ず船まで迎えに出て面会する．その後，上陸を手伝ってみずからの会館や商店に伴い，逗留や食事などの身の周りの世話から，傅雲竜が必要とする現地の地誌や時事，近代技術などの情報を提供している．たとえば傅雲竜は，ペルー上陸後にリマで華商の陳亨の中華レストラン「養和堂」に宿泊し，永安昌の梁敦豪，和昌の梁慎豪，栄盛の黎子栄たち華商から，ペルーの地理や物産に関する詳細な情報を得ている[32]．そしてこのとき，傅雲竜に東義会館に掛ける扁額の題字を頼みに来た，永同興の江旭亮は，陳亨の紹

介を経ている[33].

　華商側にとってこうした本国官人との接触は，コミュニティにおけるみずからの存在をさらに一歩，公的なものへと昇華する意味を持っていた．経済力を持ち，現地の地理等の知識に明るく，かつ中国語の読み書きができ，多くの場合スペイン語もできる彼らは，本国官人が訪れる前から慈善活動をおこなうなどして，コミュニティの認知を得るよう心掛けていた．

　こうした華商は訪問して来た本国の官人とアクセスすることによって，官人本人からもコミュニティ全体からも現地華民の代表として認知される，いわばエンパワーメントを図ることを意識したのである．官人と，コミュニティの代表を担える有力華商との間で，こうした接触が実現すると，前者は後者に正式に現地コミュニティの管理を任せる役職を与える動きが起こる．換言すれば，コミュニティに認められた華商は，官人との面会を通して，現地の僑務の一端を任せられるのである．すなわち，南アメリカの華民社会における，ある種「紳商」に類する華商層の誕生とも呼べるものである．紳商とは，清朝末期の条約港の商業発展に伴って交易などで巨額の富を蓄えるようになった裕福な商人「商」が，やがてその経済力を用いて子弟や親族の才能ある者に官吏登用試験である科挙の準備をさせ，こうして科挙に合格して官の権威と結びついたエリート「紳」となったものである．また経済力で官位を買い，これによって紳となる者も少なくはなかった．裕福な社会階層が増加するに伴って，そうした「商」と「紳」，経済力と権力を兼ね備える人びと，すなわち「紳商」が新たな社会階層として中国社会で実力を持ちはじめる[34]．

　南アメリカの華民社会の場合，まず1888年にパナマの永和昌の支配人であった広東省番禺県出身の曹兆賓が，第3代出使アメリカ大臣張蔭桓から「商董」に任じられた経緯に，最初にそれが見られる．先に触れたように，パナマの永和昌は中規模資本を持つ仲介交易型の商家であり，リマの永安昌と同系列である．また，支配人の曹兆賓の原籍地である広東省番禺県は三邑

---

32)　傅雲竜『游歴秘魯図経余紀上』，七裏，傅雲竜，前掲書．
33)　同前，八表．
34)　馬敏『官商之間』，天津人民出版社，1995年；吉澤誠一郎『愛国主義の創成——ナショナリズムから近代中国をみる』，岩波書店，2003年．

の一県であることから，曹兆賓はサンフランシスコでコミュニティの実権を握っていたグループと同じ，いわゆる三邑商人であった．張蔭桓と接触したときには，現地ですでに十数年商いをしており，永和昌はパナマ現地の華民の間でも，パナマで最も早く開業した華人商店であり，かつ最大の店を構えていると広く認知されていた[35]．

張蔭桓は，1888 年 5 月 29 日にパナマ運河建設工事中断直後のパナマを訪れた[36]．建設工事に携わる華工をはじめ，パナマにはすでに多くの華民が集まって暮らしており，コロンからパナマをつなぐ鉄道と道路沿いには，簡易食堂や小売業をおこなう華商が軒を連ねていた．このパナマ地峡にはコロンとパナマ合わせて 5,000 人程度の華民が生活し，華商が多く，華工は少数という，商業コミュニティを形成していた[37]．なお傅雲竜は，張蔭桓の訪問直後にあたる同年の末にパナマに上陸し，現地には 400 人近い華商が集まり[38]，華安公所，人和公所，三邑公所などの華人団体が成立していたと記録している[39]．張蔭桓の記録と同様に，パナマの華民コミュニティが商業コミュニティであり，かつ三邑商人が多いという特徴が再確認できる．

パナマでは華商の活動がさかんであるにもかかわらず，公使館や領事館設置を実現するとなるとその目処が立たなかった．ここで張蔭桓は，出使アメリカ大臣に任されている人事権を用いて，商董制度の発足を決定した．商董制度とは，経済力があり，コミュニティの認知も得ている商家を，出使アメリカ大臣の権限で 3 年任期制をとる「商董」に任命するものであった．永安昌のコロン店舗に事実上の清朝領事官代理となり，パナマ華商の代表としてコミュニティを取りまとめる役割を任せた．

南アメリカの仲介交易型の華商は，現地の中核となる役割を官から任され，経済力に華民コミュニティを管理する権限を兼ねる名士として，いわば「紳商化」していった．この時代につくられていった中南米華民社会と清朝の官

---

35) 張蔭桓，前掲史料，任青他整理，前掲書，287 頁．
36) パナマ運河建設工事は，スエズ運河の開通を手がけたフランス人技術者レセップスが 1880 年にはじめたもので，熱帯の過酷な自然条件下でマラリアや黄熱病が発生し，労働者のなかに 3 万人弱の死者が出て，会社が倒産，1887 年末に工事は中断した．
37) 張蔭桓，前掲史料，任青他整理，前掲書，287 頁．
38) 傅雲竜『游歴古巴図経余紀』，六表，傅雲竜，前掲書．
39) 傅雲竜『游歴秘魯図経余紀上』，二裏，傅雲竜，前掲書．

人との関係性のなかでも，主体となったのである．

第3節　リマの中華会館の設立と華商

　ペルーのリマに成立した通恵総局は，第2代出使アメリカ大臣鄭藻如が奨励して設置された．サンフランシスコとビクトリアの事例と同様に，ペルーの中華会館もやはり本国からやって来た官人との関係性のなかでつくられたものである．しかし，ビクトリアとは若干異なり，清朝在外公使館を設立するために初めてこの地に入った出使アメリカ大臣が，もともとその数年前から現地華商が自発的につくりはじめていた組織に働きかけて，中華会館を生み出した，という背景を持っている．

　1879年，南アメリカ西海岸の中央部に横たわる硝石鉱脈の利権をめぐってボリビアとチリとの間で太平洋戦争（1879～84年）が勃発し，ペルーがこれに参戦した．この太平洋戦争が，通恵総局の設立の契機であった．開戦後，ボリビアと同盟関係にあったペルーが参戦の可能性を示すと，チリはペルーに宣戦布告し，チリ・ペルー間の太平洋戦争がはじまった．戦況は1880年に制海権を握ったチリが優勢となり，チリ軍はペルー国土を北進し，1881年1月に首都リマを蹂躙した．リマのチャイナタウンは，南アメリカでは最多の華民人口を抱える地区に成長していたが，この戦禍によって家屋や財産に大きな被害を受け，華民の間にも多くの死傷者が出た．

　このような折，1881年10月16日にリマで発足したのが，慈善救済組織「中国福利会（または中国慈善機構 Beneficencia China．以後，「福利会」と略称）」である．福利会は，現地社会で放置され，孤立した華民の負傷者を収容し，傷病を治療する目的で，現地華商が中心になって発足させたものである．これはまず1882年2月10日に，ベラビスタ（Bellavista）に身寄りのない病人，老人，そして傷ついた華民や病気の華民を収容し，衣食を提供する施設として開かれた．この福利会が，のちの通恵総局の前身である．1882年10月16日に福利会の会則がつくられ，同時に総理となった古徳基（Kuh Taequi M. Benairdes）は，ワシントンD.C.の出使アメリカ大臣に，組織の成立を直接報告した．遅れて1883年11月7日付けでペルー国務長官に組織の成立を知らせ，ペルー内政部の承認を受けると，負傷した貧者・老人の救

済をはじめた[40]．1884年時点の収容者40人は華工で，みな治る見込みがない重症の戦争被害者あるいは伝染病感染者であったという[41]．

　上述の設立のいきさつから，太平洋戦争の戦禍のためにリマの華民コミュニティでは慈善救済活動の必要が高まり，その結果，コミュニティの有力者を中心にして福利会がつくられたことが解る．さらに，会則をつくる，中国の官人に結成の報告をする，収容を目的とする善堂の性格が強いなど，同郷結合や地縁結合の団体をつくるときの慣例[42]が認められる．すなわち通恵総局の前身である福利会は，コミュニティの要請に応じて華民社会内部で自発的に成立し，そのときから華人団体としての性質を強く持っていた．そして重要であるのは，このとき福利会がつくられた目的は華民の慈善救済のため，いわば民間の戦災対策事業であって，現地華民側に当初は統括団体あるいはコミュニティの代表組織をつくる意図はなかったことである．

　統括団体をつくる動きが出たのは1884年であり，これはペルーに清朝在外公館を新設するために鄭藻如がペルーを訪問したことがきっかけとなっている．出使アメリカ大臣はスペインとペルーの公使職を兼任するため，任期中はワシントンD.C.に常駐するのみならず，在任中に一度，マドリード，キューバ，ペルーを歴訪するきまりであった．しかし初代出使アメリカ大臣陳蘭彬は，太平洋戦争の勃発によってペルー訪問を見合わせたため，リマの清朝公使館の開設は，次の代の鄭藻如が上陸を果たす1880年代前半まで遅れることになった．

　太平洋戦争の終結に伴って鄭藻如はペルーを訪問し，1884年7月から8月までリマに留まった．鄭藻如は現地入り後まず，華民の戦争被害の状況とその居住分布に関する調査に着手した．調査の結果，ペルーの華民人口は約6～7万人であり，全土に広く拡散して暮らしているが，その間で相互連絡を確保したり，問題を解決したりできる意思集約機関がないと知った．鄭

---

40) リマの国立図書館に所蔵されている1883年11月3日付け会館総理古徳基のスペイン語史料を参照．秘魯中華通恵総局成立一百年周年記念特刊編集委員会（編），前掲書，55, 60頁．
41) 同前，57頁．
42) L. Eve Ma-Armentrout, "Fellow-regional Association in the Ch'ing Dynasty: Organizations in Flux for Mobil People: A Preliminary Survey," *Modern Asian Studies*, **18** (2), 1984.

藻如は,「皆の心をひとつにし,その後すべての慈善救済活動が次第にさかんになってから,こちらの意図がいき亘る(蓋必合衆志而一之,然後一切善挙得以次第興辦,意至深遠也)」と考え,まず戦禍で疲弊した華民コミュニティの慈善救済を優先した.その後,統括団体の設置に着手し,通恵総局は設立の呼びかけと組織編制に1年をかけた.1886年の春,初代リマ・カリャオ総領事劉福謙が,新任の通恵総局総理ならびに副総理と話し合い,先に集めた3万ソル余りの捐金から,アヤクチョ街811号の一角の不動産を1万7,000ソル余りで購入した.老朽化が激しい建物の改築のため,再度捐金を募って通恵総局の再建をはじめ,1889年に会館ビルが落成した[43].もっとも,会館の正式な発足はこれより早く,1886年9月28日とされる.通恵総

43) 通恵総局には,初代リマ・カリャオ正領事劉福謙の扁額が所蔵されており,その全文が1986年に発行された通恵総局成立100周年記念特刊に収録されている.アクセスが便利ではないため,ここに全文を示す.
「中国地大民衆人楽遠遊五大州跋跡幾遍,我聖天子軫念元元恩濡海外,特簡重臣通好諸国問民疾苦而撫循之,光緒十年夏六月光禄卿鄭公藻如,奉命来使秘魯駐節之始,諮悉華民至此垂四十年散処各境其数六七万計,念非亟籌連絡,無以資保衛,而興善良乃命有衆創設中華通恵総局.蓋必合衆志而一之,然後一切善挙得以次第興辦,意至深遠也.時我華民咸明大義翕然楽従踴躍助資以為局費,合計秘都属境共捐白銀約三万余梛,議章生息,復於各殷商中公挙総理・協理,輪董其事.丙戌之春,謙[劉福謙領事を指す]与各董議将捐款及時置業,爰購埃如街房屋一区価費一万七千余梛.惟其屋頗旧因陋,就簡非所以垂久遠,而壮観瞻爰再捐簽従新建造落成之日歳在己丑孟春之吉,迄今功成一旦無負初心,此固衆志之誠,益以見憲恩之感人者至矣.夫,善創尤必善成昔賢之明訓也.今総局之設,既先以勧寄家書訪求親族示我民以菖蒲本根之思,則此後医院・義塚・養済院等事,凡足以敦励梓誼者,亟宜設法措辦所望好義之士,継長増高衆善畢挙,将見規模益拓友助益連中土茂懿之風洋,溢異域用成我鄭公之志以報察天子不遺在遠之恩,則豈独謙一人所楽為紀述也哉.謹叙其縁起並録捐資姓名付之手,民以垂無窮是為記.欽加監運使衛選用知府駐節秘魯利馬嘉里約正領事官劉福謙撰並書.正副総理置業,建造勧捐,督辦各值事,列於後.何子剛・高星楼・陳芹馨・彭砺庭・岑永培・王端甫・黎亮天・張堯卿・黄満・王裕安・梁群生・麦連桐・蘇文波・黎向栄・黄日新・黄鋭亭・龐元階・梁丈祺・古益受・馮鈺臣・李谷軒・馬百玲・広経源・源昌・益記・永安昌・和昌・栄盛・昆巽・保安・広利・広栄昌・永同興・万和安・公順桟・均益・広昌・厚安・均泰・順昌・利貞当・永万昌・永同桟・新昌盛・怡和・和興・宝隆・宝芳・永源興・和泰隆・昌興・怡泰・徳利・張令・永和泰・昌盛隆・合和隆・就和昌・和生祥・新合利・東安・広昌隆・万和堂・昌泰隆・万和興・万利・春和隆・永興桟・万利桟・均興・永昌・三和・隆和桟・広万安・和興・永安泰・茂昌・洪昌・広新盛・隆和昌.光緒十五年歳次己丑孟春穀旦値事同立.」,秘魯中華通恵総局成立一百周年記念特刊編集委員会(編),前掲書収録史料,47頁.
また,ペルーの清朝公使館に勤めた呉剣華の「査視秘魯華工記」にも,鄭藻如がペルー入りした後におこなった調査や華民からの募金に関するほぼ同様の記述がある.呉剣華「査視秘魯華工記」,干驤荘編『皇朝蓄艾文編』,巻六十一,外史二,三十六表-三十七表,上海官書局刊,1903年.

局最初の業務は，まず華工の代筆をしてその故郷との連絡を助け，かつペルー政府から国内の全華民の登記登録の実行権を移譲してくれるよう要望書を出すことであった[44]．

ペルー華民コミュニティ内部では，慈善の要請がきわめて強かった．太平洋戦争の影響のみならず，苦力貿易時代を反映して，ペルーには慢性的に貧しい，健康を害した，身寄りのない華工が多く，慈善救済の活動とその施設を設けることが，現地華民にとって何よりも中心的関心であったと考えられる．たとえば福利会以外にも，鄭藻如がペルーに来る以前から，現地華商が個人あるいは数人で設けた善堂も存在していた．一例が「怡和堂」である．リマの中華レストラン「養和堂」店主の現地華商陳亨と貿易商の王安は，以前より，みずからの経済力では治療を受けられず，住居を確保できず，帰国さえ不可能な身寄りのない華工を収容するための善堂「怡和堂」を建てていた[45]．リマ華民社会に清朝官人が入った後も，慈善と救済に関する活動は進められ，官と商が協力した．まず設置されたばかりの通恵総局は，先の福利会が設置した老齢・傷病者の収容施設を引き継いだ．さらに，参事官の劉亮沅が出使アメリカ大臣代理に任命されて鄭藻如の代わりに現地に残ると，陳亨と王安と協議して，新たに「盲工院」を設置するため，コミュニティの華商へ広く捐金を呼びかけた．盲工院は怡和堂を改築，拡大して建てられ，その運営は通恵総局がおこなうことになった．通恵総局の部屋を宿泊用に月300ソルで賃貸し，これが盲工院設立経費の借金返済に充てられた[46]．以後，盲工院の運営費は，陳亨と王安の2人の華商個人に頼るかたちではなくなった．リマ華民の慈善施設は，広くコミュニティの資金的協力を得られるかたちで運営されることになった．

ペルー華民には善堂以上に，統括代表団体を設置してまで対応すべき危急

---

44) McKeown, *op. cit.*, p. 138.
45) 傅雲竜『游歴秘魯図経余紀上』，七裏，傅雲竜，前掲書．
46) 同前，十表．なお記録によれば，通恵総局の2階・3階・4階の合わせて51部屋を貸し部屋としたが，ペルー政府の住客保護条例によって，賃貸価格は最低水準に抑えられてしまったため，固定収入として通恵総局が頼れる収入源であったのは，総局の両側に立つ2軒の店舗と4軒の写字楼，すなわち代筆業店の賃貸料になってしまい，苦しい経営状態であったことが解っている．秘魯中華通恵総局成立一百周年記念特刊編集委員会（編），前掲書，61頁．

の問題はなかったと考えられる．ペルーと異なり，統括団体を生み出した北米の華民社会は，まず排華を経験していた．さらに，華商の小社会に急激に大勢の労働者が毎年流入し，裕福な先住の華商が，四邑出身の新来の労働者の多数集団を迎え入れた華民コミュニティの治安や風紀を維持するために，全体をまとめる必要があった．これに対して，ペルーの場合は，契約華工の大量導入によって，労働者出身者が大多数のコミュニティが先に生まれ，そして苦力貿易時代の後に上陸した少数の華商が，有利に経済活動を展開した．中華会館の創設の要求がペルー社会になかったのは，北米と南米における，近代的文脈におけるひとの国際移動の違いも関係していたと言えよう．

とはいえ，ペルー華商にとって通恵総局は大きな意味を持っていた．当時のペルーの華民は，華商3割，華工7割といわれ，もともと通恵総局の「通恵」とは，「通商恵工」の意であった[47]．つまりビクトリア同様に規模の小さいリマの華民社会においては，華工も華商も含むことで，華民全部を包括する組織が志向された．ペルー華民全員の代表団体である，という統括団体の位置付けはコミュニティで共有された．そしてその権威に結びつくことは，名望家の意識を持ち合わせる華商にはきわめて重要なことであった．名士，代表者，有力者としてコミュニティで公認されるべく，通恵総局の業務・運営に関与できる上位職には，華商たちは積極的にかかわった．

華商のかかわりを見ていけば，第1に，通恵総局の設置段階において，鄭藻如の呼びかけで首都リマやペルー全国各地の華民に創設のための捐金を募ったところ，合計3万ソル以上が集まったことである．その出捐者名簿には，「永安昌」のほか，「和昌」「宝芳」「宝隆」「保安」などの交易をおこなう華商，そして第2節の2に詳述した宝芳の支配人梁丈祺をはじめ飲食業の高星楼，「典当」すなわち質店の利貞当，漢方薬の万和堂など，このときのリマ華民コミュニティのなかで著名であった華商や商家の名前を確認することができる．また，こうした華商や商家は一様に通恵総局の「値事」に就いている[48]．値事とはいわゆる世話役のことで，ビクトリア中華会館の「正値事」「副値事」「勧捐値事」のように，会館事務への助言やサポートを任務とし，協議への参加権があり，通恵総局の活動とさまざまな事項の決定にかか

---

47) 秘魯中華通恵総局成立一百周年記念特刊編集委員会（編），前掲書，55-56頁．
48) 前注43の原文を参照．

わることができる。定額を超える多額の捐金を出した者は，等しく董事になることができた。すなわち，コミュニティの著名な華商たちは，通恵総局の設立にあたって，積極的に定額以上の捐金を出した。

また第2に，会館章程や利息の扱いの話し合いが持たれた折，現地の「殷商」，つまり大商人と目される人士のなかから，組織の長である「総理」と副総理である「協理」を公選して，そのポストを交代制にすると定められた。公選と交代制で成り立つ董事制度を設置したことは，ペルーの中華会館も，ビクトリア中華会館と同様に，サンフランシスコ中華会館の執行部システムを導入したことを示している。しかし，サンフランシスコ中華会館の総理「董事」の選出は，有力な同郷会館の長を選ぶシステムであったが，ペルーの場合，著名で裕福な個人を直接選んだ。華商にとって名声を確立する中心的要素は，店舗を持ち，またその店主となることであり，この条件を満たした華商のうちでもさらに名士が，華人団体の総理に選任されたのである。これはコミュニティ内での社会的地位をより押し上げ，格を上げる意味があった。リマ最大の華商である永安昌は，実際に，この通恵総局の総理のほか，中華総商会，中華航運公司，その他あらゆる重要な団体の総理を歴任した[49]。

このように見てくると，華商が通恵総局に積極的にかかわっていった様相が把握できると同時に，リマでは華商が従来の同郷会館と断絶した存在であったことも解る。通恵総局の設立時点のリマでは，コミュニティへの影響力を持っていたのは同郷会館ではなく，有力な華商個人であった。リマには全体的傾向として，有力な同姓団体が存在せず，また同郷会館さえも広東系が数団体あるだけで，他省の同郷会館が存在しておらず，その代わりコミュニティ全体への影響力が小さい結社が数多く存在する，という特徴があった[50]。これは，通恵総局の創設時の寄付名簿が華商の名前と商店名で占められ，執

---

49) McKeown, *op. cit.*, p. 139.
50) たとえば，1920年にコミュニティで結成されていた団体は，東鎮親善会・番禺会館・英義社・華安公所・華商総会・南海会館・古岡州会館・福潮会館・隆鎮隆善社・華冷架華商連合会・肇羅会館・斗門公所・和風公所・渡渓民生社・羅豫章堂・憲政党・同昇会館・同義堂・秉正会・香山会館・東義会館・義興公司・竜岡親義総公所・医生会・万興公司・南三花順・赤渓会館・普通会・務本堂と，通恵総局を含めて，30団体ある。また唯一いくつかの県ごとにつくられている広東系会館も，1920年以降にやっと増加しはじめる傾向がある。秘魯中華通恵総局成立一百周年記念特刊編集委員会（編），前掲書，217, 219-229頁を参照。

行部に同郷会館・同姓会館・結社名が見当たらないことからも明らかである．つまり，コミュニティを左右できる有力団体がなかったリマ華民社会では，圧倒的な影響力を持っていたのは華商層であった．これがサンフランシスコと決定的に違う，リマ華民社会の特徴と言える．

　苦力貿易の歴史とつながりを持たない新来の華商は，もともと従来の同郷会館や同姓団体の機能に頼る必要がないため，先住の華民がつくりだしたコミュニティ管理や秩序の下に組み込まれることを望まなかった．ちょうど通恵総局というまったく新しい権威団体が創出されたため，そこで自己の社会的成功を確立することを望んだと考えられよう．華商個人の側から見るならば，海を渡ってやって来たペルーで10年ほど経ち，ある程度の成功を収めたいま，さらに社会的成功のための足場を固めるならば，新設の通恵総局は官との関係をも約束された良い媒体だったのである．

　以上のように見てくると，ペルーにおける統括団体の設立の背景には，戦争の影響があった．初めてこの地に入った出使アメリカ大臣は，官人の眼から現地華民社会の状態を判断し，戦後復興事業の一環として慈善団体の機能を活性化しようと，中華会館をはじめとする華人団体の整備・再編を進めていった．もともと，清朝官人がリマ入りするその数年前から，華民コミュニティでは戦後の慈善救済活動を自発的にはじめており，出使アメリカ大臣はこの現地華民の動きに乗った．ペルーの中華会館は，このようにして生み出されていったのである．ペルーでは華民側が中華会館の設立を本国の官人に打診したのではなく，本国から来た官人の統括団体志向を受けてつくられた．

第4節　1886年以降の南アメリカにおける僑務

1．代理領事制度と商董制度の発達

　ペルーのリマに設けられた清朝公使館の僑務の特徴は，ペルー全国のみならず，太平洋に面する南米諸国の華民に何らかのかたちでかかわっていく僑務の回路をつくる動きである．これは通恵総局の設立のみならず，1880年代と90年代に，ペルー国内に置いた従来の領事に加えて，新たに代理領事制度をつくったこと，さらにペルー周辺の国々であるパナマ・エクアドル・

チリ・コロンビアでは，現地華商を任命する商董制度をつくったところに確認できる．在外公館の官人にとって，僑務を推進するためには，華民の有力者の官への協力体制を発展させていく必要があり，そのための協力と処理の回路を増やしていったのである．

　1890年代前半にペルー代理公使を務めた謝希傅の記録によれば[51]，清朝のペルー公使は出使アメリカ大臣の兼任職であったが，実際は出使アメリカ大臣の参事官1名が代理公使の役目を負って，6～7人の在外公館員とともにリマに常駐した．ペルー現地の業務はほとんどが領事や代理公使の裁量で処理されたが，重要懸案の場合には，ワシントンD.C.の出使アメリカ大臣に最終決定が委ねられた．ペルーにおける清朝の領事館は，ペルーと中国の間で最大の外交懸案事項であった苦力貿易に伴う弊害の再発防止を意識して，華民の上陸港であるカリャオにまず置かれた．しかし，1880年代当時は，すでに華民の居住する町や地域がペルー全土に拡散していたにもかかわらず，清朝の領事はカリャオのみに置かれているという，現実にそぐわぬ状態であることがすぐに問題として認識された．そのためリマの清朝公使館は現地業務を進めるにあたって，新たに代理領事を10人設け，そのポジションには「ペルー国籍取得済みの華民で清廉な者（秘籍中之廉正者）」を就けて，ペルー各地で領事業務の代行をさせた[52]．

　さらにペルー近隣のエクアドル・コロンビア・チリ3か国では，華民の生活や商業活動の発展によって，華民人口が増した．とくにコロンビアでは，

---

51) 謝希傅『帰査叢刻』，東山草堂印本，1898年．ペルー清朝公使館の档案史料を「文牘偶存」と題して『帰査叢刻』に編集した謝希傅は，第5代出使アメリカ大臣楊儒（任期1893～96年）の代のペルー代理公使を務めた．『帰査叢刻』「文牘偶存」の汪康年の序文には，スペイン・アメリカ2か国で在外公館員として働き，参賛となってペルーで公使業務を務めたことしか略歴に関する人物情報はなく，原籍も不明である．「文牘偶存」に収録された外交档案すべてには日付が残されていない．収録档案の内容を精査した結果，最新のものは，光緒25年正月にキューバ総領事に就いた黎栄耀（在任1899年2月～1900年3月）から届いたキューバ華民への募金要請「為古巴代勧賑款申文」である（なお，汪康年の序文の脱稿が光緒24年7月，つまり1898年8～9月である）．ここから，収録文書は1893年から1900年の間に書かれたものであろう．

52) 「光緒十年鄭大臣藻如奉使至秘，乃特置使館於利馬都城，奏派参賛一員，代辦使事．又於嘉理約海口設領事一員，管理華民事宜，久之与秘外部及地方各官往復執論，始稍稍収我権利，無復有販賣凌虐情事．顧華民之散処各埠者実繁，有徒非嘉理約一領事所能越理，旋又請設代理領事十処，就秘籍中之廉正者充之，遇事報之使署．」，謝希傅「文牘偶存自序」，「自叙」，表-裏，前掲書収録史料，第四冊．

パナマ運河の掘削によって現地の華工数が急増した．このように華民の数の増加に伴って，これら3か国でも領事業務の必要性が高まっていた．これらの国々には，多ければ1,000人以上，少なければ数百人の華民が散居するようになっていたが，いずれの国も清朝と無条約関係にあるため，領事設置は不可能であった．このためペルーの清朝公使館は，当該地の華民に関しては，現地に駐在するイギリスとアメリカの領事に対応を依頼した．ペルー外務省・地方当局・国内の代理領事，そして隣接諸国のイギリス領事・アメリカ領事との間で連絡を取り交わすという，委託体制をつくって対応した[53]．しかし，さらなる華民の生活圏と経済活動の広がりとともに，エクアドル・コロンビア・チリの華商から，領事の設置を望む声が出るようになった．

これに対してリマの清朝公使館は，まずこれらの地域の華商から領事設置の要請を受けると，現地華民の全体的な様相を把握し，その結果，領事を置く必要があると判断したら，領事業務を代行するに適した華商を任命して，次々に行政を任せていくことで対応した．こうして1900年までには，エクアドル・チリ・コロンビアで，華商の領事任命がおこなわれた．具体的にはまず1891年，チリとエクアドル2か国の華民から陳情書が届き，清朝公使館がコミュニティの指導的立場にいる者を任命して，事実上その地の領事として行政を担わせてほしいと要請がなされた．ペルー代理公使呉溿は，1888年にパナマで永和昌店主を任命することで開始した商董制度を前例にして，1892年にグアヤキルの華商陳茂枝をエクアドル「商董」に任命した．これにやや遅れ，チリでは，謝希傅のペルー代理公使任期中に，イキケの華商陳庭珮が「董事」に任命された．謝希傅の見るところ，とくにアリカとイキケはペルーから渡る華商や華工が増えており，現地での業務の必要性が高まっている折から，イキケの華商の陳庭珮は，現地状況を熟知し激務に耐える人物であるから適任だと見なされた．こうした華商は「華民がみずから処理すべき案件（華人自理之事務）」が起こると，現地で対応することになった．1894年には，コロンビアのパナマ商董の再選抜と任命もおこなわれた．

また1888年に任命されたパナマ兼コロン商董の曾桂鵬と副商董の曾慶賡[54]の3年任期の2期満了に伴い，改めて現地状況を調べると，すでに曾

---

[53]「由賛区処其他厄瓜多・可崙比・智利三国轄境，流寓華民多或千余少或数百，勢又不能分置領事，商経英美領事，就近保護遇事，亦報之使署．」，同前．

桂鵬がパナマを去っていた．また，パナマ運河建設のため華工の人数が激増し，華民にかかわる諸事項も増えていたため，新たにパナマの華商の陳燦文が，中国語にも西洋の文字にも通暁して適任とされ，パナマ商董に任命された[55]．

以上に確認できるように，出使アメリカ大臣は無条約関係にある中南米諸国で，僑務の現地窓口が必要になると，当初は原則的に他国の領事館に業務代行を依頼していた．しかし現地華商からの直接の領事の設置要請を受けると，清朝ペルー代理公使が実態を調査し，現地で名士としての条件を持つ華商を商董に任命していくようになった．とはいえ任命した商董の業務遂行に関しては，清朝在外公館の管理は緩く，基本的にコミュニティの華民に行政主導権を与えるかたちで体制が組まれていったのである．

2．僑務のなかの中華通恵総局

清朝公使館が実際にペルー現地で活動しはじめると，そのなかで通恵総局はどのような役割を果たしていたのか．現存する史料のなかには，華商の遺産処理をおこなうにあたって本国送金の必要性が絡んできた場合に，通恵総局がその実務をおこなった記録が残っている．華商の遺産処理では在外公館と通恵総局が協力しながら，かなり立ち入った調査をおこない，送金の責任をも負った．通恵総局は必要な連絡を本国との間につけたり，中南米にある他の華民コミュニティからの捐金の要請をリマの華民社会に通達し，寄付金を募って送金したりした．こうした業務の記録に関しては，幸いなことに，ややまとまった分量がある．よって以下に，とくに華商の遺産処理に関しての公使館の業務と，そのなかでの通恵総局を見ていこう．

遺産処理の典型的な流れは次のようである．ペルーに渡った広東原籍の華商が死亡すると，清朝ペルー公使館の参事官が遺産を整理して額を把握し，

---

54) 謝希傅の記録にはこうあるが，張蔭桓の『三洲日記』の記録では，1888年に張蔭桓が任命したパナマの商董は曹兆賓であり，副商董が曾桂鵬であった．3年の間に曹兆賓がパナマを離れて副商董の曾桂鵬が商董になったと思われるが，その曾桂鵬もまたこのように移動した後であった．

55) n. d.「酌派智利可崙比国各埠商董懇請転咨立案詳」，十二表-十三裏，n. d.「派委商董陳庭珮札」，十四表-裏，「派委商董陳燦文札」，十四裏，謝希傅，前掲書収録史料，第四冊．

これを通恵総局の事務局長「值理」に指示して香港の東華医院に宛てて為替を組ませ，広東の縁故者に送金させる．この遺産額が5,000ソル程度の大金になると，代理公使の指示書を待って，遺産を分割送金にする．これにより東華医院から現地の親族に為替が届けられて，広東からペルー公使館に為替受領書が返送されてくると，次の送金手続きに入った．また現地に残された華商の妻子が，故郷広東省への運棺をとりおこない，その折の運棺費用と帰国船賃が必要になると，これも公使館の指示書を待って，多くの場合は通恵総局が遺産のなかからその費用を取り分け，家族の運棺帰国の日程が定まったときに家族に渡した[56]．

公使館が華商個人の遺産処理をするにあたって，通恵総局の力を借りる必要が生じたケースには，次のような特徴がある．すなわち遺産の相続に絡んで，ペルーの地方にいる遺族または関係者と広東省での調査との間を取りむすぶような連絡をおこなうことが不可欠となってくるような事態——たとえば，相続争いの調停や，遺産相続人の捜索・確認などの変則的に生じる諸問題への対応，そして遺産の本国為替送金の必要が生じた案件である．また，ペルー華商の商店経営は，株式資本を複数の華商が持ち寄る「合股」方式をとるため，遺産分配に伴う問題が生じたり，不満が高じたりすることが多かった．そのため処理にあたって，上位に立つ調整役が不可欠であった．とりわけ本国送金前には，遺産の調査とその算出，また生前の掛買い代金の特定などを現地ペルーでおこなう必要が生じたが，こうした合股ゆえの問題処理を手がけている点も特徴的である．

一例を挙げよう．アンカシュ県「馬加地」[57]の商店経営者だった張灶は，1893年11月に病気で没した．同県カスマの代理領事がその遺産を調べたところ，張灶は広万安と陳安明との3名での合股式で店を構えて利息を分配していた．調査によって，広万安には1,023.67ソルの取り分があり，陳安明には2,585.32ソルの取り分があり，張灶たちの商店が黄志堅の商店「益記」に残している掛買い代金643.47ソルがあり，これらを取り除けると張灶の遺産は2,965.52ソルであると算出された．遺産調査と処理の連絡はカスマ

---

56) n.d.「故民汪勝遺財已拠通恵総局稟報匯寄香港申文」，十九表-二〇裏，謝希傅，前掲書収録史料，第四冊．
57) アンカシュ県カスマ周辺の地名であろうが，該当する地名を特定できない．

代理領事とリマ公使館参賛の間でおこなわれ，清算は 1895 年 4 月に全額終了した．この 3 か月後，香港東華医院からリマの清朝公使館に，広東肇慶府高明県黄泥水村の張志仁からの書簡が転送され，張灶にはその遺骸の祀り手，遺産の為替送金受け取り手となるべき身寄りがないと報告された．公使館はリマ通恵総局の値理に，張灶の原籍地を特定することと，広東省内の他の地域に棺の受け取り手となるべき妻子・血縁者親族がいないかどうか，そして張志仁と張灶との間に血縁関係があるか否かを，香港東華医院と連絡を取って確認するよう指示した．さらに公使館は通恵総局に，これを調査したのちに本国為替送金をおこない，広東からの領収書を受け取る手続きに入るよう指示した[58]．

また，リマの在外公館と通恵総局は，ペルー国内のみならず，広東から，ペルー華商の遺産相続で調停を求めてくるケースにも対応していた．広東省肇慶府開平県北塘村出身の華商梁旺徳は，「志記攎」[59]で黄金翰および張金水と合股式で雑貨店「新広興」を開き，分店「新合興」も開店して利益を挙げた．しかし不幸にも梁旺徳と黄金翰は病死し，2 店舗とも張金水の持ち物となった．これに対して，ペルーから広東肇慶府に戻っていた梁旺徳の実弟の梁旺祐が，広東からリマの通恵総局に書簡でペルーに妻子がなかった実兄の遺産に自分の取り分がないのは問題だと訴え，張金水に実兄名義の遺産を明らかにさせ，現地に実兄の家族ができていた場合はその運棺作業を支援してほしいと要請した．通恵総局側は，この件は処理が難しいとして，在外公館に裁量を求めた．ペルー代理公使は，これまでの事例から，遺産は原籍地に親族縁者がいたときには彼らに送金してきたため，同郷の誼が通じる通恵総局に張金水のもとに赴いて，話し合いながら 2 軒の合股式商店の本金と利息を算出し，梁旺徳名義の財を全面的かつ徹底的に算出するよう指示した．そしてこののち，故郷に受領証を送り，遺産を分割送金していく一連の手続きをおこなうように指示した[60]．

---

58) n. d. 「華民張灶遺財擬先札発通恵総局候示飭遵詳」，十五裏-十六裏，n. d. 「飭査張灶原籍行通恵局札」，十六裏-十七表，n. d. 「核発張灶遺財行通恵局札」，十七表-裏，n. d. 「遵飭核発張灶遺財申文」，十七裏-十八表，謝希傅，前掲書収録史料，第四冊．
59) 該当する地名を特定できず．
60) n. d. 「秘属志記攎埠中中華会館諭」，二十三裏-二十四表，謝希傅，前掲書収録史料，第四冊．

こうした業務の特徴を俯瞰してみると，遺産処理の面で通恵総局が果たしていた役割は，基本的に送金や連絡などの実務である．とりわけ時間や距離の障害を越えて，特定の個人に到達するため，多くの連絡回路を駆使していた．ペルーには，広東省，香港東華医院，通恵総局，リマ清朝在外公館，代理領事がそれぞれハブとなる，情報の網がつくられ，機能していたのである．

　さらに，こうしてつくられる情報のネットワークは，ペルーの華商とペルー国外の華民社会とを結ぶ働きもした．ラテンアメリカ各地の華民社会には，いずれかの地の華民社会が火事や戦火などで被災すると，通恵総局やペルーの清朝公使館に向けて捐金要請を出し，復興のための資金を獲得した動きがある．数は多くはないが，ペルー公使館の文書には，キューバとエクアドルに住む華民からの捐金要請が確認できる．たとえばキューバ総領事黎栄耀（在任1899年〜1900年3月）から，1898年の米西戦争の戦火のために，キューバには住居や食糧にこと欠く貧者・老人の華工が増えたため，こうした華工のための善堂兼医療施設を開く計画を立て，広く捐金を募っているとの書簡がペルーに届いている．このとき黎栄耀は捐金の呼びかけをペルーのほか，キューバ国内やブリティッシュ・コロンビア州ビクトリアにも送っていた．ペルー公使館では黎栄耀の書簡を受けて，通恵総局の値理を召集し，協議ののち通恵総局がリマ・カリャオの華商に捐金を呼びかけた．この結果，1,122ソルが集まったため，金ポンド為替手形に替えるとキューバの華商の商店「栄安号」宛てに送金した．この送金は栄安号の手を経て，キューバ中華総会館に取り次がれた[61]．

　このケースからは，キューバ総領事黎栄耀は，海外の華民社会のなかでも，中華会館が設立された比較的裕福な華商の多い地域を選んで，捐金を呼びかけたことが解る．在外公館ができ，中華会館のできた華民コミュニティ相互には，こうした情報の流れが新たに生み出されることも起こるようになったのである．

---

61) n. d.「為古巴代勧賑款申文」，十八表−裏，n. d.「前案復古巴総領事余移文」，十八裏−十九表，同前．

小　結

　マカオ苦力貿易が禁止され，契約華工の流入が止まったペルーでは，華工の待遇が改善され，これまでの奴隷的な契約労働者から賃労働者へと移行していった．小規模の商いの元手に足る貯金を手にした華工の数が増えることによって，1870年代後半からペルーでは，華工から華商への転身が進んだ．そうして生まれた華商の経済活動は，ちょうど同時期のカナダ太平洋岸で見られた華商の動きと似たものであった．すなわち，一方で，都市部に形成された華民集住地区に流入して，華民コミュニティの人口が増加し，職業が多様化して，チャイナタウンが成長するその一端を担った．また一方で，商いの機会を求めて内陸へ向かって東漸し，その結果アンデスを越えてアマゾンまで，華商の活動が目撃されるようになったのである．しかし，契約華工から転身した華商には資本力に限界があった．華民社会において経済力は，華民コミュニティの実質的な発展とコミュニティの人々に及ぼせる影響力とに比例したため，1874年以降新たに香港やサンフランシスコからペルーにやって来た華商たちが，華工からの転身華商に対して圧倒的に有利に事業を展開した．こうした新来華商が，やがて在外公館の官人たちと結びつき，コミュニティ管理を担っていった．

　新来華商の特徴は，まず，①1870年頃から中南米にやって来て，これまでの苦力貿易や契約労働の過去と断絶していた．そして，②香港での事業経験があり，中規模資本と事業の秘訣を直接中南米に持ち込んできた．さらに，③南アメリカ沿海部で移動交易をおこなう，点にある．なかでも香港の南北行の暖簾分けであり，地域間仲介交易型の商いをおこなうパナマの永和昌とリマの永安昌の店主は，それぞれパナマの商董とリマの通恵総局の総理を務めることになり，つまりは清朝の在外常駐制度の末端で，現地に派遣された本国官人と華民コミュニティをつなぐ役割を果たした．中国の条約港で新たな社会層として生まれはじめた紳商は，十分な経済力を背景に，官によって承認された権威を持つ商董となったが，同時期の南アメリカの華民社会でも同じように活動した「紳商」が存在した．

　さらに，南アメリカで発達した清朝の代理領事制度と商董制度は，コミュ

ニティからの評価に加えて，実際に商が官に会い面識を得る，相互認識の上に成り立っている．華商たちの行動には，官人と積極的に面識を得ようとする姿勢が特徴的に見られたが，これには本国・官職・文人という権威の拠り所を有する官人と接触することによって，官人からも華民コミュニティからも，現地華民の代表として認知され，そして，みずからを一段上の権威に昇華させる意味があった．官人の側では，より網羅的な僑務の必要が生じると，接触してきた華商のなかから華民社会の代表たるにふさわしい経済力，現地経験，コミュニティからの認知度，有名無実ではあれ科挙資格や官職などの条件を吟味し，その時点で条件が最高の名士を選んで商董や代理領事に任命して，権限を与えていったのである．

　こうした商の動きは，ペルーにおける中華会館である通恵総局の設立の周辺にも認められた．官の主導でつくられたとはいえ，華商側は通恵総局の設置に積極的に協力した．これはとりわけ1874年以降に上陸した新しい華商たちにとって，官の権威のある華人団体の役職に就くことが利益にかなったためである．また設置後の通恵総局は，コミュニティの第一要求に応え，発足後は，官が華商と協力して慈善施設を整備したり，華商の遺産整理をしたり，現地で必要とされた活動に従事した．以上より，利益になる合意点を調整のプロセスで見出して関係をつくっていく，官と商の相互受益の原理が，南アメリカに散住する華民を包括する新しい僑務の情報ネットワークとして展開していったと言えよう．それはとりわけ公使館業務や領事行政のなかに確認できた．そして華商たちは，官と現地華民，ペルーと僑郷広東省，そしてペルー華民社会と別の海外華民社会とをつないでいく，仲介者となったのである．

第8章　サンフランシスコ型華民社会と転航華商
―キューバ―

第1節　サンフランシスコ転航華商の現地への影響

1．キューバ華商の出現

　サンフランシスコから南北アメリカ各地へ転航していく華商について，彼らが南北アメリカの各地に姿を現すその時期と特徴を確かめていくと，地域によって差はあるものの，おおむね，①フロンティアとしての土地に渡り，競争の少ないニッチ・ビジネスに着手する，②サンフランシスコで排華運動が強まる1870年代から，南北アメリカ各地への渡航が顕著になり，それと同時にその地のチャイナタウンに従来よりも比較的大きい事業規模の華商が出現し，その人数も増加する，③サンフランシスコ転航華商が出資して，劇場や銀行などの整備が進む例が多く，きわめてよく似たパターンのエスニック・コミュニティが発展していく，などの点が指摘できる．

　たとえばエスニック・スタディーズの領域から華僑・華人研究を進めてきたエヴェリン・フー＝ディハート（Evelyn Hu-Dehart）は，新天地に華商がいちはやく参入していく行動力について，次のように言及している．メキシコとペルーの華商の活動を研究すると，現地の人々との競合が少ない，あるいは競合がほとんどない地域は，国境や未開発地域などである．こういった地域は経済活動の参入の余地を残しており，華商が移動してくる．たとえばメキシコに上陸した華民の場合は，1882年を境に数が急増した．これはカリフォルニアの排華運動と排華法の成立を受けて，アメリカ合衆国の外の世界に新たな生活と商売の機会を求めた華民たちが，メキシコに転航をはじめたためであった．転航華商はまず太平洋岸の港町のいくつかに入り，そこからは，大部分の者がアメリカ国境に近接するメキシコ北部に移動した．同地の賃金労働はメキシコ人労働者が占めていたため，華民は専ら商売や零細企

業を立ち上げる，あるいはアメリカ人鉱山開発業者や鉄道事業主と事業協力するなどして，アメリカ資本の集中投下される場所で商売の機会を獲得していった．ただしこうした華商の商いのレベルは専ら小規模であって，大資本家に成長することはなかった．地域の小売業セクターを独占する程度にとどまった[1]．

転航先にあった既存の華民社会に対して，サンフランシスコ転航華商は華民コミュニティの形成やさらなる発展に，どの程度，どのようにかかわったのだろうか．こうした問題意識から，サンフランシスコ転航華商の歴史的意義やその役割を考えるにあたって，キューバは好例である．

この章では，キューバを事例に，南北アメリカの複数の地域に同時期にサンフランシスコ転航華商が現れ，1880年代半ばから各華民社会がサンフランシスコのチャイナタウンに似た成長を遂げた様相を考察していく．

契約華工ではない華民の姿が文献上確認できる最も古い事例は，キューバの場合，興味深いことに，初めて契約華工が上陸した年にまで遡る．1847年，全64頁にわたる漢方薬処方本を当時のハバナの主要日刊紙のひとつ *Diario de la Marina* 紙の印刷局から出版した中国人漢方医がおり，同年10月に，この本を一部2ペセタで売るという広告が複数の日刊紙に載った．しかし同じ月の下旬には，執筆者の漢方医がキューバを離れたので，1ペセタで安売りすると広告が出た[2]．

この話は，華工とは異なり，自由な身分で商いをする自営業のキューバの中国人の存在を考えるうえで，いくつか示唆的な要素を含んでいる．本書で定義するところの近代的文脈でのひとの国際移動によって，華工が中国東南沿海部からキューバへ継続的に上陸しはじめるそれ以前から，キューバには生業を支える専門技能や能力を持つ華人がおり，かつ非常に移動性の高い生活を送っていた，ということである．

キューバの位置するカリブ海地域は，華工導入の点で，近代史上，興味深

---

1) Evelyn Hu-Dehart, "Coolies, Shopkeepers, Pioneers: The Chinese of Mexico and Peru (1849-1930)," *Amerasia Journal*, 15(2), 1989, pp. 92, 97, 112.
2) Duvon Clough Corbitt, *A Study of the Chinese in Cuba 1847-1947*, Wilmore, KY: Asbury College, 1971, p. 87.

い位置にある．南北アメリカ地域全体で，現地における契約労働と移民の性質を併せ持つ中国人が上陸した記録が最初に残るのは，英領西インド諸島トリニダードである．1806年に，マカオ，マレーシアのペナン，インドのカルカッタからのアジア人労働者200人が，小土地農民あるいは砂糖労働従事者として，トリニダードの小さな植民コロニーに実験的に導入された．これは1810年のブラジル茶農園への華工導入よりも，数年先んじた動きである[3]．さらに，カリブ海地域の植民地開発に進出したイギリスやフランスは，農園主の間で奴隷以外の労働供給源の必要性が早くから認識されたことを受けて，組織立ったアジアからの労働者導入を，いち早く，実験的におこなった．とくに英領西インド諸島で，この試みは顕著であった．ウォルトン・ルック・ライ（Walton Look Lai）によれば，西インド諸島の契約華工は，イギリスの植民地インドから導入されたインド人契約労働者と異なり，満期後の復路の無料乗船の措置がなかったため，帰国手段がなく，大多数が現地に留まることを余儀なくされた．このため満期後の華工は，カリブ海地域内を転航し，再上陸先で小土地農民となるケースが多かった．しかし，現地人や他の移民グループとの競合の結果，華民たちは1880～90年代までには農業から手を引き，カリブ海地域の社会階級と社会階級，人種と人種の中間で，交易の仲介や小規模の商いをおこなう経済方面に進出した[4]．

　つまり，カリブ海地域の華民は，当初から転航による移動性の高い生活を前提としていた．冒頭のカリブ海地域の早期ディアスポラ中国人の記録は，近代の華民の移動が定住先から定住先への移動でさえなく，複数地を転航してゆく姿を表している．これは先のサンフランシスコ華商のカナダへの転航と，その後現地に現れるサンフランシスコ型の華民コミュニティの形成発展を考えると，転航とコミュニティ発展に関する，新しい発想をもたらしてくれる．

　キューバ華人に関する先行研究はほとんど契約華工を重点的に扱ってきており，華商に関するものは多くない．キューバに上陸した中国人は契約華工が主であり，その大多数が違法な苦力貿易で連れてこられた，砂糖プランテ

---

3) Walton Look Lai, *The Chinese in the West Indies 1806-1995: A Documentary History*, Kingston: The Press University of the West Indies, 1998, p. 9.
4) *Ibid.*, p. 210.

ーションの黒人奴隷の代替労働力としての半奴隷的な契約労働者であり，キューバの自然・社会・就労環境が過度に苛酷であったため，満期まで生き残る人数が少なく，現地社会に進出できた契約華工出身の自由民はきわめて限られていた，といわれている．こうしたキューバ華人の一般的理解は，全体的かつ歴史的傾向から見れば確かに正しい．キューバの砂糖農園での契約華工の場合，満期まで生き延びた総数は全体の40%以下など[5]，凄惨な実態が垣間見える推計もなされている．しかしこの後の歴史を見れば，ハバナには中南米最大のチャイナタウンが生まれ，中華民国公使館の強固な後ろ盾の下で商業的に繁栄している．これだけ契約華工被害の深刻であったキューバに，どのようにしてコミュニティの商業化を促進する牽引役としての華商が現れたのか．その分析は不可欠の課題である．

図 8-1　ハバナのチャイナタウン正面口からラヨ街を俯瞰
1858年に2人の華民が店を開いたという．
2002年6月筆者撮影

　先行研究によれば，契約華工以外の社会階層に属する華民の出現と，そうした華民によるコミュニティ形成は，1850年代終わり頃にはじまった．とくにハバナ中心部——現行政区で言えば西ハバナ（Ciudad de La Habana）の旧市街に，契約華工ではない華民が一定数，一時滞在や定住などのかたちで集住し，零細資本の華商たちが生業を営む地区となりつつあった．

　1858年，洗礼名 Abraham Scull の Lan Si Ye が水路（スペイン語でサンハ Zanja）[6]脇に，プエスト（puesto）と呼ばれる果物・揚げ物など軽食を出す屋台を開き，また洗礼名を Luis Perez という華民 Chung Leng がこの水路とラヨス街（Calle Rayos，現在のラヨ街 Calle Rayo）の角にカフェを開いた（図 8-1）．この位置は，現在のハバナのチャイナタウンの正面口にあたる．

---

5)　Corbitt, *op. cit.*, p. 88.
6)　現在はハバナチャイナタウン地区を長くかすめる，「サンハ（Zanja）通り」という名前のストリートになっている．

図 8-2 サンハ通り
2003 年 6 月筆者撮影

　この2名の華民の開店が，のちにラテンアメリカ最古・最大のチャイナタウンとして知られるハバナのチャイナタウン El Barrio Chino のはじまりといわれている．1860年代にはこの水路——サンハ沿いに，満期となった華工が住みはじめた．この界隈には食料雑貨店や屋台，そしてレストランが開店し，天秤棒を担いで果物や野菜・日用品などを売り歩く行商人も多数現れた（図8-2）．やがてラヨス街と水路サンハのほか，ドラコーネス街（Calle Dragones），カンパナリオ街（Calle Campanario），サルー街（Calle Salud）そしてマンリケ街（Calle Manrique）など，のちにハバナのチャイナタウンの中心部となる各通りに華民が増え，徐々にコミュニティが形成されていった．手工芸品，陶器，漢方薬，劇場が1つ，そして1867年にはキューバ最初の華僑・華人団体として，ハバナに鐘熙なる人物の手で「結義堂」が成立し，華字紙が発行された．1870年までに，3つの華人団体がハバナの華民集住区に成立したといわれている．
　また，契約華工あがりの Pedro Plu が，やはり1850年代末に，チャイナタウンの外れにボデガ（bodega）と呼ばれる食品一般雑貨店を開店した[7]．

7）　これは生鮮食料品や皮革製品・食器など日用雑貨を同時に置き，奥に簡易食堂を設けて店頭の鮮度の落ちた野菜を料理して出す方式の店と思われる．いまでも，南北アメリカ各地において，中国移民や中国系の人々が経営する店舗に広く見られるスタイルである．

1870年頃には，西ハバナ旧市街の郊外，その南の行政区ハバナ市（La Habana）の各町，その東のマタンサス（Matanzas）州と現ビリャ・クララ（Villa Clara）州の各州都，およびその周辺の主要な町に，華民の姿が広く見られた．そしてやはりこの頃，キューバの西部4省のほぼすべての町に，華民の屋台プエストと一般雑貨店ボデガが見られるようになったという．なお，当時の交通の不便さのために，東のカマグェィ州やオリエント州が，この時期の華民の居住生活範囲の南端であった[8]．

先行研究には，1868年の第一次キューバ独立戦争の勃発がきっかけで，さらに華民の多くが商売に着手しはじめたと指摘するものもある．このとき華民は，サンフランシスコやペルーと同様に合資方式をとり，スペイン人商人や銀行から資金を借りるなど，現地社会との関係も築いていった．またこの時期は，仕事の口を探す目的で，または商売をはじめる目的で，多くの華民が郊外の農園や製造所から都市部へ移って来た．これが，キューバにおける華民の都市集住生活のはじまりでもあった．

2. サンフランシスコ転航華商の上陸——1870年代以降

キューバ華商が一定の社会階層を形成するにあたって，1870年は最も重要な年である．8年契約の満期を迎えた砂糖プランテーションの契約華工や，追加支払いで契約期間を短縮して自由になった華工，あるいは脱走などの手段で自由身分を手にした華工が，首都ハバナや各州の州都に向かい，その地で職を探し，さまざまな都市労働の業種に就いていき，ちょうど1870年頃に商業コミュニティとしてある程度の安定性を得たことが先行研究で指摘されている[9]．しかしそれ以上に重要であるのは，1870年からはじまるサンフランシスコ華商のキューバへの転航である．資本力のあるサンフランシスコ転航華商の上陸は，ハバナの華民集住地がチャイナタウンとして発展するうえで，ディアスポラ華商の果たした役割に注目する必要性を示している．これまでの零細・小規模資本の商売人とは異なり，輸出入業者や小売商店主な

---

8) Antonio Chuffat Latour, *Apunte Historico de los Chinos en Cuba*, Habana: Molina, 1927, p. 32; Corbitt, *op. cit.*, pp. 89-90; Lynn Pan ed., *The Encyclopedia of the Chinese Overseas*, Singapore: Chinese Heritage Centre, 1998, p. 250.

9) Latour, *op. cit.*, p. 31.

ど，サンフランシスコからの華商は上陸時に比較的まとまった資本を持ち込んだ．アメリカで商売の経験を積んで来たこれらの華商たちが，キューバに上陸したことによって，首都ハバナの中国人集住区は，一定の完結した経済構造を持つコミュニティへと発展しはじめた．

　1870年3月，サンフランシスコから転航してきた3名の銀行業者Lay Weng，Yong Shan そしてLam Tongが5万ペソの資本金を元に，キューバ最初の，アジアからの輸入産品の卸業店舗を開いた．このうち1人はペルーに住んだ経験があり，スペイン語を喋ることができた[10]．1872年2月には，カルディナス（Cardenas）市で最初の華民の銀行が成立した．この銀行を開いたのは広東省南海県原籍とする，すなわち三邑の華商Tung Kong Lamで，8万ペソを資本金とした．この華商は1870年に中国からサンフランシスコに渡り，同地で商売のしかたを覚えてからハバナにやってきた者である．このように，転航華商の資本によって，輸出入の商店や銀行など，一定規模の資本を有する商店が現れ，またその数が増加していき，ハバナの華民コミュニティの方向性が定まってきた．

　一方で，粤劇や雑劇，雑技などのエスニックな特定の娯楽を供給する，本国の文化を支える施設の出現にも目配りが必要である．これは，華民コミュニティの中国性を考えるうえでひとつの指標となってくる．たとえば1880年代当時，サンフランシスコのチャイナタウンにはジャック・ストリート・シアター（Jack Street Theater）など2, 3軒の劇場があった．劇場については，「文化施設」として，現地華民コミュニティ発展史の文脈からエスニック・コミュニティの成熟性，ひいては経済的余裕の指標として受け取られがちである．しかしながら，劇場の設立は実際は元手をそれほど要しなかった．経営費の大半は劇場に寝泊りしている役者の人件費とコスチューム代に割かれ，内装は殺風景であっても問題はなく，客席は木製のベンチを並べ，舞台は奥行き3メートル強程度しかなくても雑技ができるようスプリングを利かせるだけで，「劇場」になり得た．このため，設備費はほとんどかからない，との記録が実際にある[11]．キューバの華民コミュニティ発展史研究でも，以下のように劇場の設置には触れられているが，これはコミュニティ

---

10) *Ibid.*, p. 32.
11) Author unknown, "China Town in San Francisco," *The Cornhill*, July 1886, p. 58.

全体の資本力の向上として理解するよりも、むしろサンフランシスコ型のチャイナタウンの出現を示す現象として、文化環境の整備がはじまった、と見るべきであろう。

まず、1873年3月、サンフランシスコからやってきた華商が、1万5,000ペソの資本でサンハ街に劇場を建てた。次いで4月に最初のレストランが開店し、その1か月後の5月には1万5,000ペソ資本で賭博場が開かれた。こうして1870年代前半に、サンフランシスコに揃っていた社会娯楽施設がハバナにも整いはじめた。これと同時期に、華人の漢方医・簡易食堂・菓子店・タバコ屋が建ちはじめた。つまりは1870年代前半から、キューバ華民社会のサンフランシスコ型チャイナタウンへの転換が開始したと言える。

この頃には資本規模の比較的大きい華商で、必ずしもサンフランシスコからの転航者でない者の経済活動が記録されるようになった。さらに1870年から76年の間に、5万ペソから7万ペソの資本金規模の華民経営の輸入品を扱う店舗が数軒開業した。1876年2月には6万ペソの資本で絹製品・高級品・漢方薬を扱うハバナ最初の高級雑貨店が開店した。キューバで大小の商いをする者の資本金はだいたい5ペソから5万ペソの間と概算されており、このような大商店の成立は、現地における華民のさらなる経済力の高まりと安定を証明している。なかでもキューバ最大の店は、1879年に創業し1912年に閉店した"Weng On"で、最盛期には年間300万ドル規模の商いを展開したという。さらに1877年6月には、イギリスで教育を受けた英語堪能な華商がハバナに渡ってきて、ハバナのチャイナタウンで最初の華人銀行を設立したという。次いでサンフランシスコから渡ってきた華商6人が、共同出資で劇場を設立した。1880年代後半になると、コミュニティ内部には華人劇団がつくられた。こうした華民コミュニティの成長は、ハバナのみならず、契約華工が多かった周辺の町にも見られた。とりわけ1870年の前半に、マタンサスでは、ハバナよりも小規模ながら華商経営の輸入雑貨店が開業した。1885年にはシエンフエゴス（Cienfuegos）にも劇場がオープンした[12]。

以上のように、1870年代のサンフランシスコ転航華商は、ハバナのチャイナタウンの発展を方向付け、活性化させる役割を果たしていた。華商の店

---

12) Corbitt, *op. cit.*, p. 90.

舗の相次ぐ開店によって，都市中心部の一角が華民に占められ，銀行・劇場などの金融・文化機関が整って，自己完結的な小経済空間が成立する，いわばサンフランシスコのチャイナタウン同様の発展の道程を辿ったのである．加えてサンフランシスコ同様，キューバでも1870年代前半に賭博小屋がつくられたことに触れたが，これに次いで，同年代後半にはアヘン窟の設立が記録され，78年2月にはアヘン輸入店も成立した[13]．カリフォルニアで問題視された中国広東社会の負の文化も，新天地に移植されたのである．

　もう一点，現地における華民の成長と社会進出を示唆する重要な変化として，労働者派遣業者としての華商の出現を挙げることができる．これは労働団を組織して需要のあるところに労働者を派遣する，つまりは雇用主としての華商が現れたことを示している．1870年，ドミンゴ・ラミレス（Domingo Ramirez）とアントニオ・チェファット（Antonio Chuffat）の2人の華商が，キューバで最初の中国人の経営する中国人労働団を組織し，成功を収めた．これは労働団の主が労働者を必要とする砂糖精製その他の生産加工現場の経営者と契約を結び，所定の労働を請け負うというシステムであった．こうした華商は，契約満期になった自由華工を雇い，これをプランテーションに労働者として派遣して，現場では監督を務めた．同時に，この労働者派遣業者は，かつてプランテーションの雇用主が契約華工に対しておこなっていたように，労働団の華工たちに衣食住の支給を約束した．この労働者派遣業の成功によって，華商のなかには資本家としての傾向を示すものも現れた．たとえば1879年末に，マタンサス州で3人の華商が砂糖精製工場を合資で買い上げた．1880年にはある華商が，サンタクララ（Santa Clara）の砂糖精製所を買い上げ，このほか少なくとも5か所に華人経営の砂糖精製所が確認されるなど，郊外の小都市には資本力を持った労働者派遣請負業者が出現した．彼らの成功の秘訣は，キューバの黒人奴隷解放ののちに労働力需要が増したためであるといわれている[14]．

　なお，ペルー北部の大農園における華工研究でも，1880年代に現地華人が経営する労働者派遣業者の出現について言及がある[15]．キューバとペル

---

13) *Ibid.*, p. 90.
14) *Ibid.*, p. 91.
15) Michael J. Gonzales, *Plantation Agriculture and Social Control in Northern Peru,*

ーいずれの地でも，同業種に，同様のかたちで，華民の現地社会進出の動向が見られたことを物語っている．

第2節　キューバの中華総会館

1. キューバ中華総会館とハバナ総領事館

　キューバにおける清朝の官人の常駐は，1879年8月に清朝キューバ総領事館がハバナに設置され，初代キューバ総領事に劉亮沅（任期1879年8月～86年4月）が就いてからはじまった．このときに，砂糖プランテーションで働く契約華工が集中しているマタンサス州に領事が置かれた．1879年から84年まで，このマタンサス領事はキューバ総領事の兼任職であったが，84年に専任職となり，94年にこの地の領事のポストが廃止となるまで，清朝本国から派遣された官人が現地執務にあたった．1902年のキューバ独立に伴って，キューバがスペイン領でなくなると，清朝ハバナ総領事館は清朝キューバ公使館となる．

　キューバの中華総会館の設立は1893年であり，これまで検討してきた他の南北アメリカ各地の中華会館に比べれば，時期的に遅く設立されたものである．このためキューバの僑務は，1879年にハバナ総領事館がつくられて以降，実質的にこの総領事館が中心になっておこなっていた．つまりキューバの場合は，中華総会館の設立までにある程度長く，官主導で華民コミュニティにおける諸機能が整えられた期間を有していたのである．ハバナ総領事館は，①LDC証明書「行街紙」の発行，②既存の各会館に慈善活動を奨励，③漢籍による教育，④キューバ華人とその大多数の出身地である広東省との間の，とりわけ手紙による連絡の活性化，を図ったことが判っている．

　なかでも現地華民の待遇の面でその飛躍的な改善につながったのは，清朝領事館によるLDC証明書の発行である．第2章第3節で詳述したように，1874年の陳蘭彬のキューバ現地調査の折に，華民のデポ収容が問題視されたが，そのなかでLDC証明書の取得と保持がその明暗を分けたことが明らかになった．これを受けて，1877年11月17日に清朝とスペインとの間で

1875-1933, Austin: University of Texas Press, 1985.

キューバ華工専門協定が締結され，この条項で，清朝ハバナ総領事館がこのLDC証明書の発行をおこなうことが定められた．そしてこれ以降，キューバ華民の生活の周辺は実際に飛躍的に改善された．第3代ハバナ総領事譚乾初（任期1889年11月～93年）[16]は，その記録のなかで，キューバの契約華工は満期が来ると「満身紙」を雇主から発給してもらい自由の身になれるのだが，キューバ人の雇用主が満身紙の発行を渋り，再契約を迫る場合が多いこと，さらに「行街紙」を取得すると常時携帯せねばならず，検査時に不携帯であれば「逃工」すなわち逃亡華工として各地のデポに収監され，橋梁や道路工事を強いられることに言及している．そして，行街紙は「（キューバの）官が発行して売るので，華人には永く自主の日が来なかった」，「行街紙があれば自由に動くことができ，移動先で単純労働も商売もできる」と理解していた．

　清朝総領事館が設立された後，領事館ではデポの華民にLDC証明書を発行し，2,000人以上の華工をデポから解放した．領事館の設置前，華民に発給されたLDC証明書の数は1万枚前後であったが，1880年単年での発給数は4万3,000枚以上であり，その後は，新規の発給のみならず年に一度の更新も手がけた[17]．キューバで華民の身体と財産の安全を保障するLDC証明書の発給と更新を，清朝領事館がおこなうようになったことは，領事行政下の華民保護策で初めて実現し得た，最も画期的な出来事であった．

　さらにキューバ総領事館は，慈善活動を奨励し，広東省との連絡が密になるよう，整備した．キューバでは華工虐待の被害が深刻で，肉体的疾患を抱えた華工が多かったため，総領事館がキューバ各地の会館や善堂に，こうした華工を収容して養生させる，もしくは補助金を出して医者に診せるよう，慈善活動を奨励した[18]．この時期の現地華人団体の記録は少なく，1888年にフロリダのタンパからキューバに渡り，同島を訪問した清朝游歴官の傅雲

---

16) 譚乾初は広東省順徳県出身．初代出使アメリカ大臣陳蘭彬の随員として渡米してから，1879年に英語翻訳官としてキューバ領事館に勤め，それ以来，同地に留まりキューバ総領事館の内部で順調に昇進し，崔国因の代の93年に総領事となった．
17) 譚乾初「古巴雑記」，三裏－四表，王錫祺（編）『小方壺斎輿地叢鈔』，十二帙，上海著易堂印行影印版，台北：台湾学生書局，1975年．
18) 「各埠中，瞽目残疾華人丐食者，甚衆．総領事勧諭，各埠分設会館俾残疾者有養，幷撥助各省医院経費俾貧病者有医．」，同前，四表．

竜は，12月11日付け日記に，現地には同郷会館や堂，社などの華人団体が9つ成立しており，有力華商もいる，と報告している[19]．そして，キューバ華民大多数の出身地である広東省とキューバの華民たちが，途絶えていた連絡を再開できるように，領事館自体が，登録に来た華民から郷里への書簡を預かった．マタンサスの領事館は，ハバナ総領事館にそうした書簡を転送し，総領事館は郵便料金を立て替えて，香港へ送った．書簡は香港で，「家兄」あるいは香港東華医院の手に渡って発信者の郷里に届けられる．こうして広東省とキューバ華人の相互連絡は円滑化し，キューバには広東省からの書簡・為替手形・送金が届くようになった[20]．

とりわけ，香港・広東とキューバの間の連絡が整備されたことの意味はきわめて大きい．ペルーの通恵総局も連絡していた香港東華医院に対して，キューバの総領事館がキューバ華民コミュニティのハブの役割を果たして香港にアクセスする体制がつくられた．清朝の領事館である「官」が仲介することによって，香港東華医院の持つ広東一円に広がる連絡と物流の網目に，キューバからのカネと情報の流れが整備されたのである．こうして整えられた本国との回路の威力は，1898年の米西戦争の折に，キューバ華民が華工・華商等しく戦禍によって被害を被ったときに発揮された．キューバ領事黎栄耀が，伍廷芳と当時の出使イギリス大臣羅豊禄（任期1896年11月～1902年5月）に報告し，英・米・カナダの地の華民団体に，キューバ華民救済のための捐金を呼びかけた．これに応えて集まった捐金を使って，黎領事は洪門会の内部に新たに救済組織を創設した．そして黎栄耀領事はこの経営を易綺茜・李邁凡・李聖珍たちキューバの華民の主導に任せ，救済事業を進めた[21]．

---

19)「九日聞知華人会館或曰堂或曰社，凡九，並有商董．欲訪之籍拡見聞．而総領事領事並云可勿訪．」，傅雲竜『游歴古巴図経余紀』，三表，傅雲竜，前掲書．
20) なお，総領事館が発足した当初は多忙のため，内容の同じ手紙をあらかじめ何万枚も特別に印刷し，キューバ各地に配布して，空欄に名前なり住所なりを書き込むようにさせていたという．「又華人毎不願寄家信，固由去家日久旅居無聊，亦因無処可以託寄，遂於各華人到署註冊時，展転開導，令各写家書一函由本署転寄，並代給信資，……至香港接派華信，則均託家兄（海疇瑞珊）及東華医院辦理．當領事署開辦之始，公事紛繁時，代各華人写家書，更無暇暑，又特刊通套信丈数万紙，分份各埠，使不甚識字之人，亦易於填写．今来往書信，毎水船期均有数十函，託匯安家銀両，亦復不少．」，譚乾初『古巴雑記』，四裏，前掲書収録史料．
21) 李生（古巴中華総会館第一副主席兼中国洪門駐古巴致公総堂主席）『古巴中華総会

2. キューバ中華総会館の設立の周囲

1888年にキューバを訪れた傅雲竜は，1880年代後半のハバナ社会の華人について，ハバナ市内には大道商人として床屋[22]を営む華民が100人ほどおり，また半分西洋式にした食堂もあるが，華人経営のレストランのメニューはいずれも肉の入っていない素食であると記している[23]．大多数が貧しいキューバの華民社会のなかで創設された中華総会館の様相は，サンフランシスコやビクトリア，そしてペルーにおける中華総会館の設立状況とはややおもむきを異にしている．

キューバの中華総会館が設立された当初のその最優先事項は，祖先祭祀にかかわる行事をとりおこなうことであった．キューバでは1893年に，首都ハバナに「古巴中華総会館 Casino de Chung Wah」が成立し，同年，第4代出使アメリカ大臣崔国因がその成立を承認した[24]．この年にはキューバ華民が，市内のクリストバル・コロン墓地（Cementerio de Cristóbal Colón）の真横に土地を購入し，中国人墓地の「中華総義山 el Cementerio Chino」を設置した（図8-3）．創設時のメンバーは，蘭金梅・梅毛女・林卓元・李邁凡・李聖珍・李金刀・陳明光・簡友蘭・譚兆徳・易綺茜・関有祥などである．

きわめて残念なことに，キューバ中華総会館については史料入手が限られていたため，その性質をより詳細に検討することができない．しかし現在利用可能な史料からは，このとき成立したものは，「適応組織」「華人コミュニティの自治組織」もしくは「領事館機能の代理」といった，いわば近代的な管理団体ではなく，次のイヴ・アーメントロー＝マー（Eve Armontrout-Ma）の議論に近いものであったと思われる．

アーメントローの整理によれば，会館という組織は，必ず本部となる建物

館史略』草稿，ハバナ民治堂（致公堂）所蔵，2003年5月30日～6月3日 Conferencia Teorica Internacional en VI Festival de Chinos de Ultramar 開催中，ハバナ致公堂にて公開．
22) 清の社会で見られた床屋で，店舗を構えずに天秤棒で道具を担いで歩き，街角で客を取って整髪や髭剃りをして収入を得る行商型の床屋．
23) 「四日．薙頭華人業此数百，其直銀一円．有半洋餐燥．甚華人飯館為致蔬食」，傅雲竜『游歴古巴図経余紀』，二裏，傅雲竜，前掲書．また傅雲竜はこのとき，サンティアゴ・デ・クーバでも200人の華工を目撃している（同，五表）．
24) 『近代中国対西方及列強認識資料彙編』，第三輯，中央研究院近代史研究所，1985年，651-652頁．

図 8-3　ハバナの中華総義山の正面
2002 年 6 月筆者撮影

を確保し，その中に宿泊所と廟を設けるか，あるいは単にその建物全体を同郷結合を示す廟とするか，もしくは内部に祭壇を設け奉納するかの，いずれかの形態を満たすものである．会館によっては，創設時から現地事情によって複数の機能を持つものも多いが，それは現地やコミュニティの変化に応じて加減が見られた．しかしそのなかにあっても，廟の設置と儀礼の実施のみは必ずおこなったとも言及している．そして，しばしば廟の御神体となる神像は，会館が成員たちの故郷で製作されるものを手配し，コミュニティにおけるアイデンティティ定義の中心とされた．すなわち，①祭祀儀礼の機能，と②宿泊の空間を設けること，が華民の移動の中継施設として最低限必要な機能であり，この 2 つをもって，会館を会館たらしめる必要条件としている[25]．

中国各地の会館には必ず関帝が祀られ，廟として機能する一室が設けられた．海外の華民コミュニティの中華会館も，例外なく国内の地縁に基づく会館と同様の原理が組織を成立させる中心となっていた．もともと関帝廟は，世界中の主立った中華街に必ずあり，「チャイナタウン」の表象として最も馴染み深い．中国国内においても建廟数は圧倒的で，関帝は中国で最も敬愛される民間信仰の代表的神格である．

---

25) Eve Armentrout-Ma, "Fellow-regional Association in the Ch'ing Dynasty: Organizations in Flux for Mobil People: A Preliminary Survey," *Modern Asian Studies*, **18** (2), 1984.

関帝は，宋代と清代に，その信仰が持つナショナリズム[26]を用いることで安定した支配を図ろうとした皇帝から，歴史的に二度，集中的に加封や篤い庇護を受けて神格を上げられた．まず明代に小説や戯曲などの大衆文化の流行に支えられ，清代半ばには一大民間信仰として大成した．宗教として大変柔軟で，関帝は道教では「協天大帝」，仏教では「護法爺」，そして儒教では「関帝聖君」の名称を持ち，中国三大宗教それぞれで奉祀され，多様な信者が参詣できる．また武運長久の武神として，無病息災の鍾馗として，また蓄財に伴う経済的豊かさをもたらす財神・商業神としてなど，時代や社会の要請に応じて多様な祈りが可能であって，期待できる現世的な利益が多岐にわたっている．とくに清代からは，明代以前には見られなかった蓄財神の傾向が強まった[27]．近現代の日本のさまざまな新興宗教は，その教義に既存の宗教の主神や教義をそのまま取り込み，またその既存の宗教の主立った年間行事をさかんに実行することによって，信者に気軽な集合の場と，世俗的な交流の場を提供するところが特徴的である．関帝信仰もこれと似た，並みはずれて柔軟かつ寛容で信者への門戸が広いという性質が認められ，その柔軟性と親しみやすさゆえに信仰をさらに拡大させ得たのである．

　キューバ中華総会館の場合，その創設のとき，関帝の祭壇設置が最優先された．キューバ中華総会館の設立メンバーのひとりである李聖珍（1854～1951年）[28]の存命中に，キューバ華人の李生が採った口述記録によれば，創

---

26) 関羽はもともと三国時代の蜀の武将関羽である．宋代に皇帝の勅封によって「神」に叙され，12世紀に頻繁に加封されて神格が上げられていった．これは異民族王朝の金の進入によって地に落ちた北宋王朝の権威の復興のため，蜀漢を正統とする風潮のなかで，蜀の忠臣であった関羽の神格化が意識的に進められた結果であった．さらに頻繁に加封をおこなったのは清であった．女真族である清の軍が漢族の明軍と交戦する折に，関帝の神像を前線に立てて自らの兵士の忠義心を鼓舞したり，劉備と関羽の義兄弟関係になぞらえて清とモンゴルとの関係を調整したり，咸豊帝・同治帝が関帝廟を参詣したりと，清朝皇帝は漢族のシンボルを巧みに異民族王朝支配に結びつけ，厚遇した．皇帝権力から神格化の推進と庇護を受けたことが，関帝信仰の隆盛につながる一因であった．兄弟や君臣間の「義」のありかたとして理想的なキャラクター，そして中原から長江さらに四川の異民族文化圏にわたる壮大な空間に展開され，「前近代漢族ナショナリズム」とも呼び得る心情を煽る民族ドラマ，プロット内のこうした要素が人気に拍車をかけて，関帝信仰の興隆を後押しした（尾崎保子「関帝信仰と『三国志通俗演義』の関連性について」，昭和女子大学近代文化研究所『学苑』，668号，1995年，67-69頁，および，二階堂善弘「関帝――孔子と並び中国を代表する神」，『月刊しにか』，大修館書店，8巻1号，1997年）．

27) 二階堂，前掲論文，46頁．

図 8-4 キューバ中華総会館の内部
中央の扁額は第 4 代出使アメリカ大臣崔国因の筆による.
2003 年 6 月 5 日筆者撮影

図 8-5 中華会館の一角に祀られた創設時の関帝
2002 年 6 月筆者撮影

設年の 1893 年には，組織の形のみを整え，会館総理をはじめとする幹事役員の選定はなかった．しかしこのときに，毎年正月と清明節には祖先・先達を祀ることと，毎年旧暦 5 月 13 日に「協天護国忠義の大帝」，つまり英雄関羽の誕生祭を挙行する，の 2 点が取り決められた．そして，サルー街 6 番地の半地下 2 部屋を借り受けて，ここを中華総会館の住所と定めると，関帝廟としての空間を設け，天后・土地神・財神の諸神像をともに配して，参拝者の心の拠り所を設けた．この年，中華総会館には線香・賽銭供物を供える者が多く訪れたという[29]（図 8-4, 8-5）．

　創設当初の総会館の主要な仕事が祖先と儀礼中心であったことは，その収支決算にも表れている．表 8-1 は，1894～97 年の中華総会館の支出入をまとめたものである．収入項目を見ると，太字で示したように，会員年会費と寄付，そしてハバナ総領事館の譚乾初総領事の部屋賃貸料と寄付金が，総会館の二大財源である．そして斜体で示して明らかなように，支出の大半が，中華総義山での葬式と，義山の維持費，その他義山や葬儀に関連する支出で占められている．中華総義山に関する支出は，1894 年には支出全体の 76%，95 年は 62%，96 年は 60%，そして 97 年には 50% 強となっている．また収入項目にも，やはり斜体で示したように，中華総義山用に特定された寄付金があることにも注目したい．なおアミかけの部分は，身寄りのない貧者・病者・老人が身を寄せる善堂への支出である．

　このように，草創期のキューバの中華総会館は，貧者・病人・老人への対策と墓地という，人の一生の終末期に生じてくる祭祀諸事項を中心的に扱っていた．キューバの場合，世界各地における中華総会館の設置が，その根底の部分で，どのような思想やシンボルに成立原理を帰していたかという角度

---

28) 李聖珍は広東省台山市湯湖松呪村で 1854 年 4 月 25 日に生まれ，31 歳でメキシコに渡り，翌年の春にキューバに転航してハバナ市で裁縫業を営んだ人物である．1951 年 2 月に他界した李聖珍は，中華総会館のみならず，李隴西講習所（現称は李隴西総公所）およびキューバ洪門三合会（現在の洪門民治党）の創設メンバーのひとりでもあった（李生『古巴中華総会館史略』稿本より）．

29) 李生は現在のキューバ洪門致公堂（民治党）主席，李隴西総公所主席，そしてキューバ中華総会館第一副主席であり，ハバナ中華街華人コミュニティ内部で，ハバナ中華街随一の「歴史家」として知られている．李生の『古巴中華総会館史略』は A 4 用紙 7～8 枚程度の手書き原稿で，ハバナ大学歴史学部と華区促進会が合同主催した Conferencia Teorica Internacional en VI Festival de Chinos de Ultramar 開催中の 2003 年 5 月 30 日から 6 月 3 日の間，民治党大ホールの壁に公開されていた．

表 8-1　1894〜97年キューバ中華総会館収支決算表 (単位ペソ)

		1894		1895		1896		1897		
		金	銀	金	銀	金	銀	金	銀	金銀以外
収入	繰越金	—	—	286.60	—	144.17	—	1,070.74	3,592.07	225.20
	会員年会費と個人からの寄付金	4,129.40	4,969.50	1,066.00	2,132.30	1,917.37	1,726.50	1,226.54	—	—
	譚乾初総領事より会館内の部屋6か月賃貸料および同姓団体、個人よりの寄付金	942.00	—	1,072.60	—	840.00	—	1,200.00	—	—
	中華総義山における土地祭への寄付金	—	—	—	20.00	26.50	60.00	21.20	52.00	—
	銀から金へ換金 (6〜15% 手数料)	4,671.33	—	2,030.46	—	1,607.85	—	3,097.45	—	—
	収入計	9,742.73	4,969.50	5,055.66	2,152.30	4,535.89	1,786.50	6,615.93	3,644.07	225.20
支出	中華総義山関連の支出——医者、墓守、使用人の給料、修理代、棺材、霊柩車と家禽代その他諸領収書	5,840.00	—	2,742.30	—	2,613.40	—	2,845.00	—	—
	中華総会館のオフィスの電話、水、ガス諸経費	1,170.00	—	381.60	—	262.20	—	380.00	—	—
	中華総会館の職員と使用人の給料	850.00	—	712.20	—	712.20	—	702.00	—	—
	中華総義山での祭礼	1,297.96	—	380.14	—	110.35	—	446.00	—	—
	[貧者・病者・老人の家] 維持の寄付金			306.00	—	482.00	—	1,200.00	—	—
	アミスタド通128番地の中華総会館名義家屋の賦課額 (保険料)	(ママ)(298.17)	4,969.50	—	2,152.30	142.64	1,786.50	113.05	—	156.40
	銀から金へ換金 (6〜15% 手数料)							—	3,644.07	—
	現金 (= 残金)	286.60		533.42		213.10		549.63		68.80
	その他							井戸工事代 380.25		
	支出計	9,742.73	4,969.50	5,055.66	2,152.30	4,535.89	1,786.50	6,615.93	3,644.07	225.20
備考		支出「中華総義山」の祭礼に、3月の記念晩餐会と例年の祭りその他日々のお参り用とある		収入「中華総義山」に、豪華特別埋葬5基と1つ4ペソの差をRagonとあり				収入項目の6か月賃借料はアミスタド通128番地に移るニ領事館の移動		

(出典)　"Balance del Casino "Chung-Wah" duraute el año de 1894". Legajo 658 Expediente 17591(31); "Estado de los ingresos y egresos en el Casino Chung-Wah" duraute el Primer semestre del año 1895". Legajo 658 Expediente 17591(34); "Estado de los ingresos y egresos en el Casino Chung Wah duraute el Primer Treintais semenstre del año de 1896". Legajo 658 Expediente 17591(38); "Estado de los ingresos y egresos en el Casino Chung Wah duraute el Primer semestre ecuasentaidos del año de 1897". Legajo 658 Expediente 17591(42) en Fond: Registro de Asociaciones en Archivo Nacioanl de Cuba より作成.

から近代の中国人移民を考える素材を提供していると言える．これは，南北アメリカの華民コミュニティの基層部分にかかわるもので，祭祀を中心とすることで人々を緩やかにまとめあげる，コミュニティの統合のありかたを示している．

小　結

　キューバの華商に関しては，カリブ海地域の高い移動性ゆえに，きわめて早期からその存在が確認できた．この地の華商はかつて華工であった人びとであって，契約満期を境に商いをはじめ，社会での自活の途を模索する姿がキューバ各地で目撃されるようになっていった．契約華工出身者が圧倒的に多く，したがってコミュニティに資本の蓄積が十分にないなか，華民コミュニティに変化をもたらしたのは，1870年代にサンフランシスコから転航してきた華商であった．サンフランシスコから資本と事業経験を持った華商が流入することによって，資金的にも文化的にもキューバの華民コミュニティが活性化し，サンフランシスコ型のチャイナタウンとして成長をはじめた．

　さらに，キューバでも統括団体である中華総会館が設立されたが，その設立は1893年であり，南北アメリカの他の華民社会に比べて遅かった．そのため，サンフランシスコやビクトリア，リマなどの中華会館とは異なり，名目上は統括団体として設立されたものの，その実際の機能は，少なくとも設立当初は，祭祀を中心とするものであった．中華会館としての性質に違いが表れた理由として，キューバでは清朝総領事館の設置が1879年であり，つまりは他の地域より早かったことが大きく影響していると考えられる．キューバの華民社会は華民の生活と身体，財産の安全を得ることが極端に難しかったため，華商の成熟が遅かった．このため華民コミュニティ全体を安定させ，成長させる役割は，華商が構成する華人団体ではなく，当初から官である清朝ハバナ総領事館が担った．1893年にキューバ中華総会館が設立された一方で，コミュニティを統括する機能は変わらずハバナ総領事館が有していた．よって，キューバ中華総会館の役割は，サンフランシスコやビクトリア，リマのように包括的で多様なものとはならず，コミュニティにおけるその働きは当初は限定的なものであったと思われる．

キューバ中華総会館の示す例は，中華会館の地域性と多様性である．さらなる史料の発掘によってその詳細な姿を再度検討する必要が残されている．

第9章 域外の「中国人」
―南北アメリカ草創期中文教育―

第1節 新しい政策領域としての「海外華民」

　近代国家は国境で画定される領域と，その域内の国民と，これらに及ぼす主権を有するものと理解されるが，中国には，こうした近代国家の条件枠を越えた行政的反応を見ることができる．たとえば領域を越え，海外の中国系の人々をみずからの管轄ひいては統治の対象であると認識して，域外の「ひと」を国内改革に取り込む動きである．これは歴史のある一時点に限られたことではない．王賡武（Wang Gungwu）は，中華人民共和国が4つの現代化の促進と台湾統一の実現とに連動しておこなった，1980年代の「外華政策」を，「境界の曖昧な政治領域」かつ「外交と内政の混合」という表現で特徴付けたが，この外華政策はその一例である[1]．中国は時代によって強弱の差はあるものの，本国に在外華人を有利に組み込む模索と再解釈を，歴史的に続けてきた[2]．
　遡れば1880年代，中国が安定した強力な近代主権国家をめざして，「中華世界」と呼ばれる従来の伝統的国際関係の空間に西洋型条約体制を取り込んで再編するちょうどこの時期に[3]，清朝は域外にいる人々を本国の保護・管理の対象として包摂しはじめた．清朝政府が海外の華民を自国の管轄対象と見る意識上の転換は，具体的には1880年代半ばから起こっている．華僑送

---

1) Wang Gungwu, "External China as a New Policy Area," *Pacific Affairs*, 58(1), Spring 1985.
2) 中国政府の僑務を時系列に整理した論稿としては，田中恭子「華僑・華人」，若林正丈（他編著）『原典中国現代史』，岩波書店，1995年，を参照．
3) 茂木敏夫「清末における『中国』の創出と日本」，『中国――社会と文化』，10，1995年；茂木敏夫『変容する近代東アジアの国際秩序』，山川出版社，1997年；茂木敏夫「中国における近代国際法の受容」，『東アジア近代史』，第3号，2000年．

金に着目した薛福成の議論[4]や，経世の書に収録された華民保護論に見られる通り，官人や知識人はこれを国家の近代化とからめて論じはじめた．またアメリカやキューバ，長崎の清朝領事館で現地の華民に「護照」，すなわちパスポートを発行して遺骨の持ち帰りや商業活動のため移動の便宜を図ったのもこの時期からである．そして海禁令廃止（1893年）にはじまり，20世紀初頭には血統主義を原則とする国籍法の公布と施行（1909年）など，華民に関する法や制度の改変と新設が続く．

そこにはときに保護や管理以上の包摂現象も起こった．教育はまさにその一例である．

本章では，南北アメリカの現地華民社会で1880年代から90年代半ばに開学した「中西学堂」，ならびに20世紀初頭の「大清僑民学堂」を扱う[5]．これらの学校は，本国派遣の官人が南北アメリカ現地の中国人子弟を対象に設置した，最初の中文教育施設である．いずれも中国官人の承認を得た官立学校として南北アメリカで草創期のものであり，居住国政府が設立・承認した現地公立学校ではない．居住国に在って出身国とつながったその性質は，現代の外国人学校が持つ地理的・文化的越境性を，すでに有していた．こうした学校が設置され，運営されたプロセスを分析して，近代に中国の新しい政策領域となった「海外華民」，ひいては海外の中国「国民」の枠組み設定を考察する．

注目すべきは，このように清朝の外務官僚が南北アメリカ現地の華民に興味を持ち，中文教育をみずから計画・実行する動きを起こしたのは，単なる中国語教育計画ではなく，本国の国内改革や国益に取り込もうとした計画であり，かつ伝統的な漢籍による教化の作用を期待した試みでもあった，という事実である．海外中文教育は，領事館の開設や中華会館の設置と同様に，華民社会のなかに初めて本国が政治的・思想的紐帯を意識的に整えた出来事

---

4) 1893年6月29日「出使英，法，義，比薛福成請申明新章豁除海禁摺」，陳翰笙（主編）『華工出国史料彙編』，第一輯，北京：中華書局，1985年，292-294頁.
5) 中西学堂ならびに大清僑民学堂に言及した先行研究は，移民した中国人知識人がアメリカの華人コミュニティ内部に残る漢文史料を用いながら，1960〜70年代に，華僑社会史をまとめるなかで民族教育の発達として扱ったものが最初で，以来目立った発展はない．劉伯驥『美国華僑史』，台北：行政院僑務委員会，1976年；劉伯驥『美国華僑逸史』，台北：黎明文化事業公司，1984年．

のひとつであり，シラーの提示したトランスナショナル・マイグレーションの定義を満たす現象である．政府内の在外華人関連の政務がいわゆる「僑務」として概念化され，国内外における華僑教育が体系化しはじめるのは，南京臨時政府に僑務専門機関が置かれ積極的展開を見てからであるから[6]，清の官人による海外中文教育は，民国期に先立つ僑務の原初形態とも言えよう．在外華民に対する中国の教育事業が，領土の枠を越えて域外の中国人を包摂しようとするのは，19世紀末に成立した概念とメカニズムといまだ多くの共通点を持っている．これは，現代の中国や台湾が，華僑に向かう姿勢を理解する際にも参考となる視点である．そうしたメカニズムはなぜ発生し，どのような概念を礎にしていたのか．

　実証に入る前に，華民コミュニティ内における中文教育のはじまりにかかわった，中華会館の位置付けを整理しておきたい．まず，本国官人——在外公館は，中西学堂と大清僑民学堂どちらの場合においても，中華会館を仲介役に華民社会へ協力を要請した．中華会館は，①学堂の運営資金となる捐金を華商から徴収する資金調達の役目，②計画を唱道する清朝の外務官僚の説明や要請（主に捐金の呼びかけ）をコミュニティに伝え，同時に華商側の声を伝える役目，そして，③必要時に場所・ひとを提供する実質的な運営母体としての役割，を負った．学堂経営は本国の国庫負担ではなく，コミュニティからの捐金のみを財源としたため，なかでも資金調達は重要であった．さらに，この教育計画では，在外公館と現地華商の間で話し合われるときに，中華会館は華商寄りの意見と行動を強く示した．たとえば後述のように，公使館が新しい公益事業としてこの中西学堂の設置を発案して，中華会館に指示を出して各会館や華商，華民に向かって広く募金を呼びかけても，中華会館がコミュニティから捐金を拒否される例が多い．これに対して中華会館はさらなる強要をせず，公使館や領事館に報告するにとどまる．領事が捐金の加徴を求めるときは，まず華商に直接呼びかける．このとき賛同を得られず交渉が難航すると，領事は華商との協議を続けながら，改めて中華会館と会合する．しかし中華会館は，華商や個別の会館と厳格な上下関係にあるわけではなく，捐金を強制する立場にはないため，それほど解決に貢献してはい

　6）　李盈慧『華僑政策与海外民族主義（一九一二〜一九四九）』，国史館，1997年．

ない. この事例は, 中華会館が現地華民側の意図を代弁する存在であったことをとりわけ強く理解できるものなのである.

第2節　改革と教化のはざま

1. 1880〜90年代の中西学堂計画

　荘国土は, 清末にアメリカでおこなわれた中文教育の最大の特徴を, 東南アジアのそれと比べ, 次のように指摘する. 東南アジアへの中文教育は, 現地の私塾から出発し, 清朝の領事が置かれた後も基本的に運営や方針は現地華人の手に任された. 一方それと対照的に, アメリカの中文教育は清朝官僚が現地で強力に主導した[7]. この議論は, 東南アジアとアメリカにおける本国の影響力を単純化しすぎ, 一方的なニュアンスを与えるきらいがある. ただしこの指摘は, 出使アメリカ大臣や領事など, 外務官僚の手でおこなわれた新大陸での僑務の一面を反映している.

　清朝の官人が南北アメリカに赴いて, その地の華民の教育のために開いた初の教育施設は,「中西学堂」という. 以下に, この中西学堂の設置と運営, 顚末を追っていく. その実施目的には洋務運動期の教育理念が色濃く反映されており, 同時に海外華民への教育ゆえに漢籍による教育への強いこだわりも見出せる. ①「洋務」と②「教化」の2点を主軸に論じよう.

　中西学堂は1880年代後半に張蔭桓が第3代出使アメリカ大臣任期中に計画し, 設置したもので, 1886年12月20日にまずキューバのハバナで, 88年5月18日にペルーのリマで, そして最後にサンフランシスコで88年5月中に開学した.

　計画の主導者である張蔭桓（1837〜1900年）は広東生まれで, 洋務のエキスパートとして知られる. 才気煥発な人物で, その人生も劇的であった. 広東省南海県仏山を原籍とし, 科挙に臨むが童試レベルで失敗, 砲台や機器に関して独学し, 1864年に捐納で官界入りした. 初め丁宝楨の幕僚となり, 1869年に李鴻章に評価されてその幕僚となると, 74年に山東省の地方官, 81年に安徽徽寧池太広道, 82年に按察使を務め, 実務処理・軍事訓練・軍

---

[7]　荘国土『中国封建政府的華僑政策』, 厦門大学出版社, 1989年, 308-309頁.

需品調達・砲台建設・海関行政などに携わった．清朝の官僚の職務としては新しい領域である．対外交渉業務にもいちはやくかかわっており，1876年に芝罘条約交渉に参加した．1884年6月に総理衙門大臣に抜擢され，妬まれて3か月後に左遷の憂き目に遭うが，85年に出使アメリカ大臣を拝命，90年の帰国後は主に戸部にて権力を振るった．西洋の技術・知識・外国事情の紹介にも貢献し，出使アメリカ大臣在任中の出使日記が『三洲日記』として公刊され，また1897年に『西学富強叢書』を編集した．囲碁の名手で，華美を好み，出使アメリカ大臣在任中の社交交際の支出が甚大だったため，後任の崔国因の赴任の際に支出管理が厳しく念押しされた経緯もある．戊戌政変で1898年9月に失脚，逮捕されたが，日本の外交官林権助によって辛くも助命され，新疆ウルムチに流された．しかしその才能を恐れた西太后が義和団の混乱に乗じて密勅を下し，流刑先で処刑された[8]．

張蔭桓の経歴を注意深く見ると，1870年代は地方官として実務の場で洋務の実践経験を積み，80年代から対外交渉業務の領域で活躍し，90年代に入ると外交職に兼ねて政府中央官僚制の内部で上昇していった流れが解る．清朝政府における諸外国との交渉は1862年の総理衙門の成立からはじまったため，対外交渉業務の十分な経験蓄積を持った清朝の官僚はまだ多くなかった．同時に，清朝の官僚制のなかで出世していくルートとしても，この対外業務は従来の科挙を経るそれとは異なる新しい途であることを意味している．中西学堂計画の立ち上げ時，張蔭桓はこの新領域でキャリア上昇を図る，初めの時点にあった．

中国外交の草創期にあって，外務官僚が任期満了後に本国に対し何を「実績」とするかについては，前例の蓄積があまりにも少なかったため厳密ではなかった．こうした背景のほか，すでに述べたように出使アメリカ大臣は，僑務を最重要任務として派遣された．こうした条件を伴って，洋務の能吏であった張蔭桓が1870年代に積み重ねた国内地方行政の経験を活かし，本国の洋務の大官や総理衙門に説得的なコンテクストで「外交実績」ともなる計

---

8) 桂档（他編）『南海県志』，巻十六，1910年；A. W. Hummel ed., *Eminent Chinese of the Ch'ing Period 1844-1912*, Washington, D. C.: Government Printing Office, 1943; 坂野正高「張蔭桓著『三洲日記』（一八九六年刊）を読む——清末の一外交家の西洋社会観」，『国家学会雑誌』，**95**(7・8)，1982年，等を参照．

画として考えたことが，ある種の実験的計画としての中西学堂計画の立ち上げにつながったと見ることができる．

張蔭桓の洋務派という政治的思想的立場は，遠く中国を離れた南北アメリカにおいても，諸業務・諸計画の性格を規定するファクターとなっている．その様相を，以下で確認しよう．

1885年，公使就任後まもなく張蔭桓は，「アメリカ・キューバ・ペルーの華人集住地区にいる華人児童から資質秀実にして年力壮盛な者を撰んで，時期を見はからって中西学堂を設置する．曾国藩と李鴻章の聡頴なる学童の留学計画の理念に倣って，のちに彼らを中国沿海部の海軍と各器機局での業務に備える」と総理衙門に報告した[9]．ここで述べられている曾国藩と李鴻章の計画とは，1872年から81年までおこなわれた官費派遣留学制度を指す．官費派遣留学制度は，実際の計画とその実行を担った容閎の名で知られる洋務運動の代表的教育プロジェクトである．「聡頴なる幼童を選んで泰西各国の書院に送赴し，軍政・船政・歩算・製造の諸学を学習させ，十数年後に修業させる」[10]ために，計120名の学童がアメリカ東海岸ニューイングランド地方に暮らし，現地の教育機関で学んだ．洋務運動はとくに海防の実現に向けて軍事技術を中心に考え，その教育事業もつまるところ，兵器や工作器機の製作と操縦に携わる人材の育成をめざしていた．中西学堂計画はこれと同じ路線にあり，洋務運動の海外実践とも言うことができる．

この時期の洋務の教育事業担当者は，わりあい自由に自分の受けた教育や自己の教育理念・行政経験・国際理解を反映し，持っている人脈を駆使し得たようである．たとえば，容閎の留学制度と張蔭桓の中西学堂を比較検討すると，理念が同じではあれ，実施のかたちには明らかな違いが認められる．前者は容閎自身がイェール大学在学時から築いてきたその地の人脈を頼みに

---

9) 「窃於光緒十一年十月十一日附片陳請就美日秘各埠華童，択其資質秀実年力壮盛者，酌設中西学堂，略徑曾国藩李鴻章奏議選派聡頴幼童出洋学習之意，肄業有成，備撥沿海水師及機器局之用．」，1887年2月24日「籌設古巴各埠学堂摺」，中央研究院近代史研究所（編）『近代中国対西方及列強認識資料彙編』，第三輯，台北：中央研究院近代史研究所，1985年，255頁．
10) 容閎『西学東漸記』，百瀬弘註，坂野正高解説，平凡社，1969年，176頁．そもそもは曾国藩に向かって容閎の意を汲んだ丁日昌がこれを富国強兵のひとつの手段として熱心に説き，これが1871年9月2日の曾国藩と李鴻章の会奏ならびに同年5月26日の両者の総理衙門への照会のなかで留学生派遣計画の目的と利益として説かれ，実現のはこびとなったものである．

教育環境を整え，その結果，学童はプロテスタント長老派 Presbyterian を中心とする新興中流階級のアメリカ人家庭に住み，現地の公立学校に通うという，当時にあって異例の，今日的な留学スタイルをとった．このため留学中，学童たちは年に一度委員会本部ビルに集められ3か月間の中文教育を受けたにもかかわらず，地方社会との密なコミュニケーションのなかで，現地中流階級文化に著しく適応していった[11]．ただし，官費留学生に現地で施された中文教育は，ヒム・マーク・ライ（Him Mark Lai）が指摘するように，現地華人社会と一切のかかわりを持たなかった．このため，この教育は華民コミュニティの語学教育の発展に直接貢献することはなかった[12]．

一方，中西学堂は，容閎とは対照的に，チャイナタウンのコミュニティ内で完結するスタイルで，アメリカにおける華民子弟教育史の開始に位置付けられる．その運営はアメリカのみならず，ペルーでもキューバでも現地華商からの捐金のみが頼りであった[13]．教育対象は本国の学童ではなく，サンフランシスコ，ハバナ，リマ現地の華人児童であり，さらに教育機会はコミュニティの子弟に平等に与えられたものではなく，華商の子弟に限られた．

華商の子弟は華民コミュニティでも，比較的裕福で社会的立場もある家庭にいるがゆえに，教育機会をより得やすかった．一方，苦力の子弟や，略買されて渡米し現地で保護された女児の教育に対して，清朝総領事館やサンフランシスコ中華会館が教育機関を設けることはなかった．ビクトリア華民社会の事例を通して永岡正己が詳細に実証しているように，こうした社会的弱者への教育を担ったのは，現地のキリスト教教会，とくに長老教会派であった[14]．

---

11) 容閎，前掲書；高宗魯『中国留美幼童書信集』，伝記文学雑誌社，1986年；T. E. LaFargue, *China's First Hundred: Educational Mission Students in the United States 1872-1881*, Pullman, Washington: Washington Sates University Press, 1987.
12) Him Mark Lai, "Retention of the Chinese Heritage: Chinese Schools in America before World War II," *Chinese America: History and Perspective*, San Francisco: Chinese Historical Society of America, **14**, 2000, p. 10.
13) 「査中西学堂之設，原為教習商人子弟起見，所有一切経費，均由各商等勉力捐助，成此義挙……．」, n. d.「中華通恵総局商董稟」，黄嘉謨（主編）『中美関係史料・光緒朝』，中央研究院近代史研究所，1988年，1412頁．
14) 永岡正己「オリエンタル・ホーム・アンド・スクール——多文化社会の歴史的形成と援助の変容」，森川眞規雄（編）『先住民アジア系アカディアン——変容するカナダ多文化社会』，行路社，1998年．

さらに張蔭桓の中西学堂には，1860年代から80年代に洋務派漢人官僚が国内に新設した西洋技術習得のための専門学校，そこにおけるものと似たカリキュラム構想が認められる．熊明安は，当時の清国内の洋務派の学堂の教育カリキュラムの特徴として，「洋文」すなわち外国語と，「洋槍・洋砲・洋機器」つまりは軍事技術の習得で構成されると指摘している[15]．ハバナの中西学堂のカリキュラム予定によれば，まず語学を中国語（ただし広東語）とスペイン語の中国人教師と西洋人教師がそれぞれ分担し，やがてこれにフランス語が加わることになっていた．この語学課程が終わると，武備・製造・数学・法律の4専門に分けた専修となる．これは張蔭桓が，諸外国との外交交渉の場ではアメリカの法律よりも各国がより多く参照するフランス法のほうが実践的だと考えたためであり，さらに海防を急務と見て海軍再編に結びつく兵器製造関係の専門技術分野を重んじたためであった[16]．

　実際に開校すると，中国語と西洋言語を並行して教授する教育はハバナのみならず，サンフランシスコの学堂では英語，リマではスペイン語と，つまり現地の言語がいずれの学堂でも中文とともに教えられた．中国語教師には「生員」，すなわち科挙の予備試験に及第した「秀才」の資格を持つ官吏任用資格のない学生や，あるいは各省で実施する郷試に合格した「挙人」の資格を持つ広東人読書人を，本国から直接招聘することにし，会館董事を含む現地華民の任命は敬遠した．使用したのは上海で購入された四書五経，十三経注疏，子史精華，大清会典，聖諭広訓など儒教に基づいた教育の必読書で，各学堂に22部323本ずつ収められた[17]．毎年年末に総領事が試験官となって，中文と現地言語2科目を課す学期末試験をおこない，及第者には賞を与え，及第者名簿を総理衙門に送った[18]．

---

15) 熊明安（編著）『中国高等教育史』，重慶出版社，1983年；桑兵『晩清学堂学生与社会変遷』，稲禾出版社，1991年．

16) 「窃以水師為急，擬習西学原分武備・製造・算法・律例四門．……分延中西塾師教習中文西文，既能成誦，進習法文．文字既通，即分門学習武備・製造・算学・律例等事．法国律例，環球各国毎援為依拠，総理衙門亦専訳刊本，於交渉各事較美律為有用．」，1887年2月24日「籌設古巴各埠学堂摺」，中央研究院近代史研究所（編），前掲書，第三輯，255頁．

17) 1889年10月7日「駐美使館収駐金山総領事梁廷賛申」，黄嘉謨（主編），前掲書，1384-1385頁．

18) 1890年1月2日「駐美使館収駐古巴総領事譚乾初申」，1890年4月14日「駐美使館収駐金山総領事左庚申」，1891年1月27日「駐美使館収駐金山総領事左庚呈」，

本国国内の学堂と異なるのは，中文教育の意義であった．たとえば，1866年に中国国内に建てられた福建船政学堂では，必修科目として聖諭広訓や孝経が課されており，国内における中文教育の実践は，西洋技術を評価しつつ，儒教典籍の知識と精神を本質と見なす中体西用思想に基づいていた．一方，中西学堂における中文教育の実践は，ある総領事の「（漢籍を）暗誦復習させ，本を忘れさせない」[19]との言葉にある通り，漢字や礼教を用いた伝統的な教化の作用によって，華民の現地化を阻むところにあった．張蔭桓はサンフランシスコの私塾の振興ぶりを善とし，現地化が進行するキューバ華人には，もし詩経と書経で沢潤せねば，やがて異類になり果てるだろう，と学堂の必要性を説く[20]．華民を官人の目から見て「正統」な文化で陶冶し，再度官人の価値観から見て正常で望ましい中国人に引き戻そうとする，この儒教道徳的な心理は，張蔭桓に限らず，程度の差はあれ，本国の官人が海外華民社会に向かったときに表面化した．華民の現地適応を阻むための教育は，海外ゆえの教育目標であった．

以上のように，中西学堂は国内の伝統的教育の単なる移植ではなかった．本国国内でも新しい教育の潮流に属しており，国内近代化プロジェクトを海外でとりおこなう意味があった．さらに，漢籍を用いた教育には，華民社会の文化的正統性を本国に求め，それをあるべき中国人の姿と見なす，独自の意義付けがあった．華民は，「洋務」の文脈から，本国の国防や外交の領域で国益に直結する将来的人材であり，同時に文化によって「教化」する対象であった．このように中西学堂は，中文教育の「中」と西洋言語と西洋技術の「西」を二本柱とする学校であり，設立の背景には，本国の国内改革，具体的には洋務運動の教育理念を受けながらも，従来の教化の考えを海外華民に向けて応用した考えがあった．本国の官人による最初の中文教育の試みはこうしてはじまったのである．

1892年1月26日「駐美使館収駐金山総領事官黎栄耀申」，1893年2月13日「駐美使館収駐金山総領事黎栄耀申」，同前，1409-1410, 1422-1423, 1514-1516, 1656-1659, 1738-1741頁．
19) 「華人子弟生長外洋，為設中華学堂，令其誦習，使不忘本，……．」，1891年7月21日「駐美使館収駐古巴総領事譚乾初申」，同前，1600頁．
20) 「金山華童不忘中学，蒙localhost唔相望於道．……惟古巴一島孳生漸蕃，習聞習見，若不沢以詩書，久將流為異類．」，1887年2月24日「籌設古巴各埠学堂摺」，中央研究院近代史研究所（編），前掲書，第三輯，255頁．

2. 拒否する華商——中文専修への移行

　中西学堂計画に対して当の華民，とくに捐金を要求された華商側は，これをどのように受け取り，どのように対応したか．以下，計画に対する華民の反応を追う．

　これまで各章で述べてきた通り，1880 年代には，現地華民の生活戦略上の選択肢は増え，また多様化していた．同時にサンフランシスコの排華運動は北アメリカの太平洋岸の諸都市に拡大し，カナダ太平洋岸やペルーへも影響して華民への風当たりは強まっていた．南北アメリカの太平洋岸諸都市ではまさに連動しながら，中国人排斥の機運が高まりつつあった．

　こうした状況下で華商たちが現実的に将来を見て，現地を捨てて帰国する道を選ぶ可能性を考えれば，現地における子弟の中文教育は無意味ではない．しかし計画は次のような事情から華商の実利に反していた．第 1 に，居住国の不況に伴って，この捐金の要請は，華商の商売と生活が窮迫していくなかでの出費になったことである．学堂運営の必要額は年間 2,000 元と算出されたが，ペルーでは深刻な不況，キューバでは貿易不調のあおりで，華商に経済的な余裕はなかった．にもかかわらず，リマでは代理公使が領事とともに半強制的に 2,000 ソルを集めて開学し，当初から計画に消極的だった華商の心情を決定的に損なう事態も生じていた[21]．第 2 は，中華会館の運営する他事業との兼ねあいから出資には限りがあったが，張蔭桓がこれを考慮しなかったことである．サンフランシスコ中華会館は学堂とともに「中華医院」を同時経営し，リマの通恵総局に至っては学堂と善堂「盲工院」にみずからの総局組織を加えた計 3 つの組織の運営と資金繰りを求められていた．いずれの地の領事も頻繁に，学堂と諸事業の同時経営を支える捐金を捻出するのは困難だという華商の主張を報告している[22]．そして第 3 に，中南米では華商の経済力にそもそも限界があり，この捐金が歓迎されなかったことである．契約華工の過去を反映する華商の資本は小さく，リマの場合，600 人とも 700 人ともいわれた「華商」の多くは，契約労働満期後にぎりぎりの元手で米や豆を扱う行商人で，比較的豊かな商店主は永安昌など 5，6 人にすぎ

---

21) 1890 年 1 月 2 日「駐美使館収駐古巴総領事譚乾初稟」，1890 年 6 月 26 日「駐美使館収駐秘魯参賛呉濬申」，黄嘉謨（主編），前掲書，1410，1448 頁．
22) 1890 年 3 月 28 日「駐美使館発駐金山総領事左庚札」，同前，1419 頁．

なかった．

　華商が計画に抱いた疑念や不満は，慢性的な捐金不足として現れた．捐金の不足は学堂の経営不振に直結し，各地の領事は張蔭桓に，領事館財源の一部を充てる暫定措置について一度ならず打診している．しかし張蔭桓は捐金による経営方針を堅持し，公金支出を避けた経費削減案を示した．こうした調整のひとつとして，賃借料切りつめのため，中華会館や領事館の一角に学堂の教室が設けられた．

　おこなわれた調整のなかで，何よりも中西学堂の教育の質そのものを変えたのは，人件費切りつめのための，現地語の語学課程の廃止と本国からの中文教師招聘の取りやめであった．1889年5月，捐金の絶対的な不足に悩むペルーの公使館は，張蔭桓の指示に従ってリマの学堂のスペイン語教師を解雇し，学堂を中文専修とし，公使館の事務官を無給中国語教師に任じた[23]．ハバナの学堂でも同様の経費不足に対応するため，1890年4月，中国語教師の帰国をきっかけに本国からの教師招聘が取り止めとなり，駐マタンサス領事に中国語教師の兼任が命じられた[24]．こうしてリマとハバナの学堂は，資金不足への対応の結果，中文専修のいわば中国語学校へと変貌していったのである．

　さらに，この計画は多くの点で華商の教育戦略や生活実態とも相反していた．そのために，華商の子弟の不登校につながり，学堂の運営不振を加速させた事実も確認できる．たとえばリマでは，華商は現地定住を射程に入れて子弟の教育を考えた結果，中国語よりもむしろスペイン語授業に魅力を感じて登校させていた．それゆえに1889年に中文専修となった学堂は，ペルー華商にとって意味をなくし，多少の資金的余裕がある者は子弟にスペイン語家庭教師をつけて，通学を止めさせた．その結果，児童数は激減し，1890年3月時点で登校数は皆無に等しくなっていた．加えてアメリカ西海岸と連動して排華の気運が高まり，学童の学び騒ぐ音がペルー人の中国人排斥感情を煽るかもしれないと，華商はあからさまに協力を渋るようになっていた[25]．

---

23) 1890年2月14日「駐美使館収駐秘魯参賛呉湋稟」，1890年6月26日「駐美使館収駐秘魯参賛呉湋申」，同前，1411-1412, 1448頁．
24) 1890年4月22日「駐美使館収駐古巴総領事譚乾初詳」，1890年4月24日「駐美使館発駐古巴総領事譚乾初批」，同前，1426-1427頁．
25) 1890年5月26日「駐美使館収駐秘魯参賛呉湋稟」，1890年6月26日「駐美使館収

また、ハバナの場合は、児童の著しい現地化が計画を難航させた最大の要因となった。すでに開学直後から、本国から招聘された中国語教師に漢籍の内容を教授するスペイン語能力が伴わず、学童と教師の間の齟齬が問題視されていたが、この状態は駐マタンサス領事が中国語教師を務めて以降も変わらなかった。言語の壁から学童と意思の疎通を欠き、領事は20日足らずで音をあげて任務を部下に代任させた[26]。またキューバ華商は決して裕福ではなく、家計を支えるため児童の労働が不可欠で、このため学童の学習意欲が低かった。さらに華商の家庭は帰国や転航によって移動性が高く、学童の転出が頻繁であった。同地の学堂では1891年正月から学童数が激減し、わずか5、6人が通うのみとなった[27]。

このように、ペルーとキューバでは事実上計画が破綻していた。にもかかわらず張蔭桓が強い姿勢を崩さなかったため、領事たちは華商との折衝の場でその訴えに共感できたとしても対応を限られ、学堂は開校を強いられた。そして1889年9月に張蔭桓の任期が終わり、第4代出使アメリカ大臣崔国因の下で在外公館の人事が一新されると、すぐに各地の新任の領事たちから実態が伝えられ、急展開が見られることとなった。

ペルーに着任した新しい代理公使は、学堂計画に実益はないとすぐに判断した。協議のなかで、不況のため著しく需要が増えた盲工院の経営を優先したいという通恵総局の訴えを酌み、新代理公使は崔国因に学堂の一時閉鎖を打診した。崔国因は「大局にかかわるところが実に多い（所関大局実多）」計画なので慎重な調査が必要だと見なし、2名の在外公館員に命じて華商の経済的余裕の有無、現在の学堂経費の残高などの再確認を指示した。これと合わせて崔国因は、1891年2月のペルー訪問の折に、みずから視察し華商と協議した。こうした綿密なプロセスからリマの学堂は実益がないと判断され、1891年3月15日をもって閉鎖された[28]。これを受けてハバナの総領事

駐秘魯参賛呉潆申」、同前、1435、1448頁。

26) 1890年1月2日「駐美使館収駐古巴総領事譚乾初稟」、1890年5月12日「駐美使館収駐馬丹薩領事曹廉稟」、1890年5月12日「駐美使館発駐古巴総領事譚乾初批」、同前、1410、1433-1434頁。

27) 1891年6月20日「駐美使館収駐古巴総領事譚乾初稟」、同前、1581-1582頁。

28) 1890年2月14日「駐美使館収駐秘魯参賛呉潆稟」、1890年2月14日「駐美使館発駐秘魯参賛呉潆批」、1890年4月4日「駐美使館発駐秘随員羅兆載札」、1890年7月16日「駐美使館収駐秘随員羅兆載申」、1891年4月25日「駐美使館収駐秘魯参賛呉

も迅速に当地の学堂の実態を説明し，閉鎖を申請した．こうしてキューバでも同年6月16日，学堂は閉鎖された[29]．

　一方サンフランシスコでも，リマとハバナ同様の資金不足に伴う学堂の変質を経験した．同地では，学堂設置までに8つの有力な同郷会館が出捐した3万4,000アメリカドルを「公費」として各会館に貸し付け，毎月その利息6%である204ドルを中華会館に納めさせ，これを月々の学堂経費として教師や事務員の月給，教室の賃借費，光熱費，文房具など消耗品雑費に充てていた．しかしこの方式でも資金は確保できず，1889年に崔国因の下で着任した総領事は，合和会館など5つの有力な同郷会館が利息の支払いを拒み，学堂が経営不振である旨を報告した．同時にその対応策として，英語課程をなくしてアメリカ人教師を解雇し，総領事館に教室を移すことで賃借費を切りつめるよう提案した[30]．1893年には，サンフランシスコ総領事黎栄耀は，学堂の短い授業時間に対して，教師に数十ドルもの月給が割かれていると問題視した．黎栄耀は，海外で西洋の学問を学ぶ者は「本源や教化を失うばかりで，現地事情に応じて人材を育てるには海外ではむしろ中国の学問が重要である（尽昧本源教化，因地儲材之要，外洋似漢学較重）」[31]との考えから，中華会館と協議して，翌年からアメリカ人教師を解雇して中文教育のみに変え，さらに土日の2日間のみ開学することに決めた．これに加えて中国語教師2名の任期満了に伴う帰国を機に，同地の会館董事を無給中国語教師とした[32]．こうしてサンフランシスコでも西洋言語のカリキュラムをなくし，本国の中国語教師を招聘する理念を捨て，1894年をもって中文を専修化したのである．

　以上のリマ，ハバナそしてサンフランシスコでの顛末からは，いずれの地でも在外公館と華商のせめぎ合いが存在し，その間で中西学堂が変質を余儀なくされていったことが解る．学堂は洋務の専科学校から中文専修学校へと，

　　瀋申」，同前，1411-1413, 1421, 1453-1454, 1540-1541頁．
29)　1891年6月21日「駐美使館発駐古巴総領事譚乾初批」，1891年7月21日「駐美使館収駐古巴総領事譚乾初申」，同前，1583, 1600頁．
30)　1889年12月10日「駐美使館収駐金山総領事左庚函」，同前，1398頁．
31)　1893年2月4日「駐美使館収駐金山総領事黎栄耀稟」，同前，1735-1736頁．
32)　1893年2月4日「駐美使館収駐金山総領事黎栄耀稟」，1893年2月13日「駐美使館収駐金山総領事黎栄耀申」，同前，1735-1737頁．

より今日的な中国語学校の性格を備えていった．学堂の存亡は，現地事情と華商の協力次第であった．その結果，キューバとペルーでは財源を断たれて閉鎖した．当初の人材育成の狙いはどの地でも果たせず，計画は事実上失敗に終わったのである．

3. サンフランシスコの排華と中文教育

ところがペルーとキューバにおける中西学堂の挫折とは異なり，サンフランシスコでは学堂が閉鎖に追い込まれることはなく，むしろ学童数はゆるやかに増えて，存続した．出使アメリカ大臣に提出された1889年の学生名簿を確認すると，学童数は計29名，すべてが広東省を原籍とする10代前半の少年である[33]．以後，1889年の期末試験及第者数19名，90年の及第者数20名，91年の及第者数23名，そして92年の及第者数53名と，明らかに人数の増加を確認することができる[34]．本国から招聘した「監生」，すなわち国子監の学生（この時代には有名無実化していたため，官吏有資格者とは言えないが庶民に比べれば特権を持つ，下層紳士階級）の肩書を持つ2名の広東人の中国語教師[35]とアメリカ人の英語教師1名がおり，ここでも中西学堂章程に基づき光緒年の年末に中国語と英語の2科目で歳考と呼ばれる定期試験を実施した．確認できる最後の史料では，1893年に総領事黎栄耀が，順調に人材育成が進む様子を報告している[36]．

この違いを生んだ要因は，現地の教育現場からの中国人児童の排斥であった．カリフォルニア州では早くも1850年代半ばから，学校法で合法化された中国人児童差別が教育の場に存在していた．州教育委員会の決定と州議会

---

33) 1889年12月16日「駐美使館収駐金山総領事官左庚呈」，同前，1401頁．
34) 1890年4月14日「駐美使館収駐金山総領事左庚申」，1891年1月27日「駐美使館収駐金山総領事左庚呈」，1892年1月26日「駐美使館収駐金山総領事官黎栄耀申」，1893年2月13日「駐美使館収駐金山総領事黎栄耀申」，同前，1422-1423，1514-1515，1656-1659，1738-1741頁．
35) どのような人物が教師としてやって来るか興味深いが，書簡から確認できる「華教習」は，広東省高要県出身の羅廷佐，広東省番禺県の周祖仁，双方とも40代前半の監生である（1889年12月16日「駐美使館収駐金山総領事官左庚呈」，1891年1月27日「駐美使館収駐金山総領事官左庚呈」，同前，1401，1514-1515頁）．
36) 「……今査考試中幼童堪造就者，頗不乏人，各皆仰慕学堂楽育之心，人数亦比歴年較衆，卑職毎届考試均揖厲奨賞，以示鼓勵．」，1893年2月13日「駐美使館収駐金山総領事黎栄耀申」，同前，1738-1741頁．

の州法の規定の下で，華民児童は現地公立学校からの締め出しの対象，もしくは隔離平等教育の対象となった．この体制は，1947年に白人児童の通う公立学校への華人児童登校許可がなされ，隔離教育が撤廃されるまで続いた．

カリフォルニア州教育委員会は，最初は1855年の学校法と1856年州法によって公立学校から通学していた中国人児童を締め出し，次いで1860年学校法による黒人・中国人・ネイティブアメリカン児童を専門に受け入れる隔離学校を設立し，そこでの公教育を試みた．ところがその後，1871年から再度厳しい差別措置が採られ，隔離学校さえもが華人児童を完全に締め出した．この1871～85年の間は，現地中国人児童にとって，最も厳しい教育からの排斥の時代と位置付けられている．この間，サンフランシスコ華民コミュニティは，およそ2つの反応を示した．まず穏健な対応策を模索する華民は，代替教育機関での教育を選んだ．状況を甘受して，従来の私塾や中西学堂のような中国人教師が施す中文教育を受け，もしくはアメリカ人宣教師の開いた学校で聖書に基づく英語教育を受けたのである．一方，華民のなかには，漢籍と聖書のいずれにも則らない公立学校教育を好み，かつ納税者の子弟が公立学校から拒否される待遇だ，と憤る者もいた．こうした華民はサンフランシスコ中華会館の後ろ盾を得て，州教育委員会と州立法府，現地関係機関に学校法改正の嘆願書を送る，あるいは清朝総領事館の後援を得て，アメリカ合衆国憲法違反として司法の場で争うなどの方法をとった[37]．

このような全体的状況のなか，サンフランシスコ中西学堂の開学直前にあたる1885年，華民教育環境の分水嶺となる判例，テイプ対ハーレイ（Tape v. Hurley）裁判の判決が下り，カリフォルニア州の華民はこの数日後に施行された1885年改正学校法によって，改めて隔離学校でアメリカの公立学校教育を受けられることとなった[38]．教育委員会はアメリカ人教師1名，2

37) Victor Low, *The Unimpressible Race: A Century of Educational Struggle by the Chinese in San Francisco*, San Francisco: East/West Publishing Company, Inc., 1982; Joyce Kuo, "Excluded, Segregated, and Forgotten: A Historical View of the Discrimination against Chinese Americans in Public Schools," *Chinese America: History and Perspectives*, 14, 2000.

38) 華民児童がアメリカの公立学校への登校を再度許可される直接のきっかけとなった裁判が，1885年のテイプ対ハーレイ（Tape v. Hurley）裁判である．この裁判は，15年間サンフランシスコに居住する華民ジョセフ・テイプ（Joseph Tape）の8歳の娘が公立学校への登校を拒否されことが発端である．テイプ家が，教育委員会を相手取ったこの裁判では，原告側弁護士はテイプ家が完全にアメリカ社会に同化適応した

年契約月額60アメリカドルでの教室賃借によって，サンフランシスコのチャイナタウンからやや外れたパウエル街（Powell Street）とジャクソン街（Jackson Street）の角に，1885年4月13日，華民児童のみを入学対象とする公立の隔離小学校「華人皇家書館（英語名 Chinese Primary School．開学期間は1885～1900年）」を開校した．

　華人皇家書館は，現地州政府の隔離平等教育政策でつくられた学校であった．同時に，当時の現地華民一般が，排華法下のアメリカの公立学校教育に示した興味の程度を知り得る事例である．まず開学前，サンフランシスコ総領事黄遵憲は，私塾の児童が公立隔離学校に編入すると考え，入学者数約1,000人と見積もった．一方でカリフォルニア州教育委員長は，サンフランシスコ華民社会は階級社会であり，華商はその子弟に対し苦力の子弟と同じ教室で同じ教育を受けさせたがらないだろうと，100人以下と予想した．はたして，現地華民には同州教育委員会と州議会に対する疑念が強く，華人皇家書館を安心できる教育機関と考えなかった．このため子弟を中国に送り返し本国で教育を受けさせるか，もしくは依然サンフランシスコの私塾を選ぶ傾向が強かった[39]．華人皇家書館への登校者はむしろ少数派であり，開学初年度の入学者数はわずか9人にとどまった．

　1886年には児童がより安全に登校できるチャイナタウンのストックトン街（Stockton Street）807番地に学校が移転し，以後は登校児童数が表9-1のように増加した．その一方，表9-1の示すように，私塾に児童を送る親が大半であったところに注目すべきである．法的に権利を保障されたとはいえ，

　　華民であることを主張し，これをカリフォルニア州高等裁判所が認め，原告の勝訴となった．ジョイス・クオ（Joyce Kuo）は，アメリカ政府が華民公立学校設立を州法で確約し，カリフォルニア州の華民が公立学校教育を約束された点で，現地華民の戦略上刮目すべき成果としている（Ibid., p. 36)．

39）なお，華人皇家書館は，男児のみならず少数ながら女児も受け入れた．1890年代前半にはクレイ街（Clay Street）926番に移転し，1900年には児童数130人を数えた．学校がチャイナタウンの中央部に移転するごとに，登校児童数が増える傾向からは，チャイナタウンが排華法下のサンフランシスコでシェルターとしての役割を確かに果たしていることが見て取れる．華人皇家書館は，1906年4月18日のサンフランシスコ大地震によって大損害を被り，再建を契機に同年9月27日，「遠東学校（英語名 Oriental Public School)」と改名された．遠東学校は，当初，日本人や韓国人を含めた東アジア系移民の子弟を専門に隔離教育する施設として意図された．しかし，東アジアにおける日本の国際的振る舞いから，これらの国家出身者を同一校に登校させることは避けられ，華民専門の隔離学校にとどまった（Low, op. cit., pp. 68-73, 77-84）．

第 9 章　域外の「中国人」

表 9-1　1880 年代後半におけるサンフランシスコの就学年齢児童数と通学状況

	現地出生の華人児童数，就学年齢 5〜17 歳	左の就学年齢華人児童の通学状況		
		華人皇家書館のみに通学	私塾のみに通学	不登校
1885	男　291 女　270 計　561	9	154	398
1886	男　241 女　332 計　573	24	122	294
1887	男　484 女　383 計　867	51	457	359
1888	男　395 女　398 計　793	166	142	485
1889	男　480 女　361 計　841	122	648	71
1890	男　503 女　404 計　907	62	372	473

（出典）　Victor Low, *The Unimpressible Race: A Century of Educational Struggle by the Chinese in San Francisco*, San Francisco: East/West Publishing Company, Inc., 1982, p. 78.

アメリカの公立学校教育は，現地華民にとって魅力ある選択肢ではなかったことが明白である．

　以上のように，サンフランシスコ中西学堂が活動した 1880 年代後半から 90 年代は，カリフォルニア州における中国人児童の教育機会が多様化した時期である．華民の知識人の開く私塾，現地の教会関係者が開いた学校（図 9-1），そしてカリフォルニア州の公立隔離学校と，多くのホストによって多岐にわたる華民対象の教育施設が並存していた．しかしながら同時に，華民への敵意が社会組織に広く浸透し切った時代でもあった．このような社会で，華民たちには中国人の教育機関を好む傾向がきわめて強かった．サンフラン

図 9-1　1880 年代の長老派教会の中国人学校 First Presbyterian Chinese Church
UC バークレー校バンクロフト図書館所蔵

シスコ中西学堂は安心して教育機会を得られる施設のひとつとして，華民の選択肢に入っていたのである．中西学堂は，やがて「大清書院」と改称し，常時 60 人程度の学童を擁していた．20 世紀初頭に「大清僑民学堂」に改称された頃には，教育そのものは形骸化しつつあったが，通ってくる学童は 136 名を数え，児童数はますます増加していたのである[40]．

第 3 節　北米に展開する大清僑民学堂

1．梁慶桂の学堂設置準備

海外に居住する中国系住民を本国と関連付ける官民の動きは，20 世紀初頭になると，本国でも華民社会でも急激に高まった．たとえば「華僑」という用語が中国社会に定着して普遍的に使われはじめたのはこの時期であるし，また興中会や保皇会の華民社会内部における政治活動の活発化にも例を求めることができる．さらにこの時期，アメリカに対してみずからの国家や民族のありかたを意識し，1905 年反米ボイコット運動を通じて中国沿海都市部で人々の間にナショナリズムが沸騰した．このような風潮のなか，本国派遣

---

40)　梁慶桂『式洪室詩文遺稿』，沈雲竜（主編），近代中国史料叢刊続編第六八輯，文海出版社，1979 年，6 頁．

の官人の呼びかけによる華民の中文教育が，またもや試行された．

　20世紀初頭の新政における教育改革では，1904年1月13日に公布された「奏定学堂章程」が作成された．これは日本の学校制度に倣った学則で，のちの北京大学である京師大学堂を頂点としていた．こののち，1905年9月に科挙が廃止され，教育行政を統括する「学部」が設置された．従来と大きく異なる新式の学校系統が整えられたこの改革時期に，中国近代学制がはじまった．この「学部」から1907年に臨時使節として皇帝に任命された梁慶桂が，アメリカ・カナダ各都市の華民社会に大清僑民学堂設立を呼びかけ，中文教育を試みた．中西学堂を継ぐ本国官人の海外華民中文教育の第2波は，新政の教育改革とつながるものであった．

　梁慶桂（1856～1931年）の経歴は，急転する中国国内政治潮流の先端にあり，19世紀末世紀転換期の知識人として興味深い．原籍は広東省番禺県黄埔郷で，広東十三洋行のひとつ「天宝行」の富商家系に生まれた[41]．梁慶桂は恵まれた環境に身を置き，一族の援助を受けて21歳で郷試に合格し，内閣侍読となった．1886年，父の喪に服すために戻った郷里の番禺県で梁鼎芬（1859～1919年）や，のちに変法運動の強力なリーダーとなる南海県の康有為（1858～1927年）と会って親交を結び，95年に康有為のグループの一人として北京に上ると，公車上書運動・強学会の結成と活動・京師保国会の結成に参与した．のちに義和団の乱に遭って北京を離れ，故郷広東で粤漢鉄道の利権回収運動に参加した．第7代出使アメリカ大臣梁誠（1864～1917年）は同族であり，この族縁を契機に，梁慶桂に参事官として公使館勤務の話が持ちかけられ，北アメリカとのかかわりがはじまった．1907年に梁誠が公使の任を終えて帰国すると，北京で法律館諮議官として教育法改

---

41) 広東十三洋行とは公行（コホン），すなわちアヘン戦争前の広東システムの時代に唯一の開港場であった広州で外国貿易を独占した中国人特許商人である．天宝行の梁氏は，最も経済力ある者が一族内の科挙受験者を支えて官界に送り出し，一族全体の社会的上昇を図ってきた家系で，伝統中国の社会的移動の成功例として何炳棣が取り上げてもいる．Ping-ti Ho（何炳棣），*The Ladder of Success in Imperial China: Aspects of Social Mobility, 1368-1911*, New York: Columbia University Press, 1962, pp. 299-301（『科挙と近世中国社会』，寺田隆信他訳，平凡社，1993年，293-295頁）．なお梁慶桂の曾祖父の梁経国（1761～1837年）と大伯父の梁綸枢（1790～1877年）は天宝行の経官であった．梁慶桂の父，梁肇煌（1827～86年）は一族中最も出世し，江蘇省財務長官に上りつめた（梁嘉彬『広東十三行考』，広東人民出版社，1999年，321-328頁）．

革に携わっていた梁慶桂が，北アメリカの華民教育を推進するために，学部の臨時使節として赴くことが決まったのである[42]．

梁慶桂は 1908 年 4 月 2 日にサンフランシスコに上陸し，その後サクラメント，ロサンジェルス，ソルトレイク，ニューオーリンズ，ワシントン D. C., ニューヨーク，シカゴ，ポートランド，シアトル，カナダのビクトリアそしてバンクーバーを訪れた．その使節団には計 14 名の随員が同行し，現地では同じ船で渡米した新任のサンフランシスコ総領事許炳榛の協力を得たほか，マサチューセッツ州に留学中であった実弟の梁慶鸞が合流，計画に参与した．使節団の段取りは，まず出使アメリカ大臣伍廷芳（1842〜1922 年）もしくは同地に赴任している清朝領事の後ろ盾を得，華民コミュニティで視察をしたり講演をしたりしつつ，中華総会館（その頃北米の主要都市ほぼすべてに成立していた）に学堂設置を呼びかけ，同意を得ると，開学準備を任せて次の都市に移動する，というものであった．梁慶桂が任を終えて帰国したのは 1909 年 2〜3 月の間である[43]．

梁慶桂の段取りには，いくつか特徴が見られる．第 1 に，現地華商の商業活動がさかんかそうでないか，さらに華人団体の結束，そして本国との精神的紐帯が強いか弱いかを興味を持って観察し，これを基に学堂設置の地を決めたことである．梁慶桂が好ましく見たのは，華民の人口が多く，さらに華商の商業活動が活発かつ安定した地であった．たとえば梁慶桂が好意的に見たこのときのバンクーバーは，1887 年に同市に乗り入れた大陸横断鉄道を契機に，州都ビクトリアからカナダ西海岸の貿易商業の中心としての地位を奪い，太平洋の玄関口として北米第 2 位の貿易港に成長しつつあった．梁慶桂の訪問はちょうどこの経済発展のはじまりの時期にあたり，このとき同地の華商の活動はきわめて活発であった．一方，ソルトレイクやニューオーリンズのように華民の少ない地域では，学堂設置は見合わせた．ロサンジェルスでは華商の中国への帰属心や愛国心が希薄で，シカゴでは華商の活動がさかんでも同姓同郷団体が互いに抗争していた．こうした学堂計画の協力体制

---

42) 梁嘉彬「梁慶桂伝」，梁慶桂，前掲書，1-6, 11-12 頁．なお臨時使節の任を終えた帰国後，梁慶桂は学部の参議に任じられるが，ほどなくして故郷広東に戻り，広東自治研究社・広州南園詩社などを結成して政治や文学活動をおこなった．革命後は民国政府の招きに応じず，晩年まで在野にあった．

43) 同前，11 頁．

を築けない地では，まず梁慶桂は仲介役として先に華人社会の一体化を試み，計画が実行できるコミュニティの基礎づくりから手がけた．またすでに中文教育の実績があった地では，章程や細則を新設・改訂し，教室など環境を整えた．

このうちサンフランシスコでは，中西学堂を前身とする「サンフランシスコ大清書院」をさらに改称して「大清僑民学堂」とし，1909 年 3 月 10 日に開学した．サンフランシスコ大清書院は，1906 年のサンフランシスコ大地震によって一時閉校しており，活動再開の準備はサンフランシスコ中華会館の協力の下で進められた．中華会館の 2 階と 3 階を教室に転用し，大清書院の学生 104 人を引き継ぎ，いずれは 240 人収容の校舎を新築して将来的に規模を拡大するとした．しかし資金不足が深刻で，中華会館が対策のために開学数か月で 4 名の職員を解雇し，早めの長期休暇を設けるなど，梁慶桂が訪れたときには前途多難な状態であった．

以上，梁慶桂の訪米・訪加中そしてその直後に大清僑民学堂の開校が実現したのは，サンフランシスコ，サクラメント，シアトル，ポートランド，シカゴ，ニューヨーク，バンクーバー，ビクトリアの 8 つの地で，梁慶桂は帰国後，これら 8 か所の学堂の教員と学生と運営に携わる現地華商それぞれの名簿と教科ならびに時間割表を学部に提出した[44]．

第 2 に，このとき自身の随員を現地に残し，中文教育の先鋒としたことである．梁慶桂に同行した 14 名の随員は広東省原籍者を中心とする京師大学堂卒業生である．朱兆莘・曹勉・何焱森・程祖彝など同行した随員のうち，サンフランシスコに曹勉と程祖彝，ポートランドの史料に何焱森の名前が確認できる．ポートランドの何焱森は「正教員」すなわち教務主任としてその後の学堂業務を報告し，同時に教壇にも立っている[45]．

第 3 は，これが中西学堂計画との大きな違いでもあるのだが，大清僑民学堂の運営では本国の意思が浸透するような組織を編制しつつも，華商への配

---

44) 梁慶桂「宣統二年上学部呈送美州華僑学冊文稿」，梁慶桂，前掲書収録史料，二十三表–裏；Lai, *op. cit.*, p. 12.

45) 梁嘉彬，前掲論文，11 頁；『金山正埠大清僑民公立小学堂徴信録』，Microfilm CA-11; 砵崙大清僑民学堂同人編集『砵崙大清僑民学堂同学録』（中西日報局，1911. In *Portland Chinese Benevolent Association Papers, 1908–1931*, Microfilm CA-15)，いずれも University of California, Berkeley, Ethnic Studies Library 所蔵．

慮があった．梁慶桂は帰国すると，学堂が長期存続するよう，次の5項目の献策を学部に提出した．①国家事業に国の予算を出す西洋諸国のように，8つの学堂には規模に応じて年間 200 から 500 元の国の経費を配分する，②華民の本国への心情をつなぎ止めるため，学堂校長には領事を就け，取りまとめの責任を負わせる，③常時一定の教育水準を保つよう毎年巡回視察をする「視学員」を設け，この任には教務主任もしくは領事館員すなわち本国の人間があたる，④教員と学童に本国と同じ褒賞制度を適用する，⑤業務補助に公金・官金支出を許可することを要請する[46]．大清僑民学堂もコミュニティからの寄付による経営であったが，このように資金面への国の援助を求める姿勢があり，先の計画との大きな違いを見出せる．

さらに大清僑民学堂では，学堂組織そのものに現地華商が深くかかわることができた．学堂組織は教務組織の「学堂職員」と，運営資金の工面と財政を受け持つ「学務公所」の2つの組織で成り立っていた．ポートランドの場合，総理1名・協理3名・ポートランド中華総会館董事10名から成る学務公所では，総理を清朝駐シアトル領事阮洽が務めた．阮洽は広東省新寧県出身の現地シアトルの華商で，1908年に第8代出使アメリカ大臣伍廷芳から代理領事に任命され，のちにはアメリカ国務省から正式に清朝シアトル名誉領事に承認されて，コミュニティ管理の代表となった人物である[47]．阮洽をはじめとする学務公所役員の全員が，地元のチャイナタウンで商店や漢方薬店を営む華商で，1名を除けば全員が広東省新寧県の人間であって，すなわち学務公所は現地華商ばかりで構成されていたのである．一方，学堂職員は総理1名校長1名，教員4名，会計と書記各1名のうち，梁慶桂の臨時使節随員2名が教師を務めたが，それ以外はすべて，現地華商が占めていた．総理を務める駐ポートランド領事梅伯顕は現地ポートランドの華商で，1906年に第7代出使アメリカ大臣梁誠が同地の代理領事に任命し，阮洽同様にアメリカ国務省から名誉領事として承認された[48]．教員，校長と会計は現地華商でやはり新寧出身者である[49]．ポートランドは新寧コミュニティで，学

---

46) 梁慶桂，前掲書収録史料，二十四表-裏．
47) 黄剛『中美使領関係建制史（1786-1994）』，台北：台湾商務印書館，1995年，71頁．
48) 同前，71頁．
49) 『砵崙大清僑民学堂同学録』，*op. cit.*, pp. 11-18.

童の大半も新寧原籍者であった．現地における教育は，教育の枠組みのみを本国の中央が用意するが，運営は現地コミュニティの「商」の手に委ねられたのである．なお，サンフランシスコはポートランドとやや状況が異なり，前述のとおり，総領事が校長を兼任し，監生を招聘した[50]．

2. 華民への「国民」教育

梁慶桂の大清僑民学堂が設置された1900年代後半から11年までの時期，アメリカ西海岸では華人児童を対象とする学校が多く開校した．この理由としては第1に，アメリカの公立学校から締め出された中国人子弟への教育の必要がコミュニティでさらに高まっていたことが挙げられる．1908年にチャイニーズ・カンバーランド教会（Chinese Cumberland Church）が私設の英語教室に中国語クラスを併設した．1909年にサンフランシスコにさらにまた別の学校が開校し，また同州内フレスノ（Fresno）にその分校がつくられた．1908年と10年にはサンフランシスコの対岸オークランドに2つの中国語学校が開校し，同じく10年にはフレスノにニューヨークの孔教自由学校の分校が建てられた．カリフォルニア州全体の華人コミュニティ内における教育の動向から見れば，大清僑民学堂はこうした開校ブームのなかの一校であったが，中国本国政府の直接の政策の結果つくられた学校として異質のものであり，権威ある存在であった[51]．

大清僑民学堂は中文専修で開学したが，開学前には中西学堂と同様に英語・中国語ともに重視したバイリンガル教育をめざしていた．しかし中華会館から，資金調達の都合から雇用できる教師数に限りがある旨を伝えられ，中文主体で開学した経緯がある[52]．それでも梁慶桂は，カリキュラムで実現できずとも，中西二本立て教育は現地環境のなかで達成できると考えていた．なぜならば，学童は学堂教育を修めたのちに現地アメリカの学校教育を修了する，あるいは現地の学校に通いつつ学堂で中文を補講できる．ゆえにこれは「中西を融合し万能な人材を育て，国家官人の選抜に備え，臨機応変

---

50) 劉，前掲書，1976年，359頁．著書中，サンフランシスコ学堂章程の原資料の出典情報は，記載されていない．
51) Lai, *op. cit.*, p. 13.
52) 梁慶桂「宣統二年上学部呈送美州華僑学冊文稿」，梁慶桂，前掲書収録史料，二十三裏．

に益あるはこびとなる，理に適ったこと」であった[53]．

ここに明らかなように，「中」「西」の学問によって本国に資する官僚を育てるこの発想は，前時代の中西学堂といささかも変わりがない．

新政期にもこうした認識に立脚した計画がおこなわれた背景には，当時の新政，すなわち本国の改革があると見るべきであろう．中国を安定した強力な国家とする西学の技術や知識，華民はこれを国内に取り込む媒体と見られたのである．そうした梁慶桂の見方は「楚材晋用」という表現に端的に表れている．中国国内知識人の間でアメリカの学校教育と科学技術への評価は高く，梁慶桂は現地の華民を教育すれば効率的に中国の利益になると見た．しかし，華民の子弟は幼い頃から皆アメリカ現地の学校に入って中国の文字を習得せず，優秀な者は多くが大学卒業後はアメリカに奉仕する「楚材晋用」で，このうえなく惜しい[54]．こう華民を見る梁慶桂には，現地に基盤を置く華民の生活戦略への共感が薄い．

さらに注目すべきは，その近代国民教育と伝統的な教化が混然とした華民中文教育論である．

> 本国の学堂設置は民智を満たし人格を養うためであり，海外での学堂設置は民心を引き戻し国権を保つためである．両者は方法も難易も異なる．外国で育った華民は，西洋の学問に難なく通暁するが，中国の学問は習得に苦しむ．文字は立国の要素であり，本国の文字を覚えぬ国民はやがて外国に同化し外国民に成り果ててゆくだろう．ポーランドでのロシアの，インドでの英国の政策に見る通りである．今は中国と西洋の学問潮流が距離を縮めつつある時勢だが，互いの帰結点や出発点を訪ねると，実は随分隔たったものなのだ．僑民の子弟

53) 「俾僑民博通中学俟畢業後再入彼完美之学校，或使彼中已習専門科学者補習国文，則中西融洽造成全材，足備国家官人之選，因勢利導莫便．」，梁慶桂「光緒三十三年上学部手摺」，同前，二十二裏．
54) 「査北美僑民以十万計，彼此所得工費実較内地為優，除養事俯蓄外，大半能担任学費．惟限於教育無人，不得不附入彼国之学校．若能提倡激励，則中文学堂之成立可計日期．況美国学校之多甲於他国科学程度亦以美為最良．我国学生凡普通畢業後欲習専門者，尚須否送赴美就学．若以該処僑民就近附学，其経費豈非較省，惟慮其自幼即入美国学校於国文普通未諳習勢，将楚材晋用，不無可惜．」，梁慶桂「光緒三十三年上学部手摺」，同前，二十二裏；「査華僑散処美州者近日僅十万数人，毎埠多則万人，少則千数百人，其子弟能入初等小学者或数百人或数十人，大都生長異邦，習慣自然，幾成土著，且又為就近謀生起見，故皆入西国学校，而於中国文字反未講求，其間不乏異才，能在該国大学畢業者，要以祇供西人駆策，楚材晋用，良可慨惜．」，梁慶桂「宣統二年上学部呈送美州華僑学冊文稿」，同前，二十二裏-二十三表．

が見よう見まねで学んでいくのを放置すれば，弊害はますます多くなろう．まして近年は邪説が海外で横行し，流言蜚語が飛び交って民心は動揺しがちである［孫文の革命運動を指す］．学堂を多く設置し華人を詩書で潤してこそ，自ずとその志向を定め，民情と国勢を互いに改めていくことができよう[55]．

ここに表れている考え方は，近代国家が一般にめざすような教育，つまり共通の国語の習得によって個人あるいは特定の民族集団に対して，国家への帰属意識を育てる教育とは異質である．むしろ文化・品性を陶冶し，中国の「あるべき民」へと戻していこうという，中華世界の伝統的な教化の作用を前提にしている．華民の教育を徹底して品行方正な人間とすることで中国の国権を保つ，また活発化する革命運動をも鎮めていけるという論理にも注目しなければならない．根底には，「あるべき社会」へと理想を現実化させていくという，徳治と教化の意識が根強く残っているのである．

こうした考え方は，程度の差はあれ，おおむね現場の教師たちも共有していた．ポートランドに残った梁慶桂の随員何焱森が，国際社会で揺るぎない国家は「特別教育」で国民に道徳と愛国心を，社会生活で揺るぎない個人は「普通教育」で知識と自立性を養うものだが，華人子弟にはどちらも必要で，さらには国外の生活と教育のなかで失われてゆく忠孝の気風，詩書の恩沢，三綱五常や名教を教えるべきとしている[56]．同じ職場のまた別の教師は次のように論じている．政府や社会を構成する国民の程度が教育によって高まれば，立憲諸国というものは強盛になり，いまの競争世界で自存できる．アメリカ現地の西洋の知識を学ぶ我が華僑子女が学堂で国粋の学問を深めれば，中西の学問を修めた人材が完成し，帰国後は祖国の維新事業を助けられ，非

---

55)「内地興学，所以瀹民智，而養人格．海外興学，所以収民心，而保国権．辦法不同，難易亦別．華民生長外国，於西学不患其不通，於中学輒苦其不習．文字為立国要素．若国民而不誦本国文字者，久則与之同化，勢将尽成彼国之民，俄於波蘭，英於印度，可為借鑑．今中西学術潮流所趨，雖有相引漸近之勢，而究其帰宿，溯其本旨，相去実遠．僑民子弟耳濡目染，相沿成習，守此不変，流弊滋多．況近年邪説横流，遍翔海外，蒭言煽惑，民志易揺．惟多立学堂，沢以詩書，自可定其趨向，民情国勢一彼一此正待転移．」，梁慶桂「宣統二年上学部呈送美州華僑学冊文稿」，同前，二十四裏．

56)「国之能屹立於地球上者，必有特別之教育以養就其国民．人之能生存於社会上者，必有普通之教育以啓発其新知．無特別之教育，則道徳就喪，而民無愛国心．無普通之教育，則智識日鋼，而人無自立性．二者，固相需甚殷也．自吾人以謀生，故別宗党商異国，厥後孳育浸繁遍新大陸，其子若弟之生長殊俗者，多仗外人之教育挙，所謂忠孝之風，詩書之沢，綱常・名教之大，防幾蕩焉．」，『砵崙大清僑民学堂同学録』，op. cit., p. 1.

常に裨益あることだ[57]．このように「国民」「立憲諸国」「華僑子女」「祖国」「維新事業」など時代の新語を散りばめながらも，近代国民教育と本国改革とを縒り合わせ，さらに儒教典籍による教化の論理を前提とする．中西学堂計画に見られた「中」「西」の兼ね合いは，20世紀初頭の北米華民への中文教育にも確認でき，そこでは中国という国家と在外華民集団の関係性についての言説が，より強まっている．

　大清僑民学堂の教育カリキュラムは本国の1904年学堂章程を基準に組まれ，この点で中西学堂が張蔭桓個人の洋務の思想を色濃く反映したことと対照的であった．清の国内の学制・教務組織そして学堂章程と照合すると，大清僑民学堂はちょうど国内の府・州・県の学堂でも，各県の城鎮や郷村に設置された小学堂に相当した．1904年学堂章程によれば，本国の小学堂では修身・読経講経・中国文学・算術・中国史・中国地理・理科・体操の8教科が教科として定められていた．このうち読経講経は，旧態依然とした内容と過分な時間配分のために国内の新聞論説や知識人から近代教育に反すると批判が集中した科目であった．廃止を望む声も高かったという[58]．

　梁慶桂は，基本的に，学堂における授業は毎日4時間，教えられる教科は読経講経・修身・中国文学・中国史・中国地理・習字・体操・唱歌の8つと決め，学童の学力や年齢・人数など，各華民社会のさまざまな実情に応じて教えることを許可した．また，教員には経費節約に努めるほか，年ごとに学部に成績を届け出ること，公使または領事が試験官となって学堂の教育効果を調べることを，各学堂に申し渡した[59]．この教育は，新政期の国内の新しい教育に，華民社会の特質を考慮して変更を加えたものであった．

　興味深いことに，これが大清僑民学堂の教育を国内の学堂よりも旧い，かえって時代に逆行した教育に押しやった．読経講経は，華民には中国の学問がとりわけ必要であるとの見地から重視され，科目は読経講経・修身・中国

---

[57]　「心清窃思東西各国之強盛由，於国民程度之日高．故立憲諸国必先使其国民皆有普通之智識，而後可以自存於今日競争之世界．蓋以政府社会之組織，皆由一国之人民為之．未一国之人民程度低下，能有善良之政府社会使其日進於強盛者也．我華僑子女生長美邦，既入西学求求欧化之知識矣，復有中学研究国粋之学問．吾料学貫中西之人材，他日出於僑民学堂，帰而助吾祖国維新事業，正不可勝用，則今日体崙熱心興学諸公其功徳，又豈浅鮮哉．」，*Ibid.*, p. 8.

[58]　小林善文『中国近代教育の普及と改革に関する研究』，汲古書院，2002年．

[59]　梁慶桂，前掲書収録史料，二十四表．

文学・中国史・中国地理・習字・体操・唱歌と定められたのである．1911年のポートランドの学堂では，本国の学堂章程にある理科・算学・英文・体操はアメリカの公立学校で学べるという理由で省かれ，「国文と経学を重視し，その基を植うる（注重国文経学以植其基）」ために読経講経・中国史・中国地理・修身・中国文学・唱歌の6科目を教えるとされた．なかでも読経講経と中国史を重視し，読経講経では詩経・書経・儀礼・礼記を，中国史では上古から清末までを2年かけて学んだ．他は重要と見なされた科目順に，国語，そして「気質を伸ばし良くする（陶淑其性情）」との理由で唐詩がそれぞれ中国地理と修身より優先されていた[60]．サンフランシスコでも経学・歴史・地理を主とした．現地公立学校の文章作成教科で成績優秀かつ大清僑民学堂で作文力のついた者は生員とし，また現地公立高校と大清僑民学堂の双方を卒業すれば，中国本国の「貢生」「秀才」の学位を持ち，国子監に入るかあるいは下級官吏に任じられるかの資格を持つ］に相当すると見なすと定められた[61]．

民国期に入ると，北米華民社会では学校創設の気運が一気に高まった．とくにコミュニティにつくられた国民党と憲政党支部は，本国中国の近代化を実現する手段として教育を重視し，華人学校を在外華人社会の進歩と近代化を実現するものとして新設していった．オークランド，シンシナティ，シアトル，ボストンなどに設置された「中華学校」や「中華僑民学校」は国民党支部と同じ建物に校舎を構えたり，直截に「国民党学校」と命名されたりと，これまで以上に本国との強い政治的紐帯を持つ学校が成立した．

しかしコミュニティ内部の学童数と経済力の限界のために，この時期にも清朝末期に存在した慢性的な資金不足問題がまたも発生した．生徒たちはアメリカの公立学校とかけもちでこうした学校の補講を受けるかたちとなり，アメリカの公立学校登校前の早朝，もしくは放校後の夕方に補講を受講し，週にのべ17～19時間の学習をするのが一般的となった．時代が下るにつれて，北米華民を対象とする学校としては，従来の私塾や公立学校，国民党の学校に加えて，共産党もその設置に乗り出し，本国からのホスト自体も多様化した．女児の共学や出身地を越えたアイデンティティとして「中国」とい

---

60) 『砵崙大清僑民学堂同学録』, *op. cit.*, pp. 2-5.
61) 劉，前掲書，1976年，359頁．

う認識が浸透するなど，北米華民社会における教育は，この時代もおおむね本国と同調して進んでいった[62]．

このようななかで，サンフランシスコの大清僑民学堂は1911年に「中華僑民公立学堂」に改称したものの，清朝末期の運営形態を引き継ぎ，領事館の影響下にあった．1921年にサンフランシスコ中華総会館が総領事に学堂運営の権限委譲を頼み，これが許可されて領事館の影響下から切り離され，1927年に「中華中学校」に改称した．ポートランドの大清僑民学堂も同じく1921年に「中華学校」に改称した．時代が下るにつれて大清僑民学堂を母体とする学校は，組織としては徐々に本国からの独立性を高め，現地の華僑学校として定着していったのである[63]．

小　結

以上，中西学堂と大清僑民学堂の設立の経緯を分析し，南北アメリカ地域の華民社会に本国官人が入ってゆくそのかかわり方から，海外の「ひと」を本国の国内改革に活かそうと考えた具体的な動きを証明した．これらの事例からは，まず清末，域外の華民を教育から国民化するその動きには，単なる西洋型近代教育の導入移植でも，伝統的な教化の再現試行あるいはアイデンティティの形成のためでもない，改革と教化のはざまで双方の両立を図る特徴があったと言える．

ここに見られる最も重要な現象は，中国の国内改革——近代化プロジェクトとの共振である．中西学堂と大清僑民学堂でおこなわれた華民中文教育は，同時期の清朝国内の改革とつながっており，このつながりは南北アメリカで中文教育が開始された時期から，1911年の清朝の終焉まで通して見られた．南北アメリカ地域において，とくにアメリカ合衆国は，清朝が国内改革に活かそうと注視した西洋の学問や先進技術の本拠地であったため，トランスナショナル・マイグレーションが強く現れた．アメリカの「西学」に期待をかけて，洋務運動後期—変法運動—辛丑条約後の新政と，新しい改革思想が中国国内で生まれると，そのたびに海外華民社会でおこなわれる中文教育では，

---

62) Lai, *op. cit.*, pp. 13-14.
63) 劉，前掲書，1976年，367-368頁．

西洋の技術や学問に通じた人材を育成し，これを本国の官僚制度のなかに組み込んで国家の富強に資するという論理が受け継がれていった．こうして西学の地の華民を通して「効率的に」先進技術を本国に吸収する発想は，長く存続することになる．1880年代後半にはじまった本国官人の南北アメリカ華民中文教育は，多分に張蔭桓個人の発想によってはじまったにもかかわらず，一過性では終わらなかった．それは間歇的ながらも19世紀末から20世紀初頭を通して続いた．本国の国内改革が，華民中文教育の実践を促す推進力となり続けていたためである．

　そして，そのときの改革派に属する官僚が内政の延長として実行したため，設置された学堂は同時期の国内の最新の教育潮流と共振した．中西学堂は洋務運動の近代技術習得のための専科学校，大清僑民学堂は新政期の近代教育制の小学堂をモデルに，どちらの計画も国益に資する人材育成を目的とした．これは，中国に課された時代的要請が，華民を説得的に国益に位置付ける試みを引き出したものとみることができるだろう．近代東アジアの厳しい国際関係のなかで中国の生き残りを模索し，より強力で安定した近代国家をめざすなかで，官人たちは先進技術や機器，知識，制度の摂取に専心して西洋を観察した．この視野から南北アメリカの華人を初めて積極的に意味付けようとしたのが中西学堂計画であり，この意味付けをそのまま継承して教育の近代化の上に「海外国民」を見出し，海外移民社会における中文教育のメリットを主張したのが，大清僑民学堂計画であった．

　一方で，儒教典籍を用いる伝統的な教育も重視された．華民の本源を忘れさせず現地化を止めるという移民社会ならではの目標の下，多分に漢籍による教化という文化的な作用を期待していた．中西学堂でも大清僑民学堂でも，人材育成が計画の唯一絶対の目的であったわけではない．官人が華民を本国側が責務を負って教育すべき，一種の国民として論じるとき，国内改革から説得的に述べるよう意識したが，同時に，漢籍で鍛錬された「中国人」に引き戻すために，薄まる中国的要素を強化するのも彼らの責務と捉えた．学堂が中文教育主体の中国人学校としての性格を持ったのは，華民の協力体制や資金不足，現地事情が作用した結果であり，当初から旧型の伝統的教育をめざしていたのではない．しかし条件が加わって変更を余儀なくされるなかで，中文教育が常時優先された背景には，礼教を通して「中国人としてあるべき

姿,あるべき社会」を理想化する,徳治と教化の及ぶ「中華世界」の伝統的秩序からの解釈があった.

　海外華民社会が本国の政治的かつ文化的周縁として位置付けられるのは,中国の伝統的世界秩序観がゆらぎ,再編される時期に端を発している.この過渡期に生じた海外華民を本国に包摂する動きは,教化が完了した「中国人」そのものを中国の影響力の範囲と見なす概念を源としていた.発足して間もない清の外交制度,国内改革との連動,在外華商と本国の関係構築などのファクターが働いた結果,域外の華民は教育の対象となった.領土外でも,ひとそのものが政策の対象となる——中国本国からの官人は,こうして現地華民社会を人材マーケット兼教化のフィールドとしてかかわっていった.こうしたメカニズムで,在外華民が保護,管理,そして教化の対象となる実際の動きに結びついていった.

　これは近代に中国の歩んだ独自の道程で生成された,「海外華民」という新しい行政領域の創造を意味していると言えよう.そして華僑の居住範囲が広がってゆく様を,「中国海外発展史」として見なす感覚は,換言すれば「ひと」そのものに中華世界を見るものである.

結語 「はじまり」の重要性に目を向ける

　本書では，いかなる近代史がひとの国際移動から見えてくるかを，南北アメリカの華民に関する清朝の現地調査，外交，在外常駐使節制度，華民コミュニティのなかでの組織形成とその発展・再編成，そして中文教育といった，多様な事例から論じてきた．アメリカ合衆国，カナダ，キューバ，ペルーなど，1850年代から南北アメリカ各地に華民集住地が現れたのは，おしなべて現地の経済や社会，そして国家が近代化するなかで，安価な外国人労働力を求めた背景があったためである．言うまでもなく，これらの地域それぞれが固有の歴史や社会・経済構造を持っているため，華民にかかわる物事には差異が認められる．ラテンアメリカの場合は1850年代から74年までの苦力貿易問題というかたち，北アメリカの場合は50年代から，とりわけ82年以降の上陸・帰化・就労・教育・納税方面にわたる多種の中国人排斥法の制定というかたちで，華工の労働待遇や生活，そして身体・財産の安全が脅かされた．それぞれの地域において，時期により，また現地における待遇問題の性質の違いにより，そうした違いは歴史的かつ文化的に多様な華民社会を生み出した．しかしながら，近代における中国からのひとの「国際」移動として俯瞰的かつ世界史的な視野から見れば，これら南北アメリカ地域の華民には，一様に，その移動先での問題が，送出国にとって，何らかの対応を強く求められる存在となったところに特徴があった．この地域に渡った華民が，19世紀の間に，清朝に対して対応を求められる存在になったという事実は，実際重要である．南北アメリカ華民には，みずからを保護し後ろ盾になる，本国の清朝との関係を不可欠のものとして維持・強化する必要があった．南北アメリカ華民と近代中国の関係性は，このように開始している．

　契約華工といった不遇の時代から，たとえ被害者の側面を持ちながらも，南北アメリカの華民は，現地で能動的に商業活動に参入していった．北米の太平洋岸，南米の太平洋岸，そしてキューバといったいずれの地域でも，社

会下層から商いによって上昇を図った．華民集住地は 19 世紀の間に都市の中心部に形成された商業区画として現れ，より大きな商業コミュニティとして発展し，今日目にするチャイナタウンに成長していった．そうした華商の活動は都市部のみならず，内陸や沿岸でも見られ，さらに広東や香港から商品を搬入するなど，その広域活動も特徴的であった．そして清朝から南北アメリカに派遣された官人たちは，現地華民の諸問題に対応するにあたって，きわめて早い時期から，成長する華民集住地の内部で華商の協力を得ていた．そのはじまりは，1874 年の容閎のペルー現地華民調査に遡ることができる．1877 年の清朝の在外常駐使節制度の発足以降，現地に公使館や領事館が成立すると，清朝官人が排華法への対抗措置として，華民に民間の統括団体をつくるよう主導した．そしてこのときも，既存の華人団体の役員を占めていた華商層の協力を得た．すなわち一貫して「商」は「官」が現地任務を果たすに際して，欠くことのできないパートナーであった．

　概観すれば，南北アメリカの華民集住地には，契約華工からの転身華商・三邑華商・サンフランシスコから南北アメリカ各地へ移動する転航華商・香港の南北行そして紳商など，多様な華商が存在した．とはいえこうした商のうち，官人の現地におけるパートナーとなったのは，一部の人々であったことが見えてくる．彼らは一定の資本力を持ち，人格的にも信頼を得て，指導的人物として華民コミュニティの共通認識を得てきた華商で，清朝官人がやってくるまではコミュニティの自治組織や生活・文化のしくみを整える役目を負っていた．常駐外交制度の設立を受けて，現地調査団・清朝在外常駐使節・清朝領事・游歴官といった官権を有して派遣された本国の官人が結びついたのは，こうした，現地で社会的成功を収めていた華商たちであった．官人はそうした華商を，中華会館董事や代理領事，商董など，新たに設けた要職に就けることで，現地華民社会のまとめ役として，正式に承認していった．海外華僑社会に本国のプレゼンスが確立し，中国の権威を認め，中国に政治や文化の正統性を求める移民社会が生まれたのは，このときであった．これを，シラーの論じる「越境する国民国家」が創出された，と見ることができるだろう．

　本書の実証から指摘すべきは，「はじまり」時点の重要性である．

　近代になって南北アメリカに形成されはじめた華民集住地においては，新

設される統括団体，つくられる官商関係，設置される中文教育機関など，はじまりの形態のなかには同時代の中国で進行中の要素が強く作用し，形成段階の移民コミュニティの基礎に投影されている．中国東南沿海部の都市部で成長する新興の商人，広東省の原籍地ごとに形成された出身地意識，地方行政と洋務の実務で訓練された官僚，その官人のパーソナリティ，清朝国内で進行中の近代化プロジェクト，伝統的な教育観念など，移民の社会に本国から入ってくるものを俯瞰的に見れば，それらは出身地の社会に歴史的に存在してきた旧来のものばかりではない．本国で成長する新たな社会階層であったり，本国最新の潮流に属する改革思想や教育思想であったりする．

たとえば，現地華民社会の「商」は史料中でときに「紳商」と表現される者が現れ，早期から本国の同時代の「商」と同様に，「官」の権威を得，かつ「官」を兼ねていこうとする．

馬敏の紳商の研究では，まず「紳商」は科挙に合格した中国社会のエリートである「紳士」と，行商から貿易まで商業活動に携わる大小商人「経商」の両方を兼ねる者を言う．アヘン戦争後の中国沿海部の条約港における海上交易によって，都市が発展し，そこで商業に携わって豊かになった新興社会階層である．言わば「身分を持つ商人」であり，別の表現をすれば，如何なる手段によるものでも進士・挙人・生員・貢生・監生など科挙の肩書を得た商人を，紳商と呼ぶことができる．つまり，もともと「紳」は「紳士」，すなわち科挙の合格あるいは及第とともにもたらされる称号を持つ者だが，紳商の場合，その商人に肩書があっても官職がなかったり，恩典で得たにすぎなかったり，当時広くおこなわれていた捐納で官位を購入したりと，実際に科挙に合格しておらずとも，科挙の及第者の肩書さえ持っていれば紳であって，紳商となる．すなわち官権と商がゆるやかに結びついた社会階層であり，民の色彩の強いものとされる[1]．在外公館設置後の南北アメリカ華民社会における商の上昇は，言わば南北アメリカの華商の紳商化と解釈できる現象である．ただし，実際には「紳」の部分，本国の科挙の肩書の有無には厳密に左右されず，官権とのつながりを求め，官の設置した中華会館の執行部に就くことで，中国国内における「紳」の条件に代替するものを手に入れる．言

---

1) 馬敏『官商之間』，天津人民出版社，1995年，135頁．

わば海外移民社会ならではの紳商として，官権とのゆるやかな結びつきを有する華商は，海外華民社会が本国の権威の下で統合していくプロセスのなかで生まれた．これは同時に商が政治化していく過程をも示している．

すなわち，近代中国がどのような時代であり，清朝がどのような状態であったかが，近代の南北アメリカの中国人移民社会の特徴を規定する，もうひとつの要素であることに気付くのである．

この時期の清朝は，まさに変革期であった．清朝は伝統的に「中華世界」と呼ばれる，中国皇帝の徳治と漢籍による教化による文化圏が同心円的に広がる世界によって，国内外の空間を捉えていた．中国皇帝を中心とし，その統治と影響力の及ぶ範囲で広がっていく世界観は，版図支配や朝貢体制といったシステムで成り立ち，東アジアに中国を中心とする伝統的な国際秩序と国際関係を成立させた．中国の統治と影響力の範囲内の中華世界では，徳治と教化の恩恵に浴さない「化外の民」がいても，それを中華世界から強制的に排除することはなく，追認するのみで，基本的に異質な存在を認めていた．茂木敏夫は，中国のこうした伝統的国際秩序観は，清朝が近代条約体制に参入することによって，かつ東アジアで侵略的行為を繰り返す日本の存在による領土的脅威を経験することによって，再編されはじめたと論じている．中国の影響力の範囲内にいる化外の民への対応は，たとえば1882年に省制を布くことで成立した，新疆省の健省に見られるように，積極的かつ全域的に教化しようとする半強制的な姿勢へと変化した[2]．

トランスナショナル・マイグレーションのはじまりにあたって，海外移民社会に向けて清朝官人のチャネルからもたらされた要素は，広くはこうした再編中の清朝の行政機構や統治構造，秩序観，世界観と不可分である．統括団体・本国との連絡回路や紐帯の整備・国内改革のための人材・教化──南北アメリカ華民コミュニティの早期に，政治や文化，教育のはじまりの段階でもたらされたこれらの要素の基礎には，在外事務・外交交渉・外国理解のいずれにおいても十分な経験がない公使や領事が，僑務を内政のアナロジーで捉えたことがある．排華法下の社会で生きるために官設の民間統括団体を

---

[2] 茂木敏夫「清末における『中国』の創出と日本」，『中国──社会と文化』，10，1995年：茂木敏夫『変容する近代東アジアの国際秩序』，山川出版社，1997年：茂木敏夫「中国における近代国際法の受容」，『東アジア近代史』，3，2000年．

つくる，国内教育計画や教育改革を実施するなど，新たな課題に対処しようと試みる，真摯だが焦燥感を抱えた姿勢があった．清朝の本国で矢継ぎ早やに打たれた国内改革の動きが同時期に華民社会にも入り，実施されたが，そこには，厳しい国際関係の中で必死で近代国家に生まれ変わろうともがく清朝そのものの焦燥感が，移民社会に現れた，トランスナショナリズムが認められる．しかも，実際にこれらは南北アメリカ華民社会に残った．活動や組織の内容が変化したり，中断したりといった途中経過はあるが，はじめにつくられたものが基礎となるその強さは，最初につくられた組織や構造や機構を根底から変えたり，崩したりすることがきわめて困難であるところから容易に理解できる．それゆえに，1880年代にはじまった，華民社会の構造や現象を理解することは，当該移民社会の基礎を把握することが可能になるのみならず，以後の変化を理解するうえでも重要である[3]．

　このように本書では，近代に入って海外に誕生した移民コミュニティに対して，送出国家が果たした役割について——具体的には清朝から派遣された官人による具体的な影響について——，重点的に焦点を当ててきた．これまで，中国移民社会における清朝の存在や，その意味，その影響については，意識的あるいは無意識的に議論が敬遠されてきた．それは，移民社会が内部に有する自律性や独立性，そして大衆の成熟とその運動のダイナミズムといった，移民や移民社会の市民的発展の部分を明らかにしようとするがゆえに，軽視されてきた，あるいは軽視されるべき点であったためであろう．こうした視座からは，本国との行政的つながりを指摘することは，移民や移民社会を旧態依然なもの，従属的なもの，管理・統制を甘受し，かつ現地適応性に欠けたものと捉えることであると解釈しがちである．しかしそれは一方向的な捉え方にすぎない．清朝官人の働きと本国としての清朝の在り方は，南北アメリカの華民コミュニティの形成期に，その"はじまりのかたち"を構築した，重要なファクターとして捉え直される．

　たとえば，草創期の移民社会に清朝官人が残した具体的な構造として，次

---

3) こうして成立したチャイナタウンの構造がいつ変化するのか，20世紀後半のアメリカ合衆国における例については，園田節子「北アメリカの華僑・華人研究——アジア系の歴史の創出とその模索」，京都大学東南アジア研究所『東南アジア研究』，43巻4号（特集　東南アジアを超えて——華僑・華人史研究のフロンティア），2006年，において詳述．

のものが挙げられる．まず，中国の常駐外交制度の発足とかかわるがゆえに，中国—南北アメリカで，同時期に複数の地域で同じプロジェクトが動く連動現象や，複数の地域で施される同様の華人団体の再編・統合・官設民間団体の創出が見られた．ひとの国際移動から見えてくる近代とは，複数の地域の華民社会に有機的に作用するトランスナショナル・マイグレーションの出現である，と言い換えることもできよう．ビクトリアの華商がサンフランシスコ総領事黄遵憲にまみえる前から中華会館の存在と機能をすでに知っていたように，またキューバ総領事が米西戦争で被害を受けたキューバ華工のために善堂を建てる捐金をリマやビクトリアに要請したように，移民社会と移民社会の間の情報を取り交わし，比較し，決定する，情報の伝達も生じることになった．またこの時期に，居住先の地域における近代国民国家の成立と，それが生み出す中国人排斥に対抗しようと，移民コミュニティに本国との公的なチャネルが成立した．こうした現象が同時進行するなかで，南北アメリカの複数の地域にある移民の現地生活のなかに，ほぼ同時期に，国家の存在と表裏一体の越境性が創成された．南北アメリカの中国人移民社会の早期の歴史は，まさに移動したひとによる「環太平洋地域」像を描き出している．

　清朝の官が南北アメリカの華民社会に果たした役割は，たとえば初期の日系移民社会への領事の働きかけや，1930年代の東南アジアで活動する日本の商社の海外活動に領事が果たした役割などの実証との比較のなかでも，さらに具体性を帯びる論点であろう[4]．越境した人々の身体の安全，生活，経済活動，社会的上昇，コミュニティ政治といった現地における活動の側面に，一定の秩序や安定を約束するうえで，出身国から移民社会に派遣された官の働きはなくてはならない後ろ盾であった．不安定な外国生活を支えるひとつの拠り所となるのみならず，出身地ごとに分裂する傾向のある，矛盾と対立を抱えた華民社会の調整役であり，かつ押さえ役であった．その働きかけがあって初めて，整えられていった移民社会・移動社会の体制が，近代には存在する．こうした官民関係を経て，移民社会・移動社会の内部には，本国に正統性を帰する秩序が矛盾なく形成されていったのである．移民が本国の機

---

[4] たとえば，Yuji Ichioka, *The Issei: The World of the First Generation Japanese Immigrants, 1885-1924*, New York: Free Press, 1988 や，波形昭一（編著）『近代アジアの日本人経済団体』，同文社，1997年，は，領事の活動や領事の役割に言及する．

構，政治，近代化プロジェクトなど，国民国家レベルとの政治的なつながりを維持しているトランスナショナル・マイグレーションは，常駐外交制度の発足など，本国の公的チャネルの整備とからめて議論していく必要があった．中華会館をはじめ，代理領事や商董といった現地華商を組み込んだ僑務の体制，ならびにチャイナタウンのコミュニティ内部で再編された権威のしくみについては，日系移民や帝国日本の商業活動との比較を通して，国民国家や帝国によって，トランスナショナル・マイグレーションがどのように展開するのか，新たな事実を論じることができよう．

　最後に，残された課題や研究の方向性を，示してまとめとする．
①南北アメリカにおける官商関係の変化
　清朝在外公館が成立した後の南北アメリカの華民コミュニティでは，商が新たに来た本国の官を権威として迎え入れ，その官から商がコミュニティの指導的立場を承認された．ただしこれは，官が商に一方的におこなうものではなく，商の側からきわめて積極的に面会や接待などのアクセスがあって，進行するものでもあった．南北アメリカの華民社会の場合，官と商が出会うなかで，商の経済力，コミュニティにおける認識，人格などが勘案されて，公認に結びついていく．在野の商が，中華総会館の総董事への任命，代理領事や商董への任命という実質の官職に就くまでつながっていく動きは，こういったかたちの官との接触にある．官と接触してコミュニティの指導的人間として公認を得るため，新しい体制のなかに新たに入っていく華商が，南北アメリカにはおしなべて確認できる．
　ではこうした商は，時間の経過とともにどのように変容していくのだろうか．商が官の後ろ盾を必要としながらも，任期制をとる官よりも現地への理解を深め，適応度を増していくと，両者の関係にはどのような変化が生じるのであろうか．時代を下って，官商関係の変化を検討する必要がある．
②統括団体の設置
　サンフランシスコ中華会館を統括団体として設置した最大の目的は，1882年の排華法によってその後予想される，華民の生活や経済活動への困難に対応できる体制をつくろうとしたところにある．すなわち，排華法が最大の要因であった．コミュニティを「統括」する意義は，既存の同郷会館がすでに

持っている情報や人脈の網を，コミュニティ全体にかかるつくりにし，必要時にこれを使って最良の対策が立てられる回路が不可欠になったと考えられたためである．こうした回路の整備が官の主導で進み，統括団体の上位に総領事という官権が位置することによって，凝集が図られた．

　すなわち，常駐公使制のはじまったのち，華民社会に起こった変化とは，官権との結びつきがコミュニティに生じたことと，官を頂点とする体制がそのまま権威となったことである．それまで同郷団体や有力な華商個人にあったコミュニティの権威を，中華会館の董事あるいは総理，代理領事，商董などといった，清朝公使館や領事館の承認する新たな団体や新しい役職に任命することによって，官の影響の下に移し替えていく．国の権威と個人，国の権威と移民社会内部の団体を取りむすぶ体制の創出が，近代の国家と移民の関係と言えよう．

　また中華会館の持つ統括性が具体的にどのようなシステムかを検討すれば，それが上位のみ明確なかたちをとり，末端は際限なく広がっていく包摂性を有するものである点にも着目すべきである．コミュニティを包摂する回路が「中華会館」という上位の組織名として出現した現象も，移民社会の近代性のひとつである．西洋型近代組織の特徴は，分類・区別・専門化による機能分業によって，社会や諸団体の範囲が明確になるところにある．一方，近代南北アメリカの華民社会の場合，その特徴は，包摂性である．すべて取り込んでその境界を状況に応じて，柔軟に縮小・拡大できるシステムが国家にも団体にも等しく備わっていく．これが分類と専門化による西洋型近代を経験したヨーロッパ，アメリカ，日本と大きく異なる，中国と華民社会の近代であった．

　これも時代が下ると，中華会館はどのような転機で総括団体としての機能をどのように変容させるのだろうか．とくに現地生まれの華人が現れ，社会に出はじめると，中華会館の権威は如何にして保たれ，如何なる組織的特徴を有するようになっていくのだろうか．時代の変遷とともに検討すべき課題である．

③転航華商の重要性

　南北アメリカへの中国からのひとの国際移動は，その圧倒的多数が華工であった．しかしサンフランシスコやパナマの三邑華商や，ビクトリア・ペル

結語 「はじまり」の重要性に目を向ける

ー・メキシコ・キューバに確認されたサンフランシスコ転航華商，そしてパナマとリマの仲介交易型華商のように，南北アメリカの華民社会を商業コミュニティたらしめた，牽引役の商については，さらなる研究が必要である．

なかでも注目すべきは，サンフランシスコ転航華商の存在である．サンフランシスコで事業経験を積み，南北アメリカ各地の華民コミュニティに向かう転航華商の経済的・文化的な役割については，より突き詰めていく必要があるだろう．たとえばカリフォルニアの排華運動を避けて，より良い環境と機会を模索するサンフランシスコ華商の転航を契機に，渡航先キューバの華民集住地区が一転して，チャイナタウンとして経済的・文化的に変容していく．転航華商の事業の開始によって店舗数が増え，貿易や卸など比較的規模の大きい商売に携わる商家が現れ，劇場や銀行建設など，サンフランシスコのチャイナタウンの経済・文化構造が再生され，サンフランシスコ型と呼べる広東系移民コミュニティとなる．排華運動を原因とするサンフランシスコからの転航は，華商の一団が，南北アメリカの他の現地社会へ，より能動的かつ選択的に集団的にかかわっていくという，転機の訪れを示してもいるのである．サンフランシスコ転航華商が，渡航先の華民社会をどの程度「近代化」したかは興味深いテーマである．これも，カナダやメキシコの華民社会に現れたサンフランシスコ転航華商の事例研究を進めることで，より明らかになっていくであろう．

これに関連して，転航華商と官権との結びつきに，何らかの特定的な傾向や特徴が見られるか否かを研究することも今後の課題である．

④共時的構造——「同時代性」の乗り入れ

トランスナショナル・マイグレーションの性質として最も興味深い現象は，南北アメリカ華民社会に，中国本国でまさに進行中の新しい動きが乗り入れてくる，その同時代性であった．移民社会を理解する際に，我々は本国と移民社会の文化には時間的ずれが生じると考えがちである．移民研究のなかでも，移民社会には本国社会がすでに失った何かを，郷愁とともに維持し続ける傾向があることに強く注目するものが見られる．しかし，とりわけ華民社会の中文教育の章で明らかになったように，当時の中国本国で最も新しい社会的，政治的，文化的な動きが，ほぼ同じ時期に，共時的に，太平洋の対岸の中国人コミュニティに出現する意味をより重視すべきであろう．本国で言

わば最先端の位置にいる者が，一気に太平洋を渡り，現地で，その情報や思想を伝播する様相は，我々の理解以上に，本国にとっての移民社会の位置付けは国によって，あるいは国の経験した近代によって，大きく異なることを物語っている．

　さらに，経済の近代化や都市の発展，居住社会における新たな社会的・政治的動きも，中国系住民の生活に強い影響を与えていた．一例として，キューバでは，数年前からはじまった華工の保守反動的締め付けや第一次キューバ独立戦争の影響が，陳蘭彬レポートに表れる現地華工の惨状の度合いをより深刻なものにしていた．現地華工の惨状は，単にキューバの奴隷社会としての継時的な環境にのみ起因するのではなかったのである．アメリカの排華運動は，中華会館の成立する十数年以上前から高まっていた．しかし統括体としての中華会館の成立は，1882年排華法の成立が直接のきっかけであり，さらにちょうどこのとき黄遵憲が初めて僑務の実務に携わり，その方法や方向性を模索しはじめた時期であったことも，中華会館の設立形態に大きな影響を与えている．このように現地華民社会は，現地のきわめて新しい現象や地方社会の動きに影響される，あるいは同時代的・偶発的要因が重なることによって，のちの華民社会の構造を左右する組織・システムを成立させているのである．

　つまりは中国と現地，各地域の同時代性が，華民社会のなかに乗り入れてくる事実もまた，トランスナショナル・マイグレーションが成り立つ動態的な要因なのである．

初出一覧

いずれの論文も単著である．また本書に収めるにあたって，大幅に改定した．

序章2.：「北アメリカの華僑・華人研究——アジア系の歴史の創出とその模索」，京都大学東南アジア研究所『東南アジア研究』，第43巻第4号（特集 東南アジアを超えて——華僑・華人史研究のフロンティア），2006年．

第3章：「まぼろしのペルー・中国間太平洋横断汽船航路——1878年ペルージア号事件と苦力貿易論議」，東京大学大学院総合文化研究科付属アメリカ太平洋地域研究センター『アメリカ太平洋研究』，Vol. 3, 2003年．

第5章第1節：「出使アメリカ大臣の『洋務』と『僑務』——南北アメリカへの『ひと』の移動と清国常駐使節の設置」，東京大学大学院総合文化研究科地域文化研究専攻『年報地域文化研究』，第3号，2000年．

第5章第2, 3節，第6章，第7章：「近代南北アメリカの華商と官権——サンフランシスコ，ビクトリア，リマにおける中華会館の設置」，中国社会文化学会『中国——社会と文化』第23号，2008年．

第9章：「改革と教化のはざま——清末の南北アメリカにおける華民中文教育のメカニズム」，中国社会文化学会『中国——社会と文化』第19号，2004年．(Setsuko Sonoda, "Entre la Reforma y la Mision Civilizadora," *ISTOR: Revista de Historia Internacional*, Centro de Investigacion y Docencia Economicas, No. 27, 2006．中国移民特集号に翻訳稿掲載，翻訳は伏見岳志氏．)

参考文献

1. 未公刊史料

Archivo National de Cuba 所蔵
　①Fond: Registro de Asociaciones, Casino "Chung-Wah," Legajo 658, Expediente 17591.

Connecticut Historical Society 所蔵
　②Chinese Educational Mission, Ms 81877, Records, 1870-1979.

National Archives and Record Administration（NARA）所蔵
　③ NARA at College Park, Maryland.
　Notes from the Chinese Legation in the United States to the Department of State, 1868-1906, M98, Roll 1, Diplomatic Records Microfilm Publications, NARA at College Park, Maryland, 0104.

U. C. Berkeley Ethnic Studies Library 所蔵
　④Chinese Americans Archives Collection
　砵崙大清僑民学堂同人（編）『砵崙大清僑民学堂同学録』，中西日報局，1911 年（*Portland Chinese Benevolent Association Papers, 1908-1931*, Microfilm CA-15）
　『金山正埠大清僑民公立小学堂徵信録』c1910.（Microfilm CA-11）
　Wells Fargo & Co.'s Express. *Directory of Principal Chinese Business Firms in San Francisco, Oakland, Sacramento, San Jose, Stockton, Marysville, Los Angeles, Portland, Virginia City, Victoria*, San Francisco: Britton & Rey, 1882.（Microfilm CA-14）
　金山正埠三邑会館『光緒三十年歳次甲辰徵信録』，広州十七甫澄天閣石印，1904 年.

The University of British Columbia, Rare Book and Special Collections 所蔵
　⑤Chinese Canadian Research Collection, Box 1-28.

University of Victoria Archives & Special Collections 所蔵
　⑥Chinese Consolidated Benevolent Association Fonds, 1884-1922.（域埠中華会館歴史文献），AR030.
　⑦Charles Sedgwick Fonds, AR113.

Yale University, Beinecke Rare Book and Manuscript Library 所蔵
　⑧Joseph Hopkins Twichell papers, ca. 1850-1913.
　Call#:Uncat. ZA MS.167 Five Photograph albums. Box 1.
　Call#:ZA Twichell. Box 10 'Speeches, etc. and Travel Diaries', File 'Travel Diaries: 1874 Peru'.
　Call# ZA Twichell Travel Diaries. and Uncat. ZA MS.167 Five Photograph albums.
　Call# Zc72 855ht, 華英通語集全，広州：蔵文堂重訂 1855.

Yale University, Manuscript & Archives in Starling Memorial Library 所蔵
　⑨Samuel Wells Williams Family Papers, Group 547: Correspondence, March 1873-February 1878, Box 5.

2. 未公刊二次文献
1) 本項目には華僑社会内部発行・非売品を含む.
2) 上記のコレクション中に収められている未公刊論文や学会ペーパーなどは，上記コレクションの①，②などのナンバーを付す.

Sedgwick, Charles P., "Categories and Techniques of Fund Raising in an Overseas Chinese Community," research paper in May 1973. ⑦

Sedgwick, Charles P. and William E. Willmott, "External Influences and Emerging Identity: The Evolution of Community Structure among Chinese Canadians," paper for Canadian Forum, June 1974. ⑥Box 25, File 25-20.

秘魯中華通恵総局成立一百周年記念特刊編集委員会（編）『1886-1986 秘魯中華通恵総局与秘魯華人：秘魯中華通恵総局成立一百周年記念特刊 *Sociedad Central de Beneficencia China y la Colonia China en el Peru*』，秘魯中華通恵総局出版, 1986 年

李東海（主編）『加拿大域多利　中華会館成立七十五周年　華僑学校成立六十周年記念特刊』，加拿大域多利中華会館・域多利華僑学校, 1960 年. ⑤Box 26, File 26-3.

李生（古巴中華総会館第一副主席兼中国洪門駐古巴致公総堂主席）『古巴中華総会館史略』草稿, ハバナ民治堂（致公堂）所蔵, 2003 年 5 月 30 日～6 月 4 日公開. 古巴中華総会館創立メンバー李聖珍（1951 年卒），古巴中華総会館副主席陳一鳴（1982 年卒）からの口述を含む.

熊建成「中国契約労工与古巴中国総領事館之設立」, paper presented at the International Society for the Study of Chinese Overseas (ISSCO) Conference, April 26-28, 2001, Taipei.

3. 公刊史料

Boston Board of Trade, *Report of the committee appointed by the government of the "Board of Trade" to take into consideration the communication of Messers. Sampson & Tappan, dated April 24th, 1856*, Boston: J. H. Eastburn's Press, 1856.

Cartwright, William, "Canton Trade Report, for the Year 1878," Custom House, Canton, 3 March 1879, China, Imperial Maritime Customs, 1-Statistical Series; no. 4, *Reports on Trade at the Treaty Ports, for the Year 1878*, 14th Issue, The Inspector General of Customs, Shanghai: Statistical Department of the Inspectorate General, 1879.

(Author unknown), "China Town in San Francisco," *The Cornhill*, July 1886.

Cuba Commissison, The, *Chinese Emigration: The Cuba Commission: Report of the Commission Sent by China to Ascertain the Condition of Chinese Coolies in Cuba*, Shanghai: Imperial Maritime Custom Press, 1897, 初版 1876.（復刻版 *The Cuba Commission Report: A Hidden History of the Chinese in Cuba, The Origi-*

nal English Language Text of 1876, Baltimore: The Johns Hopkins University Press, 1993. 復刻版には中国語とフランス語報告は未収録.）

Great Britain Foreign Office, *Foreign Office: General Correspondence, China, FO17*, London: Public Record Office, 1971.

Lai, Chun-chuen, *Remarks of the Chinese Merchants of San Francisco, upon Governor Bigler's Message, and Some Common Objections; with Some Explanations of the Character of the Chinese Companies, and the Laboring Class in California*, San Francisco: Whitton, Towne & Co., 1855.

(Author unknown), *Minute Regarding the Retirement of Mr. Robert M. Olyphant from the Presidency of the Delaware and Hudson Company*, The DeVinne Press, Delaware & Hudson Co., May 12, 1903.

Shay, Frank, *Chinese Immigration: The Social, Moral, and Political Effect of Chinese Immigration. Testimony Taken before a Committee of the Senate of the State of California, Appointed April 3rd, 1876*, Sacramento: State Printing Office, 1876.

U. S. Department of State, *Foreign Relations of the United States, Diplomatic Papers, 1861-1942*, Washington, D. C.: The U. S. Government Printing Office, 1861-1956, 1966.

外務省（編）『日本外交文書』，第六巻，外務省，1955年.

陳翰笙（主編）『華工出国史料彙編』，北京：中華書局，1985年.

『籌辦夷務始末　同治朝』，北京：故宮博物院，1929-1930年.

崔国因『槖実子存稿不文巻』，鉛印本，1903年（上海図書館所蔵）.

傅雲竜『游歴図経余紀』，十五巻，n. p., 1889年（東京都立中央図書館さねとう文庫所蔵，#実20）.

干驤莊（編）『皇朝蓄艾文編』，上海官書局刊，1903年.

桂档（他編）『南海県志』，二十六巻末一巻　十六冊，n. p., 1910-1911年.

郭嵩燾『養知書屋遺集』，台北：芸文印書館，1964年.

黄嘉謨（主編）『中美関係史料　光緒朝』，台北：中央研究院近代史研究所，1988年.

黄遵憲「上鄭玉軒欽使稟文」，『近代史資料』，総55号，北京：中国社会科学院近代史研究所，1984年.

崑岡（他編）『欽定大清會典』，1899年．影印版，台北：新文豊出版，1976年.

拡建東華医院籌捐局『拡建東華医院勧捐縁部』，San Francisco：中西日報，1923年（Microfilm Collection of the Ethnic Library, U. C. Berkeley）.

梁慶桂『式洪室詩文遺稿』，沈雲竜主編，近代中国史料叢刊続編第六十八輯，台北：文海出版社，1979年.

『欽定大清會典事例』（官撰），光緒外交部石印本，1899年.

『申報』（影印本），上海：上海書店，1983-1986年.

謝希傳『帰查叢刻』，東山草堂鉛印本，1898年（北京国家図書館分館所蔵Call# 739: 275）.

徐継余『瀛環志略』，台北：台湾商務印書館，1986年.

王錫祺（編）『小方壺斎輿地叢鈔』，十二帙，上海著易堂印行影印版，台北：台湾学生書局，1975年.

王彦威（編）『清季外交史料』，北平：外交史料編纂処，1932-1935年.

張蔭桓『三洲日記』,北京:板存粤東新館,1896年.
―――――『張蔭桓日記』,上海:上海書店出版社,2004年.
鄭藻如・鄭希僑(纂修)『義門鄭氏家譜』,二十八巻,n. p., 1891年.
中央研究院近代史研究所(編)『近代中国対西方及列強認識資料彙編』,台北:中央研究院近代史研究所,1985年.
『奏定出使章程』上巻,民国刊(活版),都立中央図書館実藤文庫所蔵(実1065).

4. 二次文献
(1) 英 語

Alba, Richard D. and Denton, Nancy A. (eds.), "Neighborhood Change under Conditions of Mass Immigration: The New York City Region, 1970-1990," *International Migration Review*, vol. 29, no. 3, Autumn 1995, pp. 631-635.

Armentrout-Ma, L. Eve, "Fellow-regional Association in the Ch'ing Dynasty: Organizations in Flux for Mobil People, A Preliminary Survey," *Modern Asian Studies*, vol. 18, no. 2, 1984.

―――――, *Revolutionaries, Monarchists, and Chinatowns: Chinese Politics in the Americas and the 1911 Revolution*, Honolulu: The University of Hawaii Press, 1990.

Bethell, Leslie (ed.), *The Cambridge History of Latin America*, vol. 4 and vol. 5, Cambridge University Press, 1986.

Bradley, Anita, *Trans-Pacific Relations of Latin America: An Introductory Essay and Selected Bibliography*, New York: Institute of Pacific Relations, 1942.

Campbell, P. Crawford, *Chinese Coolie Immigration to Countries with in the British Empire*, London: Frank Cass & Co. Ltd., 1923.

Chen, Yong, *Chinese San Francisco 1850-1943: A Trans-Pacific Community*, Stanford: Stanford University Press, 2000.

Cheng, Lucie and Bonacich, Edna, *Labor Immigration under Capitalism: Asian Workers in the United States before World War II*, Berkeley: University of California Press, 1984.

Cherny, Robert W. and William Issel, *San Francisco: Presidio, Port and Pacific Metropolis*, Sparks, Nevada: Materials for Today's Learning, Inc., 1988.

Chinn, Thomas W. (ed.), *A History of the Chinese in California: A Syllabus*, San Francisco: Chinese Historical Society of America, 1969.

―――――, *Bridging the Pacific: San Francisco Chinatown and its People*, San Francisco: Chinese Historical Society of America, 1989.

Cohen, Paul A., *Between Tradition and Modernity: Wan T'ao and Reform in late Ch'ing China*, Cambridge: Harvard University Press, 1987.

Con, Harry, Ronald J. Con, Graham Johnson, Edgar Wickberg and William E. Willmott, *From China to Canada: A History of the Chinese Communities in Canada*, Minister of Supply and Services Canada, 1982.

Coolidge, Mary Roberts, *Chinese Immigration*, New York: Henry Holt, 1909.

Corbitt, Duvon Clough, *A Study of the Chinese in Cuba 1847-1947*, Wilmore, Kentucky.: Asbury College, 1971.

Crawford, Suzanne J., "The Maria Luz Affair," *The Historian: A Journal of History*, vol. 156, no. 4, 1984.

Daniels, Roger, *Asian America: Chinese and Japanese in the United States since 1850*, University of Washington Press, 1988.

Dye, Bob, *Merchant Prince of the Sandalwood Mountains: A Fong and the Chinese in Hawai'i*, Honolulu: University of Hawai'i Press, 1997.

Eberhard, Welfram, *Settlement and Social Change in Asia*, Hong Kong: Hong Kong University Press, 1967.

Fairbank, J. King, *Trade and Diplomacy on the China Coast: The Opening of the Treaty Ports 1842-1854*, Stanford, CA.: Stanford University Press, 1969.

Genthe, Arnold and John Kuo Wei Tchen, *Genthe's Photographs of San Francisco's Old Chinatown*, New York: Dover Publications, Inc., 1984.

Gonzales, Michael J., *Plantation Agriculture and Social Control in Northern Peru, 1875-1933*, Austin: University of Texas Press, 1985.

Griffin, Eldon, *Clippers and Consuls: American Consular and Commercial Relations with Eastern Asia, 1845-1860*, Wilmington, DEL.: Scholarly Resources Inc., 1972.

Haseltine, Patricia, *East and Southeast Asian Material Culture in North America: Collections, Historical Sites, and Festivals*, New York: Greenwood Press, 1989.

Haviland, Edward K., "American Steam Navigation in China 1845-1878," *The American Neptune*, vol. XVII, no. 2, 1957.

Hirschman, Charles, Philip Kasinitz and Josh DeWind (eds.), *The Handbook of International Migration: The American Experience*, New York: Russell Sage Foundation, 1999.

Ho, Ping-ti (何炳棣), *The Ladder of Success in Imperial China: Aspects of Social Mobility, 1368-1911*, Columbia University Press, 1962.（寺田隆信他訳『科挙と近世中国社会』, 平凡社, 1993年.）

Hoy, William, *The Story of Kong Chow Temple*, San Francisco: Kong Chow Temple, 1939.

―――, *The Chinese Six Companies: A Short, General Historical Resume of Its Origin, Function, and Importance in the Life of the California Chinese*, San Francisco: The Chinese Benevolent Association, 1942.

Hsu, Immanuel C. Y., *China's Entrance into the Family of Nations: The Diplomatic Phase 1858-1880*, Cambridge: Harvard University Press, 1968.

Hsu, Madeline Yuan-yin, "Living Abroad and Faring Well": Migration and Transnationalism in Taishan County, Guangdong 1904-1939, Ph. D. dissertation, Yale University, Department of History, 1996.

―――, *Dreaming of Gold, Dreaming of Home: Transnationalism and Migration between the United States and South China, 1882-1943*, Stanford, CA.: Stanford University Press, 2000.

Hu-Dehart, Evelyn, "Coolies, Shopkeepers, Pioneers: The Chinese of Mexico and Peru (1849-1930)," *Amerasia Journal*, vol. 15, no. 2, 1989.

Hummel, Arthur W. (ed.), *Eminent Chinese of the Ch'ing Period 1844-1912*, Washington, D. C.: Government Printing Office, 1943.

Ichioka, Yuji, *The Issei: The World of the First Generation Japanese Immigrants, 1885-1924*, New York: Free Press, 1988.（富田虎男他訳『一世：黎明期アメリカ移民の物語り』, 刀水書房, 1992年.）

Irving, Robert Grant, "Birth of the Church," *The History of Asylum Hill Congregational Church 1865-1993*, Hartford, CT.: Asylum Hill Congregational Church, 1993.

Jung, Moon-Ho, Coolies' and Cane: Race, Labor, and Sugar Production in Louisiana, 1852-1877, Ph. D. dissertation at Cornell University, 2000.

―――, *Coolies and Cane: Race, Labor, and Sugar in the Age of Emancipation*, Johns Hopkins University Press, 2006.

Kale, Madhavi, *Fragments of Empire: Capital, Slavery, and Indian Indentured Labor in the British Caribbean*, Philadelphia: University of Pennsylvania, 1998.

Kamachi, Noriko, *Reform in China: Huang Tsun-hsien and the Japanese Model*, Cambridge: Harvard University Press, 1981.

Kuhn, Philip A., *The Homeland: Thinking about the History of Chinese Overseas*, Canberra: The Australian National University, 1997.

Kuo, Joyce, "Excluded, Segregated, and Forgotten: A Historical View of the Discrimination against Chinese Americans in Public Schools," *Chinese America: History and Perspectives*, vol. 14, 2000.

Kwong, Peter, *The New Chinatown*, New York: Hill and Wang, 1987.

LaFargue, T. E., *China's First Hundred: Educational Mission Students in the United States 1872-1881*, Pullman, Washington: Washington Sates University Press, 1987.

Lai, Chuen-yan（黎全恩）, "The Chinese Consolidated Benevolent Association in Victoria: Its Origins and Functions," *B. C. Studies*, no. 15, 1972.

Lai, David C. Y., "Home County and Clan Origins of Overseas Chinese in Canada in the Early 1880s," *B. C. Studies*, no. 27, 1975.

Lai, David Chuenyan and Pamela Madoff, *Building and Rebuilding Harmony: The Gateway to Victoria's Chinatown*, Western Geographical Press, 1997.

Lai, Him Mark（麦礼謙）, "Historical Development of the Chinese Consolidated Benevolent Association," *Chinese America: History and Perspective*, San Francisco: Chinese Historical Society of America, vol. 1, 1987.

―――, "Retention of the Chinese Heritage: Chinese Schools in America before World War II," *Chinese America: History and Perspective*, San Francisco: Chinese Historical Society of America, vol. 14, 2000.

―――, *Becoming Chinese American: A History and Communities and Institutions*, California: AltaMira Press, 2004.

Lin, Jan, *Reconstructing Chinatown: Ethnic Enclave, Global Change*, Minneapolis: University of Minnesota Press, 1998.

Liu, Kwang-Ching, *Anglo-American Steamship Rivalry in China 1862-1874*, Harvard University Press, 1962.

Lo, Karl and Him Mark Lai, *Chinese Newspapers Published in North America*,

1854-1975, Washington, D. C.: Center for Chinese Research Materials Association of Research Libraries, 1977.

Look Lai, Walton, *Indentured Labor, Caribbean Sugar: Chinese and Indian Migrants to the British West Indies, 1838-1918*, Baltimore: The Johns Hopkins University Press, 1993.

―――, *The Chinese in the West Indies 1806-1995: A Documentary History*, Kingston: The Press University of the West Indies, 1998.

Low, Victor, *The Unimpressible Race: A Century of Educational Struggle by the Chinese in San Francisco*, San Francisco: East/West Publishing Company, Inc., 1982.

Lubbock, Basil, *The China Clippers*, Glasgow: James Brown & Son Publishers, 1916.

Lyman, Stanford M., "Conflict and the Web of Group Affiliation in San Francisco's Chinatown, 1850-1910," *The Pacific Historical Review*, vol. 43, no. 4, 1974.

Mayers, William F. (ed.), *Treaties between the Empire of China and Foreign Powers*, Taipei: Ch'eng-wen Publishing Company, 1966.

McClain, Charles J., *In Search of Equality: The Chinese Struggle against Discrimination in Nineteenth-Century America*, Berkeley: University of California Press, 1994.

Mckee, Delber L., *Chinese Exclusion versus the Open Door Policy 1900-1906*, Detroit: Wayne State University Press, 1977.

McKeown, Adam, "Conceptualizing Chinese Diasporas, 1842 to 1979," *The Journal of Asian Studies*, vol. 58, no. 2, 1999.

―――, *Chinese Migrant Networks and Cultural Change: Peru, Chicago, Hawaii, 1900-1936*, Chicago: The University of Chicago Press, 2001.

Miller, Sally M. (ed.), *The Ethnic Press in the United States: A Historical Analysis and Handbook*, Connecticut: Greenwood Press, 1987.

Morse, Hosea Ballou, *The International Relations of the Chinese Empire: Vol. 2, The Period of Submission 1861-1893*.（リプリント版，台北：成文出版社，1971年を使用．原著は1910年初版．）

Ong Hing, Bill, *Making and Remaking Asian America through Immigration Policy 1850-1990*, Stanford, CA.: Stanford University Press, 1993.

Pan, Lynn (ed.), *The Encyclopedia of the Chinese Overseas*, Singapore: Archipelago Press and Landmark Books, 1998.

Perry, John Curtis, *Facing West: Americans and the Opening of the Pacific*, Westport, CT.: Praeger, 1994.

Pomerantz-Zhang, Linda, *Wu Tingfang (1842-1922): Reform and Modernization in Modern Chinese History*, Hong Kong University Press, 1992.

Saxton, Alexander, *The Indispensable Enemy: Labor and the Anti-Chinese Movement in California*, Berkeley: University of California Press, 1975.

Schiller, Nina Glick, Linda Basch and Cristina Blanc-Szanton (eds.), *Towards a Transnational Perspective on Migration: Race, Class, Ethnicity, and Nationalism Reconsidered*, New York: New York Academy of Sciences, 1992.

―――(eds.), *Nations Unbound: Transnational Projects, Postcolonial Predica-*

ments, and Deterritorialized Nation-States, London: Routledge, 1994.

Schroeder, Susan, *Cuba: A Handbook of Historical Statistics*, Boston: G. K. Hall & Co., 1982.

Scott, Rebecca, *Slave Emancipation in Cuba: The Transition to Free Labor, 1860-1899*, Princeton: Princeton University Press, 1985.

Sinn, Elizabeth, *Power and Charity: Chinese Merchant Elite in Colonial Hong Kong*, Hong Kong: Hong Kong University Press, 2003.

Skeldon, Ronald, (ed.), *Reluctant Exiles?: Migration from Hong Kong and the New Overseas Chinese*, Hong Kong: Hong Kong University Press, 1994.

―――― "Migration from China," *Journal of International Affairs*, vol. 49, no. 2, Winter 1996.

Speer, William, *The Oldest and the Newest Empire*, Cincinnati: National Publishing, 1880.

Stewart, Watt, *Henry Meiggs: Yankee Pizarro*, Honolulu: University Press of the Pacific, 1946.（2000年復刻版を使用。）

――――, *Chinese Bondage in Peru: A History of the Chinese Coolie in Peru, 1849-1874*, Durham: Duke University Press, 1951.

Thayer, Thatcher, *Sketch of the Life of D. W. C. Olyphant, Who Died at Cairo, June 10 1851: with a Tribute to His Memory*, New York: Edward O. Jenkins, 1852.

Thomas, Hugh, *Cuba: or the Pursuit of Freedom*, London: Eyre & Spottiswoode, 1971.

Tsai, Shih-shan Henry, *China and the Overseas Chinese in the United States, 1868-1911*, Fayetteville: University of Arkansas Press, 1983.

Wang, Gungwu, "External China as a New Policy Area," *Pacific Affairs*, vol. 58, no. 1, Spring 1985.

Wang, Sing-wu, *The Organization of Chinese Emigration 1848-1888*, San Francisco: Chinese Materials Center, Inc., 1978.

Ward, W. Peter, *White Canada Forever: Popular Attitudes and Public Policy toward Orientals in British Columbia*, Montreal: McGill-Queen's University Press, 1978.

Wei, William, *The Asian American Movement*, Philadelphia: Temple University Press, 1993.

Wickberg, Edgar, *The Chinese in Philippine Life 1850-1898*, New Haven: Yale University Press, 1965.

――――, "Overseas Chinese Adaptive Organization, Past and Present," in Ronald Skeldon (ed.), *Reluctant Exiles?: Migration from Hong Kong and the New Overseas Chinese*, Hong Kong: Hong Kong University Press, 1994.

――――, "Overseas Chinese: the State of the Field," *Chinese America: History and Perspectives*, vol. 16, 2002.（初出は "Overseas Chinese: the State of the Field," The paper prepared for the Regional China Colloquium, Simon Fraser University, March 4, 2000.）

Wilkins, Mira, *The Emergence of Multinational Enterprise*, Cambridge: Harvard University Press, 1970.

Wong, Bernard P., *Chinatown, economic adaptation and ethnic identity of the Chi-

nese, Fort Worth, TEX.: Holt, Rinehart and Winston, 1982.
Yee, Paul, "Business Devices from Two Worlds: The Chinese in Early Vancouver," *B. C. Studies*, no. 62, Summer 1984.
―――, "Sam Kee: A Chinese Business in Early Vancouver," *B. C. Studies*, nos. 69-70, Spring-Summer 1986.
Yen, Ching-hwang (顔清煌), *Coolies and Mandarins: China's Protection of Overseas Chinese during the Late Ch'ing Period (1851-1911)*, Singapore: Singapore University Press, 1985
―――, *A Social History of the Chinese in Singapore and Malaya, 1800-1911*, Singapore: Oxford University Press, 1986.
Young, Dana, "Yung Kwai's Memoir of the Chinese Educational Mission," paper presented in the conference of Yung Wing and the Chinese Educational Mission, 1872-1881 at Yale University, September 28, 2001.
Yung, Judy, "The Social Awakening of Chinese American Women as Reported in Chung Sai Yat Po, 1900-1911," *Chinese America: History and Perspectives*, vol. 2, 1988.
Yung, Shang Him (容尚謙), *The Chinese Educational Mission and its Influence*, Shanghai: Kelly & Walsh Limited, 1939.
Yung, Wing, *My Life in China and America*, New York: H. Holt and Company, 1909.

(2) スペイン語

Chuffat Latour, Antonio, *Apunte Historico de los Chinos en Cuba*, Habana: Molina, 1927.
Grupo Promotor del Barrio Chino de la Habana, *Presencia China en Cuba*, La Habana: Grupo Promotor del Barrio Chino de la Habana, 1999.
Jimenez-Pastrana, Juan, *Los chinos en las luchas por la liberacion cubana, 1847-1930*, La Habana: Instituto de Historia, 1963.
Lausent-Herrera, Isabella, *Sociedades y Templos Chinos en el Perú*, Lima: Congreso del Perú, 2000.
Millones-Santagadea, Luis, *Minorías étnicas en el Perú*, Lima: Pontificia Universidad Católica del Perú, 1973.

(3) 中国語

陳匡民『美州華僑通鑑』, New York: 紐約美州華僑文化社, 1950年.
陳翰笙（主編）『華工出国史料彙編』, 北京：中華書局, 1985年.
鄧開頌（他編）『粤港澳近代関係史』, 広州：広東人民出版社, 1996年.
方雄普・許振礼（編）『海外僑団尋踪』, 北京：中国華僑出版社, 1995年.
馮愛群（編著）『華僑報業史』, 台北：台湾学生書局, 1967年.
高徳根『秘魯華僑史話』, 台北：海外文庫出版社, 1956年.
高宗魯『中国留美幼童書信集』, 台北：伝記文学雑誌社, 1986年.
李春輝（主編）『美洲華僑華人史』, 北京：東方出版社, 1990年.
李東海『加拿大華僑史』, Vancouver: 加拿大自由出版社, 1967年.
胡其瑜「散居在性丁美洲及加勒比地区的華人――以墨西哥和秘魯為例」, 張彬村（主編）『中国海洋発展史論文集』, 第五輯, 台北：中央研究院中山人文社会科学研究所, 1993年.

黄剛『中美使領関係建制史（1786-1994）』，台北：台湾商務印書館，1995年．
黄啓臣・黄国信『広東商幇』，香港：中華書局，1995年．
李家駒「清政府対華工出洋的態度与政策」『近代史研究』，6期，1989年．
―――「同治年間清政府対華工出洋的態度与政策」『近代史研究』，3期，1992年．
李盈慧『華僑政策与海外民族主義（一九一二～一九四九）』，台北：国史館，1997年．
梁啓超『新大陸遊記』，長沙：湖南人民出版社，1981年．
梁嘉彬『広東十三行考』，広州：広東人民出版社，1999年．
劉伯驥『美国華僑史』，台北：行政院僑務委員会，1976年．
―――『美国華僑史 続編』，台北：黎明文化事業公司，1981年．
―――『美国華僑逸史』，台北：黎明文化事業公司，1984年．
劉偉森（主編）『美国三藩市全僑公立東華医院四十週年紀念専刊』，San Francisco: 東華医院董事局，1963年．
陸国俊『美洲華僑史話』，台北：台湾商務印書館，1994年．
馬敏『官商之間』，天津：天津人民出版社，1995年．
桑兵『晩清学堂学生与社会変遷』，台北：稲禾出版社，1991年．
屠汝涑（屠楚漁）『旅美華僑実録』，New York: n. p.，1923年．
呉剣雄「十九世紀前往古巴的華工（1847-1874）」，張炎憲（主編）『中国海洋発展史論文集』，第三輯，台北：中央研究院中山人文社会科学研究所，1988年．
―――「紐約中華公所研究」，張彬村（主編）『中国海洋発展史論文集』，第五輯，台北：中央研究院中山人文社会科学研究所，1993年．
―――『海外移民与華人社会』，台北：允晨文化出版，1993年．
夏誠華『近代広東省僑匯研究（1862-1949）――以広，潮，梅，瓊地区為例』，Singapore: 新加坡南洋学会，1992年．
熊明安（編著）『中国高等教育史』，重慶：重慶出版社，1983年．
厳和平『清季駐外使館的建立』，台北：台湾商務印書館，1975年．
袁丁『晩清僑務与中外交渉』，西安：西北大学出版社，1994年．
曾慶輝『海外華商銀行之経営及其発展』，台北：華僑協会総会，1987年．
中華文化復興運動推行委員会（主編）『中国近代現代史論集14　清季對外交渉（一）』，台北：台湾商務印書館，1986年．
周彤華『壇香山華僑史話』，台北：海外文庫出版社，1954年．
荘国土『中国封建政府的華僑政策』，厦門：厦門大学出版社，1989年．
　(4) 日本語
赤木妙子『海外移民ネットワークの研究――ペルー移住者の意識と生活』，芙蓉書房出版，2000年．
飯島渉（編）『華僑・華人史研究の現在』，汲古選書，1999年．
飯野正子『日系カナダ人の歴史』，東京大学出版会，1997年．
池本幸三『近代奴隷制社会の史的展開――チェサピーク湾ヴァジニア植民地を中心として』，ミネルヴァ書房，1999年．
石川達三『蒼氓』，新潮文庫，1951年．
上谷博・石黒馨（編）『ラテンアメリカが語る近代――地域知の創造』，世界思想社，1998年．
上野英信『眉屋私記』，潮出版社，1984年．
ウォーラーステイン，I.（Immanuel Wallerstein）『近代世界システム――農業資本主

義と「ヨーロッパ世界経済」の成立』，川北稔訳，岩波書店，1981年．
内田直作『日本華僑社会の研究』，大空社，1949年．（復刻版，1998年．）
―――『東洋経済史研究Ⅱ』，千倉書房，1976年．
大井由紀「トランスナショナリズムにおける移民と国家」，『社会学評論』，**57**(1)，2006年．
大山梓「マリア・ルース号事件と裁判手続」，『日本外交史研究』，良書普及会，1980年．
小倉充夫「移民・移動の国際社会学」，梶田孝道（編）『国際社会学――国家を超える現象をどうとらえるか』，名古屋大学出版会，1992年．
―――『国際移動論――移民・移動の国際社会学』，三嶺書房，1997年．
尾崎保子「関帝信仰と『三国志通俗演義』の関連性について」，『学苑』（昭和女子大学近代文化研究所），668号，1995年．
織田萬（主編）『清国行政法』，臨時台湾旧慣調査会，1910-15年．
笠原英彦「マリア・ルス号事件の再検討：外務省「委任」と仲裁裁判」，『法学研究』（慶應義塾大学法学部内法学研究会），**69**(12)，1996年．
梶田孝道（編）『国際社会学――国家を超える現象をどうとらえるか』，名古屋大学出版会，1992年．
可児弘明『近代中国の苦力と「猪花」』，岩波書店，1979年．
―――「ペルー帆船カヤルティ号の苦力叛乱について」，『史学』，**49**(2・3)，1979年．
―――「苦力貿易と日本ならびにハワイ」，山田信夫（編）『叢書・アジアにおける文化摩擦 日本華僑と文化摩擦』，巌南堂書店，1983年．
―――「ロバート・バウン号事件と日本漂流民」，『史学』，**63**(1・2)，1993年．
―――（他編）『華僑華人――ボーダレスの世紀へ』，東方書店，1995年．
―――（編）『僑郷 華南――華僑・華人研究の現在』，行路社，1996年．
可児弘明・斯波義信・游仲勲（編）『華僑・華人事典』，弘文堂，2002年．
唐澤靖彦「清代告訴状のナラティヴ――歴史学におけるテクスト分析」，『中国――社会と文化』，16号，2001年．
川田侃（他編）『国際政治経済辞典』，東京書籍，1997年．
菊池秀明『広西移民社会と太平天国』，風響社，1998年．
貴堂嘉之「19世紀後半の米国における排華運動――広東とサンフランシスコの地方世界」，『地域文化研究』，4号，1992年．
―――「「帰化不能外人」の創造――1882年排華移民法制定過程」，『アメリカ研究』，no. 29，1995年．
木屋隆安「東洋の紳商"南北行"の実態」，『世界週報』，**39**(1)，1958年．
（失名作）「苦社会」，増田渉他訳，増田渉（編）『中国現代文学選集 1 清末五四前夜集』，平凡社，1963年．
轡田竜蔵「トランスナショナリズムの論理と中国人主体」，『比較文明』19号，2003年．
神代修「キューバ黒人奴隷制化の中国苦力」，内田勝敏編著『世界掲載と南北問題』，ミネルヴァ書房，1990年．
倉部きよたか『峠の文化史――キューバの日本人』，PMC出版，1989年．
『現代思想――総特集現代思想のキーワード』，**28**(3)，青土社，2000年．
胡垣坤・曾露凌・譚雅倫（編）『カミング・マン――19世紀アメリカの政治風刺漫画

のなかの中国人』，村田雄二郎他訳，平凡社，1997年．
小林善文『中国近代教育の普及と改革に関する研究』，汲古書院，2002年．
佐々木敏二『日本人カナダ移民史』，不二出版，1999年．
佐々木揚『清末中国における日本観と西洋観』，東京大学出版会，2000年．
重松伸司『国際移動の歴史社会学――近代タミル移民研究』，名古屋大学出版会，1999年．
斯波義信『華僑』，岩波新書，1995年．
―――「同郷・同属そして華僑」，木村靖二他編『地域の世界史 10 人と人との地域史』，山川出版社，1997年．
島田久美子（注）『黄遵憲――黄公度』，岩波書店，1963年．
朱徳蘭『長崎華商貿易の史的研究』，芙蓉書房出版，1997年．
スケルドン，ロナルド（編）『香港を離れて――香港中国人移民の世界』，行路社，1997年．
須山卓（他著）『華僑』，日本放送出版協会，1974年．
曾纓（Zheng Ying）「中国系アメリカ人社会の現状――中心のない連合体」，『日中社会学研究』，8号，2000年．
曽田三郎「清末における『商紳』層の形成と近代工業の生成」，『史学研究』（広島史学研究会），通号187・188，1990年．
―――「清末における『商戦』論の展開と商務局の設置」，『アジア研究』，38(1)，1991年．
園田節子「出使アメリカ大臣の『洋務』と『僑務』――南北アメリカへの『ひと』の移動と清国常駐使節の設置」，『年報地域文化研究』，東京大学大学院総合文化研究科地域文化研究，3号，2000年．
―――「1874年中秘天津条約交渉の研究――環太平洋地域における多国間関係のはじまり」，『相関社会科学』，東京大学大学院総合文化研究科国際社会科学専攻，10号，2000年．
―――「北アメリカの華僑・華人研究――アジア系の歴史の創出とその模索」，『東南アジア研究』，**43**(4)（特集 東南アジアを超えて――華僑・華人史研究のフロンティア），2006年．
―――「改革と教化のはざま――清末の南北アメリカにおける華民中文教育のメカニズム」，『中国――社会と文化』，19号，2004年．
―――「近代南北アメリカの華商と官権――サンフランシスコ，ビクトリア，リマにおける中華会館の設置」，『中国――社会と文化』，23号，2008年．
田久保潔「明治五年の『マリア・ルス』事件」，『史学雑誌』，44巻，1929年．
武田八洲満『マリア・ルス号事件――大江卓と奴隷解放』，有隣堂，1981年．
立岩礼子「ガレオン貿易の重要性についての一考察――17世紀のヌエバ・エスパーニャによるフィリピン援助をめぐって」，南山大学ラテンアメリカ研究センター（編）『ラテンアメリカの諸相と展望』，行路社，2004年．
田中恭子「華僑・華人」，若林正丈（他編著）『原典中国現代史』，岩波書店，1995年．
―――『国家と移民――東南アジア華人世界の変容』，名古屋大学出版会，2002年．
田中時彦「マリア・ルズ号事件――未締約国人に対する法権独立の一過程」，我妻栄（編）『日本政治裁判史録明治・前』，第一法規出版，1968年．
中華会館（編）『落地生根――神戸華僑と神阪中華会館の百年』，研文出版，2000年．

張偉雄『文人外交官の明治日本』，柏書房，1999 年．
陳来幸『中華総商会ネットワークの史的展開に関する研究』，2003-2005 年度科学研究費補助金 C 研究成果報告書（課題番号 15520432），2006 年．
豊原治郎「Augustine Heard & Co. と Olyphant & Co.——米中海運史研究の一節」，『追手門経済論集』，XXV(1)，1990 年．
波形昭一（編著）『近代アジアの日本人経済団体』，同文館，1997 年．
成田節男『華僑史』，蛍雪書院，1941 年．
二階堂善弘「関帝——孔子と並び中国を代表する神」，『月刊しにか』（大修館書店），8(1)，1997 年．
西里喜行『バウン号の苦力反乱と琉球王国——揺らぐ東アジアの国際秩序』，榕樹書林，2001 年．
西島健男『新宗教の神々——小さな王国の現在』，講談社現代新書，1988 年．
西村俊一『現代中国と華僑教育』，多賀出版，1991 年．
沼田健哉『現代日本の新宗教——情報化社会における神々の再生』，創元社，1988 年．
濱下武志『近代中国の国際的契機——朝貢貿易システムと近代アジア』，東京大学出版会，1990 年．
――――「『鎖国』期日本への人口圧力——ヒトの移動と東アジア移民圏の形成」，『国際交流』，59 号，1992 年．
――――「海国中国と新たな周縁ナショナリズム——地域主義と一国史観を越える試み」，『思想』，863 号，1996 年．
――――『朝貢システムと近代アジア』，岩波書店，1997 年．
パン，リン（Lynn Pan）『華人の歴史』，片柳和子訳，みすず書房，1995 年．
坂野正高『近代中国外交史研究』，岩波書店，1970 年．
――――『現代外交の分析——情報・政策決定・外交交渉』，東京大学出版会，1971 年．
――――『近代中国政治外交史』，東京大学出版会，1973 年．
――――「張蔭桓著『三洲日記』（一八九六年刊）を読む——清末の一外交家の西洋社会観」，『国家学会雑誌』，95(7・8)，1982 年．
平野健一郎（他著）『アジアにおける国民統合——歴史・文化・国際関係』，東京大学出版会，1988 年．
――――「ヒトの国際的移動と国際関係の理論」，日本国際政治学会（編）『国際政治』，87 号，1988 年．
――――「民族・国家論の新展開——『ヒトの国際的移動』の観点から」，『国際法外交雑誌』，88(3)，1989 年．
――――「人の国際移動と新世界秩序」，『国際問題』，no. 412，1994 年．
――――「ヒトの国際移動，中国の場合」，田中恭子（編）『現代中国の構造変動 8 国際関係——アジア太平洋の地域秩序』，東京大学出版会，2001 年．
――――「アジアにおける地域性の創生——その原因を求めて」，山本武彦（編）『地域主義の国際比較——アジア・太平洋，ヨーロッパ，西半球を中心にして』，早稲田大学出版部，2005 年．
夫馬進「善会，善堂の出発」，小野和子（編）『明清時代の政治と社会』，京都大学人文科学研究所，1983 年．
――――『中国善会善堂史研究』，同朋舎出版，1997 年．
藤村是清「環流的労働移動の社会的条件——一八七六〜一九三八年，中国南部三港の

海関旅客統計を中心に」，富岡倍雄他編『近代世界の歴史像』，世界書院，1995年．
―――「中国南部四港における出入国者数の推移（一八五五～一九三九）――海関旅客統計を中心にした基礎的数値とグラフ」，神奈川大学大学院経済学研究科『研究論集』，24号，1995年．
帆刈浩之「香港東華医院と広東人ネットワーク――20世紀初頭における救済活動を中心に」，『東洋史研究』，55(1)，1996年．
―――「香港東華医院と広東幇ネットワーク――民弁華人医院の展開」，飯島渉（編）『華僑・華人史研究の現在』，汲古選書，1999年．
細谷広美（編著）『ペルーを知るための62章』，明石書店，2004年．
増田義郎『太平洋――開かれた海の歴史』，集英社新書，2004年．
増田義郎・柳田利夫『ペルー 太平洋とアンデスの国――近代史と日系社会』，中央公論社，1999年．
茂木敏夫「清末における『中国』の創出と日本」，『中国――社会と文化』，10号，1995年．
―――『変容する近代東アジアの国際秩序』，山川出版社，1997年．
―――「中国における近代国際法の受容」，『東アジア近代史』，3号，2000年．
森川眞規雄（編）『先住民アジア系アカディアン――変容するカナダ多文化社会』，行路社，1998年．
モリモト，アメリア（Ameria Morimoto）『ペルーの日本人移民』，今防人訳，日本評論社，1992年．
山岸猛『華僑送金――現代中国経済の分析』，論創社，2005年．
山田史郎・北村暁夫・大津留厚・藤川隆男・柴田秀樹・国本伊代『近代ヨーロッパの探求 移民』，ミネルヴァ書房，1998年．
山田賢『移住民の秩序――清代四川地域社会史研究』，名古屋大学出版会，1995年．
―――『中国の秘密結社』，講談社，1998年．
山本厚子『パナマから消えた日本人』，山手書房新社，1991年．
山脇千賀子「日系人が生まれた背景――奴隷制・クーリー・契約農園労働者」，細谷広美（編著）『ペルーを知るための62章』，明石書店，2004年．
油井大三郎「十九世紀後半のサンフランシスコ社会と中国人排斥運動」，油井大三郎（他編）『世紀転換期の世界――帝国主義支配の重層構造』，未來社，1989年．
―――「米国における『国民』統合とアジア系移民」，歴史学研究会（編）『国民国家を問う』，青木書店，1994年．
容閎『西学東漸記』，百瀬弘註，坂野正高解説，平凡社，1969年．
吉澤誠一郎『愛国主義の創成――ナショナリズムから近代中国をみる』，岩波書店，2003年．
吉原和男・鈴木正崇（編）『拡大する中国世界と文化創造――アジア太平洋の底流』，弘文堂，2002年．
吉原和男（他編）『〈血縁〉の再構築――東アジアにおける父系出自と同姓結合』，風響社，2000年．
―――「中国移民とチャイニーズ・アメリカンの太平洋ネットワーク」，油井大三郎（他編）『太平洋世界の中のアメリカ』，彩流社，2004年．
廖赤陽『長崎華商と東アジア交易網の形成』，汲古書院，2000年．
渡辺昭夫『アジア・太平洋の国際関係と日本』，東京大学出版会，1992年．

あとがき

　著者個人に「移民」や「非アジア」が関わってきた原体験は，カナダから大分県の我が家に送られていた，手紙やクリスマスケーキに遡る．カナダには曽祖父の妹がいわゆる写真花嫁として嫁いだ，その子孫の家族がいる．手紙は，見慣れた名前や住所がアルファベットに置き換えられ，新鮮だった．その後，岡山大学在籍時に，ブラジル・ハワイからの日系人の留学生や出稼ぎの方々との交流を通して，南北アメリカのアジア系移民に学術的関心を持った．以来，日本における歴史専門研究のこれまでの蓄積に，移動を前提としたものが少ないことを不自然に感じてきたし，バンクーバーと香港での2年の留学中，アジアからの近代移民のはじまりを見ることは，環太平洋地域の近代に焦点を合わせるということではないかと考えるようにもなった．
　移民や異地居住・外国語の使用などの要素は，多文化・多言語の背景を持つ特定の家庭や人生にのみ関わるものと解釈されがちだが，「移民」や「移動」のファクターは，もともと万人の歴史や生活に大なり小なり寄り添っている．ところがそれは，日常の感覚や研究のフィールドから選択的に切り離されている．日本は入国移民よりも出国移民の経験が強い近代を経たため，移民を前提に成り立ってきた国や地域に比べ，移動や移民への関心が薄いのかもしれない．東京大学大学院で研究を続け，南北アメリカに蓄積された中国移民研究や現地史料を渉猟し，現地で，移民への関心の高さや活発な研究活動に向きあうほど，この問いは大きくなった．
　本書は，東京大学大学院総合文化研究科地域文化研究に提出し，2007年に学位を取得した博士論文「近代におけるヒトの国際移動の歴史研究——南北アメリカ華民と近代中国の関係構築」を加筆修正したものである．上述のような問題関心を出発点とし，アジアから南北アメリカへ向かう移民のなかでも，早期の集団である中国人移民を扱い，それを通して近代の時代性や，地域的まとまりを考える視座を切り出そうと試みた．南北アメリカの個々の調査地では，そこで発展してきた華僑・華人研究の議論やアプローチの違いが明らかになる一方で，複数地域の華僑・華人の歴史や社会のなかに共通性

や共時性，連結の様相，本国の影響や役割も同時に見えてきた．それらを近代という視座からどう論じるか悩み，個々の地域の分析が粗くはなるが，比較研究の視点から相互の異同を問うよりも，ひとの移動で近代を描くことで，移民から近代を見る議論の軸を鮮明にすることにした．さらなる発展のために，多くのご批判をいただければ幸いである．

　史料を読むうちに，多くの事実が著者自身の環太平洋圏での生活や調査での発見や経験と重なってきた．たとえば越境の知恵と感性は，華僑・華人に限られた民族本質的なものではない．海外では，ビザやパスポートのしばりを熟知し，それを巧みに使いこなして生活する日本人の友人たちと出会った．こうして，華僑史そのものの相対化を考えはじめた．また，一般に近代のひとの移動は，交通の便や技術的限界のため，現代のそれに比べて「移動」より「移民」だと考えられがちで，移動先社会への定住性が強いと解釈される．しかし史料から浮かび上がる近代移民は，華工も，華商さえも，当時の移動手段の限界にもかかわらず高い移動性を持っていた．ひとの移動そのものもまた相対化されるべき現象であって，「近代」と「現代」の区別に疑問を感じた．こうした多くの感覚的理解と文献の情報の融合には，今後も挑戦していきたい．

　この研究が本書のかたちにたどりつくまでに，多くの専門家にご指導いただき，多様な方々のご協力を賜った．一冊の本となる長い道程で，どれほど多くの方々に支えられるか，改めて実感する次第である．

　まず東京大学大学院の修士そして博士課程における指導教授の村田雄二郎先生に，この場を借りて，長年のご指導に厚く御礼申し上げます．厳密な中国研究からは懐疑的に映りかねない本テーマを全面的に受け入れ，完全に自由に研究させて下さった．地域を踏み越える姿勢，との評価が南北アメリカ各地へ出ていく励ましとなった．学位論文の審査では，高橋均先生はじめ副査の先生方から貴重な専門的助言を頂いた．それとともに，研究者としての専門性や品性について様々な角度から教えていただいた．並木頼寿先生には，研究生活の要所で何度も温かく支えていただき，感謝の言葉が見つからない．濱下武志先生からは，ご著書からこの研究基礎段階で多くの示唆を得，また財団オフィサーの折，専門知識や信念をいかに社会投資の場に還元していくのか，学者のひとつの在り方を学んだ．

あとがき

　大学院在籍中，幸運にもイェール大学との博士課程間交換留学生に選抜され，2000〜02 年に，イェール国際地域研究センター（Yale Center for International and Area Studies）ならびにイェール大学大学院史学研究科で客員研究員として過ごした．この間，ビアトリス・S・バートレット（Beatrice S. Bartlett）先生からは，この研究に関する史料のご教示をいただいたのみならず，ゼミに参加し史学専攻の大学院生の方々と学び，討論する機会や，同大学 Council on East Asian Studies にて口頭発表する機会をいただいた．バイネッキ稀書古文書館のトゥイッチェルの旅行手帳の読解では，トゥイッチェルを研究する郷土史家スティーブ・コートニー（Steve Courtney）氏より手ほどきを受けた．

　国内では，関係資料の情報やその入手において，学会や研究会での口頭発表に対するコメントや質問において，論文を読了した後の批判・討論において，多くの先生方から専門上のご教示やご協力をいただき，新しい視角を得，議論を深化できた．紙幅の都合でお名前をすべて挙げることは叶わないが，特にそうした機会をいただいた菊池秀明先生，小泉順子先生，伏見岳志先生に，厚く御礼申し上げます．東京大学大学院総合文化研究科地域文化研究専攻の卒業生や院生諸氏からも，それぞれが専門とする様々な地域・領域から，多くのご教示をいただいた．そして，この研究の特徴として，国外において，研究者に限らない多方面の方々からのご協力を賜った．特に，個人所蔵史料の閲覧を快諾してくださった Jane Kellogg 氏や陸燕萌氏，ラテンアメリカの入手困難な関係資料閲覧のために自宅書庫を開放してくださった Evelyn Hu-Dehart 先生に，厚く御礼申し上げます．さらに東洋文庫の山村義照氏，神戸華僑歴史博物館の藍璞館長，Casa de Artes y Tradiciones Chinas の Julio Tang 氏，Yale University, Harvard University, University of British Columbia, University of Victoria 付属図書館のキュレーター，Museum of the Chinese in the Americas, Chinese Historical Society of America の専門研究員の方々のご助力に感謝いたします．

　遡れば，卒業論文と修士論文をご指導いただいた石田米子先生はじめ，岡山大学文学部史学科東洋史専攻での先生方には，やがてこの研究につながる歴史と現代社会への最初の問題意識を育んでいただいた．早稲田大学アジア太平洋研究センター在職中は，研究環境の面で村嶋英治先生に大変お世話に

なった．現在勤める神戸女子大学では，文学部の同僚の先生方から，じつに多くのご配慮をいただいた．深く御礼申し上げます．そして，研究生活の早期にカナダと香港への留学を支えてくれた両親にこそ，本書を捧げたい．

なお，本書を構成する論文の数本は，トヨタ財団研究助成A（担当の喜田亮子氏には柔軟にご対応いただいた），日本学術振興会特別研究員制度，早稲田大学特定課題研究助成，神戸女子大学特別研究助成，そして文部科学省科学研究費による成果である．各初出論文の末尾に，それぞれの競争資金の成果として明記している．それによって2000～08年の間，サンフランシスコなどアメリカ西海岸諸都市，ニューヨークなど東海岸諸都市，ビクトリア，バンクーバー，ハバナ，北京における広範な研究調査と研究発表，最終調整が可能になった．この間，イェール大学大学院への研究留学は，ジョセフ・C. フォックス（Joseph C. Fox）氏の設立した国際奨学金制度に支えられた．そして2008年10月，本研究は過分にもアジア太平洋フォーラム・淡路会議の井植記念第7回アジア太平洋研究賞をいただいた．五百籏頭真先生はじめ選考委員の方々からの激励に，ここに御礼申し上げます．

このたび，第50回東京大学出版会刊行助成に採択されて，刊行のはこびとなった．匿名査読者の先生方からのご指摘は，議論や枠組みに関する重要なものが多く，著者の未熟さゆえに今回の改稿で充分に反映できなかったものもある．これらは残された研究課題として，今後も引き続き取り組んでいきたい．最後に，東京大学出版会の山本徹氏には，著者にとって初めての単著出版を寛容かつ慎重に支えていただいた．膨大な作業の末に長年取り組んできたテーマをかくも美しい本にしていただき，心より感謝を申し上げます．

　2009年3月

園 田 節 子

索　引

あ 行

アーメントロー=マー（L. Eve Armontrout-Ma）　154, 275
アカプルコ　33, 34
アジア系アメリカ人運動　21, 198
アシエンダ　49, 87
アビール（David Abeel）　112
アベーリャ（Don Francisco Abella）　65
アヘン　112, 142, 152, 211, 222, 271
アヘン戦争　38, 42
アマゾン　234, 235, 260
アメリカ（合衆国）　21, 51-54, 70-72, 108-110, 137, 179, 263, 313
アメリカ洪門致公堂　141
アメリカの苦力貿易　111
厦門　38, 46, 51, 56
アラン・ロウ商会（Allan Lowe & Company）　203
アリカ　238-241, 255
アルダーマ（Domingo Aldama）　46
アンデス　87, 234, 235, 260
アントファガスタ　238, 240
イェール大学　73, 74, 78, 288
イキケ　238, 240, 255
イキトス　234-236
移動社会　153, 156, 162, 163, 192
移住民社会　162
怡和堂　250
インド　39, 42, 265, 306
ウアマチュコ　235
ウィックバーグ（Edgar Wickberg）　11, 157, 210
ウィリアムズ（Samuel Wells Williams）　112, 125
ウィルモット（William Willmott）　24
ウェリントン　205-207
ウェルス・ファーゴ社（Wells Fargo & Co.）　152
ウォーラーステイン（Immanuel Wallerstein）　39

運棺　155, 193, 257, 258
永安公司　196
栄盛　244
永和生　242
エクアドル　253-255, 259
エスパーニャ（Don Carlos Antonio de España）　66
越境する国民国家　8, 13, 314
粤東会館　70, 79, 83, 84
エバーツ（William M. Evarts）　124
エリアス（Domingo Eli'as）　50
エルモレ（Juan Federico Elmore）　73, 108, 116
捐金　154, 191, 193-196, 220, 223, 249, 251, 252, 259, 274, 285, 289, 292, 293
捐啓　220, 221
捐納　173, 286
捐簿　220-222
王凱泰　166
王賡武（Wang Gungwu）　283
王立勧業委員会　46
大江卓　61
オークランド　150-152, 196, 305
オリファント（David Washington Cincinnatus Olyphant）　111, 112
オリファント（Robert Morrison Olyphant）　113, 125
オリファント商会（Olyphant & Company）　108, 109, 111-126
オロヤ鉄道　78
オンダードンク（Andrew Onderdonk）　215, 216

か 行

回華銀　159, 188, 221
会館　134, 153-155, 273, 275, 276
海禁令（廃止）　38, 180, 227, 284
回籍　193
華裔　157
何焱森　303, 307
華僑　13, 300

華僑教育　17
華僑送金　180, 181, 227, 283
郭嵩燾　165, 167
学部　301
華工　14, 148, 149, 161, 208, 215, 250
華商　14, 27, 35, 70, 83-88, 124, 158, 176, 207, 285, 289, 292-296, 314
何如璋　178
華人　13, 35, 157
華人皇家書館　298
カスマ　235, 257
カナダ太平洋鉄道（Canadian Pacific Railway）　204, 212, 214, 229
カナダ太平洋鉄道会社（Canadian Pacific Railway Company）　212
カナダ（連邦）　201, 213, 313
可児弘明　40, 41, 57
カハマルカ　235
家父長型奴隷制度　44, 45
華民　13
「金山」（Gumsaan）　37
カヤルティ号事件　56, 62, 71
唐澤靖彦　82
カリフォルニア（州）　44, 47, 52, 53, 78, 121, 126, 144-146, 148-152
カリフォルニアのゴールドラッシュ　36, 134, 145
カリブ海地域　39, 264, 265
カリャオ　50, 78, 108, 124, 234, 254
ガルシア（Aurelio Garcia y Garcia）　61-63, 108, 113
カルディナス　90, 269
ガレオン貿易　33-35
勧捐値事　226, 251
カンザス・ネブラスカ法　149
監生　296, 305, 315
顔清煌（Yen Ching-hwang）　180
環太平洋地域　4, 5, 36, 37, 39, 176, 201, 318
カンダモ商会（Candamo y Co.）　78
関帝　219, 276-279
広東十三洋行　301
広東省　4, 39, 41, 56, 93, 94, 118, 119, 135-137, 257-259, 272-274, 296, 315
官費派遣留学制度　288
環流　4

菊池秀明　162
記念特刊　21, 22
棄民　180
棄民意識　58
客長　40
客頭　40, 41, 52, 57, 129
キャンベル（Patricia Crawford Campbell）　52
キューバ　19-21, 40, 44-48, 54-56, 59, 88-102, 106, 167, 170, 171, 259, 263-282, 292-296, 313
キューバ華工　47, 89-99
キューバ華工専門協定　60, 64-66, 273
キューバ華商　100-102, 264, 266-271
キューバ中華総会館　21, 275-281
教化　291, 307, 310-312, 316
僑郷　11, 180
僑務　15, 169-172, 223, 228, 285
居住許可証兼登記証明書 Letter of Domicile and Cedula（LDC証明書）　96-102, 272, 273
挙人　290, 315
許炳榛　302
キリスト教への改宗　88, 110
銀行　48, 181, 269, 271
欽差　168
欽差大臣　168, 169
近代　3-5, 9
近代華僑　40, 41
近代的文脈でのひとの国際移動　42, 43, 51, 53, 67, 105
グアナハイ　90, 94
グアナバコア　90
グアノ　49, 79, 81, 82, 114, 115, 234
グアヤキル　240, 255
苦力貿易　40-42, 46, 47, 51, 54-60, 71, 72, 106, 107, 117, 119, 127, 250, 253, 260
クーリッジ（Mary Roberts Coolidge）　181
クリッパー　35, 43
クレジット・チケット制　52, 53
グローバリゼーション　9, 12
ゲイグ（Thomas Gaig）　75, 77
京師大学堂　301, 303
契約華工　14, 26, 41, 46-48, 79, 92-94, 100, 102, 106, 110, 116, 126-128, 232, 233, 237,

251, 265-267
契約労働移民の渡航　37
ゲイリー(H. Seymour Geary)　114, 116
劇場　48, 267, 269, 270
ケロッグ(Edward W. Kellogg)　74-79, 85, 86
阮洽　304
遣使　166, 167
厳和平(Yan Heping)　169
行街紙　95, 272, 273
合記商会(Hop Kee & Co.)　203
公局　162
紅渓事件　59
黄彦豪　216, 225
合股　135, 146, 257, 258
香山県　73, 136, 146, 147, 155, 171, 181, 225, 237
公司　135
合資　146
黄錫銓　204, 207, 208, 214, 219, 220
広州　36, 38, 56, 57, 72, 117, 118, 122, 136, 144, 145
岡州会館(岡州公司)　135, 139, 140, 159, 182, 194
黄遵憲　177-183, 186-188, 197, 204, 216-219, 226-228, 298
公所　24, 134, 224
貢生　309, 315
広生泰　220
康有為　301
広利(Kwong Lee)　204
合和会館(合和公司)　139, 140, 182, 188, 189, 194, 295
ゴールドラッシュ　36, 37, 134, 135, 137, 144, 145, 147, 155, 156, 160, 201-204, 209
国籍法　284
国民国家(化)　6, 7, 59, 105, 106, 212-214, 318, 319
古岡州　70
呉潛　255
伍廷芳　171, 174, 302, 304
古徳基(Kuh Taequi M. Benairdes)　247
ゴム　235, 236
コロンビア　254, 255

さ行

載永祥　219
在外常駐使節制度　165, 175, 314
崔国因　171, 174, 177, 294, 295
済隆(Chy Lung)　146
搾取工場　5
サクラメント　20, 150-152, 196, 302, 303
雑途　173
砂糖プランテーション　44-47, 90, 95, 265, 272
三合会　141-143
サンタクララ　271
サンフランシスコ　18, 20, 37, 56, 133-135, 144, 145, 150-152, 167, 176, 177, 203, 215, 237, 242, 286, 289, 290, 295, 296, 302, 303, 305
サンフランシスコ大地震　18, 303
サンフランシスコ清朝総領事館　189, 193, 216, 220, 226
サンフランシスコ中華会館　177, 178, 182-188, 190, 193-199, 252, 292, 297, 303, 310
サンフランシスコ転航華商　16, 201, 263, 264, 268, 270
サンフランシスコ東華医院　191, 195, 196
サンフランシスコ東華医局　190-194
サンフランシスコの華商　144-153, 158, 196, 202, 204
サンフランシスコのチャイナタウン　137-163, 192-199, 269, 289
サンホン協定　99
三邑(サンヤッ Sam-yap)　139, 145-147, 161, 171, 226, 245, 269
三邑会館(三邑公司)　136, 140, 159, 160, 182, 190, 194
三邑華商　146-148, 161, 246, 314
山寮　75, 80
シアトル　215, 302-304, 309
シエンフエゴス　90, 270
シカゴ　12, 231, 302, 303
司事　224, 225
謝希傳　254, 255
蛇頭　5
謝宝山(Aurelio Powsan Chia)　237
シュ(Madeline Hsu)　11

四邑(セイヤッ Sze-yap) 137-141, 143, 161, 188, 214, 216, 218, 226, 251
自由移民 47, 107, 121-124, 156, 157
四邑会館(四邑公司) 136, 139, 140, 154
四邑華商 147
自由鉱夫証明証 202, 203
秀才 290, 309
珠江デルタ 137, 147
出使アメリカ大臣 170, 171, 173-175, 177, 182, 186, 247, 286, 287
ジュリエット社 46
ジュン(Moon-Ho Jung) 12
順徳県 136, 140, 145, 147, 171, 225
巡撫 63, 69, 166, 167
招工所 118-120
硝石 114, 115, 247
常駐専門外交官制度 169
章程二十二款 57, 120
商董 245, 246, 255, 256, 260, 314
商董制度 231, 246, 253, 254, 260
上陸制限法 217, 218
祥和店広泰 242, 243
植民中央委員会 Comisión Central de Colonización 91, 94
徐全礼 217, 225
シラー(Nina Glick Schiller) 7, 69
新安公司 136, 140 →人和会館
紳耆 185
沈桂芳 66
進士 315
紳商 243, 245, 246, 260, 314, 315
新政 301, 310, 311
清朝ハバナ総領事館 272-274
紳董 183, 184, 186
人頭税 105, 148, 213, 214
人頭税法 212, 217, 218, 222
新寧県 136-140, 158, 216, 225, 304, 305 →台山県
神阪中華会館 176
沈葆楨 73, 167
人和会館(人和公司) 140, 159, 182, 194 →新安公司
水客 180
瑞麟 71
スコット(Rebecca Scott) 47

生員 290, 315
セスペデス(Carlos Manuel Cespedes) 93
薛福成 166, 180, 227, 284
船客法(1855年) 57, 106
1905年反米ボイコット運動 300
1904年学堂章程 308
善堂 48, 220, 223, 248, 250, 273, 279
セントラル・パシフィック鉄道会社 53
1850年協定 52, 149
1858年中英天津条約 59
1860年マドリード勅令 94-96
1866年招工章程 57, 58, 64, 72, 95, 96 →続定招工章程条約二十二款
増建東華医院籌捐局(籌捐局) 194, 195
荘国土 286
送骨 158, 185
曹兆賓 242, 245, 246
総董事 182, 183
総督 63, 69, 166, 167
総理衙門 15, 57, 71, 72, 166-168, 170, 173, 180, 287, 290
副島種臣 61
曾紀澤 226
続定招工章程条約二十二款 57 →1866年招工章程
曾国藩 88, 288
ソルトレイク 302
孫文 141, 198, 307

た 行

第一次キューバ独立戦争 93, 99, 268
台山(トイサン toi-san)県 11, 23, 70, 136, 216, 237 →新寧県
大清僑民学堂 284, 285, 300-305, 308, 310
大清書院 300
太平天国運動 40, 50, 70, 141
太平洋戦争(1879～84年) 126, 233, 241, 247, 248, 250
太平洋郵便汽船会社 Pacific Mail Steamship Company 158
大陸横断鉄道 137
大陸横断鉄道敷設工事 38
代理領事 254, 257, 259, 304, 314
代理領事制度 231, 253, 260
ダニエルズ(Roger Daniels) 53

タルタル　238, 240
譚乾初　273, 279
単身者社会 bachelor society　144, 192
タンボ（Tambo）　77
チェファット（Antonio Chuffat）　271
チェン（John Kuo Wei Tchen）　147
チェン（Yong Chen）　12
『逐客篇』　179
チクラヨ　240
致公堂　25, 142
値事　224, 251
チャイナタウン　314
チャニャラル　238
中華医院　185, 292
中華会館（中華総会館）　175-178, 190, 191, 218, 285, 286, 314
中華会館章程　183, 184, 186, 187, 219, 223, 224
中華僑民公立学堂　310
中華公所 Chung Wah Kung Saw　159, 160, 182
中華世界　38, 312, 316
中華総義山　275, 279, 280
中華中学校　310
中華通恵総局（通恵総局）　231, 247, 249, 251-253, 256-261, 292
中国移民問題委員会　156
中国人　14, 45, 46, 48, 50, 54, 189
中国人移民排斥法 Chinese Exclusion Act（排華法）　105, 106, 128, 179, 181-183, 185, 188, 189, 192, 218, 263　→排華運動
中国人児童の排斥　296, 297
中国人法　50
中国福利会（福利会）　247, 248
中国ーペルー間の太平洋横断汽船航路設立計画　108-110, 112-115, 124, 125
中国貿易　35, 36
中西学堂　284-286, 288-296
中秘天津条約　60-64, 108, 117, 120, 122, 125
中文教育　17, 284-286, 289, 291, 292, 301, 303
駐マタンサス領事　272, 274, 293, 294
張蔭桓　171, 174, 190, 245, 246, 286-288, 290, 291, 293, 294
肇慶会館（肇慶公司）　139, 140, 188, 194

チリ　234, 242, 243, 254, 255
値理　257, 258
チリの永安昌　242
チリの華民　241
チン（Thomas W. Chinn）　137
チンチャ諸島　50, 81, 82, 234
陳蘭彬　65, 88-90, 171, 174, 187
賃労働者　232, 233
通婚　93, 102, 110
ディアスポラ　9-11
丁日昌　74
鄭藻如　171, 174, 177, 178, 181, 186, 187, 247, 248, 251
テイプ対ハーレイ（Tape v. Hurley）裁判　297
丁宝楨　286
適応組織　157
デポ　90, 91, 95-99, 101, 272, 273
張樹声　63
デラウェア・ハドソン社（Delaware & Hudson Company）　125
転航　16, 263, 265, 268, 294
天后　219, 279
転航華商　16, 269, 314
転航民　16, 201
トゥイッチェル（Joseph Hopkins Twichell）　74-76, 78, 79, 84-86
堂会　135, 139, 141-143, 185, 224
同郷会館　24, 137, 153-160, 252
同郷団体　134
董事　84, 182-184, 186, 188, 224, 226, 252, 255, 290
同姓（宗族）団体　134, 136
堂闘　139, 142, 143
東南アジア　5, 6, 34, 39, 40, 128, 129, 135, 147
逃亡華工　91, 98, 101, 273
徳治　307, 312, 316
トランスナショナリズム　8
トランスナショナリズム研究　7, 11
トランスナショナル・マイグレーション　8, 9, 27, 29, 69, 99, 175, 176, 223, 228, 238, 285, 310, 316, 318, 319, 321, 322
トリニダード　42, 265
トルヒーヨ　240

な行

永岡正己　289
長崎の泰益号　209
ナナイモ　205-207
南海県　136, 145, 147, 148, 171, 286, 301
南京条約　38, 40
南北アメリカ　3, 5, 6, 33, 43, 168, 170, 175, 176, 281, 313
南北行　243, 260, 314
南北戦争　145, 149
西里喜行　56
日本人契約移民　6, 128
ニューウェストミンスター　205-207, 210, 211, 214
ニューオーリンズ　302
ニューヨーク　19, 20, 35, 37, 46, 176, 177, 242, 243, 302, 303
寧陽会館(寧陽公司)　136, 138-140, 156, 159, 182, 194

は行

パーカー(Peter Parker)　112
ハート(Robert Hart)　71
バーリンゲイム条約　122
バーリンゲイム条約第5条　59, 64, 120
排華運動　47, 127, 189, 218, 263　→中国人移民排斥法
ハイチ独立戦争　44
梅伯顕　304
買弁　41, 118, 145
白人性 Whiteness　213
ハドソンズベイ・カンパニー(Hudson's Bay Company)　145, 202
パナマ　232, 234, 242, 243, 253, 255
パナマ運河　246, 255, 256
パナマの永和昌　242, 243, 245, 260
バハカリフォルニアノルテ　233
ハバナ　90, 176, 177, 268-270, 272, 275, 286, 289, 290, 293, 294
ハバナのチャイナタウン　48, 266, 267, 270
林権助　287
バラクーン　46, 94
バルパライソ　240
ハワイ　12, 40, 56, 147
ハワイ中華会館　187
番禺県　136, 145, 171, 225, 245, 301
バンクーバー　20, 211, 214, 229, 302, 303
阪神・淡路大震災　19
坂野正高　169
ビクトリア　23, 24, 152, 176, 177, 202-208, 210, 211, 214, 229, 302, 303
ビクトリア中華会館　159, 212, 219, 223-228
ビクトリアの華商　208
ビクトリアのチャイナタウン　204, 210, 222, 229
ビグラー(John Bigler)　148
ひとの(国際)移動　17, 18, 36, 313, 318
ヒム・マーク・ライ(Him Mark Lai, 麦礼謙)　135, 138, 289
白蓮教徒の乱　162
ピュージェット・サウンド港　215
馮錦淳　217, 225
平野健一郎　6
ビリャ・クララ　268
傅雲竜　182, 238, 244, 246, 273
フー=ディハート(Evelyn Hu-Dehart)　263
プエスト　266, 268
夫馬進　223
ブラジル　42, 111, 265
プランテーション　49, 50, 75, 79-81, 90, 92, 93, 95, 232, 233, 271
プランテーション紙幣　81, 97
ブリッジマン(Elijah Coleman Bridgman)　112
ブリティッシュ・コロンビア州　20, 23
ブリティッシュ・コロンビア州成立　213
ブリティッシュ・コロンビア州の華商　204, 207-210
ブリティッシュ・コロンビア植民地　201-203
フレイザー川　202, 203, 205
フレスノ　305
プロテスタント長老派 Presbyterian　289
フロリダ　20, 273
フロンティア　149, 162, 163, 203
米西戦争　259, 274
北京条約　38, 40
ペナン　265
ペニンシュラ・オリエンタル社(Peninsula &

索　引

Oriental Company) 　115
ペルー　　12, 40, 44, 48-51, 54, 55, 60-64, 75,
　　106, 111, 167, 170, 171, 231, 232, 263, 271,
　　313
ペルー共和国　　49
ペルージア号事件　　107-109, 115-125
ペルー・中国汽船会社(The Peru and China
　　Steamship Company)　　114
ペルーの華商　　237-240
ペルーの華民　　70-88
扁額　　183
変法運動　　301, 310
保安　　237, 251
ホイ(William Hoy)　　135, 185
宝芳　　241, 251
宝隆　　251
宝隆公司　　237
ポートランド　　20, 152, 203, 215, 302-305
帆刈浩之　　193
保挙　　173
保皇党　　25
ボストン　　35, 37, 46, 111, 309
ボデガ　　267, 268
ホノルル　　108, 124, 203
香港　　4, 38, 40, 51, 56, 57, 106, 115-117, 122,
　　203, 237, 241-243, 260, 274, 314
香港東華医院　　192, 196, 257-259, 274

ま　行

マカオ　　36, 40, 46, 54, 56, 57, 70, 72, 82, 106,
　　107, 122, 203, 265
マカオ苦力貿易禁止令(1874年)　　106-108,
　　110, 122, 127, 233
馬心銘　　217, 225
マタンサス　　90, 268, 270, 274
マタンサス州　　47, 272
マッケオン(Adam McKeown)　　10-12, 231
マニラ　　33, 35
馬敏(Ma Min)　　315
マリア・ルス号事件　　61, 62, 108
マリエル港　　94
ミズーリ協定　　52, 149
メイグス(Henry Meiggs)　　77, 78
メキシコ　　33, 34, 61, 233, 263
盲工院　　250, 292, 294

モンガン(James Mongan)　　116, 120

や　行

安井三吉　　176
山田賢　　142, 162
游歴官　　104, 182, 238, 244, 273, 314
容閎(Yung Wing)　　64, 73-76, 82-86, 112,
　　125, 171, 174, 288
楊儒　　171, 174
洋務運動　　172, 173, 181, 286, 288, 310, 311
陽和会館(陽和公司)　　136, 155, 159, 160, 182,
　　191, 194
陽和会館改訂会則　　155, 156, 160
養和堂　　244, 250

ら　行

ライ(Walton Look Lai)　　265
ライマン(Stanford M. Lyman)　　24, 142
羅豊禄　　274
ラミレス(Domingo Ramirez)　　271
ラ・リベルタド県　　50, 235
李盈慧(Li Yinghui)　　15
李鴻章　　62-64, 73, 75, 104, 166, 167, 172, 173,
　　181, 286, 288
李聖珍　　274, 275, 277
李東海(David T.H. Lee)　　22-24, 226
リマ　　176, 177, 231-235, 241, 243, 244, 286,
　　289, 290, 292-294
リマ華商　　83-88
リマ県　　50, 80
リマの永安昌　　241, 242, 244, 245, 251, 252,
　　260, 292
リマのチャイナタウン　　235, 247
劉坤一　　117, 118, 120-124
劉伯驥(Liu Boji)　　22
劉福謙　　249
劉亮沅　　250, 272
梁慶桂　　301-306, 308
梁啓超　　141, 198, 211
梁慶鑾　　302
梁丈祺　　241, 251
梁誠　　171, 174, 301, 304
梁鼎芬　　301
リョォン・ク(Leung Cook)　　156-158
リンカン(Charles P. Lincoln)　　117, 120-125

黎栄燿　259, 274, 295, 296
黎春泉（Lai Chun-chuen）　148, 149
連昌公司　215
労崇光　57
労働請負業　233
労働者派遣業者　271
ローサン＝エレラ（Isabella Lausent-Herrera）　87
六大会館 The Chinese Six Companies　137, 159

ロサンジェルス　150-152, 196, 302
ロック・スプリングスの中国人虐殺事件　179, 181
ロバート・バウン号事件　56, 62, 108

わ　行

ワード（W. Peter Ward）　213
和昌　237, 244, 251
ワシントン D. C.　165, 247, 254, 302
渡辺昭夫　44

著者略歴
1993年　岡山大学文学部卒業
2005年　東京大学大学院総合文化研究科地域文化研究博士課程修了，早稲田大学助手，トヨタ財団オフィサーを経て，博士号取得（学術）．
現　在　神戸女子大学文学部准教授

主要著書・論文
「出使アメリカ大臣の『洋務』と『僑務』――南北アメリカへの『ひと』の移動と清国常駐使節の設置」，東京大学大学院総合文化研究科地域文化研究専攻『年報地域文化研究』，3，2000．
「北アメリカの華僑・華人研究――アジア系の歴史の創出とその模索」，京都大学東南アジア研究所『東南アジア研究』，43(4)，2006．
「近代南北アメリカの華商と官権――サンフランシスコ，ビクトリア，リマにおける中華会館の設置」，中国社会文化学会『中国――社会と文化』，23，2008．

南北アメリカ華民と近代中国
――19世紀トランスナショナル・マイグレーション

2009年4月20日　初　版

［検印廃止］

著　者　園田節子（そのだせつこ）

発行所　財団法人　東京大学出版会

代表者　長谷川寿一

113-8654　東京都文京区本郷 7-3-1 東大構内
http://www.utp.or.jp/
電話　03-3811-8814　Fax 03-3812-6958
振替　00160-6-59964

印刷所　株式会社三秀舎
製本所　誠製本株式会社

© 2009 Setsuko Sonoda
ISBN 978-4-13-026136-4　Printed in Japan

Ⓡ〈日本複写権センター委託出版物〉
本書の全部または一部を無断で複写複製（コピー）することは，著作権法上での例外を除き，禁じられています．本書からの複写を希望される場合は，日本複写権センター（03-3401-2382）にご連絡ください．

坂野正高 著	近代中国政治外交史	A5	9500 円
佐々木揚 著	清末中国における日本観と西洋観	A5	7000 円
小泉順子 著	歴史叙述とナショナリズム	A5	6200 円
古田和子 著	上海ネットワークと近代東アジア	A5	4800 円
飯島渉 著	マラリアと帝国	A5	6800 円
飯野正子 著	日系カナダ人の歴史	A5	4000 円
油井大三郎／遠藤泰生 編	浸透するアメリカ、拒まれるアメリカ	A5	4000 円
平野健一郎 著	国際文化論	A5	2500 円
溝口雄三／池田知久／小島毅 著	中国思想史	A5	2500 円
村田雄二郎／C・ラマール 編	漢字圏の近代	四六	2400 円
岡本隆司／川島真 編	中国近代外交の胎動	A5	4000 円

ここに表示された価格は本体価格です．御購入の際には消費税が加算されますのでご了承下さい．